KE CANG AN QUAN YU YING JI GUAN LI SHI JIAN ZHI NAN

客舱安全与应急管理实践指南

倪海云　杨杰莉　◎ 编著

华中科技大学出版社
http://press.hust.edu.cn
中国·武汉

内容提要

乘务员的第一职责就是保障客舱和旅客的安全,本书聚焦于民航课程安全和应急管理方面内容,将客舱中可能会遇到的应急领域的事故和征候进行了深入详细的剖析,对于客舱安全管理和应急安全领域所有运行特征和组件通过简单明了的方式进行阐述,以浅显易懂的文字和真实的案例来阐述客舱应急安全管理和人的因素核心的理念,同时传达"敬畏规章、敬畏职责、敬畏生命"的新时代民航精神,适用于机组管理培训,也适用于高校民航相关专业的学习。

图书在版编目(CIP)数据

客舱安全与应急管理实践指南/倪海云,杨杰莉编著. --武汉:华中科技大学出版社,2024.12.
ISBN 978-7-5772-1497-9

Ⅰ. F560.82-62

中国国家版本馆CIP数据核字第2024QV0994号

客舱安全与应急管理实践指南　　　　　　　　　　　　　　　　　倪海云　杨杰莉　编著
Kecang Anquan yu Yingji Guanli Shijian Zhinan

策划编辑:胡弘扬
责任编辑:鲁梦璇　阮晓琼
封面设计:廖亚萍
责任校对:王亚钦
责任监印:周治超

出版发行:华中科技大学出版社(中国·武汉)　　电话:(027)81321913
　　　　　武汉市东湖新技术开发区华工科技园　　邮编:430223
录　　排:孙雅丽
印　　刷:武汉科源印刷设计有限公司
开　　本:787mm×1092mm　1/16
印　　张:17.25
字　　数:406千字
版　　次:2024年12月第1版第1次印刷
定　　价:69.80元

本书若有印装质量问题,请向出版社营销中心调换
全国免费服务热线:400-6679-118　竭诚为您服务
版权所有　侵权必究

INTRODUCTION
出版说明

民航业是推动我国经济社会发展的重要战略产业之一。"十四五"时期,我国民航业将进入发展阶段转换期、发展质量提升期、发展格局拓展期。2021年1月在北京召开的全国民航工作会议指出,"十四五"末,我国民航运输规模将再上一个新台阶,通用航空市场需求将被进一步激活。这预示着我国民航业将进入更好、更快的发展通道。而我国民航业的快速发展模式,也对我国民航教育和人才培养提出了更高的要求。

2021年3月,中国民用航空局印发《关于"十四五"期间深化民航改革工作的意见》,明确了科教创新体系的改革任务,要做到既面向生产一线又面向世界一流。在人才培养过程中,教材建设是重要环节。因此,出版一套把握新时代发展趋势的高水平、高质量的规划教材,是我国民航教育和民航人才建设的重要目标。

基于此,华中科技大学出版社作为教育部直属的重点大学出版社,为深入贯彻习近平总书记对职业教育工作作出的重要指示,助力民航强国战略的实施与推进,特汇聚一大批全国高水平民航院校学科带头人、一线骨干"双师型"教师以及民航领域行业专家等,合力编著高等职业学校"十四五"规划民航服务类系列教材。

本套教材以引领和服务专业发展为宗旨,系统总结民航业实践经验和教学成果,在教材内容和形式上积极创新,具有以下特点:

一、强化课程思政,坚持立德树人

本套教材引入"课程思政"元素,树立素质教育理念,践行当代民航精神,将忠诚担当的政治品格、严谨科学的专业精神等内容贯穿于整个教材,使学生在学习知识的"获得感"中,获得个人前途与国家命运紧密相连的认知,旨在培养德才兼备的民航人才。

二、校企合作编写，理论贯穿实践

本套教材由国内众多民航院校的骨干教师、资深专家学者联合多年从事乘务一线工作的专家共同编写，将最新的企业实践经验和学校教科研理念融入教材，把必要的服务理论和专业能力放在同等重要的位置，以期培养具备行业知识、职业道德、服务理论和服务思想的高层次、高质量人才。

三、内容形式多元化，配套资源立体化

本套教材在内容上强调案例导向、图表教学，将知识系统化、直观化，注重可操作性。华中科技大学出版社同时为本套教材建设了内容全面的线上教材课程资源服务平台，为师生们提供全系列教学计划方案、教学课件、习题库、案例库、教学视频和音频等配套教学资源，旨在打造线上线下、课内课外的新形态立体化教材。

我国民航业发展前景广阔，民航教育任重道远，为民航事业的发展培养高质量的人才是社会各界的共识与责任。本套教材汇集了来自全国的骨干教师和一线专家的智慧与心血，相信其能够为我国民航人才队伍建设、民航高等教育体系优化起到一定的推动作用。

本套教材在编写过程中难免存在疏漏、不足之处，恳请各位专家、学者以及广大师生在使用过程中批评指正，以利于教材质量的进一步提高，也希望并诚挚邀请全国民航院校及行业的专家学者加入我们这套教材的编写队伍，共同推动我国民航高等教育事业不断向前发展。

华中科技大学出版社
2021 年 11 月

PREFACE
前言

电影《中国机长》里饰演乘务长的袁泉有一句台词:从飞行员到乘务员,我们每一个人都经历了日复一日的训练,就是为了能保证大家的安全。这也是我们这些人为什么在这架飞机上。乘务员的第一职责就是保障客舱和旅客的安全。

众所周知,安全是民航永恒的主题,生命的不可逆性一再告诫我们必须始终把安全作为头等大事。多年来,"人民至上、生命至上、安全第一、预防为主"的理念已成为民航持续发展的基石,民航业必须在保证安全的道路上奋力前行,客舱安全对于航空安全链条的完整性也是至关重要的,这是我国客舱管理各项工作开展的前提与基础。

客舱安全联系着千家万户。民航运行是一个复杂而精密的体系,客舱安全工作只有起点没有终点。人的因素理论告诉我们差错是不可能完全避免的,要在复杂的环境中保证客舱安全,对运行体系以及参与到实际客舱安全实践和管理工作中的每一个人来说,敬畏生命、敬畏安全是自我管理最有效的工具。"敬"是严肃认真的意思;"畏"指"慎,谨慎,认真,不懈怠"。只有心存敬畏,才能时刻自觉保证自己和旅客的安全,在日复一日的工作中生虔诚心,生戒惕心。

一、客舱安全联系着千家万户

为什么飞机上的一些旅客会以明显不合理的方式行事?比如旅客为什么会从出口撤离后再次进入烟雾弥漫的客舱内?为什么有些旅客在面临客舱起火、烟雾弥漫的威胁时仍在前往紧急出口之前抢抓行李?旅客在着陆时为什么没有系安全带,并且成为唯一在事故中丧生的人?为什么有的旅客不听安全广播、不看安全演示视频、不阅读安全须知卡?旅客是否有足够的情景意识,在长时间的飞行后依然知道离他们最近的紧急出口在哪里?

英国航空公司的一架B777客机在2015年9月8日执行2276号航班时起火,该事件表明,旅客在面对紧急情况时,会"不由自主"地保护自己的财产。《卫报》记者雅各布·斯坦伯格（Jacob Steinberg）也是该航班的旅客，他描述了这种令人痛心的情况："在起飞之前，人们正在阅读、聊天，开始观看机上娱乐节目，像往常一样，我没有过多关注安全演示。如果乘坐过很多次飞机，你会进入一个舒适区，认为一些可怕的事情永远不会发生在你身上。但是如今我的想法不同了。当时，有人大声叫喊要撤离飞机，有些人试图逃跑，另一些人则往前走，行动缓慢，也许没有意识到情况有多么严重，甚至有一些旅客试图把行李从头顶的行李架里拿下来。我后来在推特上看到过一些批评这样做的人，但当时你不在场，你怎么知道会如何反应？人们在惊慌失措时，会做千奇百怪的事情。"

许多用手机拍摄的画面显示，在这架熊熊燃烧的B777飞机前方，旅客们携带着行李，茫然无措地四处张望。人们在惊慌失措时往往会做出不寻常的举动，但值得深思的是，我们是否意识到，在那种情况下，擅自拿下行李并通过紧急出口或滑梯逃离，是完全不顾及其他旅客和机组人员安全的危险行为？

从运行操作和安全性的角度出发，客舱机组面临两大挑战：首先，行李可能损坏滑梯，这不仅增加了撤离时的工作负担，还会导致时间延误；其次，当旅客开始随身携带行李时，客舱机组需要解决行李的存放问题，特别是在单通道飞机上，若飞机上一个或多个出口无法使用，行李存放问题可能导致机组人员陷入两难境地。尽管他们可能要求携带行李的旅客在紧急情况下放下行李，但行李若被放置在滑梯附近或随意丢弃于地面，可能会带来新的风险：堵塞逃生通道或对地面救援人员构成威胁。

在我国客舱安全管理工作中，各航空公司均对乘务组在航班中对客舱紧急出口的管控给予高度重视。当旅客登机完成后，相关乘务员不仅要按照常规流程安排好出口座位的旅客，还必须明确告知这些旅客：在非紧急情况下，严禁开启应急舱门，并强调违规打开应急出口将承担的法律责任。在机门关闭之前，相关乘务员必须向乘务长汇报紧急出口座位旅客的具体安排情况。飞行期间，乘务组会持续对出口座位旅客进行评估和监控，确保一切安全。

此外，客舱安全演示是保证客舱安全的一项重要工作。飞行前有效的安全演示加上紧急情况下机组良好的训练能够极大提高应急撤离质量，降低撤离过程中旅客受伤的可能性，同时旅客良好的配合也是应急撤离中的重要环节。各运输航空公司目前都会重点加强面向旅客的安全介绍，梳理机上安全演示的广播、视频和安全须知卡的内容，比如在介绍中特别强调"为保证旅客人身安全，紧急情况下应严格听从机组人员的指挥，应急撤离中禁止携带行李"等内容。

由此可见，客舱安全联系着千家万户，安全作为我们的生命线，是全体客舱人为之奋斗的目标，为营造良好的客舱安全文化，我们要把红线意识、底线思维坚决贯彻落实到工作执行中，以对生命、规章、职责的高度敬畏，扎实抓好"基层、基础、基本功"建设，严肃对待乘务员纪律作风问题，以"眼睛里不容沙子"的态度，坚持"安全隐患零容忍"，牢牢守住航空安全底线。

二、平时多流汗，战时少流血

国际民航组织网站中有关客舱安全的部分这样描述：客舱安全有助于预防事故和征候；通过积极的安全管理保护飞机乘员，包括危险源识别和安全风险管理；在紧急情况下提高生存能力。传统上,客舱机组人员的职责集中在发生事故时飞机的撤离。然而,客舱机组人员在安全管理方面也发挥着重要的积极作用,这有助于预防事故。这一职责包括但不限于:防止客舱内事件升级,例如烟雾或起火;告知飞行机组人员在客舱内观察到的可能与飞机有关的异常情况,例如增压问题、发动机异常和关键面的污染情况;防止非法干扰和管理可能危及航班安全的旅客事件,例如劫持。

国际民航组织对2009—2013年涉及商业定期航空运输的事故数据进行审查,结果显示,大多数(87.7%)事故没有造成任何人员死亡。大多数旅客在事故中得以幸存,这很可能得益于乘员保护措施的持续改进。实际上,这些安全改进很大程度上都是基于全球对客舱安全方面的生存因素调查。

过去30年里,全球航空事故调查中的发现与建议持续推动飞机制造业及各国民航监管机构采取一系列有效的安全整改措施。这些措施显著改善了客舱安全,使我们如今能够享受到诸如16G标准的座椅、厕所内的烟雾探测器和灭火器、地板上清晰的紧急逃生路径标记、新标准下的客舱绝缘材料,以及对机组人员胜任能力的严格培训等诸多安全设施与训练。可以说,客舱安全的每一次提升都凝聚着血与泪的教训,而这些改进极大增强了旅客及机组人员在紧急情况下的生存能力。

客舱安全调查的目的是分析事故或征候的所有方面,涉及机组人员和旅客的行动,以及客舱环境和机上相关的系统和设备,以便识别出各类安全缺陷,总结经验教训,持之以恒实施安全改进。此类调查可能会促使政府与航空公司制定或完善相关程序,明确风险管理措施、培训要求、安全与应急设备标准以及飞机系统改进等方面的建议。

所有的这一切,我们只有一个目标,那就是人民至上、生命至上。

对于飞行机组和客舱机组,生命大于天,责任大于天。一个错误的操作程序、一个标准动作的遗漏都可能造成无法弥补的后果,对自己负责,对生命负责,这是民航安全管理的精髓。

习近平总书记在会见四川航空"中国民航英雄机组"全体成员时强调,安全是民航业的生命线,任何时候任何环节都不能麻痹大意。在长年累月的训练和飞行中,客舱乘务员已经非常了解飞机的结构,熟悉客舱的应急设备,将紧急设备的位置、用途、使用方法、注意事项、出口的位置、最佳撤离路线铭记在心,应急撤离程序、动作、口令更是训练到让肌肉形成记忆。

我们一直都在说三个敬畏,敬畏生命,敬畏职责,敬畏规章。其中敬畏职责,是每个民航人的行为准则,它要求我们严格遵守各项规章制度,切实将安全工作贯彻到日常工作中。要做到安全运行,就要按照各项安全操作规程履职尽责。每一个航班,都承载着上百名旅客的安危、上百个家庭的牵挂,一个细小的疏漏,都可能造成极其严重的后果,所以我们必须从心理上真正意识到客舱安全工作的重要性。

三、观千剑而后识器

从2010年的伊春空难到现在,我们经历着中国民航安全的黄金时代,中国民航的飞机开始腾飞,不断刷新着安全的纪录。民航业中,我们每个人都奋力前行,坚守在自己的工作岗位,践行着三个敬畏,赢得了国际的认可。安全事故当中,有多少人带着对未来的美好憧憬永远离开了我们,每个人身后都有一个家庭,而每一次伤亡事故都会给一个家庭带来难以磨灭的伤害，对每一个家庭成员来说都是一种痛苦的煎熬。我国民航的安全管理的根基始终不变，我们的安全理念，是一代代民航人在安全工作中练出来、干出来的，是经过长期实践检验的经验与智慧，是熔铸了行业持续安全发展的精神底色。

"河冰结合，非一日之寒；积土成山，非斯须之作"，所有客舱乘务员正在持之以恒地苦练基本功、锤炼安全作风、筑牢安全底线。正所谓"凡操千曲而后晓声，观千剑而后识器"，我们要通过不断耳濡目染，不断机上实践，养成安全操作的良好习惯。

明者防祸于未萌，智者图患于将来。风险有已知和未知，有"灰犀牛"也有"黑天鹅"，尽管有的风险当下"看不见""摸不着"，但在能力准备上绝不能"做不到"，提前思维布局上也绝不能"想不到"，否则就无法未雨绸缪。

本书并没有涉及客舱安全管理的方方面面，而是把关注点聚焦在安全和应急管理的部分领域。我们将客舱中可能会遇到的一些安全和应急领域方面的事故和征候进行了深入详细的剖析，以供业内进行相互借鉴和学习。

我们深知每一位客舱乘务员都不愿意遇到紧急事件，但是如果某一天我们遇到了紧急情况，该怎么办？毫无疑问，我们应该严格按规章、手册进行操作。然而，仅仅机械地、教条式地执行，缺乏思考与灵活性，也是一种不负责任的行为。真正的执行，需要深入理解和内化规章精神。我们期望通过本书丰富的案例分析和经验教训总结，大家能够相互学习，取长补短。如果能够坚持问题导向和目标导向相统一，过程控制和结果控制相统一，在理论联系实际中不断增强自己的专业能力、强化专业精神、提高专业水平，那么我们的目标就能够顺利达成。

中国民航管理干部学院（中国民航安全学院）一直将推动航空安全管理和进步作为自己的使命。这一点我们从不懈怠，虽然我们的能力仍然有限。当人们谈到中国民航安全学院的时候，我们希望得到的评价是"值得信赖"。值得信赖不仅是我们对行业的承诺，也是对所有参加我们各类培训课程人员的承诺。对于常年在课堂中讲授航空安全的人来说，值得信赖是起点，也是归途。一旦不被信赖，那么就失去了授课的全部意义。

这本书的内容历经多次修订与重写，过程中不乏无奈之时，只能强迫自己保持耐心，一次次地从头再来。我牺牲了无数个夜晚与周末，加班加点，只为能呈上一本令读者满意的作品。然而，在写作过程中，自我满意并非易事，书中的架构与内容常常经历着不断的否定与再否定。我们深知，撰写著作之路犹如取经之旅，唯有历经重重考验，方能修成正果。

在此，我要特别感谢中国民航管理干部学院航安系的刘磊博士，多年来，他始终勤勉不懈地举办客舱安全培训班，致力于培养客舱安全管理人员，从未停下脚步。

有时，我也不免感到无助与焦虑，担心自己所写的内容是否真正有价值，能否推动客舱安全工作的改进。在压力之下，我变得悲观，视野狭窄，甚至质疑自己写作的意义。但我也深知，要赢得读者的信任与认可，实现自我成长与突破，就必须勇往直前，坚持不懈。这是一条必经之路，没有捷径可走。唯有一步一个脚印地前行，一点一滴地释放压力，那些曾经吃过的苦，最终都会化作生活给予的惊喜与回馈。

从2022年3月21日开始，中国民航的安全记录开启了新的篇章，时间不语，却回答了所有的问题，讲述着我们为什么能保持如此长的安全记录，证明了我们的行动为何有效，我们的表现为何出色。虽然其中有挫折，有迷茫，有暗淡，但是我们中国民航人一定会笃行不息。我们相信步履所往,民航无限风光!虽然说安全管理前路漫漫,但万里之途必然起于跬步之积。作为安全追梦人,我们不缺雄心,不缺壮志,我们脚踏实地,足够坚持,我们希望躬身变局之中,与时代同频共振。

  本书由倪海云(中国民航安全学院)和杨杰莉(东方航空云南有限公司)通力协作共同完成撰写。由于能力有限,书中难免有纰漏和不足之处,恳请各位读者提出宝贵意见,以便我们修订时加以改进。

编者

2024 年 12 月

CONTENTS
目录

第一章	客舱安全简介	1
任务一	以史为鉴,可明得失	2
任务二	中国民航的客舱安全管理	4
任务三	国际民航组织关于客舱安全管理的要求	11

第二章	威胁和差错管理(TEM)基础知识	20
任务一	TEM起源	20
任务二	TEM模型在客舱领域的具体实践	27
任务三	使用TEM模型分析滑梯误放事件	30
任务四	TEM理念的推广	33
任务五	基于胜任能力的培训方式	35

第三章	撤离决定及撤离指南	39
任务一	撤离决定	39
任务二	撤离指南	53

第四章	飞行和客舱机组的沟通	67
任务一	影响机组沟通的因素	69
任务二	应对之策	70
任务三	遭一蹶者得一便,经一事者长一智	75
任务四	运营人在安全沟通方面所扮演的公众角色	80

第五章	有准备的应急撤离	82
任务一	案例分析:驾驶舱屡次出现烟雾警告,机组进行撤离前准备	82
任务二	案例分析:韩亚航空,飞行机组失能,飞机平安落地	89

第六章 无准备的撤离 ·············· 93

  任务一 案例分析：全球第一架全机损毁的B777飞机事故 ·············· 93
  任务二 案例分析：大韩航空B777飞机中断起飞后无准备撤离 ·············· 98
  任务三 紧急逃生滑梯相关知识 ·············· 103
  任务四 如何应对撤离期间的手提行李问题 ·············· 107
  任务五 如何提高旅客在紧急情况下的生存能力 ·············· 110

第七章 陆地迫降 ·············· 115

  任务一 案例分析：2013年7月6日韩亚航空B777-200ER事故 ·············· 118
  任务二 案例分析：乌纳拉斯卡机场跑道外的生死撤离 ·············· 121
  任务三 案例分析：美国航空公司383航班中断起飞后的撤离行动 ·············· 128
  任务四 案例分析：飞机起飞爬升时检测到异常气味，备降后紧急撤离 ·············· 142

第八章 水上迫降 ·············· 146

  任务一 案例分析：印尼嘉鲁达航空公司B737-300飞机水上迫降 ·············· 146
  任务二 案例分析：新几内亚航空B737飞机坠海，紧急撤离 ·············· 149
  任务三 水上迫降程序 ·············· 160

第九章 快速离机 ·············· 162

  任务一 案例分析：澳航QF32航班，机组再三权衡后的撤离决策 ·············· 162
  任务二 案例分析：乘务员做人工安全演示之前，烟雾充满客舱，
       启动撤离 ·············· 169

第十章 烟雾和起火 ·············· 178

  任务一 灭火训练的重要性 ·············· 179
  任务二 起火因素分析 ·············· 181
  任务三 案例分析：法航A340飞机冲出跑道后起火爆炸 ·············· 186
  任务四 案例分析：危险品运输造成的起火 ·············· 199
  任务五 使用便携式电子设备（PED）应考虑的问题 ·············· 202

第十一章 释压 ·············· 208

  任务一 释压的基础知识 ·············· 208
  任务二 案例分析：2008年7月25日QF30航班，伴随着爆炸声，
       飞机迅速释压 ·············· 211
  任务三 案例分析：飞机爬升过程中遭遇爆炸性释压，飞机安全着陆 ·············· 222

		任务四	EASA安全通告:更新氧气面罩释放后客舱机组应急
			响应程序 ··· 226
		任务五	高原机场运行的关注点 ··· 227

第十二章	颠簸 ··· 230
	任务一 颠簸的基础知识 ·· 230
	任务二 如何能够避免颠簸 ·· 232
	任务三 颠簸分类、影响及客舱应对措施 ····························· 233
	任务四 案例分析:供餐期间,飞机遭遇颠簸,人员受伤 ········· 234
	任务五 案例分析:下降过程发生颠簸,客舱机组严重受伤(关于
	制服鞋的风险评估) ··· 237
	任务六 案例分析:下降过程中遭遇晴空颠簸,旅客和乘务员受伤 ······ 240
	任务七 案例分析:B737飞机在下降过程中遭遇颠簸,2名乘务员受伤 ··· 244
	任务八 NTSB关于颠簸的安全研究报告 ······························ 249
	任务九 中国民用航空局发布的《颠簸风险识别和预警分析报告》 ········ 253

后记 ··· 257

第一章　客舱安全简介

中国民航大学微信公众号在题为《空乘为谁而生？是安全！》的文章中提到，由于早期航空技术落后，机舱空间狭小，因此当时的航空业务主要集中在空邮运输、观光旅游及军事用途上。尽管现代航空业中女性乘务员占了绝大多数，但历史上第一位乘务员是一位名叫海因里希·库比斯（Heinrich Kubis）的男性。1912年，库比斯服务于德国的士瓦本飞艇航空公司，不幸的是，这位先驱在一次飞行事故中遇难，关于他的详细资料并不多。直至1930年，民用航空业才迎来了第一位女性乘务员——艾伦·丘奇。

1904年，艾伦·丘奇出生在美国依阿华州奎斯柯市的一个农场。"一战"期间，还是个孩子的她就在家附近的机场观看军人们如何驾驶飞机。1920年，艾伦·丘奇在旧金山的一家医院担任护士，同时自学飞行并考取飞行员执照。1930年，波音公司驻旧金山的董事史蒂夫·斯廷普森在医院偶遇艾伦，在两人的交谈中，艾伦得知旅客因不了解飞机性能而偏爱火车，且飞机上服务需求大，副驾驶难以应对。当时飞机飞行高度低，气流颠簸常见，常导致旅客产生不适感。艾伦联想到自己的护理经验，建议雇佣懂医学的女乘务员，即"空中小姐"，来改善服务。史蒂夫采纳了艾伦的建议，并向波音公司提议招募聪明漂亮的女性乘务员，波音公司立即赞同。于是，"空中小姐"这一新职业应运而生。随后，艾伦协助史蒂夫招募并培训了另外7名"空中小姐"，对其进行为期三个月的培训，他们还共同编写了工作手册。

1955年，中国民航开始招收自己的空中乘务员。由于当时飞机是非常特殊的交通工具，考虑到空中乘务员的工作性质，因此首次招收的空中乘务员并没有面向社会公开招聘，而是由北京各学校推荐品学兼优的应届初中毕业生应考，最终18位女生成功入选，成为"空中十八姐妹"，即中华人民共和国首批空中乘务员。

随着社会进步和民用航空业的发展，民用航空安全受到世界各国的高度重视。安全是航空业生存和发展的基础，客舱安全也不例外。全球针对客舱安全和服务的要求和规定也越来越完善，各运营人都深刻认识到客舱安全是航空安全的重要组成部分，应在确保客舱安全的前提下，发展和提升服务水平。

面对竞争激烈的航空市场，各运营人都要以安全为前提，不断发展、壮大自己。客舱安全领域要时刻保持警觉，牢记自身肩负的安全工作的政治责任、社会责任和法律责任，正确认识和对待安全问题，扎扎实实地做好客舱安全工作。忆往昔峥嵘岁月稠，望未来任重而道远！

任务一　以史为鉴，可明得失

虽然飞机在所有交通工具中安全系数是最高的，但如果我们能有效应对并解决由人的因素等导致的事故，那么航空安全水平将得到进一步的提升。任何微小的疏忽都可能给航空安全带来无法挽回的损失。

1989年1月，一架B737-400客机在执行从伦敦飞往北爱尔兰贝尔法斯特的定期客运航班时遭遇意外。当时，飞机的1号（左）发动机风扇叶片发生断裂，飞行机组错误地关闭了2号（右）发动机，并决定改变航线，备降东米德兰机场。由于错误地关闭了发动机，加之1号发动机随后也失去了推力，飞机最终在高速公路堤岸附近的地里坠毁。机上118名旅客中有47人不幸遇难，74人受重伤（包括1名婴儿和7名机组人员）。事故调查报告指出，机上许多人包括3名客舱乘务员都看到左发动机起火，但并未及时通知飞行员。在备降期间，机长向旅客通报称右发动机出现故障并产生烟雾，已将其关闭。这一消息让许多目睹左发动机起火的旅客感到困惑，但他们并未提出异议。基于这一发现，事故调查报告提出了重要建议：为飞行机组和客舱机组提供联合训练，以增强飞行和客舱机组在应对紧急情况时的协调合作能力。

1989年3月，一架福克F-28型客机在执行从加拿大雷湾出发、经停德雷顿飞往温尼伯的定期航班时，于德雷顿机场起飞后不久就在跑道尽头坠毁。事故导致65名旅客中的21人及4名机组人员中的3人（包括机长、第一副驾驶和一名客舱机组人员）丧生。事故调查报告指出飞机失控的原因是机翼受到冰雪污染。事实上，一名客舱机组人员和几名旅客都注意到机翼上有结冰，但并未将这一信息传达给飞行机组。加拿大特别调查委员会认为，机组资源管理（Crew Resource Management，CRM）不善和客舱机组培训不足是导致此次事故的重要因素之一。因此，安全建议要求运营人向主管当局提交乘务员手册，同时主管当局需要制定针对客舱机组的培训和能力要求的相应法规，以加强客舱机组的专业能力和应急反应水平。

1991年2月，一架B737-300飞机在洛杉矶国际机场与一架涡轮螺旋桨飞机相撞。事故导致B737-300飞机上83名旅客中的23人和6名客舱机组中的2人不幸丧生，螺旋桨飞机上的12名旅客也不幸失去了生命。在B737-300飞机上，几名坐在机翼区域的旅客称，他们是利用地板路径紧急照明系统（这是1983年DC-9事故后实施的安全改进措施）成功地向客舱后部撤离。事故调查报告特别提到了出口座位的安全简介在提升旅客紧急撤离意识和准备方面所发挥的重要作用。

2005年8月，一架B737-300型飞机执行从塞浦路斯拉纳卡飞往希腊雅典的定期客运航班时，因飞机未能增压，客舱高度警告喇叭响起，飞行机组错误地将此警告判断为起飞构型警告，并试图排除故障。同时，客舱内的氧气面罩自动脱落。尽管推测客舱机组已经意识到了释压的发生，但飞机却继续爬升，两名飞行机组人员因缺氧相继丧生。此后，飞机以自动驾驶方式运行，直到燃料耗尽并最终坠毁，机上115名旅客和6名机组人员无人生还。

值得注意的是,客舱机组理应接受过相关培训,了解在释压情况下飞机应迅速下降或至少保持平飞。因此,飞机持续爬升的事实本应向他们明确指示出异常情况的存在。事故调查最终得出结论,机组应急操作程序的缺陷是导致事故的因素之一。作为对此次事故的后续安全整改行动,欧洲航空安全局(EASA)发布了安全信息公告,建议运营人对其运行手册进行审查和修订,确保客舱机组在类似情况下能够实施有效的提醒和干预程序,以协助飞行机组应对紧急情况。

因此,运营人要做好客舱安全的管理,为客舱乘务员提供强有力的安全支撑,如规章、手册、大纲、程序、培训等。同时,客舱乘务员作为客舱安全的责任人,能否将安全工作的每一个环节落实到位,对于确保整体安全至关重要。

安全始终是民航永恒的主题。我们的前辈在长期的工作实践中,总结积累了许多丰富的经验,为中国民航的持续安全与健康发展作出了重要贡献,有的经验甚至是用血和泪的代价换来的,是指导民航安全发展的宝贵财富,例如,2010年8月,河南航空有限公司的一架E190飞机(B3130号),在执行哈尔滨至伊春的VD8387定期客运航班时,在黑龙江省伊春市林都机场进近着陆过程中不幸发生事故,导致44人遇难、52人受伤,并造成了30891万元的直接经济损失。

事故的直接原因包括:机长违反河南航空《飞行运行总手册》的相关规定,在低于公司设定的最低运行标准(即机长首次执行伊春机场任务时能见度需达3600米,而实际通报的能见度为2800米)的情况下,仍决定实施进近操作。同时,飞行机组违反民航局《大型飞机公共航空运输承运人运行合格审定规则》的有关规定,在飞机进入辐射雾,在未看见机场跑道、没有建立着陆所必须的目视参考的情况下,仍然穿越最低下降高度实施着陆;飞行机组在飞机撞地前出现无线电高度语音提示,且在未看见机场跑道的情况下,仍未采取复飞措施,继续盲目实施着陆,导致飞机撞地。

事故的间接原因包括:乘务员的应急培训不符合民航局的相关规定和河南航空训练大纲的要求。负责河南航空乘务员应急培训的培训中心没有E190机型舱门训练器和翼上出口舱门训练器,乘务员的实际操作训练在E190飞机上进行,部分乘务员没有完成开启舱门的实际操作训练,难以保证乘务员的训练质量和应急处置能力。河南航空采用替代方式进行乘务员应急培训,但既未修改训练大纲又未向民航河南监管局申报,违反了民航局《客舱训练设备和设施标准》和《关于合格证持有人使用非所属训练机构进行客舱乘务员训练问题的咨询通告》等的相关规定。

调查组在事故防范措施建议中专门指出:河南航空及其他航空企业要高度重视客舱乘务员应急处置能力的培养和提高,要严格按照民航规章的要求配置客舱乘务员人数,严格按照民航规章和航空公司《客舱乘务员训练大纲》组织实施乘务员培训,完善培训教材、改进培训方法,确保培训机构设施设备及教员符合航空公司培训大纲的要求,切实保证乘务员的应急处置能力。

安全是经验的宝贵结晶。每一次事故、征候或不安全事件的发生,都能为我们积累丰富的经验教训。这些经验随着时间的推移汇聚成了规章制度和手册体系。换言之,规章制度和手册体系是建立在无数次血与泪的教训之上的,它们成为保障安全的重要支撑。我们不应仅仅停留在对事故受害者的同情或对肇事者的怜悯上,而应更积极主动地识别潜在风险，提前采取措施进行防范，将他人事故的教训转化为自身防范事故的经验。人类的进步正是源于不断总结经验并从中吸取教训，客舱安全也不例外。

2015年2月4日，我国台湾复兴航空公司的GE235航班从台北松山机场起飞不久，坠入基隆河，造成43人死亡、15人受伤，这起事故最终导致航空公司关门歇业。事故的原因在于，在飞机爬升阶段，2号发动机的自动顺桨单元出现了间歇性的电路不连续问题，触发了自动起飞动力系统程序，致使2号螺旋桨发生非指令性自动顺桨（即关车）。飞行机组没有执行手册规范要求，未按照程序改出，飞行机组误收正常运行中的1号发动机油门，误关发动机。

2021年2月4日，事发6年后，空难中唯一生还的客舱乘务员黄敬雅首度公开发文，她在社交媒体中披露了飞机坠毁前的状况并分享6年来的心路历程。她回忆道，当时飞机起飞后约十分钟就掉进河里，几乎是在毫无动力的情况下，如同受到重力加速度的驱使，急速冲入水中。电视上的画面看似缓慢，但实际上，那一切仅在一两秒内发生，她瞬间感到窒息。在落入水中的那一刻，她的脑海中仿佛闪过人生的走马灯。她自问："现在是空难坠机了吗？"但很快，现实将她拉回，眼前只有不断涌出的水和无尽的黑暗，她被倒吊悬挂在半空中，胸部受伤，完全不能用力，呼吸变得异常艰难。安全带紧紧卡住，她几经挣扎才终于解开，随后掉入了冰冷的河水中。当时，周围只有紧急照明灯发出的微弱的光线，附近的应急设备遥不可及，机舱里破碎不堪、上下颠倒、门打不开，她半踩半爬地往飞机破口处前进，"沿途的哭喊声、断肢，我无能为力。倒挂的座位，成堆倾出的行李，在我眼前，瞬间变成水牢一般"。

她是机组人员中的唯一幸存者，但身心遭受了巨大的冲击，导致她出现了创伤后应激障碍并患有重度抑郁症。在文章中，她回忆道，自己曾陆续将几位受伤的旅客拉出险境，哭喊着学妹和教员的名字，然而回应她的只有涨潮时湍急的水流声。那段时间，她一度无法开口说话，身体也遭受了重创：两根肋骨断裂，肾脏破裂并伴有血肿，肺部凹陷，四肢出现严重瘀青，左腿神经受损。每当醒来，泪水便不由自主地滑落。在加护病房躺了十几天之后，她才真切地体会到"呼吸就会痛"这句话的含义。

前事不忘后事之师，安全对于每一位航空业从业人士和安全管理人员的重要性不言而喻。至今，一直萦绕在笔者脑海的是我国某航空公司一位高管在退休之前给全体员工留下的一段话："安全就是航空公司的生命线，成也安全，败也安全！希望全体同志一定要不忘初心、牢记使命，保持如履薄冰、如临深渊的危机感，保持食不知味、夜不能寐的责任感，永远把飞行安全放在第一位。只有安全抓好了，才能出效益、出成绩、出品牌、出人才、出干部，否则一切都等于零"。

任务二　中国民航的客舱安全管理

1957年，周恩来总理对中国民航作出了"保证安全第一，改善服务工作，争取飞行正常"的批示,精辟准确地确定了中国民航工作的原则要求,成为中国民航工作总的指导方针。经过一代又一代民航人的艰苦奋斗,我国民航事业发生了翻天覆地的变化,同时,在众多客舱乘务人员的辛勤付出下,客舱安全工作也取得了显著进步。

一、中国民航的法律法规体系

改革开放以来,中国民航法治建设进程加快,逐步形成了由民航法律、民航行政法规、民航规章和民航规范性文件组成的多层次和类型的中国民航法律法规体系。

中国民用航空局机关的各个职能部门,为了贯彻执行相关的法律法规、民航局规章及政策规定,在其职责权限内制定了相应的文件,这些文件经由民航局局长授权后,由相关的职能部门主任、司长或局长签署,内容涉及民用航空管理的各个方面。其中规范性文件包括管理程序、咨询通告、管理文件、工作手册和信息通告五类(见表1-1)。

表1-1 中国民用航空局规范性文件种类

管理程序(AP)	Aviation Procedure	各职能部门下发的有关民用航空实施办法或具体管理程序,是民航行政机关工作人员从事管理工作的法人、其他经济组织或个人从事民用航空活动应当遵守的行为规则
咨询通告(AC)	Advisory Circular	各职能部门下发的对民用航空规章条文所作的具体阐述
管理文件(MD)	Management Document	各职能部门下发的就民用航空管理工作的重要事项做出的通知、决定或政策说明
工作手册(WM)	Working Manual	各职能部门下发的规范和指导民航行政机关工作人员具体行为的文件
信息通告(IB)	Information Bulletin	各职能部门下发的用于反映民用航空活动中出现的新情况,以及对国内外有关民航技术上存在的问题进行通报的文件

以下是对中国民航法律法规体系中关于客舱安全主要内容的简要介绍。

(1)《中华人民共和国民用航空法》。

《中华人民共和国民用航空法》属于国家法律,是制定各类民航法规和规章的依据,由全国人大常务委员会通过,国家主席签署主席令发布。历经十多年的努力,《中华人民共和国民用航空法》于1995年10月30日第八届全国人民代表大会常务委员会第十六次会议通过,1996年3月1日起施行,这是新中国成立以来第一部规范民用航空活动的法律,标志着我国民航事业迈向依法治理发展的新阶段。该法律是为了维护国家的领空主权和民用航空权利、保障民用航空活动安全和有秩序地进行、保护民用航空活动当事人各方的合法权益、促进民用航空事业的发展而制定,截至2021年已进行了六次修正。在这部法律中,制定了民用航空活动的各项制度,第五章规定了航空人员的职责、资格、训练和相关要求,如空勤人员应当参加定期的紧急程序训练;机组的组成和人员数额应当符合国务院民用航空主管部门的规定;在必须撤离遇险民用航空器的紧急情况下,机长必须采取措施,首先组织旅客安全离开民用航空器;未经机长允许,机组人员不得擅自离开民用航空器;机长应当最后离开民用航空器等。

(2) 民航行政法规。

民航行政法规是中国民航法律法规的"支柱",以国务院令发布或授权民航局发布,例如《中华人民共和国民用航空安全保卫条例》。该条例第十九条规定:对已经办理登机手续而未登机的旅客的行李,不得装入或者留在航空器内;旅客在航空器飞行中途中止旅行时,必须将其行李卸下。第二十二条规定:机长、航空安全员和机组其他成员,应当严格履行职责,保护民用航空器及其所载人员和财产的安全等。第二十五条则规定了航空器内禁止的行为等。

(3) 民航规章。

民航规章(China Civil Aviation Regulations,CCAR)是行业监管和运行的重要依据,主要的民航规章如下。

① 《大型飞机公共航空运输承运人运行合格审定规则》(CCAR-121)。这是大型飞机公共航空运输承运人进行运行合格审定和持续监督检查的依据。自1999年颁布施行至今共进行了8次修订,在第4次修订中增加了多条客舱安全管理方面的内容,对客舱安全起到了积极的促进作用,如应急撤离程序的演示、客舱应急设备的要求、乘务员的配备、紧急情况职责、安全管理体系(SMS)、疲劳管理、乘务员训练及训练大纲的要求、乘务员的合格要求、客舱机组值勤期限制等,明确了客舱乘务员是保障飞行安全的人员之一,其主要职责是保证客舱安全等。

② 《民用机场和民用航空器内禁止吸烟的规定》(CCAR-252FS)于1997年颁布实施,这是为了控制吸烟危害,维护和改善民用机场和民用航空器内的公共环境,保护广大旅客的健康,确保飞行安全。

③ 《民用航空危险品运输管理规定》(CCAR-276)是为了加强民用航空危险品运输管理,规范危险品航空运输活动,保障民用航空运输安全。

④ 《一般运行和飞行规则》(CCAR-91)是为了规范民用航空器的运行,保证飞行的正常与安全。

⑤ 《民用航空人员体检合格证管理规则》(CCAR-67FS)是为了保证从事民用航空活动的空勤人员和空中交通管制员的身体状况符合履行职责和飞行安全的要求。

⑥ 《民用航空安全管理规定》(CCAR-398)是为了实施系统、有效的民用航空安全管理,保证民用航空安全、正常运行。

⑦ 《公共航空旅客运输飞行中安全保卫工作规则》(CCAR-332)是为了规范公共航空旅客运输飞行中的安全保卫工作,加强民航反恐怖主义工作,保障民用航空安全和秩序。

⑧ 《民用航空安全信息管理规定》(CCAR-396)是为了明确事件报告标准,划分事件类型,分析掌握不同类型事件特点,及时发现安全隐患,控制风险,预防民用航空事故。

(4) 规范性文件。

除此之外,民航局还出台了与客舱安全有关的规范性文件,具体如下。

① 为客舱乘务员资格和训练管理提供指导的《客舱乘务员的资格和训练》(AC-121-FS-27)。

②为有效实施机组成员CRM训练及为综合提高机组成员岗位胜任力提供指导的《机组资源管理(CRM)训练指南》(AC-121-FS-41)。

③为承运人提供客舱运行管理方面的指导,制定了《客舱运行管理》(AC-121-FS-2019-131)。

④为合格证持有人如何验证和评估机上便携式电子设备的使用提供具体要求和指导的《机上便携式电子设备(PED)使用评估指南》(AC-121-FS-2018-129)。

⑤为锂电池机上应急处置提供可用信息,为机组人员的锂电池应急处置和训练提供指导,制定了《锂电池机上应急处置指南》(MD-TR-2017-01)。

⑥为制定机组成员在运行中对紧急医学事件的处置程序和训练大纲,实施紧急医学事件处置训练,制定了《大型飞机公共航空运输机载应急医疗设备配备和训练》(AC-121-102)。

⑦为高原机场运行实施安全管理提供指导的《高原机场运行》(AC-121-FS-2015-21)。

⑧为合格证持有人制定或完善空中颠簸管理操作程序,为防止造成人员伤害提供指导,制定了《关于制定空中颠簸管理程序防止人员伤害的要求》(AC-121-FS-2009-35)。

⑨为大型飞机公共航空运输的航空卫生工作提供指导,明确合格证持有人、航空医师、机组成员各自的责任和义务,制定了《大型飞机公共航空运输航空卫生工作要求》(AC-121-101)。

⑩为合格证持有人禁止旅客在飞机客舱内使用"如烟"雾化电子烟提供指导,制定了《关于在飞机上禁用"如烟"雾化电子烟的咨询通告》(AC-121-19)。

⑪为合格证持有人规范旅客携带手提行李提供指导,制定了《关于旅客手提行李程序的咨询通告》(AC-121-20)。

⑫为防止客舱乘务员的精力不足危及飞行安全,保证乘务员在执勤期和飞行时间内有充沛的精力以履行职责,制定了《关于客舱乘务员值勤期、飞行时间和休息时间问题的意见》(AC-121-5)。

⑬为推动SMS与双重预防机制的有机融合,有效防范化解安全风险,制定了《民航安全风险分级管控和隐患排查治理双重预防工作机制管理规定》(AC-398-03)。

⑭针对机组成员的疲劳管理,制定了《CCAR121部合格证持有人的疲劳管理要求》(AC-121-FS-014)。

⑮针对民用航空器运输航空严重征候、运输航空一般征候、运输航空地面征候和通用航空征候印发了《民用航空器征候等级划分办法》(AC-395-AS-01)。

⑯为指导民航安全管理体系建设,推动安全责任体系与双重预防机制的有机融合,推进民航安全生产领域"四个责任"落实,编制《关于落实民航安全责任的管理办法》(AC-398-05)。

⑰用于明确事件报告标准,划分事件类型,分析掌握不同类型事件特点,及时发现安全隐患,控制风险,预防民用航空事故的《事件样例》(AC-396-08)。

中国民航一直高度重视机组成员职业作风的培养。早在1992年《关于确保飞行安全的命令》中,民航局基于对过往飞行事故教训的总结,提出了"八该一反对"的基本飞行作风,时至今日仍对飞行安全起着重要的指导作用。2020年,民航局提出了以"三个敬畏"为内核的作风建设要求,2021年以来,民航局制定了《民航安全从业人员工作作风建设指导意见》《民航安全从业人员工作作风长效机制建设指南》《机组成员职业作风养成规范》,这些文件的颁布实施标志着中国民航对机组成员职业作风的管理进入体系化时代。

自2021年新《中华人民共和国安全生产法》实施以来,我国承运人进一步完善构建制度完备、责任落实、监管到位、机制长效的安全管理体系,建立健全安全生产责任制,切实落实"一个航班一个航班地盯、一个环节一个环节地抓"的安全工作要求。为此,承运人编写了《运行手册》《安全管理手册》《客舱乘务员手册》《客舱乘务员训练大纲》等一系列文件,确保客舱安全相关各类手册、文件和规定始终与法律、法规和规章保持同步更新。同时,还配套制定了《客舱机组操作手册》《客舱作业指导书》《客舱部门工作手册》等辅助材料,为乘务员履行客舱安全工作提供强有力的指导。

二、组织架构及职责

客舱安全是民航运行安全诸多环节中最直接最主要的领域之一,搭建客舱安全组织架构,明确职责,实施监督,确保客舱安全真正成为客舱乘务员工作的第一要务。这一架构应涵盖多个关键部门。

(1)设立专门负责客舱安全运行的部门,该部门须遵循客舱管理相关的法律、法规、规章、规定及标准,建立健全客舱安全管理制度,制定规范的工作程序和手册,确保客舱安全管理得到有效实施并有序运行。

(2)成立客舱安全运行监督管理部门,其职责包括进行安全监督管理、安全审计、符合性验证、监督检查以及事件调查等,以保障客舱安全相关工作的全面性和有效性。

(3)设立培训部门或机构,依据经民航局批准的《客舱乘务员训练大纲》要求,实施客舱安全培训,提升乘务员的安全意识和应对能力。

此外,根据《大型飞机公共航空运输承运人运行合格审定规则》(CCAR-121)的要求及运营人的运行与安全管理需求,运行副总经理被赋予客舱运行管理的职责。例如,某航空公司明确规定,公司运行副总经理负责履行客舱安全管理工作并承担相应的安全责任;同时,安全总监独立地对公司的运行安全管理过程进行监督,并直接向总经理汇报。

通过这样清晰的组织架构和明确的职责划分,各相关部门能够切实履行客舱安全的主体责任,共同维护民航运行的安全与稳定。

三、客舱乘务员的职责及角色定位

2005年8月,一架法国航空的A340-300客机在加拿大多伦多国际机场着陆后冲出跑道,机身中部断裂并随即爆炸起火,在大火吞没逃生路线之前,297名旅客和12名机组人员全部安全撤离飞机。事故调查报告指出:飞行机组和客舱机组之间的有效沟通,以及客舱机组训练有素和迅速行动保证了这次撤离的成功。

客舱机组是飞行整体团队不可或缺的组成部分，他们承担着极具挑战性的职责，在工作中常常面临着来自安全和服务的双重压力，他们既要满足公司的运行和安全目标，又丝毫不能忽视飞行的运行正常和服务质量。

民航局颁布的《大型飞机公共航空运输承运人运行合格审定规则》（CCAR-121）中明确将"客舱乘务员"定义为"出于对旅客安全的考虑，受合格证持有人指派在客舱执行值勤任务的机组成员"。《客舱乘务员的资格和训练》（AC-121-FS-27）中明确"客舱乘务员是保障飞行运行安全的人员之一，主要职责是保证客舱安全。其职责包含但不限于以下内容：保障安全，当出现危及人身安全和财产安全等应急情况时，及时进行处置、降低风险，尽可能减少机上乘员的伤亡，包括发生事故时组织旅客撤离飞机；遵守法律法规和合格证持有人政策，按照合格证持有人手册程序开展工作，保障机上乘员安全；要求旅客遵守法律法规、合格证持有人政策和程序以及机组指令，维持客舱秩序，协助机长和空中保卫人员做好安全保卫工作；在航空器运行期间，服从机长、乘务长的管理，保持与机组成员之间的沟通并向机长、乘务长汇报；收集旅客反馈信息、航班运行中的信息和客舱设备信息，并向乘务长汇报；在满足和确保安全的前提下，可以为旅客提供适当的服务，如遇有颠簸或其他不正常、不安全的情况，客舱乘务员可以调整、删减服务程序，或不提供服务；完成必需的训练，确保个人资质符合飞行运行要求；按规章和合格证持有人政策合理安排休息，保证身体和心理健康情况符合飞行要求；向合格证持有人提出合理化建议"。

以往的事故和征候调查表明，乘务员的主要工作职责、人员配置数量、人员搭配及疲劳管控等是影响其安全管理和应急处置能力的重要因素。因此，合格证持有人必须准确定位乘务员的工作，确保所制定的客舱服务程序和标准能够为乘务员保留足够精力以履行其核心安全职责，明确乘务员主要职责是保障客舱安全。

1983年6月，一架DC-9-32飞机在执行从美国达拉斯出发、经停加拿大多伦多飞往蒙特利尔的定期客运航班时，巡航期间机尾洗手间突发火灾，飞机随后紧急降落在大辛辛那提国际机场，并立即进行了撤离。然而，在舱门开启约60—90秒后，一场大火笼罩了飞机内部，导致41名旅客中有23人不幸遇难，飞机也被完全损毁。美国国家运输安全委员会（National Transportation Safety Board，NTSB）调查发现，机组低估了起火的严重程度，且机长收到的火灾信息存在冲突，这直接导致了紧急降落决策的延误。事故调查报告建议：在洗手间内安装烟雾探测器和自动灭火器；对客舱机组的训练和应急程序进行评估，加强灭火程序及CRM；增加指导旅客如何打开紧急出口的安全提示等。

可见，客舱机组的应急处置与飞行安全紧密相连，任何疏忽都可能引发严重后果，甚至酿成灾难。

中国民用航空局高度重视运输航空客舱安全工作，多次对改进和加强客舱安全工作提出要求并反复强调：客舱服务的核心本质在于确保旅客的人身安全，安全工作始终是服务工作的首要原则。在此背景下，一个重要文件——《关于加强客舱安全管理工作的意见》（简称96号文件）于2012年10月16日由民航局正式发布。自2013年1月1日起，我国航空公司开始执行96号文件的规定，其中明确指出"航空公司设立的服务标准应充分考虑客舱乘务员完成的时间，以确保起飞后20分钟或平飞至落地前30分钟能完成所有旅客服务程序"，即这50分钟被视为"不服务"时段，专注于保障飞行安全。

一般的公众对此规定的解读就是飞机在一定时间范围内不提供餐食和服务，实际上这份文件的深意远非如此，其中更为关键的是对客舱乘务员的定位进行了明确，强调必须通过调整服务程序、建立乘务员人力资源评估机制、合理排班等措施加强客舱乘务员的疲劳管理，落实客舱安全管理岗位职责，确保飞行安全。96号文件再次明确了客舱乘务员的定位，强化了客舱乘务员的安全职责。根据96号文要求，航空公司应相应明确：乘务员的运行管理职责由运行副总经理负责；运行管理机构和安全监督机构配备的客舱安全专业人员需具有客舱乘务检查员的工作经验；制定和完善客舱乘务员疲劳风险管理制度和程序；建立客舱乘务员人力资源评估机制；客舱服务程序和标准由安全监督和运行管理部门共同进行评估等。

四、客舱乘务员训练

"从飞行员到乘务员，我们每一个人都经历了日复一日的训练，就是为了能保证大家的安全，这也是我们这些人为什么在这架飞机上的意义！""请相信我们，我们受过专业的训练。有信心，有能力，保证您的安全！"这是来自我国电影《中国机长》的台词，精确地展现了客舱乘务员训练的意义所在。

2018年5月14日，四川航空3U8633航班在从重庆飞往拉萨的途中，起飞仅40分钟左右驾驶舱右风挡玻璃破裂。面对这一紧急情况，机长刘传健冷静应对，最终飞机安全降落，全体旅客与机组人员全部生还，这一史诗级的备降创造了"世界民航史上的奇迹"。2009年1月15日全美航空公司一架A320客机在起飞一分钟后，遭遇鸟群袭击，两个引擎同时失效，机长萨伦博格果断决定迫降在纽约哈德逊河上，最后机上155人全部生还，仅有少数人受轻伤，这一事件被称为"哈德逊奇迹"。深入分析这两起事件不难发现，客舱机组人员的迅速响应与高效协作在其中起到了至关重要的作用，这恰恰体现了他们经过严格训练后所具备的应急处置能力，也是对客舱安全培训成效的生动展现。

中国民用航空局出台了《客舱乘务员的资格和训练》（AC-121-FS-27），为乘务员的资格和训练管理工作提供了指导：合格证持有人应建立客舱乘务员训练管理体系，制定训练管理办法和工作标准，如训练大纲的管理、训练质量监督检查、客舱训练机构和客舱训练设备设施评估、训练合格证管理等。

客舱乘务员训练大纲，是指经局方批准的包括客舱乘务教员、客舱乘务检查员、训练提纲、课程、教材、教学方法、设备设施、记录保存和训练质量保障体系的一套系统训练文件，应符合CCAR-121第121.403条"训练大纲的制订要求"和第121.405条"训练大纲及其修订的批准"的要求，确保每个客舱乘务员能够得到充分的训练。

客舱乘务员应按照经局方批准的训练大纲完成相应训练，如新雇员训练、初始训练、转机型训练、定期复训、重新获得资格训练、差异训练、乘务长/客舱经理升级训练、客舱乘务教员训练及客舱乘务检查员训练等。合格证持有人对客舱乘务员的训练质量负有不可转移的责任。

安全是航空公司生存和发展的基石，从某种程度上说，它构成了航空公司最佳的形象、最大的效益及最根本的服务。客舱安全就是其中重要的一环，从而要始终坚持"安全第一，预防为主"的方针不动摇,要高度重视、正确处理安全与生产、安全与效益、安全与服务、安全与改革、安全与稳定和安全与发展的关系,任何时候、任何情况下,客舱安全工作都必须将"安全第一"放在首位,切实做到"预防为主"。

1978年12月28日,美国联合航空173号航班在执行从纽约肯尼迪国际机场飞往俄勒冈州波特兰国际机场的定期客运航班时,由于起落架指示灯未全部亮起(事后证明是因为微型快动开关的过度损坏引起),飞行机组将注意力全部放在了排查起落架故障上,而忘记监控燃油。这架麦道DC-8飞机最终因燃料耗尽,在距波特兰国际机场仅11千米的地方坠毁。事故导致机上189名旅客和机组人员中10人遇难、24人受重伤。

事故发生后(以及鉴于之前发生的一系列不安全事件),美国联合航空公司在美国航空航天局(NASA)的协助下,于20世纪80年代启用了民航业首套"机组资源管理系统"(CRM)。在随后的发展过程中,CRM理念因其高效管理特性逐渐被民航界认可并广泛采用。从那时起,飞行的基本知识和CRM的更多要素也被纳入客舱机组培训之中。民航界意识到,增强技术知识和非技术技能可以改善紧急情况下的沟通和信息传递,打造共享的情景意识,并发挥有效的领导力。

中国民航一直倡导CRM并使用CRM来确保实现高效的沟通、紧密的团队合作和明智的决策过程,探索运营中"人的因素"带来的威胁,运用CRM及威胁和差错管理技能,致力于降低日常运营中客舱安全的潜在风险。在这一框架下,团队成员密切合作,与他人协商,共同决策;或在决策之前听取各方面的意见,将个人任务与他人的见解相结合,在不断变化的工作环境中,有效地分配工作任务,并灵活地承担多样化的角色。此外,中国民航还经常评估团队的有效性和个体在团队中的长处和短处,以规避飞机上常见的"权力梯度"问题,确保团队运作的顺畅与安全。

同时,《客舱乘务员的资格和训练》(AC-121-FS-27)设立了客舱乘务员、乘务长、客舱乘务教员、客舱乘务检查员及客舱乘务员训练大纲制定者的能力指标框架,该框架旨在通过培训优化人员行为能力、管理人为差错,包括人的因素原理,机组资源管理和技能发展与应用等,从而帮助识别和解决各种实际问题。

客舱安全管理是民航整体安全运行体系的重要组成部分,客舱乘务员是保障飞行运行安全的人员之一,保证客舱安全是客舱乘务员的主要职责,运营人对此也必须予以高度重视。为此,需进一步规范和加强保障客舱乘务员依法履行职责的措施和程序,强调飞行机组特别是机长对于保证客舱安全的核心地位,为机组成员履行职责、行使权力、保证客舱安全提供全面的法律保障。

任务三　国际民航组织关于客舱安全管理的要求

第二次世界大战极大地推动了航空器技术的发展,促使全球范围内形成了涵盖客货运输的航线网络,但随之也引起了一系列急需国际社会协调解决的政治、技术和法律等问题。1944年全球52个国家签订了《国际民用航空公约》,通称《芝加哥公约》。按照公约规定,成立临时国际民航组织(PICAO)。1947年《芝加哥公约》正式生效,标志着国际民航组织(ICAO)的正式成立。ICAO的宗旨和目的在于发展国际航行的原则和技术,促进国际航空运输的规划和发展,保证全世界民用航空安全、正常、有效、有序地发展。

《国际民用航空公约》附件是实施公约所述原则的具体规定,是指导国际航行的基本文件,目前共计19个附件。此外,技术手册是帮助缔约国实施标准与建议措施的指导性文件,内含多个技术领域更为详细的技术规范。例如,广为人知的《安全管理手册》(ICAO Doc 9859),就是帮助缔约国实施《附件19——安全管理》的指导性文件。

国际民航组织针对客舱安全的管理,提出指导管理客舱安全的方法,明确客舱乘务员的角色定位,发布指导材料,开设客舱安全网页,针对客舱安全的关注点给予强有力的支持,设立客舱安全小组以在全球范围内加强客舱安全管理。

关于客舱安全管理的主要内容包括如下。

一、客舱乘务员的定义及作用

客舱乘务员是为了旅客的安全,执行运营人或机长指派的任务。传统意义上,客舱乘务员的作用集中于发生事故时进行航空器人员疏散和撤离。然而,客舱乘务员在促进防止事故的安全管理方面也发挥着重要的积极作用,这种作用包括但不限于以下几点:

(1)防止客舱内不安全事件恶化升级,如烟雾或起火;

(2)向飞行机组通报客舱内观察到或与飞机有关的异常情况,如发动机出现异常情况或关键表面被冰雪污染;

(3)防止非法干扰,管理可能危及航班保障和航班安全的旅客事件,如劫机;

(4)客舱机组的主要作用是提升安全裕度,确保旅客安全,实现《全球航空安全计划》(GASP)的零死亡目标。

运营人通过其安全管理体系可以洞悉与其运营有关的危险。客舱机组在保障航空器安全运行及乘员安全方面扮演着至关重要的角色,他们负责识别风险并报告可能对这两方面构成威胁的任何情况。

二、《安全报告》

国际民航组织每年都会公布一份《安全报告》,这里我们以2020年公布的报告为例。它指出客舱安全是通过主动的安全管理(包括危险源识别和安全风险管理)来保护飞机旅客在发生事故时安全撤离,提高紧急情况下的生存能力,预防各类事故和征候的发生。客舱机组在管理安全方面发挥着极为重要的积极作用,有助于预防事故。

三、客舱安全小组(ICSG)

国际民航组织设有客舱安全小组(ICSG),ICSG是一个国际性的联合行业监管小组,由来自部分国家民航当局、航空公司、飞机制造商和非政府组织的客舱安全专家组成。ICSG担任专家咨询组角色,就客舱安全相关事项向国际民航组织提供咨询意见,协助修订或制定相关要求,发布指导材料并对其实施给予大力支持,旨在全球范围内改进客舱安全。

四、指导材料

为了加强客舱安全工作,国际民航组织公布了诸多指导材料,主要有以下几种。

(1) Doc 10002,《客舱乘务员安全培训手册》。

(2) Doc 9481,《危险物品飞机事故应急响应指南》(包括客舱机组处理锂电池的程序)。

(3) Cir 340,《便携式电子设备扩大使用指南》。

(4) Doc 10049,《儿童固定装置批准和使用手册》。

(5) Cir 344,《与烟雾事件有关的教育、培训和报告实施指南》(包括与客舱机组有关的程序和培训)。

(6) Doc 10062,《事故和事故征候中客舱安全调查手册》(调查侧重于生存因素)。

(7) Doc 10072,《制定最低客舱机组人数要求手册》。

(8) Doc 10086,《旅客安全信息和说明手册》。

(9) Doc 10111,《客舱电子飞行包实施和使用手册》。

(10) Cir 356,《客舱机组电子远程培训指南》(包括使用虚拟现实的相关内容)。

五、客舱安全网站

国际民航组织专门设有客舱安全网站。在网页上,目前主要关注以下安全事宜。

(1) 客舱安全调查。

过去事故调查的结果使客舱安全和飞机制造领域有了显著改善,包括安装16G座椅;增设洗手间烟雾探测器和灭火器;设置地面应急撤离路径标志;提出了对客舱绝缘材料的新要求;加强对客舱机组人员的行为表现的培训等。

这些安全改进提高了乘员的生存能力,并有助于减少旅客和机组人员的死亡。客舱安全方面,包括生存因素,应作为调查过程的一部分加以认真应对和研究。然而,这些方面往往被忽视。因此,各国和工业界可能错过了进一步加强客舱安全建设的可能性。

国际民航组织制定了《事故和事故征候中客舱安全调查手册》(Doc 10062),为各国调查客舱内特定类型的事故提供指导,从而使相关人员在事故调查期间能够承担必要的职责。手册还为国家和运营人调查事故征候提供了相应的指导。例如,事故调查和客舱安全改进;对客舱调查员的资格要求与胜任能力进行评估建议;在事故中调查客舱安全和生存因素,包括撤离、遭遇湍流、火、烟、烟雾和释压等;在运营人层面的征候调查,包括滑梯意外放出,不守规矩的旅客和飞行中的紧急医疗情况等。

(2) 安全管理体系(SMS)和客舱安全。

安全管理体系(SMS)被定义为管理安全的系统方法,包括必要的组织结构、问责制、政策和程序。安全管理体系(SMS)的本质就是建立并实施系统的、清晰的、全面的安全风险管理系统和安全基础运行体系,强调以系统化和积极主动的方式进行安全管理,强调事故的预防。实际上,安全管理体系(SMS)就是运用系统方法管理安全,使运营人落实安全责任,鼓励全员参与,实施风险管理,有效地配备资源,实现主动安全管理,在满足规章的基础上,不断提高运行水平。同时,将安全管理融入日常的运行管理中,关注系统和组织对安全的影响,并采取更为主动的安全管理模式降低事故率。客舱安全也是安全管理体系(SMS)中不可或缺的组成部分,如其中安全培训的目的是确保客舱机组经过培训之后有胜任能力,在安全管理体系(SMS)中履行职责。

(3) 乘员安全。

飞机事故中乘员的生存能力取决于多种因素。适坠性和水上迫降认证标准旨在提高旅客的生存能力,这些标准不仅指导旅客正确使用相关设备,还明确了紧急情况下应采取的行动。同时,客舱机组经过精心训练,熟悉撤离程序,这进一步提高了乘员的生存能力。一般而言,乘员生存能力与事故的三个阶段紧密相关:碰撞事件发生序列(即撞击力、随后减速和二次撞击等情况)、撤离飞机、撤离后的生存环境(如海洋、丛林、山区)。

防冲击姿势旨在降低飞机乘员在坠机事件过程中的受伤风险。20世纪60年代以来,全球范围内通过一系列撞击试验,利用模拟假人广泛研究了防冲击姿势的效果。为此,国际民航组织与国际飞机失事评估研究委员会(IBRACE)合作,为旅客和客舱机组制定了关于采取防冲击姿势的具体建议。

经过研究和评估,国际民航组织制定了《旅客安全信息和说明手册》(Doc 10086),以便于就国际民航组织附件6第一部分中关于运营人应向旅客提供的与安全有关的信息和指示的规定提供指导。它主要涵盖了以下内容:旅客安全简报,旅客安全须知卡,旅客信息标志、标记和标牌,紧急出口座位规定,防冲击姿势说明,防冲击和撤离指令,行李和撤离命令,随身行李在撤离时的要求和其他注意事项等。

国际民航组织的各类附件载有理事会通过的标准和推荐做法(SARPs),这些构成了国际民用航空的最低适用标准。以下附件涵盖与客舱安全相关的SARPs。例如,附件6阐述了与运营人飞行程序、旅客安全、随身行李、每种类型飞机所需的最少客舱机组人员数量、客舱机组的应急职责分配、客舱机组应急撤离时的站位、飞行中客舱机组的自我保护、客舱机组培训计划、机上所需的设备、客舱机组人员疲劳管理、安保相关程序和安保培训方案(针对民用航空的非法行为)等方面的标准和推荐做法;附件8聚焦于客舱的设计和制造、乘员保护,系统设计要素,运行环境和人的因素,特别强调了人体工程学、适坠性和客舱安全,包括设计紧急着陆负载、客舱防火、撤离、照明和标记、生存设备、客舱安保等;附件13描述了调查的组织和开展、事故调查,包括导致严重伤害的颠簸事件,与客舱安全有关的严重征候的调查等;附件18涉及航空危险品安全运输;附件19提出适用于根据附件6第一部分授权进行国际商业航空运输的飞机运营人的安全管理体系(SMS)要求。

(4) (客舱机组)人的行为能力。

人的行为能力是指人在影响航空运行安全与效率方面所展现出的能力与局限性。人的行为能力的培训侧重于人与设备、系统、程序和环境之间的关系,以及个人与群体之间的人际关系,包括客舱机组履行职责时的总体表现,这种培训的目标是优化人的行为能力和管理人为差错,其中包括人的因素原理、机组资源管理和技能发展与应用等。人的行为能力培训应着眼于识别和解决各种实际问题。

国际民航组织发布的《针对监管机构人的绩效手册》(Doc 10051)将人的绩效(HP)视为人们实际所做的事情,即人类对系统性能的贡献。它明确区分了人的绩效与人的因素这一科学学科。手册的核心内容集中在如何让人们轻松且正确地执行任务,以及如何为他们提供支持,使他们能够发挥出最佳水平。由于人的绩效关注的是人类对系统性能的贡献,且全球航空系统是一个复杂的社会技术系统,因此这本手册为系统思维奠定了坚实的基础。手册强调,系统中的安全性是通过人们的设计或行动来实现的。鉴于提高安全性是所有监管活动的共同目标,将人的因素置于监管考量的核心位置对于确保安全至关重要。正因如此,新手册将以人为本的设计理念作为监管思维的核心要素。其中针对人的绩效,该手册提出了5大原则:

① HP原则1,人们的行为表现是由他们的能力和局限性决定的;
② HP原则2,人们以不同的方式解释情况,并以对他们有意义的方式来行事;
③ HP原则3,人们能够适应复杂且不断变化的工作环境的需求;
④ HP原则4,人们评估风险并做出权衡;
⑤ HP原则5,人们的表现受到与他人分工合作、技术和环境的影响。

航空公司应对乘务员开展机组资源管理(CRM)训练,入门课程着重教授个人如何在团队环境中安全、高效地工作。在实际运行过程中,更要注重在复杂系统的工作环境中,对人的角色进行优化,从而更加全面地应对"人的因素"所带来的风险。大量航空不安全事件的研究表明,大部分发生在机组运行中的事故与征候仍然与"人的因素"相关,其中包括沟通不畅、决策失误、领导力不足、情景意识减弱或丧失、无法识别和应对差错及威胁、无法有效管理工作负荷和压力,以及未能充分利用机组资源等问题,而有效的机组资源管理(CRM)培训为解决这些问题提供了有效的途径和方法。

(5)危险品运输。

国际民航组织附件18所载的危险品培训方案和《国际民航组织关于空运危险货物安全运输的技术说明》(Doc 9284)明确地指出了客舱机组关于危险品培训的事宜。

2014年,国际民航组织完成了对客舱机组危险品事件检查单的修订,并制定了《危险品事件的应急响应指南》(Doc 9841)。这一修订内容被纳入2015—2016年版的手册中,为客舱机组处理机上锂电池或便携式电子设备(PED)起火事故提供了实用的指导。该指南详细阐述了事件发生期间和发生之后的设备处理方法,以及针对特定情况(如行李架内电池或便携式电子设备(PED)起火)的应对策略。这些指导性内容将持续得到更新和完善。

(6)儿童约束系统(CRS)。

在飞机上,面对突然的加速、减速、意外颠簸或撞击,父母往往难以持续稳固地抱住婴儿或儿童。为了确保婴儿和儿童在飞行过程中得到最大程度的安全保护,使用经过国家认证的儿童约束系统(CRS)是极为有效的方法之一。这些专为婴儿和儿童设计的系统能安装在飞机专用座位上,为他们提供与成人使用安全带相同级别的安全保障。正确应用这些约束系统,对于提升事故中的生存率至关重要。

研究表明,若婴儿或儿童在飞机上未正确固定在经过批准的适当装置中,其受伤风险会显著增加。而使用非专为飞机座椅设计的设备,反而可能危及婴儿或儿童的安全。

《儿童固定装置批准和使用手册》(Doc 10049)详细阐述了指导各国制定CRS(儿童约束系统)使用许可的要求及批准流程,并为在飞机上正确使用CRS提供了全面指导。该手册涵盖了以下内容:适用于飞机的CRS类型;关于CRS型号的法规要求及监管注意事项;推荐的政策与执行程序;CRS使用培训的具体安排,特别是针对客舱机组的培训计划细节;向旅客提供的关于飞机上使用CRS的信息;CRS实施后的相关活动,包括国家的监督方法。

(7)客舱机组人员疲劳管理。

疲劳是一种生理状态,通常由睡眠剥夺、长时间保持清醒、昼夜节律紊乱或过高的工作负荷(包括精神或身体活动)引起,这种状态会导致精神或身体机能下降,进而可能削弱机组人员的警觉性,影响他们安全驾驶飞机或执行安全相关职责的能力。疲劳风险管理系统(FRMS)是一种数据驱动的方法,基于科学原理、专业知识以及运行经验,持续监测和管理与疲劳相关的安全风险,确保相关人员在适当的警觉状态下安全地开展工作。

国际民航组织附件6对运营人提出了具体的疲劳管理要求,要求各国依据科学原则制定管理疲劳的法规,这些法规可以通过飞行时间限制、值勤期限制和休息时间限制来强制执行,或者通过实施疲劳风险管理体系(FRMS)来实现。这些规定同样适用于客舱机组。由于疲劳不仅受工作要求的影响,还受到清醒状态下所有活动的影响。因此,国家、服务提供者及个人都需要共同承担起疲劳管理的责任。

国家层面,需要构建一个有利于疲劳管理的监管框架,并确保服务提供者有效管理与疲劳相关的风险,以保障安全绩效达到可接受的标准。服务提供者则负责提供疲劳管理的教育培训,制定能让个人安全履行职责的工作时间表,并建立一套用于监测和管理疲劳风险的流程。个人方面,则需要确保自己到岗时身体状况良好,能够胜任值勤任务(包括合理安排非工作时间以获得充足睡眠),并主动报告可能存在的疲劳风险。

(8)最低人数配备要求。

客舱机组在实施旅客安全方面发挥关键作用,机上客舱机组人数及其表现是确保紧急情况下乘员成功撤离的重要因素。国际民航组织附件6要求运营人确定其机队中每种飞机类型所需的最低客舱机组人数。这一要求的目标是使乘员能够安全和迅速地撤离飞机,并使客舱机组能够在紧急情况下或需要紧急撤离的情况下履行必要的安全职责。

国际民航组织标准和推荐做法(SARPs)并未提供运营人遵守附件6要求所需的具体数值(如客舱机组的确切人数)。运营人机队中每种机型所需的最低客舱机组人数必须经运营人国家批准,在确定最低客舱机组人数时,还应考虑客舱机组人数与客舱地板高度出口的比例。

正如事故调查和研究以及制造商所建议,客舱地板高度出口应合理分配给客舱机组负责,以便在紧急撤离时有专人负责,从而降低紧急撤离期间出口无人监管的风险。国际民航组织制定了《制定最低客舱机组人员要求手册》(Doc 10072),旨在为附件6第一部分中关于紧急情况下职责分配的规定以及商业航班所需最低客舱机组人数提供指导。该手册旨在解决以下问题:与飞机类型操作要求有关的客舱机组人员数量的认证要求;运行要求,包括国家最低机组人数有关的运行规则;紧急撤离和水上迫降演练的规划与实施;确定最低客舱机组人数时的注意事项;最低客舱机组人数的调整要求;对于客舱机组人数的额外考虑,如混合机队操作;为客舱内承担非安全和非应急任务责任的人员提供指导。

历史事故表明,飞机上需要配备一定数量的客舱机组人员,以便在发生紧急情况时开展及时有效的撤离,并提高乘员在事故中的生存能力。作为机型认证的一项关键要求,飞机制造商必须验证在90秒内所有旅客能够完全撤离飞机的能力。基于这些撤离演示或数据分析的结果,许多国家已经制定了关于客舱机组人员最低配备数量的规定。

目前,客舱安全领域讨论较多的话题之一是客舱机组人数与客舱地板高度出口的比例。部分机型中,客舱机组可能被分配管理和操作两个(1对)地板高度的出口。此外,一些运营人试图通过减少机上乘务员数量来降低运营成本,这也可能导致单个客舱机组成员需承担管理两个出口的职责。然而,在紧急情况下,两个地板高度出口之间的距离会使一名客舱机组人员难以有效完成任务,特别是在需要同时向两个紧急出口发出指令时,比如阻止旅客打开因外部火灾等原因而不可使用的出口。因此,在实际撤离过程中,可能会出现一名客舱机组人员无法有效管理两个出口的局面。

1991年5月,一架从萨凡纳飞往亚特兰大的麦道88客机,在亚特兰大国际机场滑行时与地面车辆发生碰撞导致机外起火,客舱乘务员立即实施撤离。然而,在撤离过程中,恐慌的旅客涌向一名乘务员,将她推挤至远离出口的位置。幸好,一名坐在头等舱的旅客挺身而出,推开拥堵在出口处的旅客,使乘务长能够打开1L出口,同时该头等舱旅客自行打开了1R出口。事后,美国国家运输安全委员会(NTSB)的调查发现,尽管部分客舱乘务员被要求负责打开两个出口,但他们在培训中并未接受过同时打开两个出口的相关练习。

国际民航组织客舱安全小组(ICSG)针对每个地板高度出口所需的乘务员人数配备问题进行了深入研究,为了提出基于实证或数据的建议,该小组对曾经发生的事故情况进行审查和研究,重点关注了机上乘务员的数量、紧急出口的人员配置及其对撤离过程和结果的影响。以1992年7月的一起事故为例,该小组进行了分析。一架从纽约飞往旧金山的洛克希德L-1011 TriStar客机,在约翰·肯尼迪国际机场中断起飞后冲出跑道,飞机随后被大火吞噬,但幸运的是,机上280名旅客和12名机组成员全部安全撤离。事故调查报告强调,当时机上有9名乘务员在岗,这一数量超出了国家法规规定的最低标准6人,而且,这9名乘务员还得到了机上另外5名非执勤乘务员以及2名在驾驶舱内休息的休班飞行机组的协助。

另一起事故发生在2005年8月,法航一架从巴黎飞往多伦多的A340-300客机上,当时机上有297名旅客和12名机组人员。客机在多伦多国际机场着陆后冲出了跑道,随即起火。事故后的调查报告强调,根据相关法规,每50个旅客座位需配备一名客舱机组人员,因此该航班理论上最少需要6名客舱机组人员。然而,实际上该航班配备了9名客舱机组人员,这无疑为紧急撤离工作的成功提供了有利条件。

1994年，英国克兰菲尔德大学(Cranfield University)受英国民航局(UKCAA)和美国联邦航空管理局(FAA)委托，就紧急情况下客舱机组对撤离的影响进行了一项专项研究。该研究在客舱模拟机中进行了4次紧急撤离，共1307人参与。结果表明，乘务员的表现和人数对撤离者的行为和撤离率有显著的影响。

根据对以往事故的调查、审查和研究，国际民航组织客舱安全小组(ICSG)的结论是，地板高度出口应分配给客舱机组实施有效管理，以便在紧急撤离时有专人负责。根据客舱安全小组(ICSG)的意见，国际民航组织建议每个地板高度的出口分配一名乘务员，以此作为降低紧急撤离期间出口无人监管风险的一项措施。

某些运营人可能会出于特定原因(如全商务舱配置导致旅客人数减少)而寻求修改已批准的最低乘务员配备数量，但是实施更改必须首要考虑安全。因此，任何希望修改机上最低客舱机组人数的运营人，都需要向相关局方证明，拟议的变更与现行的客舱安全程序之间不存在重大的安全差异。国际民航组织的 Doc 10072 手册为各国提供了制定流程的指导，这些流程基于循证的决策，包括实施安全风险评估、审核运营人的文档，以及对拟议更改的程序进行实际演示，以确保这些更改首先是以安全为出发点，并能将客舱安全维持在可接受的安全水平。

(9) 客舱电子飞行包(C-EFB)。

电子飞行包(EFB)最初的设计目的是作为一种替代手段，用于按照既定的运行要求，在飞机上存储、检索及利用所需的手册和信息。随着技术的不断进步，EFB开始搭载各种软件应用程序，例如能够下载多种数据库或接收来自运营部门的实时数据(如气象数据和旅客舱单信息)。EFB最初是为飞行机组设计的，主要用于执行飞行管理任务，但如今它也被广泛应用于客舱操作。专为客舱操作而设计的EFB被称为客舱电子飞行包(C-EFB)，其功能丰富多样，包括但不限于提供客舱机组操作手册、检查单、各类表格、旅客信息和实时报告等。

国际民航组织根据附件6所载的EFB条款，编制了《客舱电子飞行包实施和使用手册》(Doc 10111)，涉及对机组人员EFB硬件和职能管理的责任，旨在为客舱机组提供实施和使用C-EFB的有效指导。它主要解决以下问题：C-EFB类型和功能；C-EFB硬件和软件注意事项；C-EFB管理系统；C-EFB客舱机组操作程序和培训；C-EFB风险评估；C-EFB评估流程；C-EFB的特定操作批准清单等。

对运营人来说，有一句至理名言："有了安全不等于有了一切，但没有安全就没有一切"，保证安全是运营人追求"两个绝对"的先决条件，没有安全这一基石，一切都无从谈起，因此，"安全为了发展，发展必须安全"。安全本身就是最优质的服务体现。

客舱安全管理工作是一项系统工程，各航空公司如今都将保证客舱安全作为公司安全管理体系(SMS)的重要组成部分，在安全生产责任制中明确主要负责人对统筹做好客舱安全工作的领导责任，细化飞行、客舱、安保、服务、标准等相关领域各级领导和部门的管理责任，强化飞行机组、客舱机组、航空安保、地面服务等一线人员在客舱安全管理中的岗位责任，并对其在航班生产过程中履行客舱安全岗位职责给予充分的授权和保障。此外，在生产运行过程中，各家航空公司也正在持续开展针对客舱安全的风险评估和隐患排查治理工作，不断完善风险管控措施，提高对各类风险和隐患的应对能力和管控能力；狠抓责任落实，避免客舱安全标准和服务程序、公司政策和一线落实之间出现"难协调、不落地"等问题。作为客舱安全的各类管理和运行机构和部门，只有有效落实"确保两个绝对安全"的工作目标，推动客舱安全工作走深走实，才能以高质量客舱安全水平服务高质量民航发展，才能不断提升广大旅客乘机出行的安全感和幸福感。

第二章 威胁和差错管理(TEM)基础知识

任务一 TEM起源

威胁和差错管理(Threat and Error Management,TEM)的起源和航线运行安全审计(Line Operations Safety Audit,LOSA)密不可分。1994年美国得克萨斯大学人的因素研究项目组和达美航空公司合作,利用驾驶舱观察座实施定期航班航线的观察审计。当时双方都认识到,如果航线运行审计工作要发挥作用,即真实地看到航线运行上发生了什么,必须实施保密性的保证——不会让法规或组织管理层危害到被观察的机组。机组必须相信,他们的个人表现不会引发任何不良后果;否则,他们一旦知道自己正在被观察和审计,往往会"假装"或"想方设法"呈现出他们最好的表现。

第一个观察模式是得克萨斯大学人的因素研究项目组为了评价机组资源管理(CRM)的行为而进行观察,随后扩大到解决差错和差错管理。观察员们密切关注机组所犯差错的类型、差错的制造者,以及对差错的响应情况(包括差错是否被检测到,以及由谁发现)和差错所带来的结果。然而,尽管能够知晓差错的发生,但观察员们往往难以全面了解差错发生时的具体条件、环境和背景,即"知其然,而不知其所以然"。为了解决这一问题,研究人员提出了威胁和差错管理(TEM)的概念。

1996年,美国大陆航空公司首次实施了基于TEM理念的航线运行安全审计(LOSA)。在这次审计中,大陆航空公司揭示了最常见的威胁、差错以及非期望的飞机状态。基于审计数据的收集与分析,公司成立了跨部门委员会,并推出了相应的解决方案。此外,公司还为所有飞行员提供了一天的TEM培训,详细阐述了威胁和差错的概念,以及LOSA数据收集与分析的结果。这使得飞行员们能够从不同的视角审视自身面临的威胁和差错发生率,并学会如何管理非期望的飞机状态。

美国大陆航空公司将1996年的LOSA结果作为基准,在2000年进行了第二次LOSA观察。当时大陆航空公司负责安全和合规性的Don Gunther机长表示:"与1996年的结果相比,2000年的LOSA结果显示,飞行员不仅接受了差错管理的理念,而且已将其融入日常操作中。2000年的LOSA项目分析显示,飞行员在使用检查单方面有了显著的改进,不符合稳定进近标准的数量减少了70%,飞行机组的整体表现也得到了提升。可以说,大陆航空正在朝着正确的方向前进。"

基于美国大陆航空以及其他运营人成功实施LOSA项目的经验,国际民用航空组织(ICAO)将LOSA视为飞行安全和人的因素项目的核心重点,并将其作为行业最佳实践加以推广(参见国际民航组织LOSA手册)。美国联邦航空管理局(FAA)也赞同LOSA作为一种安全实施方案(参见咨询通告AC120-90)。因此,TEM和LOSA理念在全球航空业中得到了广泛的认可和传播。

笔者认为TEM理论框架在得克萨斯大学的三位学者Robert L. Helmreich、James R. Klinect及John A. Wilhelm共同撰写的一篇题为《威胁、差错模型和飞行运行中的机组资源管理》的文章中得到很好的阐述。文章指出:机组资源管理(CRM)被定义为在驾驶舱内寻求改善团队合作的策略。有效的团队合作固然很重要,但它不是机组资源管理(CRM)培训的主要目标。更为精确地说,CRM应被理解为一种综合性的方法,它涉及充分利用所有可用的人力、信息及设备资源,以确保飞行过程既安全又高效,并在此过程中展现出卓越的表现。CRM是一个主动的过程,由机组人员识别运行中的重大威胁,与机长进行沟通,并共同制订、协调、实施计划以避免或缓解每个威胁。CRM体现了在特殊情况下,机组成员之间相互影响时,对人的因素知识的具体实践应用。有效的CRM方案可以提高士气和提高运行的效率。

对CRM的批评常聚焦于其在培训过程中容易忽视人的"易变性"——人的行为表现始终处于不断的变化之中,是一个永恒的变量。此外,机组资源管理(CRM)的培训往往处于安全部门、训练部门和运行部门之间的交界地带。CRM并非一次性的行动方案,而是安全文化建设中不可或缺且持续的组成部分。

现今的CRM培训应当依据组织强项与弱点的精确数据,并结合对当前安全问题的深入认识来开展。通过细致分析并采取恰当的预防或补救措施,培训应变得具有针对性且主题鲜明。这些数据源来自五个关键方面,每一方面都揭示了航班运行的某一不同维度。

(1)正式评价训练和航线上的行为表现。

(2)事件报告。

(3)机组人员对安全和人的因素的看法的民意调查。

(4)飞行运行质量保证(FOQA)项目,FOQA数据提供发生了什么的可靠指标,但不解释这些事件发生的具体原因。

(5)航线运行安全审计(LOSA)。

因此,三位学者阐述了LOSA的性质和价值。LOSA通过收集和分析数据,为组织在安全、运行和培训领域提供了战略指导的全局视角。LOSA尤其擅长识别卓越行为表现的案例,这些案例不仅有助于巩固安全基础,还能作为培训的重要资源。根据国际民航组织《安全管理手册》(Doc 9859)的描述,LOSA收集数据是主动型的,能主动快速收集数据,组织可使用这些数据以防止出现不安全事件。

三位学者定义并分类了以下五种类型的差错。

(1)故意不遵守(规章和程序):有意违反规章和标准操作程序(SOP),如省略所需的简令或漏做检查单项目。

(2)程序的差错:包括失误、疏忽或错误执行规章或程序,飞行员的意图是正确的但执行有缺陷。

(3)沟通(通信)的差错:在驾驶舱内或机组之间、驾驶舱内人员和外部人员之间(比如空管)发生信息不正确的解释或传递。

(4) 熟练程度的差错：缺乏知识或缺乏操作技能。

(5) 运行决策的差错：在规章和程序未涵盖的情况下，由飞行员酌情决定，但是飞行员做出了错误的决策，不必要地增加了风险，如进近时机动选择飞进恶劣天气或对于自动化过度依赖。

在以上五种差错分类的基础上，三位学者识别出机组人员对于差错的以下三种响应。

(1) 捕获——检测到差错，在造成后果之前进行了管理。

(2) 加剧——检测到差错但机组人员的行动或不采取行动导致了更为负面（严重）的结果。

(3) 没有作出反应——机组人员未能对差错作出反应，因为差错被忽略或者未被发现。

在此基础上，存在以下三种可能的后果。

(1) 无关紧要——差错不影响飞行安全或由飞行机组成功实施管理。

(2) 非期望的飞机状态——差错导致飞机被不必要地置于风险增加或恶化的状态中，如不正确的垂直或水平导航、不稳定进近、低燃油状态和硬着陆等。

(3) 额外的差错——对差错的响应可能导致再次产生更多的差错，再次启动响应的循环。

对非期望的状态，可以：①缓解；②加剧；③没有作出响应。对于非期望的飞机状态，有以下三种可能的结果。

(1) 恢复，表明风险已被消除。

(2) 额外的差错，启动新一轮的差错识别和管理。

(3) 导致不安全事件或事故。

作为安全管理体系（SMS）的关键组成部分，各航空企事业单位需致力于确立可接受的安全绩效水平（ALoSP），这一水平需通过具体的数值来界定，作为目标安全值。为评估当前的安全状况，需采用相应的安全绩效指标（SPI）。通过对比 SPI 与 ALoSP，可以判断安全目标是否达成。但在采取任何行动之前，航空企事业单位必须先具备衡量其安全水平的能力。

鉴于航空公司之间存在显著差异，安全管理者无法仅凭全球统计数据来准确判断本公司的安全绩效状况。因此，若航空公司希望有效管理其安全，就必须基于自身运营的具体状况，考虑并采用特定的数值指标。

得克萨斯大学人的因素研究项目组开发的 TEM，作为一个概念框架来解释从正常或日常和非正常操作中所获得的数据。许多年来，这个理念得到了全球航空业的认可。

TEM 框架关注运行环境，以及在这种环境中工作的人。因为 TEM 框架捕获在正常或日常的运行情况下人的表现，据此产生的数据具有现实性、动态性、整体性、诊断性和可分析性等特点。

一、威胁和威胁管理

飞行员必须管理飞行运行环境中的各种复杂性。在 TEM 中，这种复杂性被称为威胁。

威胁的定义涵盖以下几种情况：发生在机组控制之外（非机组引发）；增加了飞行操作的复杂性；若要保持安全裕度，则需要飞行机组给予关注并采取管理措施。

根据威胁的定义，高高原运行、结冰条件、飞机故障或他人的差错（如签派员不准确的燃油放行）等均可被视为威胁。这些事件均独立于飞行机组控制之外，但会增加飞行机组的工作负担，因此需进行有效管理。有时，威胁可以单独应对，但有时它们会与更复杂的威胁相互交织，从而加大管理难度。在商业航空公司中，威胁通常被划分为两大类：环境（外部）威胁，这类威胁发生在航空公司直接控制范围之外（如天气状况和空中交通管制等）；航空公司内部的威胁，这类威胁源于飞行操作本身，如飞机故障和地面保障问题等，如表2-1所示。

表2-1　威胁的种类

类型	具体内容
环境（外部）威胁	天气（恶劣）； 能见度（差）； 机场设施设备（标识不清、导航设备不工作、跑道刹车效应差）； 空管（指挥、语言沟通不畅）； 地形环境（高高原、短跑道）
航空公司内部的威胁	机型； 航班准点压力； 机闹； 签派放行出现差错； 地面、机坪运作不顺利； 机务维护差错； 操作手册、标准作业程序不是最新版本

威胁管理可大致定义为机组预测并/或对威胁作出反应的过程。在商业航空中用于管理威胁和防止机组发生差错的一些常用的工具和技术包括：阅读签派放行单，提前开启雷达，对飞机进行全面检查，正确使用程序来诊断飞机的故障，准确执行指令，严格遵循检查单，采用标准喊话，执行交叉检查等。

在TEM模型中，从飞行员的角度来看，包含三个基本组成部分：威胁、差错和非期望的飞机状态。该模型指出威胁和差错是飞行员管理日常航班运行的一部分，因为威胁和差错可能会产生非期望的飞机状态。飞行员还必须管理非期望的飞机状态，因为它的存在会引发潜在的不安全结果。非期望的飞机状态管理很大程度上代表着利用最后的机会来避免不安全的结果，从而维护飞行运营中的安全裕度。

威胁还可以分为以下几类。

（1）预期的威胁：飞行机组能够提前预见或熟悉已知的威胁。例如，机组可以事先预见到雷雨天气可能带来的后果。

（2）非预期的威胁：一些威胁会出乎意料地发生，如飞行中飞机故障突然发生，但飞机并没有预警。例如，2024年1月5日，美国阿拉斯加航空公司的1282号航班就遭遇了空中舱门门塞炸飞导致的空中释压事件。面对这种突发情况，飞行员必须依靠自身的运行经验以及通过培训获得的技能和知识来应对。

(3)潜在的威胁：一些威胁可能不直接不明显，或由沉浸在运行背景之中的飞行员才能观察到，或可能需要安全分析才能揭示，这些被视为潜在的威胁。例如设备的设计问题，视觉上的错觉或经停时间的缩短等。

不管威胁是否被预期、出乎意料或潜伏，飞行机组有效管理威胁的一个重要措施是具备必要的预见能力，以便在检测到威胁时，能够迅速部署相应的对策进行应对。威胁管理是构建差错管理和非期望的飞机状态管理的基础要素。

虽然威胁与差错之间的联系并非总是简单直接，也不一定能构成线性的关系，或威胁、差错和非期望状态数据之间建立起一对一映射关系，但管理不当的威胁往往与飞行机组差错相关联，而这些差错又常常导致非期望的飞机状态出现。威胁管理的目的在于让一线飞行员树立这样的观念：作为威胁的管理者，飞行员拥有最积极主动的选项来维持飞行的安全裕度，既是第一道也是最后一道防线，确保威胁不会对安全运行造成影响。

二、差错和差错管理

从 TEM 的角度来看，差错是机组采取行动或不采取行动后导致与机组或组织（管理层）的意图或期望出现了偏差。简而言之，威胁是面向机组的外部挑战，而差错则源自机组内部的应对行为。

飞行机组差错可能源于记忆失效、疏忽大意或故意违规。例如，为了抓紧时间进跑道起飞，飞行机组匆忙完成检查单，结果未能将襟翼设置在正确的位置，这些差错往往是因为采用了"快捷键"（走捷径）的方法，而违反了标准操作程序。

差错的发生，无论是机组的作为还是不作为，都会导致实际结果与预期意图产生偏差，进而削弱安全裕度。机组人员的差错主要分为三类：操作飞机时的差错（如错误调整开关或手动飞行中的失误）、执行程序时的差错（偏离规定、手册要求或航空公司标准操作程序），以及沟通差错（涉及飞行员之间、机组内部或机组与外部人员之间的沟通不畅和误解）。

差错管理现已成为培训中不可或缺的一部分，早在1998年，国际民航组织公布的《人的因素培训手册》中就已经谈及这个问题。因此，威胁与差错管理（TEM）的主要驱动力在于理解何种情况下会犯下何种类型的差错，以及机组如何对这些情况作出反应（包括是否能及时检测和快速纠正差错）。机组意识到差错但没有采取行动，可能是因为他们相信这些是无关紧要的，或打算稍后纠正，或者直到差错升级为更严重的非期望飞机状态时才察觉。这正是差错管理的核心所在——如何迅速检测和纠正差错。

从安全角度出发，及时发现并妥善管理运行差错，以防止其引发非期望的飞机状态并维护飞行运行的安全裕度，已成为运行过程中的关键环节。除了其安全价值外，正确的差错管理在提升人的行为表现方面也取得了显著成效。

捕获差错和如何管理差错同样重要，一些差错能迅速被检测到并得到解决，因而对运行影响不大。然而，也有一些差错未被发现或管理不善，从而导致了更为严重的后果。

澳大利亚2006年公布的一份研究报告《在低容量航空运输中感知的威胁、差错和安全》指出,飞行员的差错管理应该注意避免差错、差错检测和差错改正三个方面,如表2-2所示。

表2-2 飞行员的差错管理

项目	定义和范围
避免差错	避免差错要求飞行员在检测差错和使用减少差错的策略方面更为积极主动。一般来说,避免差错的策略包括飞行前的情况介绍(即使是单人制飞行员)。例如,在简报中讨论典型的威胁、差错及其应对措施,一旦飞行中遇到这些情况,飞行员的工作负荷就会相应减轻; 遵循标准操作程序(SOP),清晰无误地沟通,能够显著降低差错发生的风险。SOP为操作提供了安全和有效的指导方针,这些程序都源自以往运行人员在正常和非预期情况下遇到的问题,并经过实践验证,是有效的解决方案; 组织应当激励飞行员去认识并与其他人交流那些可能导致差错的各类威胁,比如疲劳、经验不足、注意力分散或过度集中,并据此制定有效的应对策略
差错检测	在发生差错的情况下,理想的情况是能在其引发更多差错或导致非期望飞机状态之前就被检测到。为了更早地发现差错,飞行员需要具备良好的情景意识,并可以采取以下策略: ①寻求有关飞机实际和预期状态的反馈,可以让飞行员有机会及早发现异常情况; ②严格遵守检查单,因为使用检查单可以提醒飞行员注意可能已犯下的差错; ③交叉检查要有明确的响应,促进飞行机组对飞机状态的共同理解,打造共同的心智模型。 差错检测可以使飞行员有机会在差错导致更多差错或非期望的飞机状态之前捕获差错。此外,复诵提供了飞行员和空中交通管制员之间及飞行员之间的理解和确认的过程。例如,当一名飞行员复诵放行指令时,另一名飞行员可能会发现其中的错误
差错改正	早期发现差错对于及时改正至关重要。一般而言,早期差错改正包括纠正差错,并持续监控改正策略的有效性,同时不断追踪飞机状态以确保其符合预期。然而,如果差错被延迟发现,飞行员可能需要启用紧急程序或采取应急措施。在飞行前简报或准备会议上,讨论可能出现的典型差错及应对策略,有助于减轻工作负荷,并促进差错的早期改正

三、非期望的飞机状态

非期望的飞机状态是指由于飞行机组的差错、作为或不作为导致飞机的位置、速度、姿态或构型等出现问题,明显降低了飞行的安全裕度。

遗憾的是,并非所有的差错都能得到妥善管理。有时差错会导致另一个差错或一连串的事件。换言之,非期望的飞机状态是差错管理无效的结果,如不稳定进近、飞错高度、偏离航线或滑错滑行道等等。空中交通管制员(Air Traffic Controller,ATC)指挥错误或飞机故障等也可能让飞机出现非期望的状态,但这些事件并非飞行机组操作失误的结果,在

TEM分类中被视为威胁。

从学习和培训的角度来看,区别非期望的飞机状态与最终结果至关重要。非期望的飞机状态是正常运行状态与最终结果之间的过渡阶段,而最终结果则是这一过程的终结状态。例如,从稳定的进近(正常运行状态)转变为不稳定进近(非期望的飞机状态),最终导致冲出跑道(最终结果)。因此,开展有针对性的培训和实施纠正措施,以区分这些状态,具有极其重要的意义。在面对非期望的飞机状态时,飞行机组有可能通过采用适当的TEM策略,使飞机恢复到正常运行状态,从而恢复安全裕度。然而,一旦非期望的飞机状态演变为最终结果,恢复到正常运行状态和安全裕度将变得不可能。

飞行机组的威胁和差错管理实践总结为:飞行机组应培养超前思考的能力(即增强情景意识),以预见并避免差错和威胁,同时有效管理任何突发情况。正如一句老话所言:"优秀的飞行员凭借卓越的判断力避免展现其高超的飞行技巧。"

目前,TEM理念在航空业已不再陌生。实际上,飞行员已经借助各种工具和技术来管理威胁、差错和非期望的飞机状态。这些工具大致可以分为两类:一类是"硬"保障措施——它们与飞机设计紧密相连,如自动化系统、仪器显示和飞机警告系统(如防撞系统为飞行员提供了视觉和听觉的警告);另一类是"软"保障措施——包括法规、规章、标准操作程序和检查单,它们指导飞行员按照标准执行操作并接受培训。飞行机组常被视为保障安全的最后一道防线,而检查单只有在飞行员使用时才能发挥作用。同样地,只有当飞行员采纳TEM理念时,TEM工具才能展现出其效用。在整个飞行过程中,TEM理念强调三个核心概念:预测、识别和恢复。

预测的核心在于接受飞行运行中可能出现的差错。由于无法精确预知差错的具体内容和发生时间,因此,提升所有安全关键岗位的警惕性至关重要。保持这种警惕意识(即安全意识)是识别不安全事件和差错的关键。

从逻辑上讲,识别有助于恢复。例如,如果飞行机组在飞行管理系统(FMS)中错误地输入了21R跑道信息,而实际应为21L跑道,那么通过交叉检查,机组可以及时发现这一错误。随后,通过简单地断开自动驾驶仪,机组可以手动将飞机引导至正确的跑道。这种"软"保障措施——交叉检查,有助于飞行员预见并识别差错。

最后是恢复阶段。飞行机组的最终目标是从威胁、差错和非期望的飞机状态中恢复过来。许多机组资源管理(CRM)的最佳实践都可以被视为TEM的恢复策略,如简令、监控和交叉检查、工作负荷分配、领导力和沟通等。通常,监控和交叉检查做得好的机组犯的差错更少。如果飞行机组能够主动讨论潜在的威胁,那么管理不善导致的差错也会减少。在某些情况下,特别是当差错升级为非期望的飞机状态时,机组的首要任务是恢复足够的安全裕度,然后再分析差错发生的原因。

TEM不仅是一种安全理念哲学,还是一套实用的技术。国际民航组织也在不断发展和完善TEM的指导材料。目前,一些航空公司已经将TEM的概念和框架作为事件报告制度的基础,通过培训要求和提示来鼓励飞行员报告威胁、潜在的差错、如何管理不安全事件以及如何避免或更好地处理这些事件;还有的航空公司则将TEM模型作为分析和调查征候和事故的框架。TEM工具图如图2-1所示。

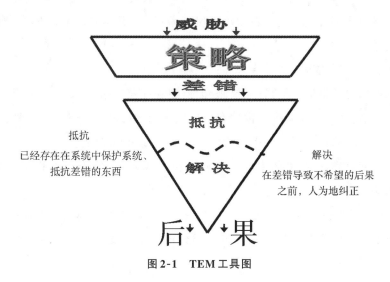

图 2-1　TEM 工具图

总而言之，TEM 理念值得我们进一步研究和推广。以美国捷蓝航空公司（JetBlue Airways）为例，该公司专门为客舱机组设计开发了 TEM 培训课程，旨在提升机组识别、跟踪和减轻差错的能力。捷蓝航空公司认为，在 TEM 理念的指导下，个人往往需要及时采取行动，以防止那些看似微不足道的小问题或差错逐渐累积，最终引发非期望甚至灾难性的后果。尽管没有任何一个风险防御层能够做到尽善尽美，但客舱机组应当充分利用尽可能多的风险防控手段（即防御层）来有效应对威胁，从而实现机组资源管理（CRM）的目标。具体的客舱机组 TEM 技能可以概括为：提前计划、格外谨慎、有效沟通，作为团队的一部分开展工作及管理乘员环境。

任务二　TEM 模型在客舱领域的具体实践

一直以来，TEM 都是 CRM 不可或缺的重要组成部分。客舱 TEM 是一个持续的过程，在这个过程中，客舱机组通过识别、规避、应对和管理运行威胁及人为差错，来促进安全运行并提升整体安全水平。

TEM 的最终目标旨在实现两个最大限度。一是最大限度地减少人的因素导致的事故和不安全事件；二是最大限度地提高飞行安全。毕竟，在客舱机组履行职责的过程中，人为差错是可能出现的。同样地，威胁也始终是客舱机组运行环境中不可避免的一部分。我们时刻都面临着各种威胁。因此，对威胁进行有效管理以减少人为差错至关重要。

根据得克萨斯大学人的因素研究项目组开发的 TEM 框架，威胁被定义为超出客舱机组控制能力和范围的情况。此类威胁会增加运行复杂性，因此，客舱机组必须对其进行妥善管理，以确保维持可接受的安全裕度。举例来说，国际航空运输协会一直在推广安全运行审计项目（IOSA），在该项目中，TEM 被界定为飞行机组或客舱机组为减轻威胁或管理差错所采取的一系列行动。

对于客舱机组而言，TEM 理念的核心在于严格遵守公司制定的所有标准操作程序

(SOP)。在日常飞行中,机组人员必须时刻保持警惕,认识到威胁无处不在。管理好威胁和差错需要注意以下几点。

(1) 主动监控和评估潜在的差错来源;

(2) 运行可用的防御层(风险管控措施)以避免和捕获差错;

(3) 在整个团队中,快速有效地沟通和传递所面临的威胁和行动(行为)意图;

(4) 关注所采取的行动(行为)是否能够有效应对威胁和差错。

根据得克萨斯大学的研究成果,在TEM理念中,我们需要具体区分以下一些概念并运用于客舱实践领域。

威胁:在客舱机组控制和能力之外发生的情况、事件或差错,这需要客舱机组给予关注并采取管理措施,以妥善维护飞行安全,提升整体的安全裕度。威胁的类型和样例如表2-3所示。

表2-3 威胁的类型和样例

威胁的类型	威胁样例
运行方面	• 准点起飞的时间压力; • 航班改道备降; • 不熟悉机型的客舱/厨房配置; • 运行异常(如中断起飞); • 空中交通和地面拥堵; • 恶劣天气/颠簸
驾驶舱事件	• 飞行员丧失行为能力; • 飞行员出现差错/分心; • 飞行员对于客舱机组的指责(责骂)
安全运行支持方面	• 机务维护、机上餐饮、安保或地勤人员的差错; • 文字工作错误(例如旅客数量、客舱记录本、舱单等); • 客舱机组排班差错; • 运控的计算错误; • 机场安检流程问题或设备故障
飞机方面	• 设备故障; • 娱乐系统不工作; • 特定厨房/客舱配置杂乱不堪; • 应急设备不全或有缺陷
旅客方面	• 不守规矩; • 在洗手间里吸烟; • 颠簸/滑行期间站立于客舱走道; • 行李未存放好; • 意图非法进入驾驶舱; • 旅客之间发生争执或打架斗殴; • 霸占座位; • 应急撤离时企图携带行李

差错:客舱机组偏离组织期望或意图的行为。差错种类和样例如表2-4所示。

表2-4 差错种类和样例

差错种类	描述	样例
故意违规违章	客舱机组故意和有意图地偏离法规、规章、SOP的要求	• 无视客舱静默规则; • 未执行安全设备检查单; • 没有报告应急设备缺失或缺陷; • 没有向出口座位的旅客提供所需的安全须知卡以及安全告知; • 在飞机起飞滑跑期间站立,执行与安全无关的工作; • 未报告烟雾探测器报警; • 运行关键阶段没有系安全带
程序差错	客舱机组已经具备必要的知识和技能,且其执行意图正确,但由于在执行过程中出现了缺陷,如忘记或忽略了某些适当的动作,这种情况与瑞士奶酪模型的相关原理相吻合	• 客舱机组完成设备检查单,但忘记检查列表中的某一项应急设备; • 客舱机组使用应急设备检查单,但是错拿为另一种机型的检查单; • 客舱机组无意中将烤箱温度设置为高于餐食准备说明中的温度; • 向出口座位的旅客介绍安全须知时,忘记提及如何打开应急舱门
沟通差错	客舱机组内部之间或客舱机组与外部(如飞行机组、地勤人员、机务人员)之间沟通不畅、误解或未能传达相关信息	• 客舱机组对结载人员提供的舱单信息理解错误; • 客舱机组对飞行机组提供的信息理解错误; • 客舱机组和航食公司工作人员的沟通出现误解,导致从配餐车上摔下来
技能熟练度差错	客舱机组因知识或技能不足导致行为表现出现问题(不足或缺陷),这种情况有时会因缺乏相应的知识或培训而进一步出现或加剧	• 客舱机组不会使用1L门的控制面板; • 客舱机组没有意识到滑梯是预位状态,将门打开,导致滑梯放出; • 客舱机组不清楚在紧急情况下如何通过内话联系驾驶舱
运行决策差错	客舱机组采取或继续采取增加不必要的运行风险的行动方案,这些决策可能并不妥当。实际上,运营人的SOP中已经考虑到了许多行动替代方案,但客舱机组由于各种原因没有识别替代行动方案、没有选择备选方案或直接忽视替代方案	• 在颠簸期间继续提供餐食服务; • 未经乘务长或机长同意而做出开门的决定; • 起飞前未能及时完成客舱检查

非期望的客舱/飞机状态:客舱机组所管理的客舱/飞机出现明显降低安全边际的状态,或是由于客舱机组无效的威胁或差错管理导致出现危及安全的情况。根据得克萨斯大学理论框架,非期望的飞机状态是可恢复的,并不是最终状态。非期望的客舱/飞机状态类型和样例如表2-5所示。

表 2-5　非期望的客舱/飞机状态类型和样例

非期望的客舱/飞机状态类型	样例
客舱/飞机构型	• 客舱系统：电气、照明、电子(控制面板、娱乐系统等)、水箱或通信系统配置错误； • 滑梯处于错误模式(如应该预位而没有预位)； • 滑梯无法使用； • 厨房设备未固定； • 安全设备(灭火器、氧气瓶、应急定位发射机等)缺失、故障或无法获取； • 驾驶舱门在飞行中未锁闭
飞行阶段	• 旅客未坐好/安全带未固定； • 座椅/小桌板未处于直立位置； • 客舱/厨房内物品未固定； • 客舱乘务员未就座/安全带未系紧； • 通道/出口未畅通
旅客	• 旅客不遵守安全带的标志； • 旅客在卫生间吸烟； • 旅客醉酒或与机上人员争执； • 旅客没有遵守座位限制规定(如行动不便的旅客坐在出口座位)； • 客舱内存在超标的危险品
地面	• 旅客在加油期间吸烟； • 机组没有遵守加油程序(比如指定的撤离门无人值守)； • 门/出口/通道受阻； • 超大/超重行李在客舱中无法安排； • 机上留有无人认领的行李

最终状态：最终状态是客舱机组向有关部门报告的事件。最终状态不可恢复(如滑梯放出)。非期望的客舱/飞机状态和最终状态之间的区别在于是否具有可恢复性，如起飞前发现药箱里药品不全，这是一个可恢复的非期望的飞机状态，可以在起飞前要求相关航医部门马上补充配备；但是一旦起飞后便不可恢复，因此这是一个最终状态。

任务三　使用 TEM 模型分析滑梯误放事件

国际航协通过收集、统计全球所发生的各类滑梯误放的具体案例和信息，经过深入分析，识别出滑梯放出的各类促成因素(见表 2-6)。此次分析旨在激发更多富有智慧的见解，进而建议运营人根据自身运营特点，制定出行之有效的管理策略和工具，以防止滑梯误放等类似不安全事件的发生。

表 2-6　TEM 模型分析滑梯误放

威胁	差错	非期望状态
运行过程中出现的临时情况，如重新打开舱门、调机航班、临时增加餐饮、在客舱机组中重新分配舱门管理职责； 其他机组人员（包括客舱人员）出现的差错（如没有按照或遵守解除滑梯预位程序）； 工作任务负荷过大（可能导致注意力不集中）； 时间压力（起飞时间限制、加油时间限制、经停时间短等）； 客舱机组人员疲劳、分心等	操作差错（直接开门而不是解除滑梯预位）； 程序差错	机组下机后，滑梯处于预位状态； 在滑梯预位模式下开门

为了有效应对滑梯误放事件，我们可以采用以下风险缓解方法（这些方法包括但不限于以下所列）。

一、建立记忆辅助工具

建立记忆辅助工具，如首字母缩略词、舱门标牌和检查单。在我国很多航空公司飞机上，我们常常看见舱门上方安装有操作流程的标牌。这些记忆辅助工具帮助客舱机组回顾操作舱门的系列动作，保持任务意识以正确执行舱门操作程序，这类标牌为客舱机组操作提供了基本信息。值得关注的是标牌的安装位置，要确保客舱机组在操作舱门之前看到标牌。同时要注意运行风险，如果太复杂，可能会让客舱机组不胜烦琐，从而减少或分散相关视觉指令的注意力。同时还要注意标牌的稳固性，应确保紧急状况下标牌不会掉落，不影响应急撤离。

二、检查单

检查单在应对滑梯误放事件方面能提供有益帮助，它有助于强化客舱机组遵循滑梯预位与解除预位程序的准确性。对于飞行机组而言，检查单是他们在飞行过程中不可或缺的得力助手，随时可取用。然而，在客舱机组的日常运行中，除非航空公司主动提供并将检查单放置在舱门附近或采用手持式设计，否则客舱机组很少会主动使用它们。因此，针对客舱机组，如何在初始培训、复训以及实践培训中有效地讲解和训练他们正确使用这类检查单，显得尤为重要。

三、舱门预位警告系统

如今，采用技术防御层（风险控制措施）的做法越来越得到航空企业的高度重视。对于飞机制造商而言，舱门预位警告系统已经或者正在准备纳入某些新型飞机的设计之中，或作为新型和现有飞机的附加功能供航空公司选装。

这类警告系统的核心目的是:在已预位的舱门被无意中打开(无论是被机组人员、地面工作人员还是旅客)时,立即激活系统以警示客舱机组迅速采取行动。航空公司在选装任何先进技术时,都必须审慎考虑相关的风险管理(包括变更管理)。因此,国际航协建议运营人在决定安装舱门预位警告系统之前,应综合考虑以下因素。

(1) 如果报警器在手柄移动后激活,重新存放手柄可能为时已晚;

(2) 如果报警器在预位滑梯过程中激活,则可能需要在飞行过程中停用,以防止产生干扰和滋扰;

(3) 应急情况下,报警器激活不应给舱门的操作者造成混乱;

(4) 如果安装了此系统,运营人应更新相关的培训设备,增加正常和紧急运行期间包括报警功能在内的训练科目;

(5) 运营人机队中的多种机型,可能出现不同类型的报警器,可能会给客舱机组造成混乱,或是出现客舱机组过度依赖系统的情况。

四、静默审查

静默审查的目的是让客舱机组在起飞和着陆关键阶段为可能发生的任何紧急情况做好心理准备,为非预期出现的紧急情况做好准备。

静默审查可帮助客舱机组将注意力集中在安全上,并为紧急情况采取行动做好准备。这种做法可以使客舱机组能够在紧急情况下作出更快速、更正确的反应,采取相适应的行动和决策。虽然静默审查可以采取任何形式,全球并没有硬性规定,但是建议应包含审查应急撤离职责和撤离疏散责任所需的所有要素,有的航空公司要求客舱机组的静默审查包括以下几点。

(1) 我正在什么类型的飞机上?

(2) 现在的状态是起飞还是降落,飞机在陆地还是水面上?

(3) 我操作哪种类型的舱门出口?舱门辅助把手在哪里?如何打开出口?手动充气手柄在哪里?

(4) 我可能听到机长哪些指令?如何启动撤离和疏散程序?我的撤离指令是什么?防冲击姿势和指令是什么?

(5) 外部运行条件和环境是什么?我应带什么设备,它位于何处?离我最近且身体状况适合协助撤离的旅客在哪里?如何确定这样的旅客?

(6) 我在地面上的职责是什么?需要特殊帮助的旅客在哪里?

国际航协建议将静默审查纳入客舱所有安全培训课程之中,包括初始训练和复训。

以下是一家运营人使用的静默审查示例,旨在帮助检查某些关键环节,该示例被称为"OLD ABC"。

(1) O:舱门出口操作;

(2) L:紧急设备的位置;

(3) D:训练内容(如撤离程序);

(4) A:能充当协助者的旅客及行动不便的旅客;

(5) B:防冲击姿势;

(6) C:指令。

某运营人使用另一种首字母缩写方式"ALERT"(该英文单词本身也表示警惕)进行静默审查。

(1) A:飞机类型;

(2) L:位置;

(3) E:设备;

(4) R:责任;

(5) T:威胁。

无论静默审查采用何种形式,它都能促使客舱机组深入思考如何按照正确顺序完成紧急任务。特别是在工作负荷重或压力大的情况下,客舱机组容易分心,有时甚至会出错。此时,运用静默审查的方法能帮助客舱机组静下心来专注思考,特别是关于自身安全责任的部分。这样,在紧急情况发生之前,客舱机组就能预测并警惕可能出现的任何紧急迹象,从而能够更迅速地作出反应,特别是在准备起飞和降落的关键时刻。

任务四　TEM理念的推广

国际民航组织的《培训》(Doc 9868)专门介绍了TEM理念,指出TEM是关于航空运行和人的行为能力的核心安全概念。TEM并非一个革命性的概念,它是通过整合实际的人的因素的知识,在不断推动提高航空运行安全裕度的过程中逐步演变而来,是作为一个行业集体经验的产物发展起来的。这种经验促使人们认识到,过去的研究主要针对航空运行中人的行为能力的运行考量,但基本上忽略了在动态工作环境中影响人的行为能力的最为重要的因素,即人与执行运行职责时所处的运行环境(包括组织、规章及物理环境)之间的相互作用。

认识到运行环境对个体行为能力有着重要影响后,人们意识到,仅仅研究航空运行中人的行为能力本身是不够的。随着民航安全工作的不断深入,规范人的行为、推进岗位标准化作业程序成为企业安全管理建设的关键任务。在此基础上,安全管理体系(SMS)的建设更是着重于解决"组织事故"问题。SMS将安全管理的重心从单纯的规章执行和个体行为转向了那些对航空安全构成最大威胁的组织层面问题。它通过进一步完善安全管理的组织架构,增强从高层管理者到基层员工的责任感,并采纳既恰当又易于理解的安全方针、政策及程序,从而全面提升整体的安全管理能力。

以下两个案例将深入探讨紧急状况下人的行为表现,以及客舱机组如何有效地控制和引导这些行为,通过这一过程,我们可以体会到TEM理论在实际应用中的一些解题思路。

2009年1月19日,一架E195飞机,搭载着90名旅客、2名飞行机组人员和3名客舱机组人员(前舱1名,后舱2名),在从曼彻斯特飞往贝尔法斯特的途中遭遇紧急情况,机舱内弥漫起烟雾并伴有强烈的燃烧气味,于是飞机改道至马恩岛的罗纳德斯韦机场。然而,客舱机组对此改道情况一无所知,也未曾考虑过撤离事宜。

飞机着陆后,机长先是要求客舱机组待命,但紧接着就下达了撤离命令。位于飞机前部的乘务长迅速打开左前门,并阻止急于下机的旅客,等待滑梯完全充气。之后,他艰难地移动到右门,打开并检查滑梯充气情况,随后返回左门负责控制撤离人流。与此同时,后舱的两名乘务员也各自打开舱门,释放滑梯,并指导旅客有序撤离。

在各自负责的出口处,乘务员发现仍有部分旅客在机翼出口处等待撤离。于是,他们呼叫这些旅客使用后舱出口撤离。尽管右前舱有一个功能完好的出口,但并未有旅客使用,因为左门是大多数旅客登机的舱门,且乘务长担心如果先打开右门,他将无法及时返回左门控制局势。

在撤离过程中,客舱机组注意到部分旅客因滑梯陡峭而犹豫不决,于是决定让旅客坐着滑下,并控制撤离速度,同时特别关注年龄较大和体弱的旅客。然而,仍有旅客在滑至地面时受伤。此外,那些使用机翼出口的旅客也对如何离开机翼感到困惑,尽管安全须知卡上已经描绘了从机翼后缘离开的图示。在这起事件中涉及的人的因素和组织因素(各类威胁)包括以下几点。

(1)客舱乘务员面临紧张状况——客舱内存在异味/烟雾;

(2)可用信息有限;

(3)非预料中的撤离命令;

(4)旅客在紧张情况下的行为不可预测;

(5)旅客无视功能齐全的滑梯;

(6)旅客聚集在前面的出口处;

(7)机翼上的旅客感到困惑、混乱。

2009年7月11日,一架波音747客机在准备从美国亚利桑那州凤凰城起飞前往英国伦敦的推出过程中,客舱内突然出现了异味和烟雾。为了应对这一突发情况,飞机被拖车重新连接并返回了停机位,整个过程耗时10分钟。在此期间,机长请求了客梯车,并建议客舱机组解除滑梯预位状态。

当飞机停稳后,情况已经明显恶化,特别是客舱后部,一些旅客因为恐慌而离开座位,向前移动,试图逃离飞机。其中一名旅客大声呼喊"着火了",加剧了紧张气氛。位于3L和4L门的两名客舱机组人员见状,立即离开岗位去寻找火源。他们发现了白色的浓烟,并在侧壁区域迅速释放了灭火剂。然而,灭火剂释放后,其气体与客舱内的烟雾进一步混合,使得情况更加复杂。

尽管客舱机组人员接受过自信心方面的训练,但在这种紧急情况下,他们发现很难控制局势,也很难及时向机长准确传达客舱内的具体情况。机长意识到了事态的严重性,于是决定进行紧急撤离,并通过广播通知要求滑梯预位。同时,他指示由于飞机左侧有登机桥,因此应从右侧进行撤离。

然而,随着更多旅客离开座位,客舱内变得拥挤不堪。负责3L和4L门的客舱机组人员因为旅客的拥挤而无法返回出口站位,也无法阻止旅客打开无人看管的3L门。此外,还有一名客舱乘务员未能听到从右边撤离的指令,这进一步增加了撤离的难度和复杂性。

在这起事件中涉及的人的因素和组织因素(各类威胁)包括以下几点。

(1) 客舱内有异味和烟雾；
(2) 飞机返回停机位消耗的时间；
(3) 旅客离开座位并向前移动；
(4) 旅客惊慌失措，喊出不正确的信息，引起恐慌；
(5) 旅客的拥挤阻止了客舱机组到达出口站位；
(6) 旅客惊慌失措，打开无人看守的出口；
(7) 客舱机组难以理解飞行机组的指令；
(8) 使用灭火剂会使烟雾更加浓厚；
(9) 客舱机组难以控制旅客行为。

针对上述两起事件，开展涉及 TEM 和要素的培训是非常必要的。培训应涵盖以下几个方面。

(1) 增强共享情景意识，理解并应对客舱机组与飞行机组之间可能存在的不同心理模型；
(2) 教授压力管理技巧，特别是如何有效应对非预期指令带来的心理压力；
(3) 针对特定飞机类型，详细讲解出口管控的相关知识；
(4) 提升识别和管理旅客（人的因素）的能力，包括人群控制、压力与冲突管理，以及引导旅客迅速转向可用出口；
(5) 优化工作负荷管理，学会合理分配或委派责任，以提高应急响应效率；
(6) 强化信息获取、处理及决策能力，明确操作中的优先事项；
(7) 培养灵活决策的能力，能够根据紧急情况调整既定程序；
(8) 增强自信心，掌握有效控制旅客行动和行为的方法，有效管理客舱内的恐慌情绪。

在此，笔者需强调的是，我们应摒弃将操作者视为人为差错产生的决定性因素这一固有观念，而需进行综合分析，既要关注个体细节，更要把握整体全局。国际上发生的多起空难事故调查证明，在复杂的技术系统中，事故是由多个因素组合而发生的。操作者出现差错，通常有其特定的前提条件，这些条件可追溯到系统缺陷、设备故障、管理漏洞、组织因素等诸多方面。同样，客舱安全领域也应摒弃根除或杜绝人为差错的绝对化想法，承认差错在一定程度上是不可避免的。但这并不意味着我们对差错采取放任态度，而是要以更冷静、客观的态度正视差错，科学分析差错发生的模式，总结其背后的潜在规律，并据此采取有效措施，力求将差错发生的概率降至最低，将差错可能带来的影响和后果降到最轻。

任务五　基于胜任能力的培训方式

为了应对当今航空业的挑战和需求，基于胜任能力的训练方法是培训和评估的前进方向。胜任能力并非仅仅关注员工在工作中的具体任务，而是侧重他们在特定情境下执行任务的方式与效果。2006 年，国际民航组织（ICAO）公布了第一个基于能力的执照——MPL（多人制机组飞行员执照，是一种专为培养从零起点到具备航线运输资质的副驾驶的飞行员培训执照)的相关要求和规定,初始培训方案侧重于培养商业运行中飞行员的胜任能力,培训的重点是实现作为多机组环境执行所需的能力,而不是满足特定的小时要求或者是满足应对特定的科目。

在笔者看来,MPL培训项目实际上是以CRM和TEM作为理论与实践的基石。为支持MPL的实施,国际民航组织出版了第9868号文件《空中航行服务程序——培训》(PANS-TRG)第一版。2013年,国际民航组织又推出了循证培训(EBT)理念,旨在成为飞行模拟训练装置(FSTD)中飞行员复训科目的替代方案。EBT最为关键的特点是采取基于胜任能力的方法来进行培训和评估。例如,哈德逊河迫降和我国"5·14"风挡玻璃事件并非常见的"灰犀牛"事件,而是百年一遇的"黑天鹅"事件。因此,我们需要培养的飞行员应具备应对各种突发事件的胜任能力,而非通过广撒网的方式将所有可能的科目都纳入模拟训练之中。

2013年,国际航空运输协会(IATA)在其发布的《EBT实施指南》中对EBT做出如下定义:"EBT是一种依据运行数据进行训练和评估的方法,其特点在于重视培养并评估学员的整体能力。这一目标的实现,并非仅仅通过衡量学员在单个项目或机动飞行中的表现,而是通过对一系列核心能力指标的全面考量。"同一年,ICAO在其发布的9995号文件中对EBT亦给出类似定义:"EBT是一种培训和评估。其特征主要体现为通过开发和评估学员的综合能力,而不是通过衡量个人项目或动作来加以实现。"

长期以来,航空公司飞行员训练的主要依据是基于早期喷气式飞机事故证据所制定的国际标准和法规条例。这些标准和条例的制定理念是:只要飞行员在培训中反复接受各种"最坏场景"下的科目训练,就能满足训练要求。然而,随着科技制造能力和水平的提升,现代飞机所面临的风险已与以往大相径庭,事故发生的原因变得更加复杂多样,往往涉及技术、标准操作程序(SOP),以及人的因素等多个层面。相比之下,基于证据的训练(EBT)通过分析已有数据来优化符合实际运行需求的培训科目,能更有效地提升航空安全。

我国民航局在2019年6月21日下发的《关于全面深化运输航空公司飞行训练改革的指导意见》中首次提出牢固树立"基于核心胜任能力实施飞行训练"的训练思想,并要求以"基于能力"和"基于实证"的训练理论为基础,逐步建立以核心胜任能力量化管理为特征的飞行员技能全生命周期管理体系。

基于这一理念,ICAO为包括机务维护人员、空中交通管制员、客舱机组、危险品操作人员及局方航空安全监察员等在内的其他航空专业人员,也制定了基于胜任能力的培训方法。

自ICAO的EBT项目实施以来,全球航空业就一直在民航业不同工种中推行基于胜任能力的培训方案。同时邀请全球专家协助制定PANS-TRG文件,主要是为了重新界定能力的概念,明晰与能力有关的术语和概念,并提出设计基于能力的培训方案。ICAO就相关PANS-TRG文件的修订案与成员国也进行了广泛协商。

ICAO基于能力的培训和评估工作团队(CBTA-TF)于2017年初成立,负责审查飞行员、机务维修人员、飞行签派员、空中交通管制员和空中交通安全电子人员有关胜任能力的相关规定。基于胜任能力的培训和评估的目的,是为安全高效的航空运输系统提供具有胜任能力的员工队伍。为了将培训和评估的重点放在预期航空专业人员如何胜任开展工作方面，需要在特定的运行和环境背景下对这方面的绩效进行阐述。经调整的胜任能力模型及其相关的绩效标准，对受训人员是否达到了理想绩效提供了一种评估方法。

该培训和评估工作团队主要解决以下问题。

（1）考虑飞行员培训规范。国际民航组织附件1《人员执照》中的MPL条款和相应PANS-TRG进行更新，同时EBT和复杂状态改出培训（UPRT）条款也随之更新；

（2）国际民航组织制定机务维护工程师（AME）胜任能力框架；

（3）国际民航组织制定飞行签派员/飞行运行人员（FD/FOO）能力框架。国际民航组织编制一份新的手册，以支持对签派员实施基于能力的培训和评估；

（4）空中交通管制员和空中交通安全电子人员的PANS-TRG规定予以更新，还将制定相应的能力框架和关于空中交通管制在职培训教员的相关规定；

（5）除了上述涉及的航空领域外，对飞行程序设计师、飞行校验飞行员、客舱机组、指定医疗检查员和危险品人员进行基于能力的培训和评估。

最终，ICAO希望开展的工作将促进所有航空领域学科有效实施基于胜任能力的培训和评估。由此可见，客舱领域也涵盖在其中。

国际民航组织客舱安全小组（ICSG）制定了一个基于客舱机组胜任能力的培训框架。此前提出的基于能力的培训主要针对的是飞行员群体，国际民航组织首次对客舱机组采用这种培训理念。Doc 10002手册的更新反映了飞行员执照（MPL）培训框架背后的理念和实践，概述了客舱机组在正常、异常和紧急情况下履行职责所必需的胜任能力基准。除了胜任能力外，手册还介绍了乘务学员应通过基于能力的培训获得的绩效标准、知识和技能建议，阐明了学员在商业客运航班上被指派为乘务员之前应接受的实际操作训练和模拟演练的具体指导。

国际民航组织制定了针对客舱机组专门设计的安全管理体系（SMS）培训指南。专项的安全管理体系（SMS）培训侧重于每位客舱机组在运营人的SMS建设中所应发挥的作用和具体承担的角色，以及他们在总体安全大局中所应做出的贡献。培训特别强调，客舱机组应具备在SMS中有效履行职责的能力；同时，SMS培训的内容需充分覆盖每位成员在实际操作中各自的角色与责任。

《客舱机组安全培训手册》（Doc 10002）依据国际民航组织附件6"飞机运行"的相关内容，为客舱机组培训要求提供了明确的指导。国际民航组织通过制定基于胜任能力的客舱安全培训指南，旨在确保客舱机组能够熟练地执行各项任务，并为此建立了国际统一的客舱机组胜任能力基线。该手册运用基于胜任能力的方法，详细阐述了客舱机组的安全培训需求，并为运营单位制定和实施基于能力的客舱机组培训与评估体系提供了宝贵的指导。

如何理解基于胜任能力的培训大纲？国际民航组织对能力的定义是"按规定标准执行一项任务所需技能、知识和态度的组合"。传统的航空培训大纲主要聚焦于满足既定标准，以确保符合许可证、等级或特定权限的资格要求。这些标准通常在国家规章中明确规定，并且往往以量化指标来界定培训大纲的投入，例如所需的学习时间和演练时长。大纲的进一步设计及其内容在很大程度上受到监管机构所制定的测试标准与方法的制约和影响。

基于能力的做法强调工作行为能力和履职所需要的知识和技能,基于能力的培训旨在逐步建立和整合胜任工作的行为能力所需要的知识和技能,基于能力的测评旨在衡量如何根据规定的行为能力标准来验证人员是否具备必要的良好工作能力。

构建基于能力的培训和测评方案的核心在于对工作及任务的深入、精确分析。这一分析过程旨在提炼出关键的能力单元和要素,随后将这些要素融入教学系统设计中。此流程的最终产物是一个高度整合且以结果为导向的培训大纲,其核心目的在于确保毕业生和学员能够安全、高效且有效地履行其职责。关于这一主题,《培训机构批准手册》(文件号 Doc 9841)提供了全面而详尽的指导。

为了设计一个高质量的基于能力的培训大纲,应当采用系统化的课程开发流程。这一流程不仅为培训机构和运营者提供了明确的指导,确保其遵循既定要求,还保障了培训活动的有效性。它作为一种质量保障工具,能够识别所需的能力、确定实现这些能力的最优路径,并建立有效且可靠的评价体系,以此来衡量培训成果并确保质量。关于基于能力的培训和测评的通用规范,以及国际民航组织课程开发方法的详尽说明,可参阅《空中航行服务程序—培训》(PANS-TRG,Doc 9868号文件)。基于能力的培训能够提供的好处有以下几点。

(1) 聚焦于工作行为能力,针对的是成人学习者;

(2) 旨在满足客舱机组协调和进行工作负荷管理的专业需求;

(3) 这一做法可更好地培养符合各项任职要求的客舱乘务员;

(4) 培训后所获得的能力是可观察的和可衡量的;

(5) 可以衡量客舱机组所获得的能力,可用作提高培训质量的工具,并验证当前企业的运行政策和程序是否有效;

(6) 可以改进以往培训中存在的广而不精的弊端;

(7) 可以用作一种提高培训质量的工具;

(8) 培训人员获得的技能可以转移。

我们已经进入了 VUCA(乌卡)时代,需要拥抱不确定性,及时调整,创新应变。VUCA 是指组织将处于"不稳定"(Volatile)、"不确定"(Uncertain)、"复杂"(Complex)和"模糊"(Ambiguous)状态之中。在现代复杂的航空领域中,训练几乎不可能涵盖所有飞行过程中出现的异常或紧急情况,换言之,我们将更频繁地面临"黑天鹅"事件。例如,我国"5·14"事件中,英雄机组凭借卓越表现,成功扭转了危急局势。在日常训练中,我们几乎无法涵盖所有任务和情景。尽管可以通过数据收集和分析来识别任务和情景方案,并在某些情况下强调某些胜任能力在运行中的重要性,但这一过程难免存在遗漏。因此,未来的客舱乘务员培训必须融入 TEM 的知识和理念。只有提前布局、主动出击,才能既有效防范常见的"灰犀牛"风险,又高度警惕突发的"黑天鹅"事件,将各类风险和隐患扼杀在萌芽阶段。

基于此,客舱机组培训应从基于任务和情景的模式转向基于能力的模式,以灵活应对现代航空运营中的多样化挑战。为确保客舱机组在商业航空运输中安全、高效地执行任务,我们必须制订基于胜任能力的培训计划,以精准识别、有效培养和客观评估客舱机组的胜任能力。同时,采用基于能力的培训方案将促使运营单位设计出更加精确、高效的培训课程,并实现培训内容与客舱安全需求的高度匹配,从而显著提升培训效能。

第三章　撤离决定及撤离指南

　　1998年9月10日,中国东方航空公司一架航班号为MU586的MD-11/B2173飞机,从上海起飞,经停北京,目的地为洛杉矶。起飞后不久,飞机遭遇前起落架卡阻的紧急情况。尽管机组人员尝试了多种解决方案,但均未成功。在经历了三次尝试降落之后,飞机最终在上海虹桥机场成功进行了迫降。机组成员迅速而有序地组织了120名旅客安全撤离。这次事件标志着中国民航史上首次大型飞机成功迫降,其成功离不开机组成员的科学决策、卓越的应对能力、紧密的配合以及迅速的行动。2000年,上海电影制片厂以这次具有历史意义的迫降事件为原型,拍摄了电影《紧急迫降》。这部作品不仅成功地将这一真实事件再现于银幕之上,还荣幸地成为中国首部以空难为题材的电影。

任务一　撤离决定

　　当飞机不能按照正常程序安全降落时,机长可决定迫降,根据情况采取一切必要措施。例如2023年9月12日,乌拉尔航空公司一架由索契飞往鄂木斯克的U61383航班因机械故障,在新西伯利亚州境内的农田成功迫降,机上167人全部安全脱险。通常,迫降会导致应急撤离,但并不是每次迫降都需要实施撤离。一般而言,出现下列不正常情况时,必须实施应急撤离:飞机内外出现无法控制和消除的火警或烟雾;严重燃油泄漏;机体严重损坏;水上迫降;危及机上人员和飞机安全的其他情况。

　　在紧急情况下,通常由机长通过公共广播系统(PA)向机组人员和旅客发布撤离指令。若机长因疾病、生理条件限制或其他任何原因无法继续履行管理和指挥职责时,指挥权的接替将遵循以下顺序:机长→巡航机长→副驾驶→飞行机组其他成员→客舱经理→乘务长→乘务员(按照头等舱、公务舱和普通舱的顺序依次接替)。

　　如果客舱发生严重危及机上乘员生命安全的情况,例如机体严重损坏、威胁性起火或烟雾、水上迫降、严重燃油泄漏等,客舱机组有权宣布并实施紧急撤离而无需等待机长的指令。但在任何可能的情况下,客舱机组首先应通知飞行机组,以便于飞行机组协助共同实施应急撤离,并使用接通撤离按钮、PA广播、扩音器或口头指令等方式发布撤离。

　　在面临明显具有灾难性且极其严重的紧急状况时,无论机组人员的资历或经验深浅,都应立即启动紧急撤离程序,这一点对于大型飞机而言尤为重要。回顾2000年10月31日的事件,新加坡航空公司一架波音B747-400飞机在中国台湾桃园机场起飞时误入封闭跑道并导致坠毁。在那次事故中,航班上共有159名旅客和20名机组人员,其中83人丧生,包括4名机组人员。中国台湾航空安全委员会的事故调查报告指出,许多客舱机组人员在没有听到任何撤离命令的情况下,自行判断并启动了撤离程序。显然,在这次事故中,客舱机组人员履行了他们的安全职责,竭尽全力地启动了撤离程序并进行了管理。

接下来,让我们一同回顾中国台湾中华航空公司在日本冲绳那霸机场发生的撤离事件,这一事件再次证明了成功的撤离是确保生命安全的有效手段。许多安全事故的发生,往往源于对行业规章的轻视与违反;相反,无数次安全风险的化解,则得益于对规章和手册的严格遵守与深入理解。

一、案例分析——B737-800飞机降落后在停机位突发起火,机组做出高质量的撤离决定

2007年8月20日,台湾中华航空公司一架B737-800型客机执行从中国台湾桃园机场至日本冲绳那霸机场的定期航班,机上共165人,包括157名旅客(含2名婴儿)和8名机组人员。飞机降落停在41号机位后,右翼燃料箱发生燃油泄漏并引发火灾,飞机迅速被大火包围。幸运的是,机上人员全部成功撤离,无人员伤亡。飞机除部分机身完好无损外,其余被大火严重损毁。无论是旅客、机组人员还是其他与事故相关的人员,均未出现伤亡情况(见图3-1)。以下为客舱机组所述事件的发展经过。

(1)乘务长描述:我负责1L门,飞机上包括我在内有6名乘务员。飞机停在指定地点后安全带灯熄灭,我用内话的"全呼叫"功能向所有乘务员发出解除滑梯预位的指令。当时,许多旅客已离开座位,提着行李在过道上等候,这时我听到机长和一名地勤人员大声说话,我听到"火!起火!"。

下一刻,机长广播:"注意,机组就位!注意,机组就位!"这表明飞机出现了紧急情况。

乘务员在指定的舱门站位旁待命。当时,我没有看到客舱内出现异常情况,但透过窗户我看到机翼下方发动机和油箱附近冒出了少量黑烟。我判断这是一个严重的紧急情况,于是立即回到站位,通过内话指示乘务员"所有人员,所有舱门预位"。

几乎在同一时间,听到机长指示:"撤离!旅客撤离!"我们立即组织实施撤离程序。在确认滑梯已展开后,我用中英文指令旅客"这边来""跳/滑/跑""不要带行李,脱下高跟鞋"。

在撤离过程中,没有任何一名旅客惊慌失措,客舱内没有哭声或叫喊声。在确认所有旅客均离机后,我要求负责1R门的乘务员向机长报告撤离完毕。

我从前往后检查客舱,另一名男性乘务员则从飞机尾部向前检查客舱,我俩都向客舱中心移动。当我们在飞机中点附近相遇时,机长第二次宣布:"客舱机组,立即撤离!立即撤离!"我立即回到1L站位,跳下滑梯。

公司手册规定,应指定两名旅客站在地面滑梯底部帮助从滑梯上下来的旅客。不过,我没有指定这两名旅客,因为我当时已经没有时间向他们做出必要的解释。

由于1L滑梯附近有烟雾,而且火势越来越猛,地勤人员无法靠近滑梯引导旅客,他们只能站在远处示意旅客向国际航站楼的到达大厅方向实施撤离。

(2)其他客舱机组的主要描述:航班上共有6名乘务员,负责1L和1R门的两名乘务员

坐在客舱的前部，负责后舱门3L和3R的两名乘务员坐在客舱尾部，另外两名乘务员也坐在客舱的尾部。

客舱机组响应驾驶舱广播将滑梯再次预位；客舱中间机翼上的舱门没有打开，站在过道上的旅客阻塞了进入这些出口的通道；位于客舱前部的一名乘务员打开1R门后又协助打开1L门，至少有20—30名旅客从1R门离开飞机。负责1R门的乘务员在乘务长从客舱中回来后，从1R门撤离；当乘务长和其他乘务员撤离时，飞机发生了爆炸；两名乘务员跑到国际候机楼，但找不到其他机组人员。于是，他们回到了机头附近的地方；坐在客舱尾部的一名男性乘务员打开了3L和3R门，至少有30名旅客从这些门撤离。当他打开舱门时，没有看到任何烟雾。旅客撤离后，他检查客舱，确认没有旅客留在飞机上。在客舱的中点，他遇到了从前舱走下来的乘务长；坐在客舱尾部的其中一名乘务员从3L门撤离，在滑梯的底部没有得到任何协助；坐在客舱尾部的其中三名乘务员从3R门撤离，他们看到飞机左侧出现火焰，于是撤离到国内航站楼尽头附近，他们在滑梯的底端没有得到任何协助。

日本调查机构对157名旅客进行了问卷调查。回复的65名旅客中，39名坐在客舱前部（座位1至16排），18名坐在客舱尾部（座位17至31排），8名旅客不记得自己的具体座位位置。调查反馈如下：

(1) 约70%的受访者在机组指令紧急撤离之前已经注意到飞机出现黑烟和异常气味；

(2) 约12%的受访者听到客舱机组宣布出现紧急情况，约59%的受访者没有听到；

(3) 约54%的受访者没有听到紧急撤离的指令，约27%的受访者听到了指令。在肯定听见指令的受访者中，约50%的受访者理解了指令，约28%的受访者不理解，一些受访者直到来到出口处才知道飞机出现紧急情况；

(4) 在机组发出紧急撤离指令时，约75%受访者已经离开了座位，其中约47%的已经取下行李；

(5) 约60%的受访者表示在撤离时随身携带着行李，因为撤离时没有被告知不能携带；

(6) 约51%的受访者在出口处得到客舱机组的指令，约31%未得到指令；

(7) 约25%的受访者在滑梯底部看到协助者，约12%的受访者帮助了其他旅客撤离；

(8) 约44%的受访者被引导到撤离区域。

受访者的反馈还涵盖了以下情况：客舱内部一片混乱，乘务员未能及时提供相关信息或指令，或者提供信息的速度非常缓慢；乘务员反应迟钝，行动迟缓；一些旅客将注意到的异常情况告诉乘务员，但乘务员没有重视；一些旅客提示乘务员打开舱门；撤离前，没有旅客在客舱内奔跑或推挤；由于工作人员在发布指令和响应旅客需求方面能力不足，导致旅客在撤离区域逗留了较长时间。

当然，我们也必须认识到，并非所有旅客的反馈都完全准确反映了当时的真实状况，记忆可能存在偏差。

综合飞机舱音CVR记录、机长和乘务员的陈述及旅客调查问卷内容，日本调查机构整理了紧急撤离过程，具体如表3-1所示。

表 3-1 时间和事件发展顺序表

时间	事件
10:26:52	飞机降落在18号跑道上
10:27:14	飞机开始在跑道上左转进入滑行道E6
10:31:36	飞机转向右侧离开滑行道A1,并调整方向对准41号机位
10:31:57	飞机在41号机位停止(零地速)
10:32:00	飞行机组执行发动机关车程序
10:32:44	一名地勤机务人员打开盖板和飞机内话的操作
约10:32:53	2号发动机(右)某个部位发生起火
约10:33:00	机场塔台的空中交通管制员看到飞机有黑烟,在ITV监视器上确认飞机起火
10:33:05	地面机务通过内话向机长报告起火情况:"驾驶舱,地面,2号引擎着火!"
10:33:42	接到火警报告后,机长目视确认看见冒烟,并通知客舱机组出现紧急情况:"注意!机组就位!"
10:33:52	机长指示客舱机组准备撤离:"客舱机组……呃……准备撤离!"
约10:34:24	撤离开始,第1人从3R滑梯撤离
约10:34:25	1L滑梯展开
约10:34:32	1R滑梯展开
约10:34:36	3L滑梯展开
约10:34:37	人员开始从1R滑梯撤离
约10:34:47	人员开始从3L滑梯撤离
约10:35:42	1R滑梯撤离结束
约10:35:58	3R滑梯撤离结束
约10:36:00	3L滑梯撤离结束
约10:36:02	副驾驶使用撤离绳从右侧驾驶舱窗口撤离
约10:36:06	1L滑梯撤离结束
约10:36:11	右机翼发生第1次爆炸
约10:36:20	机长使用撤离绳从右侧驾驶舱窗口撤离

当听到机长广播后,乘务员站在指定的站位,听到乘务长指令预位滑梯时,他们改变了舱门滑梯模式(将解除预位模式改为预位模式),准备紧急撤离。

飞机停下来后,旅客们从座位上站了起来,携带行李做好了下机准备。当闻到客舱内的空气异味,伴随着烟进入客舱时,旅客一片混乱,他们敦促乘务员打开舱门。

撤离过程没有遇到大麻烦或问题,但旅客未能充分地理解客舱机组传达的指令。

撤离后,旅客和机组人员共165人被安排疏散到国际航站楼和国内航站楼。其中77人(包括4名乘务员)前往国际候机楼,88人(包括2名婴儿和4名机组人员)前往国内候机楼。随后,安排到国内候机楼的乘员乘坐摆渡车转移到国际候机楼。由于大家被分配到两个不同的地点,当时6名乘务员中有4人处于失联状态,因此消防队员不得不在飞机内部继续展开搜寻工作。

机长下令准备紧急撤离(10:33:52)后的2分28秒完成撤离工作,在起火(10:32:53左右)发生后的3分27秒完成撤离工作。

撤离是通过机身前部和后部的4个滑梯以及驾驶舱窗进行的,机身中段翼上出口没有打开。使用滑梯的撤离人数如表3-2所示。

表3-2 撤离地点和撤离人数具体情况

撤离地点	1R	1L	3R	3L	驾驶舱	未知	总计
撤离人数	31	30	46	30	2	26	165

尽管火势凶猛,机场消防灭火行动迟缓,但得益于以下因素而没有造成人员伤亡。

(1)即使在有限的时间内,旅客也能有条不紊地撤离,部分原因在于旅客在飞机停下来后准备下机,并已经在过道上排队等候。

(2)地勤人员很早就发现飞机出现燃料泄漏的异常情况,发生起火时,1名地勤人员已经将耳机连接到飞机,能够立即向机长报告起火情况。因此,即使驾驶舱内没有起火迹象,机长也能做出迅速准确的判断。

(3)B737机型紧急出口位置相对较低,便于旅客从滑梯上撤离。事故发生在白天且天气状况好,这有助于顺利开展撤离行动。撤离工作非常迅速和安全,以至于每个人都能在消防队到达之前离开飞机。滑梯附近的机场地面人员自愿提供协助,帮助乘员顺利撤离。

(4)由于飞机停放位置相邻两侧是空的,其他飞机没有受到爆炸和烟雾的影响。另外,机场本来就没有安排使用廊桥下机,这避免了廊桥和候机楼遭受损坏的风险。

图3-1为事故飞机被烧毁的状态。

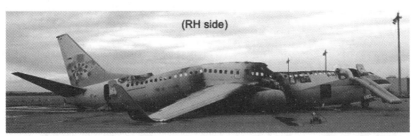

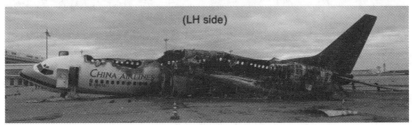

图3-1 事故飞机被烧毁的状态

机组资源管理(CRM)的一个核心目标,是在整个飞行过程中确保做出高质量的决策,这一原则在该事件中得到了充分体现:尽管机舱内并未出现明火,但机长基于所掌握的信息,果断作出了紧急撤离的决定,这一决策至关重要;从发现异常情况到发布撤离指令,整个过程仅耗时47秒;机长在撤离时使用了标准的术语,乘务员也准确理解了"机组准备"和"开始撤离"指令的含义;在撤离的关键时刻,乘务长迅速指挥乘务员将滑梯从非预位状态切换至预位状态。

在安全管理过程中,需要企业和管理者具有精细化的精神追求,建立研究风险识别的工作机制,把提升员工事前懂得风险识别、事中能够掌握操作规范、事后知道应急处置方法的安全技能作为核心任务,只有这样,才能使安全风险和隐患彻底消除或使其处于可控的状态。

二、案例分析——阿联酋航空A332客机停机位推出:烟雾事件、PBE自燃与撤离决策的挑战

2014年10月4日,一架阿拉伯联合酋长国航空公司的A330-200型客机(注册号A6-EAQ),执行EK609航班从巴基斯坦卡拉奇飞往阿拉伯联合酋长国迪拜,机上载有68名旅客和14名机组人员。飞机从停机位推出的过程中,烟雾进入客舱,一名乘务员在使用防护式呼吸保护装置(PBE)时,PBE自燃起火。图3-2为阿联酋航空A332客机调查报告封面。

阿拉伯联合酋长国民航总局(GCAA)调查报告阐述,飞机已经被推出到达指定位置,1号发动机正在运转,2号发动机正在启动。飞行机组正准备向塔台请求滑行许可时,收到一个每3秒重复一次的声音警告,副驾驶报告黄液压系统指示低油量。机长建议继续启动发动机,油量低指示将自动解决。副驾驶报告黄液压泵停止运行且黄液压系统压力出现波动,之后不久黄液压系统油压降为零。在第1次声音警告出现大约72秒后,机组人员发现了严重的烟雾,副驾驶建议回到停机坪。飞行机组戴上了氧气面罩,确认通信系统工作正常,机长联系地面工程师是否可以从外面看到烟雾,得到了否定的回答。

随后,机长向客舱机组进行了询问,客舱机组确认客舱内已有烟雾出现,并且旅客开始表现出焦躁不安的情绪。紧接着,一个洗手间的烟雾探测器被激活,再次触发了声音警告。得知这一情况后,机长立即将相关信息通报给了地勤人员,并请求将飞机返回至停机位。地勤人员随即指示已离开飞机的拖车返回现场,以便将飞机拖回停机位。在此期间,飞行机组多次询问了拖车的到位情况。

客舱机组向飞行机组报告称情况已经变得"非常,非常糟糕"。面对这一紧急情况,机长下令关闭两台发动机,但在返回停机位的过程中,为了维持必要的电力和系统运作,保留

图3-2 阿联酋航空A332客机调查报告封面

了辅助动力装置（APU）的运行。随后，机长关闭了由APU提供的引气，这一操作后，驾驶舱内的烟雾逐渐消散，洗手间的烟雾警告也停止了。然而，尽管这些积极的迹象出现，客舱机组依然报告说"情况是真的，真的很糟糕"，并强烈建议需要立即实施紧急撤离。为了更准确地评估局势，机长询问乘务员能够清晰看到客舱内的几排座位，得到的答复是仅能看到4排。机长询问乘务员是否认为有必要进行紧急撤离，得到了肯定的回答。基于这些紧急且严峻的情况报告，以及乘务员对局势的判断，机长最终决定下达紧急撤离的指令。

空中交通管制（ATC）被告知飞机将要实施紧急撤离，机长请求地勤立即提供登机梯。

在首次发现烟雾后的5分钟58秒，一名乘务员紧急呼叫驾驶舱，报告说在3L舱门附近有一个PBE在乘务员佩戴并激活后突然起火，同时其反应迅速，立即摘下了PBE并将其扔到地板上。然而，尽管随后使用了四个卤代烷灭火瓶进行扑救，但由于PBE持续提供氧气，火势并未得到有效控制。

在收到起火报告的3秒钟后，机长命令通过滑梯实施紧急撤离。机组人员向ATC通报机上的火情并要求应急响应部门提供支援。在第一次发现起火的8分钟后，除了3L舱门外，其余舱门均被打开且滑梯展开，机上人员通过滑梯撤离飞机，期间许多旅客受轻伤。

消防人员脱下鞋子，利用1R滑梯进入飞机内部，并扑灭了位于3L舱门附近的火源。飞机上除3L舱门旁乘务员的座位、地毯和地板外，无其他损伤。机务检查飞机的外部发现液压油从垂直安定面泄漏流过机身，并且进入了APU进气口。

GCAA表示，运营人的机务维护人员发现，黄液压系统中为舵机的黄作动器提供液压的压力软管（位于垂直安定面）出现泄漏。图3-3为3L舱门灭火后的情景。

图3-3　3L舱门灭火后的情景

此次事件导致7名乘务员及1名旅客受轻伤。随后，出现故障的液压软管被送至飞机制造商处进行深入分析。GCAA的调查报告指出："经推断，软管失效最可能的主要原因为金属编织带的疲劳断裂，进而引发了聚四氟乙烯（PTFE）内管的失效。"

以下重点阐述此次事件中有关客舱安全的内容。

12名客舱机组均持有GCAA签发的有效客舱机组执照和医疗证明。客舱机组的年龄在24—50岁之间,飞行经验在两年半到12年半之间。

50岁的客舱经理位于1L门,拥有十年的高级客舱乘务员经验;30岁的乘务员位于4L门,有四年半的经验;29岁的乘务员位于3R门,有两年半的经验;30岁的乘务员位于L1A门,拥有两年零九个月的运行经验。事件中,L1A门乘务员携带灭火瓶,戴着PBE前往3R门区域确定洗手间烟雾的来源。

一开始,机长决定返回停机位,利用客梯车让旅客和机组人员下机。之后,机长要求客舱机组提供烟雾情况,得到的回复是客舱内的能见度仅有4排。在收到这一信息后,机长决定下令撤离。

起火的PBE储存在3L门旁,但位于3L门的乘务员将PBE交给了L1A门的乘务员,随后前往后舱协助其他乘务员。

L1A乘务员呼吸和目视困难,她从密封包装中取出PBE后立即戴上并按照程序拉动带子。一些旅客在撤离广播发布之前已经离开座位,并开始在中舱门区域集合,特别集中在他们原本登机的2L门附近。一些旅客尖叫着,拿着他们的手提行李,要求离开飞机。

飞机紧急撤离是一项时间紧迫且程序要求极高的行动,因此,必须通过强化培训来提升客舱机组在领导力、组织力和执行力方面的能力。机组人员必须能够安全、有效地指挥撤离,特别是在面对可能因恐慌而行为失控的旅客时,更要妥善管理,以免影响整个撤离过程的顺利进行。

运营人需要向飞行和客舱机组强化一种意识:在紧急情况发生时,必须迅速评估局势、准确传达关键信息,并在必要时立即启动有效的撤离程序。以EK609航班为例,虽然客舱机组努力将情绪激动的旅客引导向出口撤离,但这些出口并非旅客之前进入客舱时所使用的舱门。机组尝试将旅客重定向到其他无障碍的出口,然而,由于旅客不愿意遵从机组的指示,导致了一系列问题的出现。尽管安全演示中涵盖了飞机上所有出口的信息,但在实际撤离过程中,68名旅客中的大多数仍选择通过他们登机的2L门离开飞机。此外,撤离后,旅客缺乏关于在飞机外部如何集合的指导,导致他们在飞机附近徘徊,因为没有得到明确的指示告诉他们接下来应该做什么或去哪里集合。

当机长下令撤离时,乘务员不记得地板撤离路径照明是否点亮,而且表示很难听到清晰的撤离指令。

在访谈中,部分女性乘务员表示,她们并不愿意跳滑梯,原因主要基于以下理由:第一,穿着裙子滑下滑梯的过程中可能会使自己处于尴尬的境地;第二,在跳滑梯之前要求脱掉高跟鞋,但她们宁愿穿鞋来保护自己的脚。几名女性乘务员还穿着仅适用于旅客登机和下机时穿的鞋子。飞机座位和撤离舱门如图3-4所示。

事件发生后,调查机构重点针对运营人的组织、系统和管理要素进行了梳理。

(1)机组决策。

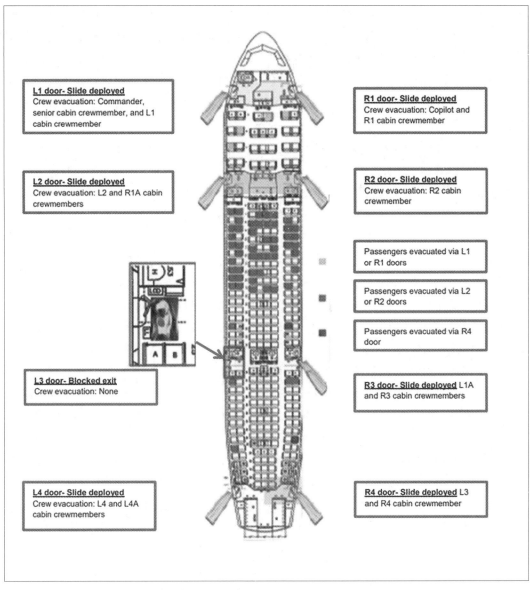

图 3-4 飞机座位和撤离舱门图示

在 EK609 航班中,飞行机组需要准确信息来做出决策,但起初,他们接收到了来自客舱的多条关于烟雾情况的相互矛盾的信息。显然,由于未能掌握客舱内的真实状况,机长在未获取足够信息以全面评估局势之前,并未下达撤离指令。

由于飞机的方向舵液压软管断裂,黄色液压系统中的液压油泄漏并渗入了空调系统。一旦液压油进入辅助动力装置(APU),它会被加热并转化为微小液滴,这些液滴随后通过通风口和管道进入飞机内部,导致客舱内迅速充满了雾气。只要 APU 的引气系统保持开启,雾气就会持续进入客舱。

客舱机组目睹了雾气的出现,并误将其认为是烟雾,这极大地限制了他们的视线。因此,机组人员开始寻找这团"烟雾"的来源。飞行机组和客舱机组均接受过烟雾和火灾应对的相关培训,包括使用呼吸保护装备(PBE)的知识和技能。

机组人员还接受过专业培训，辨别不同材料源的不同类型的烟雾，利用嗅觉确定烟雾的来源和类型。为了评估本次航班的具体情况，机长问副驾驶是否闻到"可怕的气味"，副驾驶的回答是肯定的。然后机长询问客舱经理是否有同样的感知，她确认是这样的。当时，环境受到液压油雾的污染，液压油雾通过空调系统积聚，并通过再循环系统在飞机客舱内循环。当乘务员感觉到烟雾变浓，洗手间烟雾探测器报警时，3R乘务员将使用PBE和灭火任务交给了原本在L1A位的乘务员。

位于L1A的乘务员在察觉到可疑的火源后，戴上了呼吸保护装备（PBE）以应对可能的危险。考虑到洗手间是"烟雾"最有可能的来源之一，这一判断是合乎逻辑的。然而，当乘务员戴上PBE并拉动连接释放销的激活挂绳后，PBE意外自燃。面对这一突发状况，她立即取下PBE并将其扔在地板上，幸好没有受到伤害。事后调查认为，乘务员在这种紧急情况下的反应是人类面临危险时的一种正常且合理的自我保护行为。

压力对人类行为有着显著的影响，因为个人对压力的反应以及这种反应对注意力控制的影响至关重要。在EK609事件中，所有机组人员都凭借他们以往的经验和培训来更全面地理解事态的发展。通过参考过去的经验来得出结论，可以作为应对突发事件的指导方针，这是决策过程中的一个重要环节。通常而言，回想起以往的类似案例，有助于人员获取最具预测性的有用信息。

对EK609事件沟通流程的调查发现，传递给飞行机组的信息、告警以及所有机组人员采取的行动表明，初始信息不足以使机长做出立即撤离决策。当机长收到他认为是"烟"的第一个迹象时，他与副驾驶核实情况，随后与客舱机组进行沟通。然而，在此期间，除了等待新的信息或机长的直接指令外，客舱机组并未接收到任何关键信息或重要迹象，以提示他们可以采取相应的行动。机长决定让飞机返回停机位，以便让旅客下机。然而，不久之后，当他进一步询问有关烟雾的情况，并得知客舱内的能见度已经下降到仅能看清前四排座位时，他决定使用滑梯撤离旅客。此时，部分旅客已经携带包括手提行李在内的个人物品离开了座位，并强烈要求离开飞机。最终，撤离指令在首次出现烟雾信息后的7分8秒由机长发布。

对于此次事件中的液压油雾扩散模式和客舱内能见度降低的具体情况，调查机构发现很难进行精确模拟。他们认为，雾气是通过飞机的空调系统产生并排出的，且迅速凝结。这种雾气不仅让飞机乘员感到不安，还导致一些乘员喉咙受到刺激，产生不适感。

当客舱出现情况时，机长依赖详尽的信息来构建对客舱状况的准确心理图像，即情景意识。因此，调查机构需要确定机长作出撤离决策的具体时间点。对机组间的沟通审查显示，虽然有信息从客舱传递至驾驶舱，但客舱机组向飞行机组报告情况时使用的并非标准化术语，使用如"情况非常非常糟糕"的表述虽然传达了紧迫感和紧张情绪，却未能提供具体事件的详细描述。这种基于个人经验的描述可能因人而异，缺乏标准化术语的准确性。例如，使用"能见度一米"或"我能看到前四排座位"等表述，可以更精确地传达关键信息，有助于飞行机组做出更明智的决策。

尽管客舱机组没有使用标准术语进行报告，但飞行机组本可以通过更详细、更明确的询问来加强与客舱机组之间的信息交流。从一开始，飞行机组就听到了客舱机组用激动的语气描述"烟雾非常浓"。74秒后，客舱机组进一步通知飞行机组情况"非常非常糟糕"。

随后,客舱内又传来"无法呼吸"的紧急通报。所有这些传达出紧迫感和痛苦感的描述都在大约3分钟内连续发生。然而,机长在接收到这些信息后,又花了额外的4分钟才最终决定下令撤离飞机。

调查机构认为,如果运营人能够更多地重视客舱机组使用的关键词和术语,机长决定撤离所花费的时间可能会缩短。

飞行机组依照运营人的快速检查单(QRH)执行了异味/烟雾/电子舱烟雾检查程序。然而,该检查单并未明确区分烟雾与雾气,也未对空中与地面发生的烟雾情况做出区分。尽管检查单主要设计用于应对飞行中的紧急情况,并且包含了三项仅适用于空中的起火处理措施,但整个程序的理念和原则适用于地面情况。调查机构指出,在处理多项任务的同时,飞行和客舱机组必须能够迅速调整自己的状态和警觉性,以便有效管理任何突发的紧急状况。

(2)运营人的撤离程序。

运营人《飞行机组操作手册》(FCOM)和《客舱机组操作手册》(CCOM)中有适用的紧急政策和程序。例如《飞行机组操作手册》(PRO-ABN-90)提到,如果有可能到达客舱,机长应最后一个从后舱门或任何其他可用出口离开飞机。一旦到达地面,机长应指挥行动,直到救援队伍到达,副驾驶必须前往客舱并携带应急设备,使用任何可用的出口撤离飞机,帮助地面上的旅客,引导他们离开飞机。

客舱机组具体实施撤离,负责各自指定的区域。《飞行机组操作手册》指出,撤离是由飞行机组向客舱机组通报紧急情况的性质、机长的意图,飞行机组使用PA系统发出通知"旅客撤离",同时按下"撤离指令"按钮。乘务员接到撤离指令后,每位乘务员必须站起来大喊"解开安全带"。

乘务员检查外部状况。如果外部环境安全,乘务员应用力打开舱门并大喊"这边来",然后释放滑梯并命令旅客快速撤离。

运营人的《客舱机组操作手册》要求客舱机组在等待起飞和着陆时,警惕任何可能出现的紧急情况,如浓烟,客舱机组可能会随时启动撤离。如果客舱机组决定撤离,必须尝试联系飞行机组,告知客舱内所发生的具体情况。飞行机组必须告知所有客舱机组存在危及生命的情况,可以通过撤离警报、PA广播、内话和扩音器等。

《客舱机组操作手册》还特别指出,客舱机组可能会使用肢体语言和手势来帮助旅客了解撤离任务,可以要求身体健全的旅客在撤离期间协助乘务员完成与安全相关的任务。

客舱机组需接受培训,通过了解旅客的各种反应来管控撤离,如恐慌(尖叫、哭泣、歇斯底里)、不知所措(无法反应)、不知道存在危险、推搡、带着随身行李离开等。

客舱机组必须监控撤离进度,保持每个出口的旅客流量均匀,避免滑梯底端产生拥堵情况,必须持续监控滑梯确保其安全。

运营人快速检查单(QRH)中没有从舱门关闭到起飞前发生烟雾/起火情况下机组人员处置的具体程序。根据空中客车公司的说法,QRH中异味/烟雾/电子舱烟雾的某些步骤并不完全适用于地面发生的紧急情况。

(3)客舱烟雾意识。

2016年7月21日,阿拉伯联合酋长国民用航空总局(GCAA)发布了此次事件的最终调查报告,确定导致执行EK609航班有浓雾进入客舱以及PBE起火的原因如下。

黄液压系统的一根方向舵伺服软管失效,使得液压油泄漏进入APU,泄漏的液压油在APU内部被加热并雾化,然后进入到客舱的空调系统中。液压软管失效的原因无法确定。失效的软管如图3-5所示。

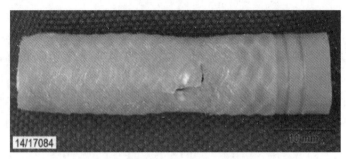

图3-5 失效的软管

PBE的反应柱存在制造缺陷,这导致了反应柱内部发生剧烈的化学反应。因此,当乘务员佩戴该设备并拉动激活绳索时,出现了异常的点火情况。

该事件的影响因素之一是:飞行机组无法确定异味/烟雾的来源,他们决定让APU运行。然而,他们并未按照异味/烟雾/电子舱烟雾检查单的要求关闭APU的引气,这一决策导致液压油雾持续不断地进入客舱。

《客舱机组操作手册》中的"异常/紧急程序"部分特别提到了"客舱烟雾意识"。该程序着重指出,所有客舱机组必须高度重视任何关于烟雾的报告,并认真识别烟雾来源,采取合适的措施。手册中明确指出,烟雾应被视为潜在起火的征兆进行应对处理,并按照"容易"和"困难"两种情况来区分烟源的检测难度。特别提到了由空调系统产生的烟雾可能难以察觉,并可能源自包括APU在内的多个区域。程序中强调,如果客舱机组无法检测到烟源,则可能产生包括紧急撤离在内的各种行动结果。

在这种情况下,客舱机组必须通知飞行机组,密切监视情况,用手背搜索热点,并准备灭火器、PBE和防火手套,以防情况恶化或升级。

为保护驾驶舱人员,客舱机组不得打开驾驶舱门,必须将旅客移离烟源或在无法移动时指令他们向前弯曲身体,并使用湿毛巾或类似的东西来帮助呼吸。

该程序要求客舱机组在操作中应使用PBE,使用感官来确认烟雾,最好识别出液压油气味。程序也提到,由于通过空调系统再循环,可能会出现烟雾的无效检测,飞行机组可能不会考虑来自客舱的重要信息,这些状况可能会降低检测烟源的有效性。

在事件调查的过程中,调查人员特意参与了运营方组织的客舱机组培训课程,并发现了几个有待改进之处:首先,客舱机组在进行灭火培训时,使用的是已经开封的虚拟PBE装置,而并非模拟从飞机上实际存放PBE的隔间中取出未开封PBE的全过程;他们无需打开PBE的包装袋,也无需佩戴PBE。其次,在撤离演练环节,客舱机组在使用滑梯撤离时,未按要求穿着制服。

(4)客舱乘务员制服变革问题。

在这份调查报告中,一个引人注目的是调查员对客舱乘务员制服、鞋子等相关的问题进行了详细的调查。

运营人于1985年对客舱乘务员制服进行了更改,要求女性乘务员穿裙子;1997年,运营人为女性乘务员提供了穿裤子或裙子的两种选择;2009年在所有机型上引入继续为女性机组人员提供穿裤子的选择;2013年8月1日起,取消了女性乘务员穿裤子的选择,必须穿裙子。

运营人要求女性乘务员在旅客上下机时穿高跟鞋,以打造品牌形象。根据运营人的政策,穿着高跟鞋在欢迎旅客时更美观,通常在机上空中服务开始时换为平底鞋。在飞机推出期间,女性乘务员仍然穿着高跟鞋,当撤离开始时,乘务员被要求脱下鞋子以便使用滑梯撤离。在撤离过程中不允许穿这种类型的鞋子,因为可能会刺破滑梯。正如乘务员在访谈中所述,他们担心在到达滑梯底端时脚可能会因与地面的撞击而受伤,他们不确定是要穿鞋还是脱鞋。此外,由于穿着裙子滑下滑梯过程中可能会使自己处于尴尬的境地。

自信的客舱机组将会激发旅客的信心。在EK609航班上,面对需要撤离的情况,女性乘务员表现出不自信的心态,包括穿鞋还是不穿鞋的决定以及穿裙子的尴尬,这需要运营人评估和加强客舱机组培训,自信果断地管理紧急情况。关于客舱机组制服的安全管理,将在第十二章中详细分析。

在探讨客舱机组制服的问题时,我们需要注意到制服面料及其设计是否适合紧急撤离的情境。特别地,一些运营方(包括某些亚洲国家/地区的运营者)为女性客舱机组准备的制服,可能存在所谓的"制服问题",例如高跟鞋这类鞋履。如果客舱机组在滑行、起飞和着陆阶段穿着这类鞋子,那么在需要紧急撤离时可能会构成安全隐患。许多国家的航空法规都对机组人员的制服提出了明确要求,比如欧洲航空安全局的法规GM1 ORO中的CC.210(d)条款就规定:客舱机组的制服必须不妨碍他们在运营期间履行职责,确保旅客和飞行安全,同时,制服的设计还应便于旅客在紧急情况下识别客舱机组人员。

(5) 机场应急管理。

当机长最初宣布旅客正常下机,然后打算使用滑梯撤离飞机时,空管单位(ATC)没有按相应的紧急程度来处理。其他飞机和车辆继续在EK609飞机附近机动。ATC也没有采取有效行动,协助加快旅客和机组人员下机,或通过停止停机坪上的运行业务来保护下机的旅客。

虽然撤离没有产生任何不安全的后果,但调查机构认为,当ATC允许EK609附近的其他飞机在撤离期间继续滑行时,这个运行活动本身就造成了危险。ATC本可以通过观察和指挥其他飞机来管理紧急情况,以促进安全撤离,将机坪上的任何潜在危险降至最低。

机场也没有采取足够的行动,包括通过保护飞机区域和提供人员、设备和设施来保护和引导撤离的旅客。调查机构认为,机场缺乏有效的程序来管理停机坪上的撤离行动。此外消防人员为防止损坏滑梯,赤脚爬上1R滑梯进入飞机,这不符合消防标准作业惯例。

基于上述的调查事实和情况,调查机构提出了一系列和客舱安全相关的建议。对阿联酋航空公司提出如下安全建议。

① 与空客公司合作,评估并修订现行的异味/烟雾/电子舱烟雾检查单,区分飞行中和地面运行期间出现烟或雾的风险,在检查单中插入相应的文字以区分空中还是地面。

② 对处理紧急情况时客舱乘务员制服的适用性进行安全风险分析。

③考虑制定一个政策,当对航空安全有显著影响的现行程序或设备改变时,应进行综合安全风险评估。

④确保乘务员训练时在着装和PBE使用方面准确地反映实际运行状况。

⑤对空中客车公司提出如下安全建议:修订现行的异味/烟雾/电子舱烟雾检查单,区分飞行中和地面运行期间烟或雾的风险,并在检查单中插入相应的文字以区分飞机是适用于地面还是空中。

⑥对于卡拉奇机场管理局提出如下安全建议:复盘这一事件,以期改进协助紧急撤离到停机坪上的乘员的程序。

⑦对于阿拉伯联合酋长国民用航空总局(GCAA)提出如下安全建议:确保阿联酋所有的机场定期演练管控和引导旅客从飞机上、航站楼或其他机场活动区域紧急撤离到一个安全位置(远离事件现场)的程序。

对国际民航组织(ICAO)提出以下安全建议:建议成立一个特别工作组,探讨利用欧洲航空事件报告系统协调中心(ECCAIRS)改进国际航空数据报告项目(ADREP)的可行性。目的是使ADREP系统能够涵盖与飞机内部环境相关的事件,并制定一套全面的检查清单,以应对机上乘员可能因暴露于受污染的客舱空气而出现的症状。

突发事件具有突然性、短时性和不可预测性的特点,机组良好的判断和决策能力是有效减少突发事件中人员伤亡的关键因素。美国联邦航空局民航事故调查报告数据表明,在所有民航事故中,约70%的事故与机组有关。在这些人的因素中,与机组资源管理(CRM)有关的事故占87.8%,其中飞行员判断决策失误造成的事故占50%。

决策是在多个替代方案中权衡各种因素并做出选择的思维过程。人类的认知能力和信息处理能力是有限的,尽管训练有素的机组人员能够轻松处理一些简单的决策,但在实际飞行中,面对复杂的环境和多重因素,如安全与效益的平衡、程序与经验的结合、对环境的感知与理解,以及个人知识、技能、资质、疲劳和压力等,决策变得复杂。机组人员必须维持高度的情景意识,敏锐地感知关键线索,预测潜在风险,并评估飞行环境与机组的真实状态。他们需要预测未来趋势和可能的非典型情况,且往往需要在紧迫的时间压力下做出决策,这并非易事。

这来自机组人员SOP的执行、科学的训练、知识和经验的积累、责任担当等。"它山之石,可以攻玉",学之所长,并结合自己的所学、所闻、所见、所经历,内化于心、外化于行。这就需要我们客舱安全管理人员善于举一反三,把别人的教训变成自己的财富。民航是一个高度复杂的运行系统,它集成了人员、设备、技术和信息等多个要素,涵盖了保障部门间的协作、流程环节的紧密衔接以及人机之间的高效配合。尽管各类事故和征候的发生概率较低,且往往局限于特定的单位、岗位、设备或环节,但它们却如同一面镜子,深刻反映出整个系统的运行质量、单位安全管理水平、设备的安全冗余度以及岗位员工的安全意识与素养。因此,当其他单位遭遇事故或发生不安全事件时,我们应当以此为鉴,主动警醒,深刻吸取其中的教训。如果对兄弟单位的事故和不安全事件采取漠然视之的态度,对他人的教训置若罔闻,对潜在的风险征兆缺乏敏感性,对初露端倪的问题缺乏警觉,不能积极主动地反思自身问题、排查安全隐患,甚至仅仅将事故当作茶余饭后的谈资,那么最终,类似的问题和事故极有可能也会降临到我们自己的头上。

任务二 撤离指南

应急撤离分为有准备的应急撤离和无准备的应急撤离。有准备的应急撤离即飞机着陆/着水前机组有时间进行应急撤离的准备工作,如中国东方航空MD11起飞后前起落架卡阻的紧急迫降事件;无准备的应急撤离通常发生在飞机起飞和着陆/着水过程中,机组没有时间进行应急准备,如台湾中华航空那霸机场撤离事件、达美航空MD88着陆时偏出跑道的紧急撤离事件。

应急撤离的指令可能来自PA、扩音器、撤离警告、口头指令等。一旦做出需要应急撤离的决定,应立即发出撤离指令,全体机组成员须密切合作,确保撤离的成功。

通常情况下,飞行机组会根据情况需要,向客舱发出防冲击指令或撤离指令,但现实中会存在飞行机组发布指令失败的可能性。乘务员应时刻保持情景意识和警戒,不应放弃对情况的判断和决策,在有条件的情况下,乘务员应将观察到的信息及时传递给飞行机组及其他客舱机组,以便研判形势,形成决策。

在非常紧急的情况下,乘务员可在未得到飞行机组指令的情况下,自主发起防冲击指令或撤离指令,撤离前应确保飞机已经完全停稳且发动机关车并及时将情况通报飞行机组。

通常,撤离是由飞机指挥官发出的命令开始的。但是,有时旅客可能会在没有被告知或不了解指令的情况下开始这类操作。

一、案例分析——加拿大DHC-8-311飞机(无滑梯)与加油车发生地面碰撞,机长内话通知快速离机

2019年5月9日23:03时,加拿大爵士航空公司(Jazz)一架德哈维兰DHC-8-311飞机执行JZA8615航班,从安大略省多伦多皮尔逊国际机场出发,飞往安大略省萨德伯里机场。机上载有52名旅客(含3名婴儿),3名机组成员和1名来自另一家航空公司的乘务员(坐在驾驶舱观察员座位)。图3-6为加拿大DHC-8-311飞机与加油车发生地面碰撞调查报告封面。

这是短途航班,预计飞行时间为48分钟,由于目的地天气条件低于着陆最低标准,飞机在机场上空盘旋等待了20分钟后决定返航。

5月10日01:26时,飞机降落在23号跑道上,飞行机组收到滑行指令,进入H2滑行道后,继续通过滑行道H、B和AK(见图3-7)。在滑行道AK上,副驾驶联系了机坪管制,指令飞机沿着6号道前往1号航站楼的105号门。该通信发生在碰撞

图3-6 加拿大DHC-8-311飞机与加油车发生地面碰撞调查报告封面

图 3-7 飞机滑行线路和碰撞点

前约 10 秒。

01:27 时,明基航空服务公司(Menzies Aviation)的司机驾驶一辆 Rampstar 油车为货运机坪上的飞机加油后,返回位于机场东边 24R 跑道入口以北的明基航空设施基地。

根据大多伦多机场管理局(GTAA)的机场交通指令,内侧车辆走廊用于登机口之间中转,而外围走廊用于航站楼之间的过渡,从而最大限度地减少航站楼周围的交通流量。然而,加油车司机使用了内侧走廊。

01:29 时,加油车进入 3 号航站楼的内侧车辆走廊向南行驶。驾驶员的衣服因在雨中工作而湿透,驾驶室的车窗玻璃内侧有冷凝水,驾驶员打开左侧车窗,试图减轻冷凝的影响。

01:33:33,飞机进入 1 号航站楼停机坪,稍微右转,沿着 6 号道到指定的登机口。在穿过连接走廊之前稍微左转,沿着 6 号中心线行驶(见图 3-8)。

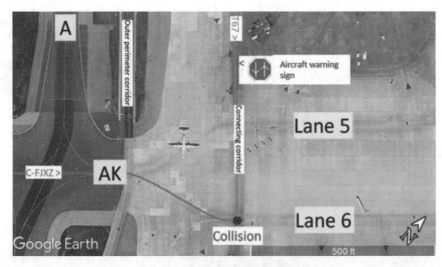

图 3-8 加油车行驶路线和碰撞点

01:33:36，加油车穿过停机坪上涂有飞机警告的标志的区域，这些标志提醒司机，即将穿过滑行道时要保持警惕。在没有飞机冲突的情况下，司机并不需要减速或停车。此时，加油车没有减速而是以约40千米每小时的速度(机场限速要求)继续向南行驶。

01:33:48，飞机沿着6号道中心线以约18.5千米/小时(10节)的速度滑行，飞机和油车的碰撞发生在连接走廊南行车道与6号道中心线的交叉口，相撞时，加油车以约40千米每小时的速度行驶。坐在飞机左侧的一些旅客在碰撞前的瞬间看到了油罐车，并意识到可能即将发生碰撞。

由于碰撞产生冲击力，飞机向右旋转了大约120度，然后飞机的后部与油罐车的后部又相撞并略微反弹。飞机在原始滑行方向向右侧偏转约100度处停下来。碰撞发生后，客舱机组命令旅客保持就座，但是一些旅客还是解开了安全带站了起来。碰撞后，飞机和车辆在各自方向的视野中，飞行和客舱机组都看不到油车，油车的驾驶员也看不到飞机。图3-9为飞机和加油车碰撞现场。

图3-9　飞机和加油车碰撞现场

01:34:20，当飞机螺旋桨还在转动时，坐在9F座位的旅客爬过了座椅，打开右后紧急窗出口(2R)，将舷窗扔到外面，然后从出口跳下，第二名旅客紧随其后。与此同时，另一名旅客打开了左后紧急窗出口(2L)，但由于油车就在附近，发动机的排气味和噪声进入了客舱，随即关闭了该出口。

01:34:38，飞行机组关闭发动机后螺旋桨停止转动。副驾驶联系机坪管制部门，称飞机被卡车撞到，要求提供应急响应服务。机长通过内话指示客舱机组开始快速离机。

01:35:02，来自旅客要求下机的压力越来越大，甚至少部分旅客还带有口头威胁。乘务员慢慢地打开了主舱门(1L)，因为她不确定出口下方是否有障碍物或危险，她闻到了燃油的味道，她决定撤离而不是快速离机。她大声喊出"撤离，撤离，撤离"的指令。大多数旅客通过1L离开客舱，只有四名旅客，包括一名携带婴儿者选择通过2R撤离。

01:37:26，机长最后离开了飞机。

飞机受损及人员伤亡情况如下：碰撞前不久，一名坐在客舱机组人员视线范围内的旅客解开了安全带。乘务员指示她重新系好安全带并保持就座，但她并未遵守，飞机被撞击后她被摔倒在地。机长由于直接冲击力，肋骨骨折；飞机驾驶舱内部和面板有一些变形情况。由于初始撞击和与油车后部的二次撞击,飞机的部分乘员暴露在横向冲击力下,导致背部、肩部、臀部、头部和颈部不同程度受伤。此外,两名旅客从2R跳下时受伤。

这里着重强调的是飞机上还有三名婴儿,其中两名抱在家庭成员的腿上,一名抱在母亲身上的婴儿背带中。两名没有安全带束缚的婴儿从成年人怀中抛出,一名婴儿在掉入过道之前撞到前面的座位上,出现严重的瘀伤,另一名婴儿与邻近的旅客相撞,但没有受伤,在背带中的婴儿未受伤,然而由于背带中产生的动能导致的扭曲力,婴儿的母亲遭受了背部和胸腔受伤。油车的司机在碰撞后没有受伤。飞机受伤人员座位图和舱门如图3-10所示。

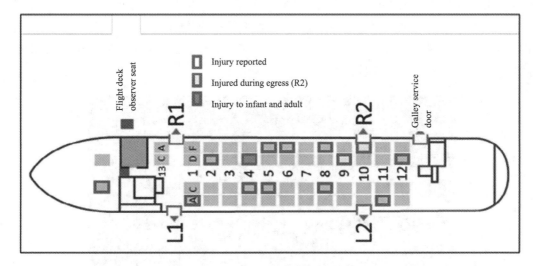

图3-10 飞机受伤人员座位图和舱门图示

这名乘务员自2015年4月以来一直在加拿大爵士航空公司工作,2019年3月(事件发生前两个月)完成了年度培训,2019年5月8日即航班起飞前一天处于非值勤状态。

加油车司机于2018年10月获得驾驶员空侧车辆操作员执照,2018年11月正式在明基航空服务公司工作。根据公司的训练记录,他完成了加油车的操作培训,并于2018年12月在停机坪区域操作这些车辆。2019年3月,接受各类型的油罐车的驾驶培训,包括事发当晚驾驶的车辆类型,并于2019年4月13日得到授权可以自行操作。他的培训档案中没有发现任何培训缺陷,没有任何信息表明在2019年5月9日轮班前他没有得到充分的休息。

在旅客安全须知卡上有四个出口被指定为紧急出口,其中1L是主出口舱门,由于登机梯被安装在这扇舱门中,因此该舱门不包含窗户或观察口。第2个前紧急出口舱门(1R)位于主舱门(1L)对面,舱门门槛高度与主入口舱门的高度一致(与客舱地板齐平,高出地面约42英寸)。2L、2R比1L、1R出口小,舱门高度距离地面约65英寸。位于飞机右侧第12排后面的厨房服务舱门不作为紧急出口。

撤离期间,机坪照明充足,客舱内并未发生火灾或产生烟雾,客舱空间没有受到挤压。飞机发动机排气产生的一些烟雾在2L和2R打开后进入客舱。

就此事件,我们重点针对撤离过程进行分析。

一般而言,并不是所有航空公司都提供快速离机程序。该程序旨在用于旅客通过主入口舱门快速离开飞机,而不会对旅客、机组人员造成伤害或损坏飞机,但是当机组人员发现危及生命的状况或发生灾难性事故时,应使用所有可用且安全的紧急出口组织实施撤离。

在本次事件中,客舱机组最初指示旅客保持就座和冷静,尽管有些人已经离开座位,大喊着要离开飞机,特别是在螺旋桨仍在转动的情况下,9F座位的旅客爬过座椅后部,打开2R出口并跳下,第二名旅客紧随其后。然而,旅客安全须知卡上的指示却表明,在使用紧急舱窗出口逃生时,旅客应当首先坐到出口的边缘,随后再跳下(见图3-11)。

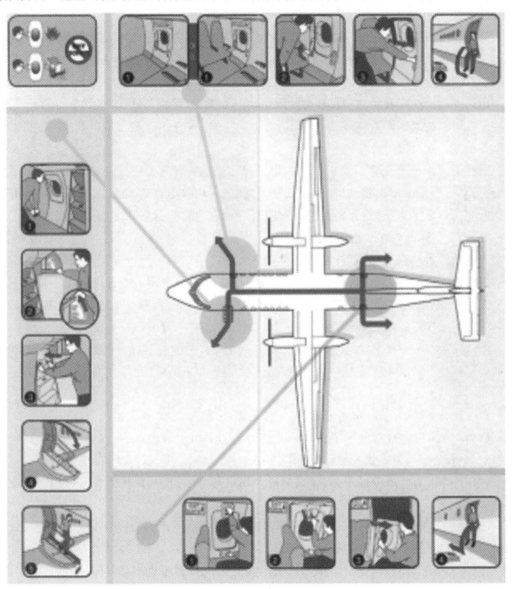

图 3-11 旅客安全须知卡

当两名旅客正从2R出口离开的同时,另一名旅客打开了2L出口。但由于附近有一辆发生碰撞的油车,发动机的排气味和噪声迅速涌入客舱,因此该出口很快就被关闭了。

飞行机组关闭了发动机,机长通过内话通知乘务员实施快速离机。乘务员虽然接听了,但很难清晰地听到机长的声音。在这次沟通中,燃油和/或发动机排气味到达驾驶舱,机长通过 PA 发出指令。但是由于飞机前部位置正上方没有扬声器,而且旅客们发出了很大的噪声,导致乘务员无法听到这个广播。

在快速离机程序开始之前,乘务员曾试图通过位于 1A 座位附近的窗户向外查看,以评估 1L 舱门的安全性。但遗憾的是,由于一名旅客倒在 1A 和 1C 座位前的地板上,阻挡了乘务员的视线,导致她无法进行有效的观察。

许多旅客无视客舱机组保持就座和冷静的指示,有些人从头顶的行李架里收拾行李,有些人大喊大叫要下飞机,这一情况进一步加剧了客舱内的恐慌氛围。乘务员在打开 1L 舱门后,嗅到了燃油的气味,因此她决定执行撤离程序而非快速离机。她大声呼喊"撤离,撤离,撤离"的命令。接着,她打开了 1R 门并评估了其可用性,但在确认黑暗中从该出口跳下可能对旅客造成严重伤害的风险后,她站在 1R 出口前,阻止旅客冒险跳下。

副驾驶和坐在驾驶舱观察员座位的乘员离开驾驶舱,他们站在了靠近 1L 门的区域,这是客舱机组在撤离期间本应该站立的区域。这样一来,乘务员监控过道以及监控飞机前几排以外旅客的能力被削弱了。

乘务员大声命令旅客不要携带个人物品,马上从 1L 门撤离。许多旅客无视乘务员指令,试图从行李架中取出物品,直到副驾驶大喊"把一切都抛到后面,出去",旅客们才开始服从指令。这名乘务员始终都没有命令使用其他紧急出口,这一决定与她封锁 1R 门的想法一致,主要是降低旅客受伤的风险。

大多数旅客通过 1L 门离开客舱。只有四名旅客包括一名携带婴儿旅行的旅客,选择通过 2R 门离开。在撤离期间,一些旅客在飞机的主舱门外徘徊,1 名旅客还重新进入飞机取个人物品,其他旅客也试图这样做,但在副驾驶的协助下,乘务员拒绝了这些要求;最后一名旅客在碰撞后约 3 分 38 秒撤离飞机。

副驾驶跟在最后一名旅客后面离机,乘务员在对客舱进行最后一次检查后离机。在整个撤离过程中一直留在驾驶舱内的机长是最后一个离开飞机的,他在乘务员下机后不久撤离。

该航空公司的《客舱乘务员手册》有比较明晰的规定。

(1) 尽一切可能吸引或引导旅客的注意力到所有可用的出口,可以采用大声呼喊、眼神示意、手势指引以及使用手电筒照射等方式;

(2) 不要让某个出口过于拥挤,而另一个出口却空余可用,保持到所有可用出口连续和平衡的客流;

(3) 在整个撤离过程中不断评估外部和内部条件,最初评估为被阻止或以其他方式无法使用的出口可能会再次可用,反之亦然。

在非计划的紧急情况下,例如这次地面碰撞过程中,客舱机组可以通过喊叫、使用 PA 发布命令,或者利用便携式扩音器来传达撤离指令。这些方式使得客舱机组即便身处客舱前部,也能有效地指导旅客使用后部的紧急出口。本次事件中,值得我们思索的问题如下。

系好安全带到底重不重要?这个问题的答案其实既简单又相当复杂。在此次事件中,当飞机仍在滑行时,至少有一名旅客解开了安全带,结果在撞击中摔倒受伤,并且还阻碍了乘务员履行安全职责、实时观察外部状况。旅客不遵守安全带使用规定,已经成为各类客舱不安全事件中反复出现的问题。

坐在飞机左侧的一些旅客看到了迎面而来的油罐车，意识到碰撞即将发生。撞击后约30秒，当螺旋桨仍在转动时，一些旅客决定自行采取行动，打开后部紧急出口，没有等待机组的指示。打开2R门的旅客将舱门扔到外面，然后从出口跳下。共有四名旅客通过这个紧急出口离开。如果旅客在收到撤离命令之前就擅自打开紧急出口，那么可能无法事先对出口的适用性进行评估，而且可能会导致过早撤离，这样一来，旅客就会面临暴露于危险环境中的更高风险。

当后部紧急出口打开时，加油车发动机的排气味和噪声进入客舱，部分旅客可能以为马上会出现起火和/或爆炸的重大威胁，导致恐慌增加。许多旅客无视客舱机组的指令，收拾行李或物品；有些人大喊大叫要离开飞机从而加剧了恐慌情绪；其他人在撤离期间和之后重新登机或试图重新登机，这些行为都是"火上浇油"。如果旅客在撤离期间试图取回个人物品，将阻碍或延迟旅客和机组人员撤离飞机，增加受伤或死亡的风险。

在DHC-8-300系列飞机上，通过后部紧急出口下机的正确程序是先坐在出口边缘，然后再跳到地面，这可以降低跳下飞机的高度。每个座椅靠背口袋里的旅客安全须知卡中有详细说明，所有旅客都可以获得这些信息，但是会阅读这些信息的旅客不在多数。2R出口距离地面约65英寸，四名旅客中有两人因跳下而受伤。

加拿大的民航法规并未规定DHC-8-311等客机运营方需为婴儿和儿童配备专门的儿童约束装置。然而，加拿大运输安全委员会（TSB）在多次对严重不安全事件的深入调查后，发现这是一个民航业内亟须高度关注的问题。例如，在2012年12月一起发生在努纳武特地区的飞机中止着陆过程中与地面碰撞的事故调查中，TSB发现飞机未配备适当的婴儿和儿童约束装置，这增加了旅客受伤甚至死亡的风险。因此，TSB向运输部提出了建议，希望其与业界合作，共同研发适合商用飞机旅行中婴幼儿使用的、符合其年龄和体型特点的儿童约束装置，并要求这些装置能提供与成人安全带同等的安全保障水平。

在这次事件调查中，TSB针对人的因素领域进行了重点分析。

（1）人的预见。正常而言，滑行时，飞行机组应保持警惕，并随时准备在飞机、车辆或其他障碍物可能造成危险时作出反应。此次事件中飞行机组在这种类型的环境中运行时间长，经验丰富，因此他们预期任何地面车辆都会优先赋予飞机通行权；各种行道警告标记已经向地面司机表明飞机即将穿过使用的线路，提示驾驶员在继续行驶之前应该目视扫描交叉口。油车和飞机之间的碰撞发生在机场夜间飞行限制计划生效时，航班量很有限，地面驾驶员预见在各自的路径上遇到飞机穿行的可能性较小。

（2）目视观察技巧。在地面作业的驾驶员和飞行员必须对周围环境进行持续的视觉监测。这包括关注外部引导信息，如道路上的标记或中心线，以及内部引导信息，比如滑行图或汽车仪表板/飞行仪表。同时，他们还需扫描并识别路径上的障碍物，障碍物的可见度会直接影响到驾驶员或飞行员察觉这些障碍物的能力。在许多大型机场，尤其是在市区内，驾驶员或飞行员在驾驶车辆或滑行飞机时会面临额外的挑战。机场本身及周边市区的光源密度可能会造成视觉上的混乱。这些光源包括车辆和飞机的闪光灯、移动灯光、跑道和滑行道的照明、停机坪区域的泛光灯，以及周围城市的各种灯光。此外，人行道上的薄雾和潮湿条件可能会反射光线，进一步增加视觉干扰，使得准确观察变得更加困难。

（3）旅客行为的分析。在紧急情况下，旅客的反应可能会有很大差异，从恐慌到合作再到"呆若木鸡一动不动"(有时称为负恐慌)。这里值得关注的是爵士航空公司的手册中还专门列出了旅客反应类型的两种表现,需要客舱或飞行机组特别注意(见表3-3)。

表3-3 旅客正恐慌和负恐慌的行为表现

正恐慌	在压力情况下旅客的反应过度,出现旅客试图从机组人员手中夺走控制权的情况;在情况失控之前,机组必须坚定而迅速地应对这类旅客
负恐慌	在紧张的情况下旅客的反应可能是不知所措或进入拒绝接受指令和劝说的状态;这种类型的旅客在离开或撤离飞机时需要格外关注

在技术领域,TSB通过使用安保摄像机镜头和摄影测量分析技术,结合视频角度分析在碰撞前飞机和油罐车操作人员各自的视线和视界情况。分析确定,由于加油车升降平台及其附件的位置,在碰撞前约3秒,驾驶员看不到飞机的任何部分,只有当驾驶员坐姿向前倾斜并向右看时才会发现飞机。

这次事件的调查结论如下。

首先是原因分析。

(1)加油车前部升降平台及其结构构件造成驾驶室右侧视野受限,加上车窗上的结露状况,导致驾驶员无法及时看到飞机以避免碰撞;

(2)正常情况下,机长在面对迎面而来的油车方向上视野是清晰的,但由于黑暗、下雨和反射光,能见度有限,在碰撞前的关键时刻他没有看到迎面而来的油车。

其次是风险因素(这些是条件、不安全行为或安全缺陷,不是此次事件发生的一个原因,但可能会在将来产生不利影响)。

(1)如果地面车辆驾驶员和飞行机组对其他车辆穿越指定停机坪操纵区域的可能性没有保持警惕,那么无论机场运行活动水平或车辆通行权规则如何具体要求,碰撞风险都会增加;

(2)如果旅客在机组发出撤离指令下达之前打开紧急出口,则可能无法评估出口的安全适用性,并且可能发生过早撤离,从而增加旅客暴露于危险环境的风险;

(3)如果旅客在撤离过程中试图取回个人物品(行李),将阻碍或延误旅客和机组人员下机,增加受伤或死亡的风险;

(4)如果旅客在飞机滑行时或安全带标志灯亮起时解开安全带,则会使自己和他人面临受伤的风险;

(5)如果旅客不熟悉其所乘坐的飞机的安全须知卡,不知道如何操作和正确使用紧急出口,则会增加受伤的风险;

(6)如果不实施有关儿童安全约束系统的新规定,婴幼儿将继续面临安全风险,并且不会获得与成人旅客相当的安全水平;

(7)如果客舱机组因可不接近性或能见度的原因而无法直接监督旅客,则存在旅客在紧急程序中采取不安全行动或不遵守规定的风险,会增加受伤的可能性;

(8)如果车辆运营人不遵守机场交通有关车辆走廊的规定,则交通冲突的可能性更大,从而增加了地面碰撞的风险。

此次事件中出现了旅客自行发起的撤离行动,加拿大调查机构认为出现这种情况的原因可能有以下几点。

(1)旅客感知到危险。旅客很少遇到紧急情况,因此他们可能无法正确和准确地评估实际状况。由于情况异常,再加上不同程度的不确定性,可能会导致他们产生恐慌情绪并迅速采取行动,其中一种可能的行动是自行开始紧急撤离。

(2)旅客误解指令。在异常的情况下,快速离机指令可能会被误解为紧急撤离指令。此外,缺乏驾驶舱的任何指示(或信息)可能会导致旅客自行决定采取行动。他们意识到有些不对劲,并且有做某事(采取行动)的冲动。

(3)机组失能。如果飞行员和乘务员丧失行为能力,他们就无法组织撤离,于是撤离就留给了旅客自行抉择。

一般而言,我们不容否认,旅客自行发起的撤离行动会存在各类风险。

(1)撤离伤害的风险增加。旅客对撤离过程是不熟悉的,没有接受过紧急撤离的专业实践培训,缺乏机组的指导可能会导致旅客采取不适当的行动,从而导致受伤的风险增加。

(2)缺乏协调。飞行机组、客舱机组和旅客之间的协调通常会使乘员顺利离开飞机。当情况并非如此时,过程就不再那么顺畅,并且可能会浪费宝贵的撤离时间。例如飞行机组不知道撤离已经开始,就不会提前放出襟翼。反过来,这可能会导致本来计划通过机翼出口离机的乘员试图返回客舱内部。

(3)地面风险。撤离到地面活动区域的旅客通常会被引导,以避免机坪作业区的各种危险。若撤离是在机长或客舱机组的指令下进行,旅客在离开飞机后由客舱机组指挥。如果不是这种情况,旅客可能会将自己置于危险之中(如与飞机保持太近距离,或旅客可能在机坪上不知所措从而四处游走,甚至穿越跑道和滑行道),使得各类风险再次增加。

在该案例中,执飞的机型原本就未设计配备滑梯,因此撤离与快速离机之间的差异成为我们必须深入思考的问题。除此之外,客舱乘务员还需面对一系列挑战:如何判断舱门是否可以安全开启,如何确保旅客从出口撤离时的流量均衡,如何有效控制混乱的客舱局面,以及如何在紧急情况下迅速转换撤离模式等等。面对这些错综复杂、瞬息万变的情况,客舱乘务员必须做出准确评估,保持对局势的清晰认知(即具备适当的情景意识),并迅速制定出在最短时间内安全撤离旅客的最佳行动方案。这既依赖于乘务员日常知识的积累与培训,也与其对撤离指南的深入了解和技能的熟练掌握紧密相关。

二、通用撤离指南

笔者根据《B737-300/700客舱机组操作手册》中"撤离指南"章节的内容,结合多年的实践整理了以下通用的撤离指南以供参考。但需强调的是仅靠一套指南难以将一切可能出现的紧急撤离情况全部包含在内,例如人员配备不足、机组成员丧失正常能力、手提行李控制、旅客受伤、飞机迫降时乘务员不能回到座位、旅客座位全满,无法重新安排失火区域的旅客等的特殊情况。

(1)如何确定出口是否可以安全打开?

乘务员通过观察窗判断机外情况,如果出口外部的区域有以下情况不要打开出口:有烟雾;起火;有碎片/障碍物;水位过高(出口在水下,或是水位高于出口门槛)。

如果出口可以使用,应立即开门,并根据需要拉动人工充气手柄。

需要注意的是,打开出口前应确认飞机已完全停稳且发动机已关闭。如撤离由乘务员发起应尽一切可能通知飞行机组,以便飞行机组协助共同实施应急撤离,并使用接通撤离按钮、PA广播、扩音器或口头指令等方式发布撤离指令;不要试图在飞行过程中开门。

(2)如何确定逃生滑梯是否可用?

在非正常情况下陆地迫降,飞机可能在着陆后以一种非正常的姿态停住,在以下情形下,仍可使用逃生滑梯:所有起落架全部收起,机头或机尾着地,抑或飞机翻向一侧(被机翼支撑)。机组成员必须意识到外部条件会影响有秩序的紧急撤离,飞行机组应把任何可能影响紧急撤离的额外情况通知乘务员。

(3)如何控制出口旅客撤离流的均衡?

对于旅客人群的控制及管理能力是乘务员有效实施撤离的重要技能,利用所有出口进行紧急撤离,其目的是确保旅客和机组成员在最短时间内安全离开飞机。

乘务员需敏感意识到旅客流改变的动向及相对的速率,在包含多种等级舱位客舱的飞机内,通常客舱前部的旅客密度要小于中部和后部的旅客密度。因此,在这类飞机中,对旅客进行重新引导以保持前部舱门顺利撤离,确保所有出口保持连续不断的出舱人流,从而最大限度地缩短撤离时间,继续对形势进行适当判断,将旅客引向利用率较低的出口,从而加快撤离进度。

乘务员在每一个可用的出口快速组织旅客流,掌控撤离速度,保持每个出口的旅客撤离速度均衡,时刻监控滑梯可用状态,防止滑梯底部出现拥堵,尽快使旅客撤离飞机。

在双通道的飞机上,如果任何一对出口中其中一个出口不可用,则使用对面可用出口、机身另一侧的通道,引导旅客前往另一出口,这将最低限度地减少可用出口的撤离人流。如果所有出口的旅客同时撤离完成,这将最大限度地缩短撤离时间。如果旅客能够通过相邻舱门撤出飞机,并且早于从最近舱门撤出飞机的旅客离开,则可任其自行选择撤离舱门。

(4)水上/陆地迫降如何组织旅客撤离?

水上迫降紧急撤离的一般指南概述如下:水上迫降指的是飞机不得不在水面上进行的紧急降落情况。乘务员必须熟悉机组及旅客救生衣的存放位置,负责指导旅客正确穿戴救生衣,并提醒他们关于救生衣充气的注意事项。

机组应了解所属飞机机型水上迫降后的相对姿态,如对B787-8飞机水上迫降的研究表明,若重心处于最佳位置,并且在总重量正常的情况下,飞机在落入水中时最好保持机头略微上翘的姿态。当出现未预期的(超重)水上迫降时,如起飞中断,飞机可能会以机尾下垂的姿态停在水面;对B737-700/800飞机的水上迫降研究表明,由于飞机大全重和重心向后,后舱门在吃水线以下,打开舱门后会严重降低飞机漂浮性能。因此,水上迫降时后舱门严禁打开,其余的前出口和翼上出口提供足够的水上撤离承载能力。该机型的滑梯被批准可以作为漂浮装置,但未许可作为救生筏使用。

以下是水上迫降应急撤离的有关步骤。

① 预期发生一次以上的撞击;

② 在飞机完全停止之前,不应启动撤离;

③ 发动机必须关闭,才能直接打开发动机前方或后方的舱门;

④ 客舱机组应在飞行机组发出信号后立即开始撤离,并遵循飞行机组可能给出的其他指示;

⑤ 如果出现飞行机组可能没有意识到的紧急情况,且时间允许,客舱机组应在开始撤离之前通知驾驶舱,如果时间不允许,应在撤离开始时同时通知驾驶舱;

⑥ 当飞机发生严重的结构损坏、危及生命的情况(如起火、烟雾、冲击力、水上迫降)或飞机姿态异常而飞行员无响应时,客舱机组应独立做出决定并启动紧急撤离程序;

⑦ 如果一名客舱机组启动撤离,所有客舱机组人员应立即遵循撤离程序;

⑧ 当机组人员的生命面临直接和迫在眉睫的危险时,人身安全应始终放在首位。

计划性水上迫降与计划性陆地迫降涉及相同的客舱准备工作。此外,水上撤离前的准备工作还需要完成以下程序。

① 告知旅客有关水上迫降程序的信息;

② 客舱机组应演示救生衣的穿戴;

③ 客舱机组应确保旅客正确穿上救生衣(包括婴儿救生衣),并了解如何充气;

④ 应提醒旅客,只有在离开飞机时才给救生衣充气。

需要注意的是,客舱机组所穿的救生衣颜色应与旅客的不同,例如,客舱机组的救生衣可以采用亮橙色;同时,这些救生衣还应配备灯光装置,如采用水激活式的灯光。

以下是机组人员在准备水上撤离飞机时建议考虑的事项。

① 确定飞机外部的水位;

② 确定飞机内部的水位和变化率;

③ 如果水位高于门槛,则出口无法使用,在大多数情况下,滑梯/救生筏可以拆卸并转移到可用的出口。考虑到飞机在水中可能的姿态,某些出口可能因位置原因而无法使用,这在后部出口尤为常见,特别是在配备后置发动机的飞机上;

④ 在将滑梯/救生筏转移到可用的出口之前,确保所有旅客都已撤离(如有必要,请入水);

⑤ 若机型适用,从机翼出口释放救生筏;

⑥ 客舱机组应确保在救生筏里的旅客的数量不超过救生筏建议的载量,指引旅客登上使用率相对较低的滑梯/救生筏,或人数相对较少的一侧;

⑦ 旅客应登上救生筏并相对而坐以保持平衡,如果可能,家庭成员应坐在同一救生筏中;

⑧ 指导旅客保持身体低姿态,背靠气囊坐下;

⑨ 一旦所有旅客都登上救生筏,检查飞机里面是否还有其他旅客,将这些旅客撤离至滑梯/救生筏中;

⑩ 机组人员跟随最后一名旅客离开飞机;

⑪ 滑梯/救生筏通过切断系留绳或拉动脱离手柄来拆卸(按照救生筏手册中的说明进

行操作);

⑫ 尝试确保每个救生筏上至少有一名机组人员,以便迅速建立指挥和控制;

⑬ 在可能的情况下,将救生筏连接在一起;

⑭ 保持救生筏连接在一起并远离飞机、远离溢出的燃油和碎片。

需要注意的是在该指南中的"邻近出口"指的是"指定出口"前方或后方的出口,"邻近出口"并非指定出口对面的出口。

陆地迫降紧急撤离一般指南概述如下。

陆地迫降的程序与陆地紧急撤离时所使用的程序十分相似,包括机组协调、客舱准备(其中包括固定松散物品、系好安全带、防冲击姿势介绍、出口位置介绍、选择援助者、客舱机组个人准备)、防冲击、撤离准备、组织撤离/无需撤离等。

对于每一位客舱机组而言,如何控制混乱的客舱场面,这一直是一个值得大家高度关注的问题。

当滑梯释放后,确认滑梯/救生筏能够安全使用。乘务员在专用辅助区域采取保护性站位,所有出口均在前面和/或后面设置了专用辅助区域,站在出口前侧或后侧的专用协助区域,不要挡住通道,以免干扰旅客撤离。

需要注意的是,当协助区域紧靠一个垂直表面(如分隔间、洗手间或厨房)时,应当将脚后跟和肩部贴在该表面上,以确保不挡住出口通道。在旅客登机门/服务舱门处,指挥旅客往后站立,直到滑梯/救生筏充分准备完毕。

如果出口处的滑梯为单通道滑梯,指导旅客排成一列进行撤离;如果出口处的滑梯为双通道滑梯,指导旅客排成两列进行撤离。当需要进行最快撤离时,需采用让旅客两人并排下滑的方式(两名旅客肩并肩滑下)。在带有双通道滑梯的可用出口处,乘务员的首要职责是保持旅客不间断地从出口的两个通道滑下。

指挥口令是通过行动上和/或口头上的协助尽快帮助接近出口的旅客撤离。乘务员须保持声音洪亮并使用坚定的、肯定的、积极的指令,如"撤离""解开安全带""离开座位""排成一列"或"排成两列""走""向前移动""跳""跳、滑""跨出去"等。

研究证明,乘务员的果敢行动和坚定的语言能够加快旅客紧急撤离的速度,在撤离期间乘务员的一言一行将直接影响到旅客的行为表现(建议在乘务员的应急训练项目中,应当极力强调果敢和自信行动的重要性,这点尤为重要)。

持续评估是持续对飞机内部以及滑梯/救生筏上的情况进行评估,确保旅客始终顺畅地到达机外。

采取适当措施帮助迟疑不决的旅客撤离,可使用严厉的命令。对能触及的迟疑不决的旅客,用手推其腰部,使其迅速通过出口,不能推肩膀或膝盖部位。

在以下情况转变撤离模式。

① 滑梯/救生筏漏气:如果滑梯/救生筏充气不足或存在轻微漏气,不要在滑梯/救生筏脱离飞机之前试图进行充气或修复,应立即指挥旅客去其他出口。

② 出口不可用:如果某个出口未能打开或存在危险,使得这个出口无法安全使用,乘务员须站在适当的位置,阻止旅客从这个出口离开,并语气坚定地告诉旅客,这个出口不能

使用,以及不能使用的原因,例如,"门被卡住""没有滑梯"等。与此同时,乘务员须将旅客留在最近的区域,直到确定离此最近的可用出口。一旦确定可用出口位置,乘务员须重新指导旅客前往该可用出口。

乘务员必须对紧急撤离过程进行监控,并对其指定区域的滑梯状况进行检查。若情况发生变化,如某出口的安全性受到质疑,乘务员须中断该出口的紧急撤离行动,并将旅客重新指导至其他的出口。

重新引导意味着要把旅客从一个可用/不可用的出口输送到另一个可以使用的出口,以便让所有可以使用的出口都保持基本相同的逃生人数,从而使总的撤离时间缩减到最短。机组人员可以通过以下方式组织旅客撤离。

① 在远离不可用出口的地点组织旅客列队;
② 引导旅客前往可用出口;
③ 评估不可用出口对面或邻近出口是否可用;
④ 在重新引导旅客之前,目视判定旅客已经在可用出口列队等候撤离;
⑤ 通过发出适当的指令,并指示旅客出口方向,重新引导旅客前往最近的可用出口;
⑥ 当旅客在离开不可用出口的地点列好队,并向可用出口行进时,走到合适位置,以便更好地将旅客均匀分流至邻近的可用出口;
⑦ 要想最大限度地缩短撤离时间,需要利用所有可用出口实施撤离。如果所有出口的旅客能够同时撤离完,则撤离时间将缩短至最低限度;
⑧ 始终保持对相邻客舱区域和其他可用出口撤离进度的了解,并在必要时引导旅客前往撤离较快的出口,以便让各个出口保持平衡的撤离人流;
⑨ 跟随最后一名旅客离开飞机。

在某些飞机的配置状态和操作情况下,可能会设置成对出口,即由一名乘务员同时负责一对出口的两个门。在紧急撤离过程中,可能会出现某个出口无法打开或存在安全隐患,导致该出口无法安全使用的情况。在这些情况下,负责成对出口的乘务员必须保持高度的情景意识,并考虑寻求一名旅客的帮助。这包括指导旅客避开不可用的出口,引导他们前往其他可用的出口,或者打开确认安全的相对一侧的出口。乘务员不仅要密切关注自己负责的出口状况,还要了解整个客舱内正在发生的情况。

在任何情况下,客舱机组的首要职责都是确保旅客和机组成员的人身安全。一旦遇到危及人身安全的情况,客舱机组必须迅速组织人员撤离危险区域,尽最大努力减少人员伤亡,并立即执行机上应急行动措施。为了有效且正确地履行这一安全职责,客舱机组必须做到"工欲善其事,必先利其器"。在日常飞行中,他们应熟悉客舱的应急设备,经常温习、思考和练习应急撤离程序,以便在紧急情况下能够迅速做出正确判断,更好地控制自我并发挥能力。对于应急设备的位置、功能、使用方法及注意事项,出口区域的划分,出口的具体位置,以及在紧急情况下的岗位职责,客舱机组都必须了如指掌。

我国民航局一直强调"三个敬畏",其中"敬畏生命"是根本目标。敬畏生命,就是敬畏自己和他人的生命,这是从古至今生命安全作为国家、社会发展基本条件的体现。早在两千多年前,我国古代思想家就提出了敬畏生命的价值理念,如"爱人者,人恒爱之"及"天人合一"等,都蕴含着爱自己、爱他人、爱自然的生命思想。敬畏生命不仅是对中华传统思想的继承,也是全体民航人的初心和使命。只有牢固树立"敬畏生命"的理念,并将其作为工作的根本目标,民航人才能真正保护好人民的生命安全,客舱安全工作也必须始终遵循这一原则。

案例分析

达美航空 MD88 客机在纽约机场着陆时偏出跑道,撤离决策延迟

第四章　飞行和客舱机组的沟通

自引入机组资源管理（CRM）培训以来，航空安全得到了进一步改善。随着航空新技术的发展和飞机自动化程度的提高，飞行理念由传统的以"操纵"为主转变为以"监视—决策—控制"为主。因此，更加强调在复杂系统工作环境中，对人的角色进行优化，从而更加全面地管理"人的因素"所带来的威胁。

对大量航空不安全事件的研究表明，大部分发生在机组运行中的事故和征候仍然与"人的因素"相关。其中包括大量不顺畅的沟通、不正确的决策、不适宜的领导力、情景意识的下降和丧失、不能发现和解决差错及威胁、不能管理工作负荷和压力、不能有效利用驾驶舱资源等非"操纵"失误导致的问题。有效的CRM培训为解决上述问题提供了方案。

CRM可以有效提高对威胁与差错的管理，可以有效解决"人的因素"带来的威胁。虽然潜在威胁始终存在，人的差错不可避免，但可以被管理。只要使机组成员认识和理解影响个人及团队工作表现的因素，提高机组成员在实际运行中对这些因素的警觉性，并通过有效的管理就可以将差错控制在安全线之内。

如果飞行机组与客舱机组之间的沟通能够比以往更加顺畅，彼此间对工作有更深的理解，且减少了地位上的隔阂，将极大地促进飞行安全。本章将重点阐述飞行机组与客舱机组之间如何建立起有效的沟通机制。

通常，飞行机组可以凭借丰富的飞行经验和先进的飞行管理系统及时了解飞机运行中发生的各类问题，然而有些情况的出现是飞行机组所不能掌控的，但客舱中的乘务员却能更早地观察到这些情况。乘务员始终是飞行员"在客舱内的眼睛、鼻子和耳朵"，乘务员永远不要低估自己的能力、经验和判断力。

飞行机组依靠客舱机组能有效地管理和沟通客舱和旅客的问题，所以民航行业积极鼓励客舱机组准确、清楚地向飞行机组报告他们飞行中认为可疑或可能异常的任何情况，这有利于飞行机组做出采取下一步动作的决定。

但是，情况并非总是如此。航空史上发生过多起由于驾驶舱舱门两侧沟通缺陷所导致的事故，比如1989年英国Kegworth事故，当时飞行机组试图在发动机出现故障后紧急着陆，但是飞行机组关闭了好的发动机，客舱机组发现了问题却"觉得这不是他们的事"；1989年加拿大安大略航空公司1363航班飞机起飞时机翼上有冰雪，飞机在起飞过程中坠毁。一名作为旅客的飞行员观察到了机翼结冰的情况，要求乘务员告诉飞行员，但乘务员并没有这么做。针对此情况，一名培训经理在接受访谈时这样描述：乘务员接受过培训，不会质疑飞行员对安全问题的判断。

中国民航大学民航安全科学研究所于2020年5月发布了一份名为《全球民航事故调查数据统计与分析》的研究报告。该报告统计了1959年至2019年间发生的626起国际民航事故，详细分析了这些事故的发生时间、原因、涉及的机型分布以及调查时长。统计结果显示，这些事故中包括了174起B707事故、34起ATR42事故、75起A300事故、36起EMB120ER事故、213起B737事故和94起A320事故。这些机型分别代表了第1代喷气式飞机(B707)、第2代涡轮螺旋桨飞机(ATR42)、第2代喷气式飞机(A300)、第3代涡轮螺旋桨飞机(EMB120ER)、第3代喷气式飞机(B737)和第4代喷气式飞机(A320)。通过对各机型的事故原因进行深入统计分析，报告发现波音飞机(B707和B737)主要遭遇的事故类型包括冲偏出跑道、失去控制以及可控飞行撞地。其中，冲偏出跑道事故占波音飞机事故总数的25.1%，失去控制事故占15.9%。而对于空客飞机(A300和A320)，冲偏出跑道事故占其事故总数的16.5%。

总体而言，全球民航包括中国民航在内，总飞行事故率一直处于下降趋势。飞行事故发生率的降低主要得益于技术设备的不断进步和操作程序的持续优化。然而，随着航空工业的快速发展，飞行自动化程度的提升也引发了一系列与人的因素相关问题。回顾航空史，由飞机本身故障导致的事故比例并不高，绝大多数事故均源于人的因素，其中飞行机组与客舱机组之间沟通不畅、不充分的问题尤为突出。

根据国际民航组织第9859号文件《安全管理手册》，航空安全的发展历程可以通过四种方法加以描述，这些方法大致与各个时期的航空活动相对应。从20世纪初到20世纪60年代末的技术时代，航空作为大规模交通运输的一种形式应运而生，其中被确定的安全缺陷最初与技术因素和技术故障相关。因此，安全方面的努力集中在技术因素(如航空器)的调查和改进上。到20世纪50年代，技术改进导致事故率逐渐降低，安全过程逐步扩展到包括遵守规章和监督方面。到20世纪70年代初，由于主要技术的不断进步和安全规章的逐步完善，航空事故率大幅降低。航空运输成为一种更安全的交通方式，安全方面努力的重点扩展到了包括人的因素(包括"人/机接口"等)。尽管在减少差错方面投入了资源，但人的因素仍然是事故中的常见因素。当时，人的因素倾向于关注个人，并没有充分考虑操作和组织环境。直到90年代初，人们才开始意识到个人在航空安全中的行为是受到多种因素影响的，这些因素构成了一个复杂的环境。20世纪90年代中期，人们开始从系统的视角审视安全，并开始包含组织机构的因素以及人的因素和技术因素，引入了"组织机构性事故"的观念。这个观念考虑了诸如组织机构文化和政策对安全风险控制措施的有效性的影响。另外，使用被动和主动的方法进行日常安全数据收集与分析，使组织机构能够监测已知的安全风险并发现新出现的安全趋势。这些改进提供了知识和基础，促成了当前的安全管理做法。从21世纪初开始，许多国家和服务提供者已经采纳了过去的安全做法，安全成熟度发展到更高水平。它们已经开始实施国家安全方案或安全管理体系(SMS)，并获得了安全效益。然而，安全系统迄今为止主要注重于个人安全绩效和局部控制，很少考虑整个航空系统的更广泛环境。这导致人们越来越认识到航空系统的复杂性以及不同组织机构在航空安全中都负有责任。有许多事故和征候的例子表明，组织机构之间的接口导致了负面结果。

不可否认，人的因素在未来很长一段时间依然是民航安全管理的最为主要的考虑因素之一。安全管理体系(SMS)的核心本质是风险管理，而在这一体系中，人被视为风险分析最为关键的要素。对于人的因素进行深入且持续的分析，需要不断应用并发展人的因素分析方法。这种方法已经从最初仅关注个体的心理和行为，逐步扩展到在更广泛的组织背景下考察个体，同时重视组织本身。它通过系统的途径，强调在个体、团队和组织这三个层面上解决人的因素问题。安全文化作为人的因素理论的重要组成部分，同样不容忽视。其中，机组之间的有效沟通，便是人的因素领域内备受瞩目且值得深思的关键问题之一。

任务一　影响机组沟通的因素

众多因素都可能影响机组之间的沟通效果。例如，同一航班的机组人员之间可能彼此并不熟悉；飞行机组和客舱机组因执勤安排的不同（如有人过夜，有人连续飞行），而遵循不同的工作时间规则；机组性别构成上的差异，飞行机组多为男性，而客舱机组多为女性，这可能导致技术与思维方式的差异；驾驶舱门将飞机上两个截然不同的区域分隔开来；机组成员之间在性格和年龄上存在的差异；团队意识和执行力度的不同；以及对机组资源管理（CRM）的认同程度差异等。这些因素都可能成为导致沟通不畅的根源。

认识到上述因素，我们可以有针对性地逐一解决。虽然有些很难改变，比如规则、硬件设施和环境，但是有些文化和人为方面的因素则完全可以通过培训和交流进行提升。例如，加强机组间的尊重和理解，鼓励提问和质疑，哪怕是表面上感觉愚蠢的问题；增强团队合作意识、促进相互的监督和提醒；增加团队应急处置联合演练、航前协同会、航后讲评会及提升紧急情况下整个机组联合处置的能力等。

那么影响飞行和客舱机组之间沟通的实际障碍有哪些呢？

2001年9月11日美国遭受的恐怖袭击事件，在诸多方面促使航空界改变了其具体操作方式。驾驶舱门成为飞行和客舱机组之间的"加固"屏障，而内话成为通信的主要载体之一。这种加固从空防安全的角度为民航安全提供了额外的保护；然而，这也不可避免地增加了飞行机组与客舱机组之间有效沟通的难度，从而可能带来沟通障碍的问题。

在小型航空公司中，机组人员之间的沟通很少会成为问题，因为相对来说，人员比较少，彼此之间的联系和沟通就会比较多。飞行和客舱机组经常一起飞行，并且往往彼此非常了解。但在当今不断联合重组的航空界中，机组之间彼此并不熟悉，中大型航空公司一般会把飞行员和乘务员在行政上分为两个独立运作的部门，传统上分成了驾驶舱和客舱两个环境。每个环境都有不同的边界、空间限制、技术差异和文化、手册和程序的差异，这种碎片化在一定程度上助长了两个机组而不是一个机组的有机构成。

在驾驶舱与客舱的沟通中可能会存在两种文化，这源于实际运行中，飞行机组和客舱机组的工作重点可能不尽相同。有时，实现运行目标的过程中可能出现目标不一致的情况，例如安全要求与服务标准之间的潜在冲突。这些差异有时会导致航空公司的飞行机组和客舱机组在履行职责时，在协调和沟通方面产生误解或其他问题。

当然，我们不能否认，还存在各种其他障碍会导致沟通不顺畅。

任务二 应 对 之 策

机组成员之间的沟通和协调是正常和应急运行的安全基础。我国的《机组资源管理(CRM)训练指南》(AC-121-FS-41R1)专门指出：CRM训练的核心是改变受训者在运行中的思维模式、心理定势以及感知、思考和行动的方式，提升人的"非技术胜任力"。但从行为科学的角度来看，这种变化需要来自由内至外的认知改变和理念认同，需要正确的引导、深入的理解、实践的反馈和反复的强化。

因此，机组资源管理(CRM)不是一个短时间就可以顺利实施的快速解决方案，而是一个需要持续强化，并且需要机组成员不断自我完善的过程。结合目前国际上的推荐做法和我国的训练实践，有效的机组资源管理(CRM)训练离不开完善的学习过程、引导式的教学和基于胜任力及行为指标的评估。沟通的要素如表4-1所示。

表4-1 沟通的要素

沟通	目标	描述
沟通的概念 沟通的范围和类型 沟通的障碍 沟通的技巧 典型案例研讨	知识(K)	了解沟通的概念； 了解机组沟通的范围； 了解沟通的类型； 了解导致沟通障碍的外在因素与内在因素
	技能(S)	掌握识别沟通障碍及应对的方法； 掌握倾听的技能； 掌握简令与讲评的技巧； 掌握咨询与反应的技巧； 掌握劝告的技巧； 掌握冲突的解决策略和技巧
	态度(A)	认识到建立良好的沟通氛围对CRM的重要性； 认识到与相关运行人员和协作部门进行有效沟通的重要性； 认识到掌握简令、讲评、质询与反应、劝告及解决冲突方法的重要性

为了确保飞行和客舱机组了解机组人员沟通和协调的重要性，培训应涉及关键技能以满足所需的要求。标准化操作程序和资质培训（包括联合演练）都有助于实现这些目标，飞行和客舱机组程序一致化，确保正确和完整的接口和界面，对于控制机组人员沟通不畅和机组人员缺乏协调的风险至关重要。

确保机组协调的首要条件是机组成员充分认识到有效沟通的重要性。提升机组人员之间的沟通协调能力，不仅在于优化他们的沟通手段，更在于深化他们在飞行各阶段对各自职责的认识与意识，从而增强对彼此工作负担及压力水平的敏感度。通过机组资源管理

(CRM)相关要素的培训,这些知识能够帮助预防沟通障碍、不切实际的期望以及对同伴的不合理要求。在紧急情况下,每位机组人员都应清晰了解对同伴的期望,以便实现高效协作。

人的因素时代,人们在机械设备得到显著改进的基础上,开始更多地关注人为失误和人为差错的原因。应用人机工程学原理,为航空器设计了更为科学的人机界面。同时,引入了驾驶舱资源管理(CRM)、机组决策配合能力训练、安全文化建设等科学管理手段,以实现人、机、料、法、环的和谐运作。

有效的协调与沟通对于确保安全至关重要。在此过程中,教员的资质和授课能力、训练过程的严谨性、训练课目的完成度以及训练质量的保证,都是航空公司在为飞行机组和客舱机组制定沟通和协调方案或培训计划时不可或缺的要素。

以下这几个方面需要运营人在制订培训计划时特别关注。

一、标准操作程序(SOP)

为了实现有效的沟通和协调,制定机组沟通和协调的标准操作程序,并全面考虑对飞行机组和客舱机组手册中的程序进行调整,是必要的。现代化飞机SOP设计的目的是最大限度地保障飞行安全,并建立"人—机"的双重差错保护机制。因此,SOP的设计不仅包括了程序、动作,还包含了基本的CRM,如喊话、证实和交叉检查等。可以说,SOP是CRM的基本构成要件,是开展CRM训练的基础。机组成员不严格遵守SOP,就不可能有效地贯彻CRM。同样,良好的CRM训练也可以促进机组成员对SOP的执行。因此,CRM训练必须有明确、全面的SOP作为基础。

乘务员应如何向机长提供相关信息和更新,以帮助机长做出决策,乘务员传递的信息对于确保旅客和机组人员的安全至关重要,这些都需要体现在SOP中。

要给乘务员足够的时间来准备客舱及自身,为滑行、起飞和着陆阶段做好准备。要为飞行员建立SOP,以便飞行员在飞机即将起飞或降落时通知乘务员。此外,航空公司应制定程序,让乘务员在客舱准备好时通知飞行员,以便飞机关门、推出、起飞和着陆。

由于空中交通量的增加,滑行时间可能会延长,因此需要飞行机组、客舱机组和旅客之间进行额外的沟通。重要的是要建立标准化沟通程序,避免在长时间的滑行期间与飞行机组沟通不畅。乘务员要有足够的时间来准备客舱和自己,尤其做好起飞和降落准备,因为大多数不安全事件发生在这些关键阶段。

飞行机组应让客舱机组有足够的时间就座并系好安全带,完成所有起飞前和着陆前的客舱准备,客舱机组应通知飞行机组准备情况,向飞行机组传达信息应及时、具体。

二、标准语言(术语)

航空公司必须为正常和紧急操作建立标准语言。机组人员应了解特定事件应遵循的程序及其严重性,清楚地了解每位机组成员履行的职责和责任。客舱机组在培训和训练期间,以及在正常、异常和紧急操作期间,在沟通和履行职责时应表现出对公司指定的标准语言的理解和流利程度。

三、机组协同准备会

为飞行机组和客舱机组之间的良好协调奠定基础的最重要程序是飞行前机组准备会,因为它为飞行设定了期望和基调。进行相关和及时的准备会,包括反馈,有助于有效的沟通。大多数航空公司的飞行前准备会都涵盖在SOP之中。建议机长在所有机组人员在场的情况下,在每次飞行前进行飞行前准备会。如果有机组人员不能到场,指定机组人员向不在场的机组人员提供信息。

机组协同准备会协调应包括指导飞行机组和客舱机组了解彼此的应急程序、代码、信号和相关安全职责。在紧急情况下,每位机组人员都以相同的方式解释紧急信号和代码至关重要,例如,劫机或撤离时的代码、信号。

从驾驶舱到客舱以及从客舱到驾驶舱的信息共享对于飞行安全至关重要。空中客车公司的"飞行运行简报之客舱操作——客舱运行的有效准备会"指出:准备会的目的是制订明确的行动计划,沟通和交换信息,以确保所有机组人员之间达成共识。虽然飞行机组和客舱机组的工作性质大不相同,但飞行机组和客舱机组作为同一个机组工作,有着共同的目标,即安全完成飞行。

四、静默驾驶舱程序

确保飞行员和乘务员对"静默驾驶舱"的含义以及在此期间进行沟通可能带来的风险有共同且准确的理解至关重要。同时,我国《大型飞机公共航空运输承运人运行合格审定规则》(CCAR-121FS)中的第121.539条"机组成员的值勤要求"也对此有相应的明确规定。

(1) 在飞行的关键阶段,合格证持有人不得要求飞行机组成员完成飞机安全运行所必需的工作之外的任何其他工作,飞行机组任何成员也不得承担这些工作。预定厨房供应品,确认旅客的衔接航班,对旅客进行合格证持有人的广告宣传,介绍风景名胜的广播,填写与运行无关的公司报告表、记录表等工作都不是飞机安全运行所必需的工作。

(2) 在飞行的关键阶段,飞行机组成员不得从事可能分散飞行机组其他成员工作精力,或者可能干扰其他成员正确完成这些工作的活动,机长也不得允许其从事此种活动。这些活动包括进餐、在驾驶舱无关紧要的交谈、在驾驶舱和客舱乘务员之间无关紧要的通话、阅读与正常飞行无关的刊物等。

(3) 在飞行期间,合格证持有人制定的服务程序不得影响客舱乘务员履行安全职责。

(4) 在飞行的关键阶段,合格证持有人不得要求客舱机组成员完成安全所必需的工作之外的任何其他工作,任何客舱机组成员也不得接受这些工作。

(5) 在本条中,飞行关键阶段是指滑行、起飞、着陆阶段,以及除巡航飞行以外在起飞或目的地机场标高以上3,000米以下的飞行阶段。

合规性至关重要,因为在发生过的几起事故中,静默驾驶舱违规已被确定为潜在危险源。

培训和测试的方式将改善乘务员在静默驾驶舱期间与飞行员联系的决策。一方面要防止静默驾驶舱期间飞行员的无端分心,另一方面也要防止对静默驾驶舱规则的误解。乘务员在面对需要向飞行员传达重要安全信息(如异常情况、旅客未就座时的起飞或降落、医疗紧急情况、客舱内起火、异味或烟雾、安全威胁、不寻常的飞机噪声或气味等)时,任何犹豫或不愿联系飞行员的行为,都可能带来严重的后果。因此,加强这方面的培训和测试至关重要。

五、颠簸管理

(1)在颠簸期间,如果飞行机组没有通知客舱机组就座,并且颠簸严重且无法继续服务,客舱机组应立即坐下并系好约束装置/安全带或坐在空的旅客座位上。如果没有空位,请指示旅客固定好自己。如果可能,请通知飞行机组,因为他们可能不知道客舱内经历的颠簸强度,这将鼓励飞行机组打开"系好安全带"标志,并与ATC协调,以便在适当的情况下进行可能的飞行高度调整。

(2)飞行机组和客舱机组之间的密切协调可以促进及时完成客舱服务,并防止客舱机组在已知或预期的颠簸中受到潜在的伤害。

(3)驾驶舱和客舱之间的通信应包括颠簸强度。鼓励使用通用语言,因为基于每个人对颠簸类型和水平的主观理解,可能导致出现各种不同的解释。在手册系统中开发的通用语言应有助于飞行员和乘务员理解在颠簸期间要采取的行动,并确定强度水平。如果飞行机组和客舱机组没有沟通,但客舱机组认为颠簸对过道上的行动(尤其是推车)构成风险,则应将该信息传递给飞行机组。这种沟通对客舱机组将确定采取的行动,如存放推车、自己在乘务员座位上坐好系好安全带等是必要的。

(4)飞行机组应在飞行前(在飞行前机组人员协同准备会期间)通知客舱机组预期的颠簸,因为途中通知可能为时已晚,无法防止受伤。

(5)在飞行过程中,飞行员应告知乘务员非预期颠簸的即时性和强度,以便他们能够固定客舱或立即就座。当乘务员认为颠簸期间在客舱内移动存在安全问题时,应告知飞行员。

六、安全带

当"系好安全带"标志长时间亮起时,客舱机组应通知飞行机组。鼓励飞行机组和客舱机组在超长飞行期间随时向旅客通报最新情况,以防止旅客因生理需要而忽略"系好安全带"标志。

很多航空公司会在手册中明确规定:应考虑在长途航班上定期联系驾驶舱,以确保有效沟通并提供最新信息。

七、紧急行动

紧急情况增加了对安全的威胁。利用良好的机组沟通和协调，可以避免或至少快速识别差错。飞行机组和客舱机组之间的程序必须保持一致，并确保正确和完整的接口，同时，情景意识也至关重要。由于紧急情况的性质，无法为每个可能的情况创建程序。

培训和训练计划应包括(但不限于)以下程序：无准备/有准备的紧急情况；水上/陆地撤离；医疗紧急情况；释压；烟雾和起火；机组丧失行为能力；机组准备会。

在紧急情况下，飞行机组主要负责保持对飞机的控制。但是，在条件允许的情况下，飞行机组必须尽快向客舱机组简要介绍以下情况：紧急情况的性质；可用时间；如有必要，准备撤离；特殊指令(例如，仅使用飞机的一侧进行撤离)；防冲击信号等。

在国外民航行业中，常常使用首字母缩略词等助记符帮助人员及时回忆起需要完成的流程或动作，如用于紧急操作的一个例子是 TESST：

T——紧急情况类型；E——需要撤离吗；S——防冲击信号；S——特别说明(指令)；T——可用时间。

在紧急情况下，提供给客舱机组的信息的质量和时间也非常重要，来自飞行机组的沟通应清晰、准确和具有指令性，这些将使客舱机组能够更有效地履行职责、程序。同样，这也适用于飞行和客舱机组的沟通。不准确的信息传输可能会浪费宝贵的时间，特别是当飞行员无法离开驾驶舱来验证信息的准确性时。乘务员不可能像飞行员一样拥有对飞机了解的所有技能，但为了及时准确地传达信息，乘务员也需要掌握如飞机设备和术语的一些基本知识。

航空公司的指导原则和程序中应包括时间和行动的详细信息，比如报告和记录关键设备(如 PA、应急定位发射机、手电筒、烟雾探测器、灭火器或个人呼吸设备)有故障、丢失或不符合操作要求时的紧急处置方式。

最后是航后讲评和安全事件报告，飞行结束时，机组成员可以利用飞行后讲评来加强机组的沟通和协调，讲评为机组人员及时提供飞行反馈的机会。例如当存在长时间延误、随身行李过多、应急设备问题、出口座位以及有特殊需求的旅客等运行问题或事宜，或涉及需要飞行机组人员通过公司安全信息报告系统上报事件(如旅客吸烟、破坏厕所烟雾探测器、涉及酒精事宜或旅客的严重疾病或死亡)，讲评尤其有用。

八、培训的重要性

我国强烈支持飞行和客舱机组进行联合训练，特别是针对紧急情况和 CRM 方面，因为这对于团队而言至关重要，能够促进他们共同沟通、培养和实践安全技能和程序。飞行机组和客舱机组的紧急程序应该是兼容的，应了解每个人的职责和责任。紧急情况下，客舱机组最期望从飞行机组那里收到四条关键信息：紧急情况类型、防冲击信号、撤离信号和可用的准备时间。如果飞行员对此心知肚明，那么运行安全就会得到更有效的保障。

机组人员的初始和复训课程内容应包括但不限于客舱和驾驶舱之间的通信和沟通程

序:驾驶舱和客舱铃声,以及用于日常情况的内话信号;客舱机组通知飞行机组已做好客舱准备;飞行机组在起飞前通知客舱机组就座;客舱机组识别飞行的关键阶段;机组人员协调和通知如何进入驾驶舱;向客舱机组通报颠簸状况;飞行机组和客舱机组之间关于紧急情况或异常情况的通知;在通信设备无法使用时采用正常和紧急通信的程序;机上紧急医疗处置等。

那么,要实现这一切,有效的培训是至关重要的,而基于场景的训练则是最佳途径。运营人需要评估培训的实际效果。为了不断激发和提升客舱人员的动态学习能力,训练部门必须持续监测和评估程序及相关训练的有效性。通过收集并分析现有训练课程的数据,运营人可以利用数据分析来验证机组沟通与协调的程序,以及当前采用的程序和/或相关训练是否能够达到可接受或令人满意的安全标准。

任务三 遭一蹶者得一便,经一事者长一智

中国民航始终将确保安全放在首位,"安全第一"的指导思想是由周恩来总理首先确立的。从政府、企业的各级领导到基层班组的每一位员工,都高度重视航空安全工作,安全是民航永恒的话题。牢固树立持续安全理念,正确处理安全与效益、安全与正常、安全与服务的关系,实现它们之间的辩证统一,牢牢把住民航发展的生命线,这是国家对人民利益的高度负责,企业对社会责任充分重视的体现,也是基于我们对民航发展规律的深刻认识。

作为客舱乘务员,笔者认为责任意识、规章意识、纪律意识等,都是保证飞行安全的核心意识。我们还可以从业内发生的各类不安全事件当中举一反三,汲取经验教训的基础上尽量降低人为原因导致的操作差错概率,提高安全裕度,保证飞行安全。

一、案例及经验分享

2007年9月28日,一架麦克唐纳道格拉斯DC-9-82(MD-82)飞机从兰伯特路易斯国际机场起飞时遭遇发动机起火。坐在后舱的两名乘务员讨论了他们听到的可能与左侧发动机相关的爆裂声,但两人都没有将这一关键信息传递给驾驶舱或乘务长。紧急降落后,飞行员没有向客舱人员寻求信息,因为他们认为乘务员会主动向他们传递任何重要信息。在地面讲评期间,一名乘务员表示她早些时候闻到了燃料味道,但她没有将这些信息传递给驾驶舱。

此次事故的经验教训为,飞行机组和客舱机组应通过积极交换飞机内外状况的信息来不断评估情况的变化,例如,飞行机组应从可用资源中征求信息,包括客舱机组、空中交通管制(ATC)以及飞机救援和消防服务(ARFF)人员;客舱机组应识别出紧急出口的可用性,并将此信息提供给飞行机组。交换此类信息可以帮助机组人员在必要时保持撤离的准备状态。

1980年8月19日,洛克希德L-1011飞机从利雅得国际机场起飞7分钟后,驾驶舱出现

警告，显示后货舱起火。根据从乘务员那里收到的信息，飞行工程师（FE）进入客舱观察后报告机长客舱后部起火伴有烟雾。机长决定返回利雅得。在此期间，乘务员试图扑灭大火，大火烧毁了客舱地板。大约20分钟后，飞机降落在利雅得，但没有紧急停下，而是离开跑道到滑行道。

飞机停下几分钟后，发动机才关闭。旅客因飞机内的烟雾和火灾丧失了行动能力，287名旅客和14名机组成员在火灾中丧生。

此次事故的经验教训为，使用紧急撤离检查单使机组人员能够正确并迅速启动本可以挽救生命的撤离；机长未能在着陆后为立即撤离做好准备，未能停在跑道上立即发布撤离；机长未能正确发挥所有机组成员的共同智慧；总部管理人员未能确保其雇员有足够的训练和训练设备，使其雇员在紧急情况下按要求履行安全职责。

日本航空公司《飞行安全杂志》的编辑在《飞行与客舱机组的沟通》一文中指出，"这一事件表明，就像来自驾驶舱的通信一样，面向驾驶舱的信息不仅必须及时，而且必须包含足够的细节以便准确评估情况"。

NTSB识别出了事故的最可能原因及导致其严重程度的因素：不明原因的火灾；机组低估了起火的严重程度；向机长提供误导性的起火进度信息；机长评估起火性质和决定开始紧急下降所需的时间过长。

1995年12月20日，一架B747飞机在约翰肯尼迪国际机场起飞时偏离4L跑道左侧，机上468人（451名旅客、12名客舱机组、3名飞行机组和2名坐在驾驶舱的旅客）中，24名旅客受轻伤，1名乘务员受重伤，飞机遭受了严重损坏。然而，在飞机停下后，关于应立即对客舱机组采取何种行动的问题上，出现了沟通不畅的情况。

虽然不实施紧急撤离飞机的决定可能是适当的，但这些决定是在没有充分了解飞机状况的情况下做出的。乘务员掌握重要信息，但没有向乘务长或飞行机组传递。例如，乘务员没有提供4号发动机脱落、前舱地板严重折断、客舱内有烟味和煤油味及空乘人员受伤等信息。

通常PA和内话系统为乘务员之间以及客舱和驾驶舱之间提供有效的通信方式。在这次事故中，乘务长不知道他发出的PA只能在前舱听到，飞机后部的旅客和乘务员没有收到是否撤离的任何信息。此外，乘务长和其他3名乘务员试图使用内话系统，但没有成功。

乘务员没有使用扩音器作为通信系统失效的替代物。

搭乘本次航班的1位乘务员（非值勤）在前客舱获知了下一步计划，但他没有与后舱其他乘务员分享这一信息。

本次事故的经验教训为，运营人需要制定相应的乘务员通信程序，包括协调对旅客发布紧急命令、向飞行机组和其他乘务员传输信息以及处理通信系统中断的方法。

1983年6月2日，一架在33000英尺①高空巡航的DC-9-32飞机，飞机后部洗手间发生烟雾，乘务员通知机长发生了起火，机长联系了ATC并宣布进入紧急状态，飞机紧急下降，ATC将飞机引导到大辛辛那提国际机场。当飞机降落并停在跑道上时，旅客开始撤离，消

---

① 1英尺约为0.3米。

防人员实施灭火行动。出口打开后约60至90秒,大火笼罩了飞机内部。41名旅客中有23人无法成功离开飞机,在火灾中丧生。

本次事故的经验教训为,机长在收到客舱机组相互矛盾的起火进度报告时误解了信息,错误地认为火势正在减弱,这凸显了在紧急情况下,准确、清晰的信息传递对于决策的重要性;若降落在路易斯维尔国际机场,而不是大辛辛那提国际机场,那么飞机将能够提前3到5分钟降落,这能为救援和逃生提供更多宝贵的时间;使用湿毛巾和通过衣服呼吸有助于乘员生存;一名乘务员看到洗手间有烟雾,她试图找到起火的来源,但由于烟雾太大而未能成功,虽然她关上了洗手间的门,并让另一名乘务员通知乘务长,但在向机长传递信息时,她并没有详细报告起火和烟雾的具体情况,也没有提到起火来源不明,这导致了机长没有获得客舱内具体的火灾信息,从而影响了他的决策;机长没有向客舱机组详细询问客舱的具体信息;飞机紧急下降之前浪费了关键的几分钟。

1989年1月8日,一架B737-400飞机离开希思罗机场前往贝尔法斯特国际机场,机上载有118名旅客和8名机组人员。当飞机爬升时,1号(左)发动机风扇中的一个叶片脱落,飞行机组错误地关闭了正常的2号(右)发动机。下降过程中,飞行机组抓紧时间完成检查单,但多次被空中交通通信打断,未能完成情况的评估。对飞机情况进行适当的评估可能会发现自己错关发动机的情况并可能避免事故。最终,39名旅客在事故中丧生,另有8名旅客后来因伤势过重而死亡。

本次事故的经验教训为,3名乘务员观察到1号发动机冒出火焰,但没有将这一极为关键的信息传递给飞行机组,如果要确保CRM发挥真正的作用,不应阻止旅客或其他机组成员提供与安全相关的关键信息;机组人员应严格遵守驾驶舱纪律和操作程序,包括完成检查单是有效的CRM的重要组成部分;飞行机组关于飞机安全准备的沟通应公开有效,每个机组人员都必须相互沟通,形成的安全决策成为代表这种开放、多向沟通的最佳产物。

英国民航局(CAA)在这次事故后强调了联合训练的重要性,指出这种训练能够帮助飞行机组彼此更好地了解客舱机组。在紧急情况下,客舱机组能够及时与飞行机组沟通他们所目睹的客舱内外的景象和声音,这些信息是制定有效响应对措施时飞行机组需要考虑的重要来源。

2016年10月28日,一架B767-323飞机发动机出现非包容性故障,随后在芝加哥奥黑尔国际机场发生起火。缺乏沟通导致飞行机组不知道客舱内的情况,客舱机组在左侧发动机仍在运转的情况下开始撤离行动。

如果左发动机能够早点关闭,那么撤离时就能更快地使用4L滑梯,从而避免滑梯受到发动机喷气的影响。在事故后的访谈中,一名乘务员指出,在发动机起火的情况下,使用内部通信系统通知可能不是最佳选择。相反,乘务员应利用乘务员控制面板上的撤离信号系统,该系统能在驾驶舱内触发听觉和视觉警报信号,以便更有效地传达紧急撤离的信息。如果任何一名乘务员采取了这一行动,飞行机组就会立刻意识到已经有人启动了撤离程序,并可能会据此迅速作出相应的反应。

乘务员接受过使用信号系统进行撤离的训练,乘务员手册中的撤离程序规定"在配备此类设备的飞机上,打开信号系统",但不知道为什么客舱机组没有使用该系统提醒飞行机组。机长在事故后的访谈中表示,如果他听到骚动就会有意识更早地关闭左侧发动机。

乘务员可以同时使用撤离信号系统和内话系统，以便与飞行机组进行通信，但没有任何一名乘务员使用信号系统，尝试使用内话系统进行通信的乘务员未能成功联系飞行机组。三号乘务员试图用PA让旅客平静下来，但想不起如何使用内话。

根据不同的交付日期，B767-300系列飞机安装有经典或新型两种内话系统。安装在事故飞机上的新型内话与经典型内话相比，需要额外的步骤才能操作。当事乘务员在复训期间，操作内话的培训是通过网络课程而不是通过模拟紧急情况下使用内话的实践来进行。

事故发生时，该航空公司在其机队内共有13种不同的内话系统，如果乘务员不熟悉各种内话系统型号且未接受实操训练，内话系统之间的差异可能会影响紧急情况下的撤离通信。

1995年7月9日，一架ATR72-212飞机从奥黑尔国际机场起飞后，后排客舱门在600英尺的高度脱落。机门口的乘务员说，当她听到门在脱落前的漏风的声音时，没有通知驾驶舱，因为飞机处于静默驾驶舱状态下。当被问及静默期间出现什么情况会通知驾驶舱时，她回答说出现了起火或出现问题旅客。据乘务长所述，她并未使用内部通信系统联系2号乘务员或飞行机组，以讨论舱门产生的噪声问题。当被要求描述关闭舱门的程序时，乘务长先是两次表示需要将门拉起来，断开销钉，然后拉下把手以锁门。然而，在工会代表提醒她这架飞机舱门经过新改装后，她随即更正说应该是"拉起把手来锁门"。和NTSB的研究如出一辙，乘务员出现对静默驾驶舱规则的混淆并不罕见，也就是说不清楚静默驾驶舱规则真正是指什么。

Rebecca D. Chute和Earl L. Wiener在研究报告《驾驶舱/客舱通信——我们要告诉飞行员吗？》中这样阐述："乘务员……现在将确定哪些情况对飞行的安全至关重要。所以考虑……我们称之为乘务员的困境。他们不仅要关心从驾驶舱收到的信息，而且还必须判断他们传达给机长的信息是否关键……"基于这种思维方式，乘务员在面对决策时似乎更倾向于不采取任何行动，以避免因冒险传递可能出错的信息而违反规定，或者至少避免让自己陷入尴尬或被机长责备的境地。

2016年6月26日，在英国希思罗机场，一架A330-323飞机的辅助动力装置（APU）故障致使客舱充满烟雾，飞机在停机位紧急撤离。英国航空事故调查局（AAIB）的调查表明，飞行机组和客舱机组之间存在与撤离相关的沟通和协调不力不顺的问题。

AAIB的报告指出，在发起撤离的过程中，负责撤离的乘务员并未激活撤离信号（这一情况与2016年10月28日的事件类似）。与此同时，另一名乘务员前往驾驶舱报告正在进行的撤离情况。机长则从飞机前方航站楼的反射中观察到机尾滑梯已经被释放。基于这些观察，机长随后宣布停止撤离，因为他认为已经成功隔离了烟雾来源，并希望避免使用滑梯以减少不必要的伤害。

机长在宣布停止撤离之前没有与乘务员讨论客舱内的情况，这表明飞行机组和客舱机组之间的沟通与合作出现障碍。机长的指令引起了混乱。其中一名乘务员认为机长不知道客舱内存在烟雾，于是大声指令旅客继续往出口走；另一名乘务员看到机长站在驾驶舱门口，于是告诉机长，由于客舱内有"浓烟"，撤离应该继续，机长随后宣布通过廊桥（撤离前已经对接就位）撤离。

AAIB的报告得出的调查结论是,客舱和驾驶舱之间迅速有效的沟通可能会避免紧急撤离,而开始撤离的一个原因是客舱机组没有收到飞行机组的具体指令。

2015年9月8日,一架配备两台GE90-85B发动机的B777-200飞机在地面起飞滑跑时左侧发动机出现非包容性故障,在麦卡伦国际机场起火,大火被ARFF人员扑灭,157名旅客和13名机组成员在跑道上通过滑梯撤离。

NTSB的最终调查报告指出:当备勤飞行员进入客舱评估飞机外的情况时,一名乘务员告诉他,她一直试图告知飞行机组有关情况。驾驶舱话音记录器(CVR)记录了类似于从客舱到驾驶舱内话呼叫的声音,但由于飞行机组专注于关闭左侧发动机并决定是否紧急撤离,因而很可能没有接听。

2017年11月2日,一架A320飞机从科克机场始发,飞行途中,发现一股强烈而持久的燃烧气味,飞行机组在宣布"MAYDAY"指令后返回科克机场。然而,由于机组人员给出的指示存在混乱,旅客们出现了两种撤离方式:一部分旅客选择快速离机,而另一部分则使用了逃生滑梯。后续的事件调查着重指出了有效区分快速离机与使用滑梯撤离的重要性,并强调了机组人员向旅客传达明确而非模糊指令的必要性。同时,调查还指出了为坐在机翼紧急出口附近的旅客提供详尽飞行前安全简介的局限性。

飞机进入停机位,发动机关闭之后,飞行机组对情况进行了进一步评估,并指出驾驶舱仍然存在烟雾。在与客舱经理和地勤人员进行了简短的交流后,机长发布了PA"注意,注意,这是机长,立即下飞机",根据公司标准操作程序的规定,这与紧急撤离是不同的。PA发布后,大多数旅客使用客舱前后左侧的门离开飞机,部分旅客误解为紧急撤离,紧急出口座位排的旅客打开了翼上紧急出口,大约32名旅客从机翼上下机。

二、模糊不清的紧急沟通

飞行机组与客舱机组之间的即时紧急沟通(包括微妙的线索和感觉)对于处理紧急情况至关重要,紧急沟通包括重复来源于其他机组人员面对面或内话指示的信息(即执行"复诵"),以确认关键事实的准确性和相互理解。但是,飞行机组和客舱机组之间模糊不清的紧急沟通,例如滥用术语、措辞不当、PA广播的模棱两可以及旅客的误解一直是导致不安全结果的重要因素。

国际航空运输协会(IATA)在2020年1月的一份参考文献中指出:有效且正确的沟通以及信息的传递能够增强情景意识,为机组人员做出适当和有效的决策贡献力量,进而促使机组人员共同分享解决问题的资源。机组人员如果与地勤人员及其他相关方之间的沟通不足,可能会导致情景意识的减弱、团队合作的瓦解,并最终引发错误的决策,这一系列决策可能会酿成严重事件,甚至是致命事故。

即使沟通不畅或模糊不清并未直接导致死亡、严重伤害或飞机损坏的事件,我们也不能掉以轻心。诸多案例已经揭示了以下严重问题:有时,在飞行机组未发出撤离命令或未与飞行机组进行任何协调的情况下,客舱机组就擅自启动了撤离程序;客舱机组接受的培训不足以使他们熟练掌握如何通过内话系统向飞行机组提供实时信息,因为同一类型的飞机上内话系统的使用界面可能多种多样,而乘务员往往对这些界面不熟悉;此外,机长和/

或乘务员在紧急撤离与快速离机方面也存在困惑。

无效的紧急沟通往往源于以下几个原因：飞行员或乘务员未能及时分享关键信息；在传达迫在眉睫的安全威胁前存在不必要的延误；对观察到的情况存在误解或误判；使用不准确或不恰当的术语；以及在高压和高工作负荷环境下，飞行机组与客舱机组在传递安全关键信息时发生重大失误。

任务四　运营人在安全沟通方面所扮演的公众角色

沟通不仅仅建立在运营人内部，还包括向旅客传递的安全信息。尽管Etherington和Var(1984)的研究表明，旅客认为不同航空公司的安全标准大致相同，但几乎所有受访者都承认，他们选择的航空公司映射了他们对安全的认识。因此，旅客也比较关注飞行中的安全沟通。

通过定量分析，研究揭示了旅客对航空公司安全态度和行为的差异，这些差异与航空公司的类型、安全记录以及旅客的安全感知有关。航空公司需要了解旅客的独特安全需求，并据此调整沟通策略。研究结果表明，航空公司在安全实践上存在显著差异，这些差异与航班结构和公司特定情况紧密相关，包括旅客的安全意识、乘务员的服务态度、对安全规程的遵守程度以及对安全措施的看法。

航空公司的独特安全特征和挑战需要被公众识别和解决，以满足旅客的安全需求。航空公司应改变传达安全信息的方式，不仅要体现自身风格，还要提高旅客对应急生存、安全须知和客舱安全通信的认识。

航空公司与旅客之间的信任关系，建立在一定程度上的安全感上。在行业中，航空公司有潜力通过改善客户安全感知来加强客户关系。事实上，航空公司比监管机构和其他组织更有能力与旅客就安全问题进行有效沟通。旅客对安全问题的理解，有助于提高他们在紧急情况下的正确反应。

航空公司应加强与旅客的安全沟通，利用机上杂志、娱乐系统、机场显示器等渠道宣传安全内容。通过公开和真诚的沟通，可以提升旅客的安全认知和意识。

安全沟通不仅是机组内部的事务，还需要从宏观角度考虑与旅客的有效沟通，这是确保旅行安全和构建系统合力的关键任务。动态建设"横向到边、纵向到底"的全方位、全过程的沟通体系，防范化解系统性风险，从而让旅客安全出行，满意出行。

与此同时，微信公众平台等各类新媒体基于自身的沟通渠道便捷和用户友好界面，已经快速融入人们的生活和工作中，拥有了一定的用户基础。比如首都机场尝试创新，搭建起了"安全随手拍"微信公众平台，明确了最初的报告范围、报告方式、处置流程和奖励机制，使现场问题可以一键直达机场安全管理部门，既保证了报告人的隐私，也具有普及性广、程序简单、随时可用等特点，满足了自愿信息报告的需求，这是值得借鉴的实践。

自2013年开始，首都机场开始探索超大型机场的"微安全"管理模式，以民航局倡导的公正报告文化为导向，推行"安全随手拍"，员工通过微信平台报告发现的问题，信息直达机场安全管理部门,后续分发给责任部门对问题进行核实和整改闭环。为鼓励上报,核实为有效信息的,根据问题的严重程度或风险等级,给予问题报送人50元—800元不等的安全奖励。截至2022年6月,已有70余家驻场单位的28821名员工关注公众号,广泛参与报告安全信息,已累计收到各类报告信息47579条,经核实有效问题21093条,有效信息年平均报告2000余条。利用微信公众号这一广泛用户基础、良好用户体验、便捷交互和强传播效应的平台,实现了广泛的普及、强互动性、隐私保护、友好界面、简单程序和便捷操作,激发了员工的参与热情。"安全随手拍"已覆盖首都机场的每个岗位、流程和角落,成为安全信息报告的主要渠道。同时,该公众号也成为首都机场宣传安全文化理念、普及安全知识、展示风采的主要营地。

第五章　有准备的应急撤离

撤离是指飞机遇到较大危险、威胁人们生命安全时,在陆地或水上进行紧急迫降或备降后,机上乘员按照科学、统一的程序迅速离开飞机的行为。

撤离分为有准备的应急撤离和无准备的应急撤离,很多航空公司又将有准备的应急撤离分为有充分时间准备的撤离和有限时间准备的撤离。有准备的应急撤离即机长或客舱经理/乘务长将向旅客介绍情况,客舱机组有时间为旅客和客舱做好紧急迫降的准备。乘务员在实施客舱准备工作时,应当根据可用的准备时间和当时的实际情况来决定预定程序的步骤,按照程序的重要性优先完成对撤离起关键作用的步骤,最大限度地保证机上乘员的安全。

任务一　案例分析:驾驶舱屡次出现烟雾警告,机组进行撤离前准备

2012年4月16日,一架A330飞机执行从伦敦盖特威克机场飞往美国奥兰多麦考伊机场的航班,机上有3名飞行机组、10名客舱机组和304名旅客(含3名婴儿)。图5-1为AAIB对A330飞机烟雾警告的调查报告封面。

图5-1　AAIB对A330飞机烟雾警告的调查报告封面

10:48飞机从08R跑道起飞,机长作为负责操纵的飞行员(PF)。

11:03,飞机在通往LORKU 1号航点的途中,ECAM发动机和警告显示屏上显示机尾/散货舱出现烟雾主警告并持续7秒钟。短暂停顿后,警告再次出现,观察座的飞行员告诉机长,他到客舱探查烟雾或起火的情况。

机长联系了公司机务工程部门,查看飞机是否通过ACARS系统发送了故障信息,在解释情况的过程中,故障警告再次出现。机长随即结束了通话并指示副驾驶准备返回伦敦盖特威克机场。最初,管制员误解了副驾驶告知的飞机存在技术问题的信息,并询问了飞行机组对巡航高度的要求。随后机长宣布"PANPAN"指令,告知货舱出现烟雾,要求雷达引导返回伦敦盖特威克机场。

飞行机组执行ECAM显示屏上显示的机尾/散货舱烟雾告警程序,包括向货舱中释放灭火剂。当排放灭火剂时,烟雾警告再次出现并持续5秒钟。灭火剂释放后18秒,烟雾警告又再次激活,这次持续了2分53秒。

机长让客舱经理到驾驶舱,告诉她"着陆后,如果空中交通管制没有指示,我们将滑行到位,但如果有任何迹象显示有烟雾,我们可能需要撤离,但你要听到我的指令"。客舱经理重复了机长告知的信息,离开了驾驶舱。

前往客舱查看具体情况的飞行员返回驾驶舱,告诉机长客舱内并未发现有任何起火或烟雾迹象。在此期间,烟雾警告间歇性地又激活两次,每次持续11秒。

飞机准备着陆,飞行机组执行了超重着陆检查单。

11:24,飞机在08R跑道建立ILS进近,在距离跑道8海里处,机长通知管制员飞机将停在跑道上,要求机场救援和消防服务(RFFS)进行检查。然后告知另外两名飞行机组人员,如有必要将在跑道上撤离。图5-2为飞机飞行的轨迹以及触发后舱烟雾警告的位置。

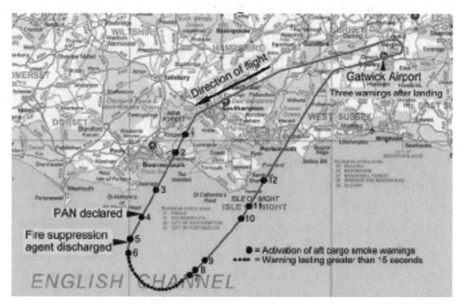

图5-2　飞机飞行的轨迹以及触发后舱烟雾警告的位置

飞机在距离08R跑道入口端约1630米处停住,机长广播"客舱乘务员继续保持就座",并在11:27:57设置停留刹车,发动机慢车和保持APU运行(它在着陆前不久已经启动)。

  塔台管制员指令飞行机组通过121.600MHz频率与消防救援部门联系,但机长无法建立联系,因此返回塔台频率,询问管制员飞机后部是否有冒烟的迹象,管制员回答说:"我这里看不到任何烟雾,在这个阶段,一切似乎都是正常的。"

  救援和消防服务(RFFS)联系了飞行机组"我知道驾驶舱里可能有烟雾,你能告诉我机上的情况吗",机长解释说,烟雾警告来自机尾货舱,曾多次发出警告,他们已经释放灭火剂。机长询问了飞机后部是否有烟雾。RFFS表示将做检查,但要求机长首先确认设置好停留刹车,关闭雷达,发动机处于慢车状态。

  这时,塔台管制员通知"看起来左侧发动机底部可能有点冒烟"。机长告诉RFFS飞机仪表显示又发出了一次烟雾警告,可能需要撤离,虽然不是立即撤离。RFFS确认了此消息,并确认所有出口都没问题。机长要求RFFS检查飞机后部,"似乎没有什么不正常的"。这时飞机烟雾警告再次响起,机长对RFFS说,"我们仍然收到警告信息,我们必须撤离飞机",随后机长宣布了"MAYDAY"指令,就在他结束信息传递时,烟雾警告再次出现。

  11:31:00,飞行机组执行了地面应急撤离检查单。

  以下为从机长通知客舱经理到驾驶舱至撤离后有关客舱安全方面的整个过程。

  当机长使用PA广播将客舱经理召到驾驶舱时,几乎所有客舱机组都没能听清楚他的广播内容。站在驾驶舱外的乘务员是唯一听明白的,由于语速太快,她花了1秒钟才意识到机长在说什么。她告诉客舱经理实际的信息内容是什么,然后通过客舱内话系统将信息传递给其他客舱机组。

  客舱经理得到机长的指令后离开驾驶舱,她本来预计一半的客舱机组会在1L门这里的厨房等待指令。事实上,他们在2L门那里的厨房等候,客舱经理不得不通过PA通知他们到达她所在的位置,向他们通报情况。

  着陆后,机长让客舱乘务员继续保持就座,这让客舱机组以为并没有撤离的必要性和紧迫性。因此,当机长随后指令他们撤离时,他们大吃一惊。

  在撤离过程中,4R的滑梯没有充气,因此该门的乘务员将旅客重新定向引导到对面的4L门撤离。

  客舱机组报告说,总体而言撤离是按照标准操作程序(SOP)实施的,尽管后来反馈称,滑梯下滑的速度快于预期。一名乘务员这样描述,下滑比预期的要快得多,而且真的会造成伤害;另一名乘务员表示这次下滑经历是非常快速和痛苦的,比平时训练时要更猛烈。

  在整个撤离过程中,旅客们都比较安静,这令客舱机组感到非常意外。一些旅客停下来试图拿他们的行李,但乘务员告知不要携带行李。旅客撤离速度很快,尽管有些人在门口稍作迟疑,需要鼓励才能跳下滑梯。大多数旅客到达舱门时都比较小心谨慎,并没有出现两人同时跳上宽体机的双道滑梯的事情。

  许多旅客在滑下逃生滑梯时动作不够敏捷,导致他们较为笨拙地落在滑梯底部。其中,一位女士不慎倒在停机坪上,随后滑下的旅客又不慎撞上了她。在某个出口处,位于滑梯底部的消防员向乘务员提出要求,让他们减缓旅客下滑的速度,因为滑梯底部已经出现了人员拥挤和堆积的情况。此外,还有一名男子在滑梯底部受伤,护理人员立即对他进行了救治,这一举动减缓了整体的撤离速度,直到该男子被移至一旁。

  警用直升机有两段撤离录像显示:除4R滑梯外,所有舱门几乎同时打开,所有滑梯都正确释放和充气。从第1个舱门打开到第1名旅客撤离飞机花了大约12秒的时间。大部分旅客在1分钟内撤离,有一小部分乘员在舱门打开后109秒才离开,可能是由于客舱机组一直在检查客舱是否还有人。调查机构无法准确确定从每个出口撤离的人数,估计有70人使用右侧的门撤离,大约15人从1R门撤离,30人从2R门撤离,25人从3R门撤离。其余人员约244人,使用左边的滑梯撤离。视频显示,从左边撤离的流速要比从右边的快得多。

在飞机右边舱门,一些人坐在滑梯顶部滑下,有些人在滑梯底部倒在地上,有些人因为携带行李而放慢了撤离速度。图5-3为飞机停稳后旅客撤离场景(右侧),图5-4为飞机停稳后旅客撤离场景(左侧)。

图5-3　飞机停稳后旅客撤离场景(右侧)

图5-4　飞机停稳后旅客撤离场景(左侧)

飞机降落后,两辆消防车在跑道上紧随其后,直到飞机完全停稳。RFFS被告知驾驶舱内冒烟,因此他们将车辆部署在飞机的前部以便应对。

RFFS的程序规定,指挥员(Fire 1)需与机长进行联系,以确认实际情况、了解机长的意图,并提供相应的建议。当机长报告可能是机尾货舱冒烟后,RFFS立即重新调配了一辆救援车辆前往飞机的后部。随后,在机组决定进行撤离时,RFFS的救援人员在滑梯旁守候,协助旅客有序撤离。然而,许多旅客在滑下滑梯时显得不够灵活,导致他们笨拙地落到滑梯底部,甚至有不少人倒在机坪上受了轻伤。由于滑梯上的旅客撤离得非常紧密,许多人还没来得及离开滑梯底部,就被后面继续滑下的旅客撞倒。在其中一个滑梯的底部,一名消防员甚至试图通过站在滑梯底部提供支撑，来保护那些已经倒在地上的旅客。

飞机附近的一辆机场车辆向已经撤离的旅客广播"到这边来"，引导他们前往飞机右侧草地上的区域。当所有旅客都撤离飞机后，RFFS 搜寻飞机，使用配备的热像仪来寻找热源，确认机上没有落下任何人。但此类设备只能看到飞机外层可检测到的热点，无法通过货舱内的托盘看到内部较深的潜在起火点。为彻底检查货舱里面的空间，一辆平台车到达机尾货舱，并卸下三个货盘。实际上，货舱没有发现烟雾，也没有起火点。

据 RFFS 描述，一些从滑梯上撤离的旅客表情显得十分痛苦。其中，一名旅客因撞击地面受伤而无法行走，只能被抬至安全地带。另一位女士的眼睛里满是鲜血，不断抱怨背部剧痛。还有一名旅客因腿部受伤而感到极度痛苦。此外，所有客舱机组人员在从滑梯撤离到停机坪的过程中，都不同程度地遭受了轻微的摩擦烧伤或擦伤，例如客舱经理的左臂韧带就受了伤。图 5-5 为 4R 滑梯未完全充气的状态，图 5-6 为 3R 滑梯上携带行李撤离的旅客。

Unbroken secondary restraint

图 5-5　4R 滑梯未完全充气的状态

图 5-6　3R 滑梯上携带行李撤离的旅客

事后,AAIB向所有旅客分发了问卷调查表,收到了大约100份回复。1位带着年幼儿童的旅客反映,滑梯底部没有人协助接住孩子;许多旅客笨拙地滑到滑梯底部,包括一位老太太,她向前翻倒,头撞在机坪上;部分旅客随身带着手提行李,延误了撤离速度。

运营人的《客舱安全手册》有相关的SOP和安全设备程序(SEP)。其中手册第7.7.1"向客舱乘务员发出异常/紧急情况通知"指出:为了说明出现异常紧急情况,机长将用PA广播两次,同时打开"系好安全带"标志,听见这个指令,客舱经理会立即进入驾驶舱,所有在飞机左侧工作的客舱机组将前往前舱的厨房,等待客舱经理的指令。如果是A340飞机,听到指令后客舱机组前往2L门和2R门之间的厨房;在A330和B747-400飞机上,前往1L门和1R门之间的厨房。

《客舱安全手册》第7.7.3"异常/紧急简报内容"载明了机长在发生异常或紧急情况时需要向客舱经理沟通的格式和内容。其中,异常情况是指着陆后有可能升级恶化的情况,但不打算撤离;紧急情况是意图撤离飞机。

机组信息沟通内容格式如下。

(1)性质:发生了什么情况;可向旅客提供什么样的信息?

(2)意图:机长的意图是什么;机场是否在飞机抵达时提供紧急救援;飞机有可能在水上迫降吗?

(3)剩余时间:客舱经理需要准备多久?客舱多久才能准备好并向机组和旅客通报情况?

(4)逃生路线:是否有任何已知因素会影响撤离或逃生路线?

(5)发出防冲击姿势信号:指示即将迫近着陆(接地)的紧急信号。

每个标题下的内容略有不同,具体取决于是异常情况还是紧急情况。

手册第7.6规定:如果机长认为有可能撤离,会通过PA发出警告"客舱机组待命";如果机长确定没有必要进行撤离,或者在飞机停止后或之前告诉客舱机组待命之后,应通过PA通知"客舱机组和旅客请保持就座"。

机长在进近时对副驾驶说,一旦飞机停止,他将指令"客舱机组待命",但实际上他说的是"客舱乘务员保持就座"。这使得客舱机组认为没有必要实施撤离。

尽管撤离指令出人意料,但这并没有影响客舱机组履行职责的表现。机长命令立即开始撤离,所有舱门都几乎同时打开。4R门的逃生滑梯没有完全充气,客舱机组将旅客重新定向引导到其他出口。

一些旅客和客舱机组在撤离过程中受了轻伤,其中多数是在使用逃生滑梯时受伤的。大多数客舱机组对滑梯下滑速度之快表示惊讶。运营人指出,出于健康和安全考虑,用于训练时的速度稍慢一些。通过此事件可以汲取相应的经验教训,现在在客舱机组撤离培训期间,运营人会突出强调此速度的差异。

运营人使用的安全须知卡和飞行前安全视频符合相关法规要求。须知卡里的两张小图片包括了如何使用滑梯的信息,但没有提供针对携带年幼儿童旅行如何使用逃生滑梯的指导,法规中也不需要提供类似的指导。飞行前安全演示向旅客介绍了逃生滑梯的使用,AAIB认为视频形式宣传尤其有效。

为了进一步加强对于携带手提行李撤离的关注度,AAIB向欧洲航空安全局提出了两条安全建议。

（1）建议欧洲航空安全局修订"旅客安全须知简报"（AMC1 CAT.OP.MPA.170），强调在撤离中不准携带手提行李的重要性（安全建议 2014-005）。

（2）建议欧洲航空安全局在制定视觉辅助内容，如安全须知卡或安全视频时，应纳入关于旅客（包括携带婴幼儿的旅客）如何正确使用逃生装置的指导信息（安全建议 2014-006）。

通常，在有准备撤离的情况下，客舱经理/乘务长从驾驶舱获取信息后，需进行如下准备：和乘务员进行协调与沟通，向旅客广播通报信息、进行客舱准备（固定松散物品、取下尖锐物品、安全检查、防冲击姿势演示、针对水上迫降的救生衣演示及指导、出口位置指示、选择援助者）、乘务员个人准备、防冲击及撤离准备等，乘务员应在时间许可内尽最大努力做好一切准备。若时间不允许，根据重要程度进行选择，如针对有准备的陆地迫降，那么固定松散物品、防冲击姿势为优先准备项，有准备的水上迫降则固定松散物品、防冲击姿势、救生衣的演示及指导尤为重要。

从该案例中，我们观察到在紧急情况下，机长通过 PA 广播召集客舱机组时，几乎没人听清楚机长的广播，加之机长的语速过快，导致客舱机组需要额外的时间来理解和反应。这一情况凸显了在紧急撤离中，有效沟通的重要性。

自 2001 年"9·11"事件以来，加固的驾驶舱门使得飞行机组和客舱机组之间的有效沟通和协调变得更加关键。机长需要对正常和紧急情况有更全面的了解，PA 系统使用的重要性尤其凸显。如果 PA 系统无法运行，可能会影响事件的后果，欧洲航空安全局（EASA）在 2009 年的研究中指出，"应改进客舱机组通信系统，尤其在紧急情况下，故为客舱机组提供无线耳机被认为是一个值得研究的选择"。

在紧急撤离启动时，飞行机组与客舱机组必须紧密合作，作为一个整体协同行动。每位客舱乘务员都需在紧急出口处清晰响亮地发布撤离指令，这不仅是为了指导旅客安全撤离，也是为了提醒其他区域的客舱机组人员注意当前状况，并共同协调旅客的撤离流程。机组资源管理（CRM）在飞行机组与客舱机组的培训中占据着举足轻重的地位，它创造了一个让机组人员在高度仿真的环境中进行训练的机会，同时设置具有挑战性的场景，以锻炼他们的协调能力、领导能力、沟通技巧以及有效决策的能力。通过接触各种实时场景，特别是那些工作负荷高、情况极端的场景，机组人员能够在实践中培养出果断决策、高效沟通以及卓越领导力等关键能力。

此外，一些航空公司安排客舱机组观摩飞行机组的训练，以便更好地理解在特殊情况下飞行机组所面临的挑战。客舱机组尤其是客舱经理可以了解到紧急撤离事件期间驾驶舱的工作负荷、情景意识、沟通协调和指令，意识到在如此关键的时刻，与飞行机组的沟通可能会出现障碍。

撤离过程中遇到的旅客行为即"人类的反应"，可能是积极的也可能是消极的。积极的行为可以是认真听从机组人员的指挥，冷静地行事并遵循既定的撤离程序，甚至协助他人撤离，比如旅客必须自己操作自助型紧急出口（如机翼 III 型出口）时，他们的表现至关重要，例如在 2009 年哈德逊河水上迫降事件中，旅客迅速打开 III 型出口并撤离到机翼上；而消极行为导致旅客准备不足，无法采取必要的行动迅速撤离，可能是由于不注意安全须知或未能理解指令。有些旅客可能会被恐惧所淹没,变得不知所措,无法理性行事。行动不便的旅客以及受酒精和/或药物影响的旅客可能不服从机组人员的指挥,例如1984年卡尔加里事故中,几名旅客越过座椅靠背,而正常情况应该是旅客在过道上排队撤离。旅客行为对撤离的影响,我们将在第六章中详述。

在笔者的飞行生涯中,有幸参加过数次运行合格审定,对于案例中提及的"机长的PA语速之快,以至于乘务员都听不清楚""滑梯速度比训练时更猛烈""旅客并没有成双成对地跳上宽体机的滑梯"感同身受。也正因为如此,每次审定结束,笔者都会将审定的经验和不足纳入客舱训练的内容与乘务员分享,此外,训练中还需关注以下方面:不同机型救生包设备(包括药品)的清单及其使用上的差异、应急撤离时公共广播(PA)系统的状态、人工充气手柄的具体位置及操作方向、实际撤离流程与既定撤离程序之间的差异,以及确保每名乘务员都准确掌握开启出口的相关知识。

通过取长补短、鉴往知来,我们的知识必须与时俱进,并确保与我们的机队配置和现实情况紧密相符。只有这样,客舱乘务员才能在面对各种出乎意料的情况时,依然能够毫不受影响地履行其安全职责,展现出卓越的表现。

任务二　案例分析:韩亚航空,飞行机组失能,飞机平安落地

2019年10月29日,韩亚航空公司A321-200飞机执行HL8071航班,16:34从韩国仁川机场起飞前往中国台湾高雄机场。机上共有154人,包括9名机组人员和145名旅客。图5-7为韩亚航空飞行机组失能的调查报告封面。

本次飞行中出现了飞行员失能的严重征候。事发时,飞机正在进近高雄机场。抵达机场前约30分钟,负责监控的机长与副驾驶进行了进近简令,之后机长担任操纵飞机的飞行员。交换操纵角色后约20分钟,机长询问目的地天气,19:09,副驾驶在等待系统打印输出的过程中突然失去了意识。机长立即口头询问"发生了什么事",并触摸副驾驶身体来判断他的意识。机长确定副驾驶丧失能力后要求客舱机组进入驾驶舱提供协助。当两名客舱机组人员进入驾驶舱后,机长指示他们向后推右座座椅,以防止失去意识的副驾驶无意中触碰到仪表和操纵装置,并要求寻找机上医疗专业人员。

机长控制了飞机之后,宣布"MAYDAY"指令。

由于客舱机组不熟悉如何调整座椅,很难将右座座位往后移动。几秒钟后,在客舱内工作的乘务长进入驾驶舱,按照机长的指示再次尝试,才将右座座椅向后推开。

乘务长查看了副驾驶的状况,脸色苍白、冷汗淋漓、身体下垂。当乘务长触摸他的手臂时,感觉不到任何肌肉紧张。乘务长松开了他的领带和腰带,给他戴上了氧气面罩,并按摩

图 5-7 韩亚航空飞行机组失能的调查报告封面

四肢。不久后,副驾驶的状况有所改善,脸色有所好转,不再冒冷汗,回答了问题并能够开始移动手臂。

在乘务长采取急救措施几分钟后,机长要求乘务长将失能的飞行员带出驾驶舱。约19:19,乘务长确认副驾驶可以自行行动,并引导他前往客舱前部的旅客座位,用客舱内的便携式氧气瓶给他吸氧,并继续按摩四肢。

客舱机组通过广播寻求医疗专业人员的协助,在第二次广播之后,找到了一名自称是医生的旅客。这位旅客告知乘务长,应继续给副驾驶吸氧。随后,副驾驶的状况似乎有所好转,并未再表现出异常症状。

19:30左右,飞机抵达目的地高雄机场。当飞机滑到登机口时,待命的医疗人员上机询问了患者病情,发现病情并不那么紧急,因此乘务长决定优先让旅客下机。医疗人员和副驾驶就病情进行了交谈并检查了血压、体温和血糖,检查结果在正常范围内。之后,医疗人员在没有采取任何特殊措施的情况下离开了飞机。机场对所有机组人员进行了酒精测试,结果均无异常。图5-8为HL8071航班飞行轨迹。

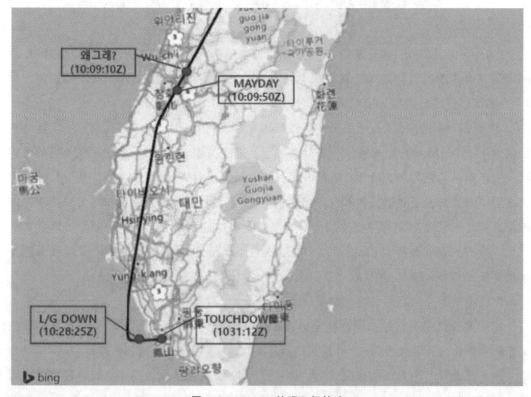

图 5-8 HL8071航班飞行轨迹

考虑到肠胃炎是机组人员丧失工作能力的最常见因素之一,调查人员要求航空公司尽快进行排泄物检验。当飞行员返回基地后,即刻进行了两次检查,结果都为正常。

在接受调查人员访谈时,副驾驶表示当时他感到头晕和无力,无法在座位上保持正常坐姿,能听得到谈话但无法作出回应,能够记住机长所做的大部分动作及客舱人员进入驾驶舱等情况。

该航空公司派遣的一名航医在第二天对副驾驶进行了身体检查,并建议他在一个月内接受详细的体检。同时,航医还咨询了外部专业的神经内科和心脏病科专家。经过评估,航医初步判断该飞行员的状态可能是"血管迷走性晕厥"或存在"癫痫嫌疑"。

在副驾驶丧失行为能力前三分钟,机长接管了飞机的操纵,并作为操纵飞行员(PF)执行任务。根据航空公司的《飞行操作手册》(FOM),机长采取了以下紧急措施:确认副驾驶丧失行为能力,请求客舱机组协助,宣布紧急状态"MAYDAY",询问机上是否有医疗专业人员,请求地面提供医疗援助。此外,航空公司的《飞行机组技术手册》(FCTM)也特别强调了机组资源管理(CRM)的重要性,以便在机组人员可能出现失能状况时,能够及时识别并采取有效措施。

在此次事件中,机长断开了自动驾驶并人工操纵降落。FOM和FCTM都建议实施自动着陆,以避免因繁重的工作负荷导致手忙脚乱。因此,在这种情况下,航空公司建议飞机机组需要决策并选择自动着陆作为首选方法。

医学专家还指出,虽然人们在经历"血管迷走性晕厥"后通常会在不到1分钟的时间内恢复意识,但为了安全起见,建议在至少15分钟内避免站立。鉴于航空公司并不了解此医疗症状,建议航空公司开展针对机组人员失能的应急训练。

此次事件中,客舱机组履行了以下职责:进入驾驶舱,按照机长的指示调整右座座位,观察失能的机组人员,将他转移到客舱急救,寻求医疗专业人员的帮助以及协调地勤人员。

在航空公司的《飞行操作手册》(FOM)中提出如下要求,但在《客舱机组手册》中并未涉及:

① 需要手动锁定失能飞行员的肩带以阻止移动;
② 将座椅完全向后推,然后倾斜座椅靠背;
③ 在移动失能飞行机组时,要小心不要危及任何飞行控制装置和开关;
④ 客舱经理应确认机上是否有具备资质的飞行员来代替失能的飞行员;
⑤ 联系公司以获得医疗援助或备降。

国际航协在《2015年客舱运行安全最佳实践第二版》中描述,在飞行员丧失能力的情况下,客舱机组应承担以下职责:

① 拧紧并手动锁定失能机组的肩带;
② 将座椅完全向后移动;
③ 倾斜座椅靠背;
④ 与其他飞行机组就进一步行动进行沟通,并考虑急救,寻求医疗协助,或在可行的情况下,将失能的飞行员从驾驶舱中移走,以防止失能的机组人员受伤或损坏或干扰驾驶舱控制装置。

尽管此类严重征候的发生概率很低,但航空公司《客舱机组手册》需要为客舱机组提供在飞行机组丧失行为能力时可以参考的程序。而且国际民用航空组织（ICAO）公布的《客舱机组培训手册》（DOC 10002）定义了飞行机组丧失工作能力后客舱需要完成的6项任务，并建议实施相关的培训：响应飞行机组的要求；将失能的机组人员移走，以防止影响驾驶舱中的控制装置；固定好失能的机组人员；提供急救；按照指令，协助飞行机组；完成适用的各类文件的填写。

在本次事件中，客舱机组试图按照机长的指示调整座椅，但他们不熟悉如何调整，因此建议航空公司下一步需要对客舱机组进行相关培训。

事件之后，调查机构向韩亚航空公司提出了针对客舱的安全建议：在客舱机组手册中明确机组人员失能后的程序，并实施相关培训。

机组丧失能力指的是机组人员履行其职责的能力部分或完全丧失的状态。这种能力下降可能源于多种原因，从极端严重的状况如突发性心脏病、休克等生命垂危情况，到较为轻微的短暂性问题，比如牙痛或睡眠不足等。我们必须认识到，这种丧失工作能力的风险无处不在，因此应提前采取措施进行预防。在飞行过程中，加强机组人员之间的沟通至关重要，以便及时发现并应对潜在问题。此外，我们还应当做好应急撤离的充分准备，以应对可能出现的紧急情况。

若发生客舱机组失能，首先对失能客舱乘务员实施急救，通知机长，按照指挥接替顺序确定其接替人，如失能的乘务员为客舱机组必需成员（即最低数量配备的乘务员），乘务长必须进行重新分配，调整应急情况下撤离的分工和职责。其中需要考虑如已经是最低数量配备运行，又因客舱机组失能导致一名乘务员负责成对出口的特殊情况。

2022年《"十四五"航空运输旅客服务专项规划》中明确要求切实提升人民群众对民航服务的获得感、幸福感和安全感。运营人要充分认识客舱安全管理的重要性，完善体系建设和责任落实，建立起一个更加稳固、高效的客舱安全管理体系，为旅客提供更加安全可靠的飞行体验，以高质量客舱安全水平服务高质量民航发展，为民航业的持续健康发展作出贡献。

案例分析

客舱烟雾，飞机改航备降图尔库机场后实施紧急撤离

澳洲航空A330航班紧急撤离——软管破裂与客舱烟雾事件分析

第六章　无准备的撤离

无准备的撤离是指在突发的、没有时间准备的情况下所实施的撤离。这一情况通常发生在飞机滑行、起飞和着陆阶段，如飞机中断起飞、冲偏出跑道等。

正如前面所提到的，仅靠一套撤离指南难以将一切可能出现的紧急撤离情况包含在内。在本章中，我们可以看到撤离过程中由于风效应，滑梯放出后被抬起并扭曲，飞机一侧的滑梯均不能使用；撤离时客舱布满玻璃碎片；旅客撤离时的"行为不作为"；已经撤离的旅客又爬上滑梯重新进入客舱；旅客穿梭于正在撤离的客舱中找寻亲人；噪声致使乘务员无法听到撤离指令；撤离时油箱爆炸；撤离行动与机外消防人员的救援工作产生冲突等。面对这些瞬息万变的情况，客舱乘务员可能需要面对的是他们从未训练过的撤离场景，而且往往没有足够的时间来充分应对突发事件，这无疑给客舱乘务员带来了极大的挑战。

任务一　案例分析：全球第一架全机损毁的B777飞机事故

2008年1月17日，英国航空公司一架B777-200飞机在执行从中国北京首都机场飞往英国伦敦希思罗机场的航班任务时，着陆前，发动机突然失去动力，飞机在离跑道约300米远的草坪上接地。接地过程中飞机起落架穿破机翼，导致机体损毁严重，英航决定不进行修复，该飞机成为全球第一架全机损毁的B777飞机（见图6-1）。

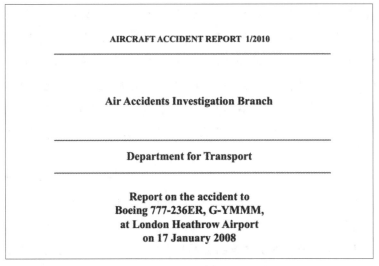

图6-1　英国B777飞机事故调查报告封面

飞行机组由一名机长和两名副驾驶组成。从希思罗飞往北京的去程没有收到有关机务故障和缺陷的报告，回程航班上，由于预计POLHO（位于中国和蒙古国边境的航点）"极端寒冷"，运营人制订的飞行计划中最初需要爬升至10400米（FL341），然后下降至9600米（FL315）。飞行机组检查了飞行计划和天气状况之后，商定总燃油加注量为79000千克。

在希思罗机场的最后进近阶段，飞机计划在27L跑道着陆。当飞机高度下降至720英尺时，尽管自动油门没有发出减少推力的指令，但右发动机的推力却自行降低至1.03 EPR，约7秒钟后，左发动机的推力也降低至1.02 EPR。根据飞机上的快速存取记录器（QAR）、飞行数据记录器（FDR）和发动机数字式电子控制器（EEC）的非易失性存储器（NVM）等记录装置的数据显示，推力的减少并非由自动油门指令的燃油流量变化或发动机参数变化导致。同时，发动机控制系统在探测到燃油油量减少后，已指令燃油流量阀门打开至全开位。然而，两台发动机的燃油流量均未对此作出响应。

经调查，发现飞机两台发动机的燃油流量均出现了异常减少，进而导致发动机丧失动力。在外界寒冷的环境下，燃油系统长时间在低燃油流量位运行，导致燃油系统中形成积冰，阻塞了燃油的流动，从而出现了不正常的燃油流量减少。无论用何种方式，航空燃油中所含的水都不可能被完全去除。当燃油温度下降至水的冰点以下，燃油中的水就会结冰。而该航班运行的大部分航程中，燃油温度均低于冰点以下。

飞机在最终进近阶段，当空速达到115节时，"空速低"警告响起，并触发了主警告系统。空速在一段时间内保持稳定，为了减小飞行阻力，机长将襟翼从30度位置收回到25度。然而，空速并未因此稳定，反而继续下降至约108节。在飞机触地前的10秒钟，出现了抖杆现象，这是飞机接近失速的明显信号，副驾驶随即向前推动驾驶杆以尝试恢复空速。在撞击前的最后几秒，机长试图启动辅助动力装置（APU），但当他意识到即将撞地时，立即宣布了紧急状态"MAYDAY"。

随着飞机逐渐接近地面，副驾驶迅速向后拉杆以尝试减缓下降速度。最终，在离27L跑道约330米的位置，飞机在机场围栏内、跑道外约110米的草地上着陆。

在撞击过程中，前起落架和两个主起落架都折断，右侧主起落架与飞机分离。

机长确信自己在PA系统中发布了撤离指令，但实际上他无意中将撤离指令发送到希思罗机场塔台的通信频率上。在此期间，副驾驶按照撤离检查单采取行动。

希思罗机场塔台告知机长，他呼叫的是塔台频率，因此机长在完成撤离检查单之前，在PA系统中重复了撤离指令。随后，客舱机组按照程序实施并监督了客舱的紧急撤离，所有旅客和机组人员都通过正常运作的滑梯安全撤离飞机。飞行机组通过1L、1R门的滑梯撤离。

飞机的右侧主起落架在事故中脱落并穿透了机身，导致一名旅客被机身碎片击中，腿部骨折，伤势严重。希思罗机场塔台启动了事故应急计划，在发送了坠机信息后的1分43秒，消防人员赶到现场展开救援行动。旅客撤离工作在消防车辆抵达后不久完成。

飞机停下来后，发动机出现了严重的燃油泄漏情况，同时旅客的氧气瓶也发生了泄漏，万幸的是没有起火。图6-2为英航B777飞机客舱布局，图6-3为飞机最后进近的航迹图。

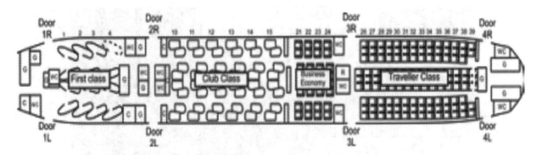

图 6-2　英航 B777 飞机客舱布局

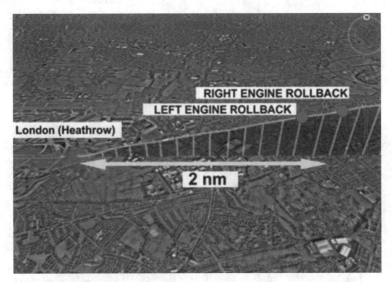

图 6-3　飞机最后进近的航迹图

此次事件中,客舱机组 4 人轻伤,旅客 1 人重伤、8 人轻伤。

事后,英国的调查机构对客舱进行了细致检查,涵盖了座椅结构、地板以及座椅轨道等方面。检查结果显示,除了第 29 排和第 30 排之外,客舱其他部分并未发现明显的损坏迹象。此外,虽然靠近 4L 门的前向座椅的座椅盘出现了变形,但客舱机组所使用的座椅并未遭受明显损坏。

在高端经济舱的前舱区域,发现了大量的玻璃碎片,同时在客舱 3L 区域左侧,玻璃碎片也广泛散布。这些碎片向前延伸,直至 2L 门和 2R 门附近,以及第 31 排座位,特别是在第 21 排和 29 排区域,碎片的数量最为集中。对该区域行李架上方的天花板灯进行检查后,发现了一些荧光灯管的缺失情况。具体来说,客舱右侧有 8 根荧光灯管不见了,其中 5 根已经从固定装置上脱落,但灯管本身保持完好,而另外 3 根则已损坏。在客舱左侧,丢失的荧光灯管数量达到 10 根,有 5 根虽已脱落但完好无损,另外 5 根则已损坏,这 5 根中又有 3 根的夹具被破坏,不过灯管的固定端接头仍然可以正常工作。此外,在天花板与面板之间的缝隙中,还发现了许多荧光灯管的碎片。

氧气面罩从 13 个旅客服务组件(PSU)中脱落。其中,有 10 个 PSU 的门盖已经丢失,原因是尼龙铰链发生了断裂,剩下 3 个组件上的门盖仍保持连接状态。图 6-4 至图 6-6 为英航 B777 飞机客舱内部受损情况。

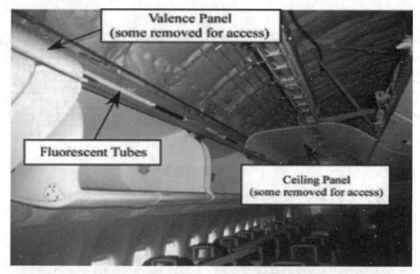

图6-4 英航B777飞机客舱内部受损情况①

图6-5 英航B777飞机客舱内部受损情况② 图6-6 英航B777飞机客舱内部受损情况③

在着陆之前,客舱机组并未接收到任何关于紧急情况的警报信息或广播。最初的撞击导致部分氧气面罩从PSU中脱落,同时也有一些头顶的行李架被打开。客舱机组注意到,在高端经济舱的座位区域,特别是第21至24排,以及3L和3R门周边,出现了灰尘或雾状物质。

当飞机停下时,一些旅客从座位上站起来,向附近的出口走去。客舱机组立即大声指令旅客"坐下,坐在座位上"。

经过一段短暂的等待,撤离警报终于在客舱内响起,同时每位客舱乘务员所在的位置都亮起了红灯作为警示。然而,事后有部分客舱机组人员反映,警报的声音"相对微弱",特别是在3R门附近的乘务员,表示他们几乎听不到警报的声响。

机长随后广播通知"这是机长，这是紧急情况，撤离，撤离"。

客舱机组随后开始组织撤离。其中1L、2L、1R、2R和4L每个舱门由两名乘务员负责，其他三个舱门都分别由一名乘务员负责。

根据目击者拍摄的视频证据显示，舱门在大约12:42:51时被打开。客舱机组随即指示旅客耐心等待滑梯完全充气。一旦每部滑梯都充分充气完毕，客舱机组人员便移动到出口一侧的辅助位置，指挥旅客跳下滑梯进行撤离，并在必要时提供必要的协助。旅客们大约在12:43:07开始陆续跳下滑梯，有序地撤离飞机。

2L门的乘务员认为逃生滑梯底部的碎屑似乎有危险，因此他们封锁了该出口，并引导旅客前往1L门和2R门；30K座的旅客受伤，随后一名邻近旅客陪同他下了滑梯；确认机上无人后，客舱机组撤离飞机。

由于客舱内没有起火，没有出现重大损坏，可以顺利开展撤离行动。许多旅客对此事件过程的描述是，撤离工作有序组织，客舱机组喊出了明确的指令。

一些旅客携带个人行李通过滑梯离开。一名已经撤离飞机的旅客又爬上了4L门的滑梯，重新进入了客舱，目的是取回他的个人物品，然后再次离开飞机。

空中交通管制机构（ATC）已通知机场消防部门相关坠机信息，第一辆响应车于12:44:13抵达。12:55消防人员进入客舱，确认所有旅客和客舱机组已撤离完毕。

尽管飞机并未起火，但消防人员观察到燃料正从发动机中泄漏，并且能听到旅客氧气瓶中的氧气泄漏声。为了预防可能出现更严重的后果，消防人员采取了分阶段的方式，喷射了泡沫和水介质来进行处理。

客舱机组在听到撤离警报后，立即启动了撤离程序。虽然客舱乘务员反映警报声音较为微弱，但后续的测试结果表明，除了1L门附近外，警报在其他地方的声音响度是足够的。

证据表明，撤离工作是有序的，所有滑梯都得以正确释放，所有旅客和机组人员都能够及时撤离飞机。

相较于旅客26%的受伤比例，客舱机组的受伤比例显得较高，而飞行机组则报告未受任何伤害。这一情况表明，客舱机组所获得的安全保护尚有待加强，这也成为未来业内需要深入思考和加强风险管控的重要议题。

飞行机组在紧急情况下没有足够的时间来警告客舱内的人员采取防冲击姿势。部分受伤的客舱机组人员反映，他们的安全带未能提供有效的约束，特别是肩带未能锁定。然而，在事故发生后，调查机构对每个乘务员座椅上的安全带进行了检查，并确认其锁定功能是正常的。

调查机构发现了两个客舱危险源。第一，如果撤离过程中周围环境光照水平较低，3L门和3R门处"EXIT"标志的脱落可能会影响乘员有效识别出口；第二，3L门区域的玻璃碎片主要来自天花板的荧光灯管。旅客报告说，飞机撞击时空气中有"雾"（怀疑是灯管断裂后有粉末状的物质）和颗粒。测试结果显示，当对灯具施加足够的弯曲力时，灯管会发生断裂。通过对客舱的后续检查可以明显看出，部分灯管不仅断裂，而且在撞击过程中发生了位移。这些掉落的荧光灯管碎片与地板上的玻璃碎片一同增加了在撞击和撤离期间对旅客造成额外伤害的风险。

因此，英国调查机构向美国联邦航空管理局提出了建议，要求波音公司对B777飞机的天花板灯组件、相关附件及其周围环境的设计进行修改,以确保在可能发生的、旅客仍有生存机会的撞击事件中,荧光灯管或其碎片能够得到有效的控制。尽管灯具符合紧急着陆负载的相关法规要求,但是制造商的灯具是否符合紧急着陆负载要求规格的测试是在静态条件下进行的,而不是将灯具安装在飞机上,在客舱头顶结构发生移动和弯曲的条件下进行测试的。因此,英国建议美国联邦航空局和欧洲航空安全局重新审查制造商对客舱配件采用的性能测试要求。图6-7为飞机跑道外接地情况。

图6-7　飞机跑道外接地情况

飞机事故的生存能力取决于多种因素,比如防撞性、迫降认证标准,并通过保持飞机系统结构的完整性和提供紧急出口使旅客逃生,以提高旅客的生存能力。同时也要求客舱乘务员具备扎实的专业知识、良好的判断力、协同有效的团队合作和高效的组织能力。此次事件中,在无准备撤离过程中,乘务员面对各种复杂的环境,能在第一时间迅速作出反应,所有滑梯都得以正确释放,保证了撤离工作的有序进行,使得所有乘员能够及时撤离飞机。

 任务二　案例分析:大韩航空B777飞机中断起飞后无准备撤离

2016年5月27日,一架大韩航空公司B777-300型客机(注册号HL7534),执行KE-2708航班从日本东京羽田机场飞往韩国首尔金浦机场,机上载有302名旅客和17名机组人员。飞机在羽田机场34R号跑道起飞加速滑跑过程中,机组感到整个飞机震动异常而且左侧发动机(型号PW4098)冒烟,飞机中断起飞。左侧发动机可以看到明火,机组执行紧急撤离,9人轻伤并被送往医院治疗(见图6-8)。图6-9为大韩航空B777飞机应急响应现场,图6-10为大韩航空B777飞机发动机起火。

图6-8　大韩航空B777飞机滑跑过程中发动机冒烟、中断起飞调查报告封面

图6-9　大韩航空B777飞机应急响应现场

图6-10　大韩航空B777飞机发动机起火

2018年8月20日,日本运输安全委员会(JTSB)针对此事件发布了最终调查报告。经过深入分析,报告判断事故(在最终报告中已被正式定性为事故)发生的原因极可能是在飞机起飞地面滑跑过程中,1号(左侧)发动机的高压涡轮(HPT)盘发生了断裂,断裂的碎片穿透了发动机壳体,随后引发了火灾。

(一)JTSB针对滑梯相关事宜的调查和分析

飞机共有10个出口,每个出口都配有滑梯和救生筏,紧急情况下舱门打开后滑梯将自动展开。飞机制造商的手册中"系统描述(SDS)"部分,针对滑梯的展开时间和展开时风速限制的描述为"开门、滑梯或救生筏充气的平均时间为7秒,滑梯或救生筏在高达25节的风速中能正常运行"。

根据客舱乘务员的叙述,飞机右侧的滑梯中,除了5R门的滑梯未能完全展开外,其余滑梯均已成功展开并用以旅客的撤离。而在飞机左侧,虽然1L门的滑梯被释放,但并未实际用于撤离。

此外,机场的监控摄像记录了紧急撤离的总体情况,撤离开始时有旅客带着行李跳下滑梯,滑梯底部没有人提供援助。

图6-11所示为事故中的滑梯。图6-12所示为事故发生时3R、4R和5R滑梯的展开情况。此外,与4R和5R相比,3R滑梯的宽度更窄、长度更短。

图6-11 滑梯释放的情况

滑梯展开的具体过程描述如下:视频记录显示,当滑梯3R、4R和5R被释放后,它们立即向飞机后部方向展开。其中,3R滑梯大约在6秒内就完全展开了,而4R滑梯则用了大约38秒的时间才完全展开。至于5R滑梯,其充气状态看似正常,但地面端右上角出现的撕裂很可能是由于侧风导致其在展开过程中与跑道表面发生了摩擦,同时,2号发动机在其慢车状态下产生的推力也可能对此有所影响。

根据飞机制造商提供的数据,在发动机处于慢车推力状态时,尾部排气产生的风具有一个约7米宽的范围,这个风会向前延伸约40米,并在高度上逐渐减弱至约6米,此时的风速约为30节。在事故发生时,我们需要考虑两个风的影响:一是发动机排气在335度航向上产生的风,二是自然风,其风向为060度,风速为20节。这两股风结合后形成了合成风,其风向变为007度，风速则达到约37.5节。这个合成风速超过了滑梯正常释放所允许的上限值，即25节，具体来说，是上限值的1.5倍。

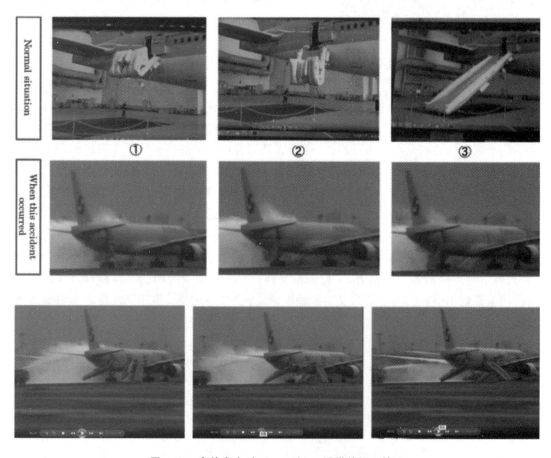

图6-12　事件发生时3R、4R和5R滑梯的展开情况

调查结果显示，除了5R滑梯外部材料的右下角（即地面侧右上部）存在一处长约5厘米的撕裂外，其他部分均未发现异常。另外，根据2016年3月对5R滑梯进行的最新检查记录，该滑梯并未出现漏气或充气故障等问题。

12:43:22在释放滑梯时，2号发动机处于慢车状态，12:43:45，2号发动机被关闭。关于5R滑梯在释放过程中为何会滑落到飞机下方，事故调查报告指出，这可能是受到了右侧强烈的正横风，以及2号发动机在地面慢车设置情况下仍产生推力的影响。图6-13为5R滑梯

图6-13　5R滑梯具体情况展示

具体情况展示。

二、应急撤离过程

(1) 飞行机组的行动。

事故发生时(约12:38),风速约为20节,风向几乎与34R跑道的右正横方向一致。由于1号发动机起火时产生的火焰和烟雾是被风吹到飞机左侧的背风侧,这可能是尽管发动机起火,但飞机机身和客舱并未遭受严重破坏的原因。此外,在紧急撤离过程中,旅客们选择了位于迎风侧的右侧滑梯进行撤离,这可能是因为这一侧的滑梯较少受到起火和烟雾的直接影响。1号发动机起火可能是由于第一级HPT盘边缘部分破裂造成的碎片穿过发动机壳的过程中产生冲击力,以及发动机突然停止时产生的减速载荷,最后导致在燃油和滑油热交换器的外壳上出现了裂缝,燃油和发动机滑油通过这些裂缝泄漏并接触到1号发动机外壳的热区后被点燃。

起火后,飞行机组首先释放了第一个灭火瓶,随后火警熄灭指示灯亮起,但5到10秒后,火警信号再次被触发。接着,飞行机组又释放了第二个灭火瓶,火警指示再次熄灭,然而同样在5到10秒后,火警信号又一次被触发。面对这种情况,机长果断决定实施紧急撤离程序。

该公司《飞行机组操作手册》(FOM)第8.2.13条的描述中包含诸如"机长应根据发动机的火情、风向、飞机的姿态和位置,以及飞机损坏的程度,来决定出口撤离方向"和"如果起火或其他条件使某些出口无法使用,机长应说明出口方向,如果可能的话,在跑道上实施撤离"。

机长要求副驾驶(FO)执行快速检查单(QRH)中的紧急撤离检查单,但由于QRH不在指定位置,副驾驶无法立即找到。尽管公司手册要求紧急撤离时应使用纸质QRH,并规定飞行机组在起飞前应对存放状态进行检查,但在此次情况下,副驾驶最终只能在平板电脑中查找并使用该检查单。事后,QRH被发现在副驾驶座椅后部的机架内。基于这些信息,日本调查机构判断QRH很可能没有放置在指定位置,飞行机组没有进行充分检查。在紧急情况下,如果找不到检查单,可能会延迟飞行机组行动。调查机构认为飞行机组应在起飞前对飞机上携带的文件进行彻底检查,公司有必要再次进行关于在紧急情况下如何使用QRH的知识培训。

根据B777的QRH规定,在两个燃油控制开关被切断并关闭发动机后,飞行机组应向客舱宣布紧急撤离。但通过对FDR、CVR、QAR的记录和视频资料的分析发现,机长启动紧急撤离信号的时间是12:42:51,宣布从右侧舱门进行紧急撤离的时间是12:43:03,2号发动机燃油控制开关被切断的时间是12:43:45。此外客舱机组打开第一扇门1L的时间是12:43:17。

基于这些准确的时间信息,飞行机组在2号发动机关车之前就已经给出了紧急撤离的指令,并且很可能在第一个舱门打开后约28秒,2号发动机就关车了。值得注意的是,即使在发动机处于慢车推力状态时,其尾流的速度仍可达到约55千米/小时,这意味着旅客有可能因受到发动机尾流的吹动而受伤。因此,公司有必要加强对飞行机组的教育和培训,以确保他们能够更加严格地遵守紧急撤离程序,最大限度地保障旅客的安全。

(2)乘务长采取的行动。

乘务长在收到负责3L门的乘务员的事先通知后,打开了1L门并释放了滑梯。由于她对紧急撤离流程熟悉且有信心,她还检查了1L门外部以确保没有逃生障碍物。很可能的情况是,在接收到机长发出的紧急撤离信号时,乘务长已经打开了舱门,但随后她迅速发现1L滑梯因故无法使用,于是立即将旅客引导至其他舱门进行撤离。

与此同时,乘务长向客舱内宣布了从右侧撤离的指令,并特别提醒旅客不要携带任何行李。客舱乘务员也大声呼喊,要求旅客放下行李、脱掉高跟鞋,然而尽管如此,还是有许多旅客在撤离时依然携带了行李。

(3)事故发生后,航空公司采取的与客舱安全有关的措施如下。

① 公司立即对飞行机组在发动机停止运行后实施紧急撤离的训练程序进行自查;

② 公司在航空安全演示视频中增加了禁止旅客在紧急撤离时携带行李的说明,强调旅客在紧急撤离时不要携带行李,该视频将在本公司所有飞机上进行播放;

③ 公司修订了《客舱操作手册》中"撤离"章节的内容,增加了客舱乘务员如何有效指挥旅客安全撤离,并于2016年10月17日开始实施,主要修订内容为在执行紧急撤离时不要携带行李的要求,以及坐在应急出口座位的旅客如何协助其他旅客撤离。除之前使用的韩语和英语外,还增加了日语和中文描述。考虑到旅客的国籍,如果有可能,乘务员可以使用其他语言来补充信息;当撤离流停止或速度降低时,检查客舱内是否还有旅客。当指定区域无旅客时,乘务员可以比其他旅客提前撤离,指挥飞机外的旅客有序集结。

安全管理的重要性不言而喻,它既需要坚实的规章制度作为基础,也离不开高效的执行力来保障实施。贯彻安全规章,首先就要坚持实事求是。安全规章虽然对机组人员的工作有普遍的指导意义,但章节条款不可能把所有具体问题和现象都包括进来,关于客舱安全的各类规章和手册要求也是如此。因此,在实际工作中,我们必须准确把握规章手册的核心内容,深入理解其精神要义,并紧密结合实际情况,以实事求是的态度,将规章手册的普遍指导原则与工作的特殊性有机结合,针对具体问题"对症下药",瞄准关键"靶心"精准施策。这样,我们才能在确保安全的同时,提高工作效率和质量。

任务三　紧急逃生滑梯相关知识

使用紧急滑梯撤离的例子在航空史上屡见不鲜,比如前文所述的各类案例。航空事故调查部门调查了迪拜B777飞机使用滑梯撤离的事件,揭示了成功使用滑梯撤离的多个因素,其中一个因素为旅客知道离自己最近的紧急出口的位置,并且可能在安全演示后计算出距离出口的座位排数。作为旅客,他们相信当紧急出口门打开时,滑梯会展开并为他们提供安全的逃生通道。然而,这种期望是否总是可靠?在回答这个问题之前,让我们先了解紧急逃生滑梯的相关知识。

一、滑梯是如何工作的

通常,当紧急出口门在预位状态下打开时,滑梯包会从门内侧的存放位置掉出。当有足够的下落高度时,展开线(滑梯上连接释放手柄的整条钢绳)将打开充气阀并提供加压的空气/气体混合物,以完全填充滑梯。随后,滑梯会滑落到地面上,为乘员提供安全的逃生通道。

某些飞机的紧急出口是通过坡道撤离的,下滑道通常存放于机身外侧的盖子后面。当门把手被拉动时,这些坡道就会展开,并在机翼上形成屏障,引导人员通过滑动坡道撤离到机翼后部。

虽然飞机上的滑梯用于紧急撤离,但并非所有滑梯都设计为供水上迫降时用的救生筏,机翼上的出口通常不设计为救生筏。

二、为什么滑梯不工作

荷兰国家航空航天实验室(NLR)2005年进行了一项题为"使用滑梯撤离而引发重复性问题的分析"的研究,回顾了1970年至2003年间150起使用了滑梯的事件。研究结果显示,在这150起事件中,有81起(占总事件的54%)遭遇了一部或多部滑梯无法正常运作的情况。具体而言,28%的问题源于滑梯未能按预期展开或充气,而15%的问题则是由撤离时飞机所处的极端姿态所导致。风效应也是造成滑梯不能正常运行的原因之一,风对滑梯的使用有不利影响,12%是由于风将滑梯吹到飞机的侧面,阻止了它的使用;13%的滑梯问题是其他原因,如滑梯展开到客舱内或与飞机脱离。

NLR研究得出的结论是,在中等风力条件下,有时出现的强阵风可能会给释放和使用滑梯造成困难。据NLR研究人员了解,部分国家的民航法规目前尚未将强阵风对滑梯正常运作可能产生的影响纳入考量。

在2013年旧金山韩亚航空公司B777机型的事故中,逃生滑梯的问题再次凸显:维护人员在维修时安装了充气缸安全销,但维修完毕后未卸下,在需要撤离的情况下,4R滑梯和救生筏无法正常工作。在撞击过程中,两部滑梯在客舱内展开,并将客舱机组困在座位上。1R、2R滑梯和救生筏向客舱内充气和释放是飞机坠毁导致的严重结果,其产生的载荷远远超过设计和认证标准所设定的限制。图6-14为土耳其航空公司B737飞机在进近阿姆斯特丹史基浦国际机场时坠机(滑梯并未释放)。

在对2009年土耳其航空公司B737飞机在阿姆斯特丹史基浦国际机场外发生的事故调查发现:在机外发现了后部左客舱门的逃生滑梯,但令人不解的是,当该舱门被打开后,其余四个舱门的逃生滑梯均未展开。调查结果显示,既无证据表明机组人员未对滑梯进行预位操作,也无迹象表明这些滑梯在事故发生前或发生时存在故障。然而,调查未能确切解释为何事故发生后舱门开启时,逃生滑梯的展开机制未能被触发,这在正常情况下是不应发生的。

Door L1 escape slide did not deploy after the door opened

图 6-14　土耳其航空公司 B737 飞机在进近阿姆斯特丹史基浦国际机场时坠机（滑梯并未释放）

自 2005 年 NLR 开展研究以来，多起事故调查重复揭示了逃生滑梯功能作为关键因素的重要性。这些问题包括未连接展开线、高冲击力导致的滑动机构损坏、门打开时滑块组下落高度不足、起落架缩回或塌陷导致飞机姿态不利，以及事故期间压力缸损坏。除此之外，逃生滑梯一旦展开可能会因损坏而无法使用，如滑梯释放到外部障碍物上，或者滑梯被旅客穿着的高跟鞋或携带的随身行李损坏，或压力缸在飞机撞击过程中损坏。另一个延迟撤离的主要因素是风效应，正如迪拜事件中所确定的那样。虽然风速低于最大认证风速，但逃生滑梯受到风的影响，导致在撤离时间范围内只有部分滑梯可用。

三、使用滑梯撤离的测试

为了证明逃生滑梯的设计和安装符合监管认证要求，飞机制造商进行了撤离测试。撤离滑梯测试标准包括飞机处于正常姿态，起落架放下，为快速移动和离开提供最佳下滑角度。

在测试中，所有旅客和机组人员必须在 90 秒内完成撤离并到达地面，方能视为测试成功。为了模拟夜间环境，测试在仅开启客舱应急照明且完全黑暗的机库内进行，同时仅开放一半的紧急出口供使用，且客舱机组或旅客事先不会得知哪些出口是开放的。测试中未包含 12 岁以下的儿童，但为部分旅客提供了洋娃娃。此外，测试未将滑梯可能受到的风效应纳入考量。在撤离过程中，旅客未携带随身行李，而是将枕头和毯子放置在过道上以模拟障碍物。

认证测试中旅客的组成要求包括：至少 40% 的旅客必须是女性；至少 35% 的旅客必须超过 50 岁；至少 15% 的旅客必须是女性且年龄超过 50 岁；旅客必须携带 3 个真人大小的洋娃娃以模拟两岁或以下的婴儿，其不包括在总旅客重量中；维护或操作飞机的机组人员、机械师和培训人员不能参加。2005 年 A340 多伦多事故航班上旅客共 297 名：168 名成年男性，118 名成年女性（40%），8 名 12 岁以下儿童和 3 名婴儿。成年旅客中有 3 名轮椅旅客和 1 名盲人旅客。

逃生滑梯的风力测试场景需满足以下要求：该滑梯必须是根据技术标准订单制造并经过认证的，具备抵抗 25 节风速的能力；在展开后，它应在 6 秒内（机翼上方的逃生坡道则为

10秒)完全充气;此外,滑梯在释放后需保持可用状态。

针对配备双层客舱的飞机,进行了一项关于逃生滑梯使用安全性的性能测试。尽管A380飞机在此认证测试中顺利过关,但在模拟的紧急撤离情境中,当全部873名旅客在短短78秒内从双层客舱迅速撤离时,仍不幸发生了1名旅客腿部骨折的事故,并有32人遭受了轻微伤害,这些伤害中包括因滑行摩擦导致的烧伤。

四、使用滑梯撤离造成的伤害

2008年,美国机场合作研究计划的一项研究发现,紧急撤离过程中造成的伤害中,近90%为轻微伤害,如擦伤、瘀伤、割伤和扭伤。然而,剩余的10%伤害可能相当严重,尤其是背部受伤,这些伤害往往由滑梯放气不当或滑梯在不稳定状态下使用所导致。该研究着重指出了地面工作人员资质的重要性,他们需要在有风条件下正确固定滑梯末端于地面,以确保撤离人员能安全离开滑梯,同时维持高效的撤离速度。

2003年,一架B747飞机在悉尼机场撤离,撤离导致4人重伤、5人轻伤。以下为航班上一个家庭撤离情况的记录:"一些旅客报告说受伤,包括割伤、擦伤、扭伤和瘀伤。其中一名是男性旅客,他抱着一名婴儿从3L滑梯上撤离。他的妻子率先撤离,目的是帮助他和婴儿,然而他的妻子摔倒在滑梯底部并割伤了右肘。他撤离时用右臂将婴儿抱在右髋部,他试图用左臂放慢速度,但这是一个快速下降,他在滑梯的尽头摔了下来,衣服撕裂了,左膝盖和手割伤了,婴儿安然无恙。在这次撤离过程中,另一名旅客不幸遭受了严重的脊椎伤害,同时,机翼上的滑梯被某钝器撕裂,造成了长达154厘米的裂口,导致滑梯迅速放气。"

研究发现,当旅客试图不穿鞋撤离,或在撤离过程中鞋子丢失时,会遭受其他类型的伤害。例如,客舱内部可能因紧急情况而严重受损,迫使旅客不得不踩在客舱地板上可能存在的尖锐物体上。2008年对伦敦希思罗机场一起B777飞机事故的调查就是一个例证,调查发现,"荧光灯管掉落以及地板上玻璃碎片的存在,增加了旅客在撞击和撤离过程中受伤的风险。"

五、从滑梯的撤离中学到了什么

对于旅客而言,机组人员常提醒:"请务必花时间阅读座位口袋里的安全须知卡。"而对于机组来说,他们必须意识到,在发生事故时,不确定性始终存在。撤离滑梯的可用性可能是一个动态变化的过程:它可能在某个时刻可用,但随后因各种原因变得不可用;也可能最初不可用,但随后又能恢复使用。此外,滑梯的展开情况也会影响撤离效率,如滑梯可能以过于平坦的角度展开,导致撤离速度大大降低;或者滑梯未按预期方式展开,甚至可能展开到客舱内部或与飞机意外脱离。风效应也可能导致滑梯无法正常运行。因此,旅客穿着合适的鞋子对于避免撤离延误和受伤至关重要。同时,随身携带行李会延缓撤离进程,可能造成人员伤害,并可能损坏逃生滑梯。此外,从滑梯撤离本身也存在一定的受伤风险。

滑梯在保障旅客生命安全方面发挥着举足轻重的作用,通过本章节,我们也了解了滑梯的相关知识及其"特殊表现",尤其受风效应影响而导致不正常运行的状况,我们应举一反三,梳理训练大纲、SOP、撤离程序等,不断从行业的经验中吸取教训,丰富理论知识并用之于实践,做好应对特殊情况的准备。

任务四 如何应对撤离期间的手提行李问题

2016年10月28日,美国航空公司一架B767飞机起飞时右侧发动机的涡轮盘发生故障,中断起飞后实施撤离。根据撤离视频以及乘务员的陈述,许多旅客无视飞行前的安全指示,带着随身行李离开了正在燃烧的飞机。图6-15为B767飞机起飞时右侧发动机故障,中断起飞后实施撤离。

图6-15　B767飞机起飞时右侧发动机故障,中断起飞后实施撤离

开始撤离的过程中,惊慌失措的旅客冲向出口,一名女子拖着一个大袋子走近乘务员劳里·曼迪奇。这位有着32年航空公司客舱经历的乘务员告诉旅客不能携带行李,但旅客拒绝了。劳里试图拿走行李,这名旅客又拒绝了。她后来告诉调查人员,"这名旅客真的让我生气了""她占用了宝贵的时间"。

撤离期间拍摄的录像显示,一些旅客带着随身行李从三个可用出口撤离,一名乘务员试图从一名没有遵守指令的旅客那里拿走行李时意识到这种争执延长了撤离时间,于是就允许旅客携带。另一名旅客带着一件行李来到左翼翼上出口,尽管被要求把行李留在后面,但他仍然带着行李撤离。

2005年,法航358航班在着陆时冲出跑道,随后起火爆炸。部分旅客在撤离时仍携带了行李。事故调查指出,必须强化着陆前的安全简介内容,明确告知旅客在紧急情况下禁止携带行李撤离。

在2016年日本航空JL-3512航班的紧急撤离事件中,由于客舱内出现烟雾,乘务员在确保撤离速度和时间的优先级上,允许部分旅客携带小型行李通过滑梯撤离,而非坚持要求他们留下行李。

一直以来,旅客携带随身行李撤离飞机是人们反复关注的问题。

2000年6月,NTSB在"关于商用飞机紧急撤离的安全研究"中指出:乘务员试图保持紧急出口持续有旅客流动,但常常因旅客坚持在撤离前取出随身行李而受阻。

撤离的旅客中几乎有一半随身携带行李,在接受访谈的419人中有208人承认试图随身携带物品。撤离后接受访谈的36名客舱乘务员说,携带行李的旅客是客舱撤离过程中最大的障碍,很明显,撤离速度减慢的结果可能是致命的。

一旦撤离开始,客舱机组常常会遇到一个棘手问题:难以有效劝阻旅客携带行李。因此,行李往往会不可避免地涌向紧急出口。这时,机组面临两种选择:一是尝试在出口附近设立行李拦截点,从旅客手中取下行李;二是允许旅客携带行李撤离,尽管这可能会增加受伤或损坏逃生滑梯的风险。然而,这两种策略都可能带来不良后果,造成撤离过程的延误。特别是当行李堵塞出口或散落在可用的逃生通道上时,会极大地加剧客舱机组应对疏散拥堵的难度。

虽然NTSB在安全研究中指出,携带行李撤离的旅客是紧急撤离过程中的一大障碍,增加了人员受伤甚至生命损失的风险,但NTSB并未发现具体撤离事件中有因携带随身行李导致延误进而造成伤害的情况。此外,NTSB在如何研究旅客在紧急撤离中取回和携带行李所造成的潜在延误问题上,以及如何制定有效对策以减轻这一潜在安全风险方面,尚缺乏明确的方法。

2000年7月14日,NTSB发布了《安全建议》(A-00-88),这是NTSB"关于商用飞机紧急撤离的安全研究"的结果,发现乘务员接受的关于旅客携带随身行李的培训中没有涉及当旅客不遵循客舱指令时该怎么办的内容,NTSB要求FAA制定咨询材料,改进撤离过程中尽量减少与携带随身行李发生冲突的解决方法。

2000年11月8日,FAA表示2000年7月24日已发布了咨询通告AC 121-29B以简明的语言提供了管理随身行李的信息,要求航空公司向所有机组提供应对随身行李处置的培训,包括在紧急情况下如何应对。

2001年7月30日,FAA表示对第8400.10号令《航空运行监察员手册》第1984段进行了修订,指令主任运行监察员(POI)鼓励运营人在机组手册和培训项目中响应紧急情况下处理随身行李的具体程序,为乘务员提供明确的指引和指导,尽量减少出现已发生过的与随身行李相关的安全问题。

2002年1月,FAA发布咨询通告AC 121-24C,为121部运营人提供了指导,建议将关于行李的要求纳入旅客安全口头简介以及旅客安全须知卡中。具体要求包括:口头简介需与安全须知卡相辅相成,而安全须知卡上应明确告知旅客,在紧急情况下不应携带随身行李前往出口。

尽管FAA根据《安全建议》(A-00-88)采取了行动以阻止旅客携带随身行李撤离,并在咨询通告AC 121-24C和121-29B中提供了进一步的指导,但NTSB认为,旅客在此事件和在其他近期紧急撤离期间取回随身行李的证据表明,FAA先前为缓解这一潜在安全隐患而采取的行动并不有效。因此,NTSB建议FAA继续研究测量和评估携带随身行李在紧急撤离期间对旅客下机时间和安全的影响,识别风险,制定并实施有效的对策。

研究表明,在撤离过程中,约50%旅客倾向于在撤离前取回随身行李,这一行为持续威胁着旅客和机组人员的安全。2004年,飞行安全基金会发布了一份安全通告,标题为"试图取回随身行李会增加撤离过程中的风险"。通告指出,取回随身行李可能引发连锁反应:取回和遗留在通道上的行李会降低出口的撤离效率,减少可用通道的宽度;行李堆积在厨房区域和空座位上,可能会阻塞尚未打开的紧急出口。此外,如果飞机因起落架折断或其他因素发生姿态变化,这些堆积的行李可能会被移动到过道中,进一步阻碍撤离进程。在出口处强行从旅客手中取下行李,不仅会危及客舱机组的安全站位,还可能导致乘务员坠落或被推出飞机,从而造成潜在伤害,更关键的是会使出口处于无人监管的状态。

正如飞行安全基金会的通告所指出,现有的应急培训并未为客舱机组提供充分有效的策略,以应对那些不遵守指令、坚持取回行李的旅客。判断客舱机组是否应从旅客身上取下行李,是一项极为复杂且困难的任务。该通告的结论是,在面对不理想的情况时,机组人员可能会面临有限的选项,并只能依据自己的判断来做出决策,即根据当时的具体情况,权衡何种选择最为合适(或危害最小)。例如,是优先保障旅客在滑梯上的撤离速度,还是坚持要求旅客移除尖锐物品并将行李及物品留在飞机上。

如何应对撤离期间的手提行李问题?

自2015年以来,NTSB调查了另外三起客机紧急撤离事件,这些事件中均存在旅客携带行李导致撤离速度减慢的问题。这一问题令监管机构颇为头疼,因为它涉及人类行为,而这类问题历来难以解决。全球航空业界针对此问题提出的解决方案包括:加装可在紧急情况下自动锁定的头顶行李架,或者在每次飞行前向旅客发出更为严厉的警告。

在紧急撤离的情况下,尤其是在生命威胁尚不十分紧迫时,旅客往往倾向于在离开飞机前尽量携带他们的个人物品。为此,运营方应提前预见这种可能性,并制定相应策略,以减少旅客在疏散过程中因携带随身行李而产生的附加风险。

应对撤离期间手提行李问题的策略如下。

第一,应在安全演示(包括飞行前和航班降落前的安全演示以及紧急情况安全须知)中明确提及个人物品的处理要求,强调在紧急撤离时旅客必须将个人物品留在飞机上。同时,安全须知卡上应使用清晰、明确的图形,突出显示紧急情况下禁止携带行李的规定。

第二,应限制随身行李的尺寸、重量和形状,确保它们符合行业可接受的标准,并考虑到现有的撤离经验。在旅客开始取回行李之前,机组人员应立即以严厉的方式制止,以避免行李阻碍撤离。

第三,在撤离过程中,客舱机组应发布简单、清晰的指令,要求旅客留下行李。此外,客舱机组还需接受相关培训,了解在紧急情况下强制留下行李可能带来的后果,以及行李堵塞撤离通道的问题。

第四,运营人需要仔细考虑是否鼓励旅客在撤离时携带必需的小件物品,如手机、重要药物、护照和钱包等。如果采取这种做法,应意识到其中存在的风险,即有些旅客可能会忽略相关要求或指令。因此,运营人的运行方针和指南应尽可能明确,避免模棱两可,并充分考虑各种风险和潜在后果。

第五,所有这些策略都应在培训中进行广泛宣传和知识普及,确保所有机组人员都充分了解并能够在紧急情况下正确执行。

行李处置行动及可能产生的后果如表6-1所示。

表6-1 行李处置行动及可能产生的后果

行动	可能的后果
强行在舱门口留下随身行李	行李堆积阻塞出口路线； 由于和旅客产生争执或纠纷而降低出口速度； 客舱机组挪动行李时受伤； 与旅客发生身体对抗，贻误撤离进度
将随身行李扔到飞机外部	可能对机外地面人员造成伤害； 对执行该行动的客舱机组造成伤害； 对地面设备或滑梯造成损坏； 若出现物品的损坏，可能面临被索赔行李和物品费用
允许旅客携带他们坚持要带的物品	造成出口速度减慢； 对旅客或使用滑梯的其他人造成伤害； 对在滑梯底部的协助人员造成伤害； 滑梯损坏； 滑梯底部堆积的行李、各种碎片碎屑增加了受伤的风险； 旅客不能稳定从滑梯上下滑，增加受伤风险

结合行李管理，这里笔者要提示的就是旅客行为可能带来的客舱安全风险。人是安全管理的主要对象，也是客舱安全控制链条中最具有能动性的变量。旅客行为模式选择具有随机性，他们的身心健康状况也存在不确定性，这些因素给客舱安全带来不确定的风险。这些风险主要体现在旅客自身的健康风险、在紧急情况下旅客的行为反应模式，以及旅客可能出现的特殊过激行为等。客舱乘务员作为客舱安全管理的主要执行者，必须熟悉并掌握客舱安全风险的识别与控制方法，才能有效降低，甚至消除航班中旅客带来的安全风险。

任务五 如何提高旅客在紧急情况下的生存能力

一、事故生存能力统计数据

2000年，NTSB研究了自1983年以来美国发生的所有事故（在这项研究中，事故被归类为飞机严重受损或旅客严重受伤或致命的事件）。研究发现，在这18年中，每26697次航班发生一次事故，每2093579次航班至少有一人死亡，每18580519次航班发生一次全体旅客损失的事故。这些数字显示了旅客卷入航空公司事故的可能性。

一旦发生事故，旅客的生存能力究竟如何？为此，NTSB在上述时间对技术上可存活的事故进行了研究，但仅针对20起事故进行深入分析，涉及2143名乘员，其中71.1%的乘员幸存下来;21.6%的乘员死于与撞击有关的伤害;6.1%的乘员死于烟雾或起火;1.2%死于其他原因,如溺水等。

在60%被视为技术上具备生存可能的事故中,超过80%的乘员能够幸存。NTSB的研究揭示,每7432208个航班中才会发生一起这样的技术上可生存事故,而每位旅客在此类事故中的生存率高达71.1%。

二、提高旅客生存能力的因素

飞机事故中旅客的生存能力受多种因素影响,其中包括飞机的防撞性能以及迫降认证标准。通过确保飞机系统结构的完整性,并提供充足的紧急出口以便旅客逃生,可以有效提升旅客在事故中的生存能力。

(1)国际民航组织附件6明确规定,运营人应向旅客提供包括与安全有关的信息和指示。

这些规定的目的是要求运营人向旅客传达具体、准确的信息和指示,以便旅客理解与安全相关的知识。全球各类事故调查表明,运营人通过提供安全须知卡、视频、标牌、标志、紧急照明系统、安全演示、简报和口头通知向旅客传递逃生信息,但以上信息的缺陷和不准确也会对旅客生存率产生负面影响。ICSG编制并发布了《旅客安全信息和说明手册》(Doc 10086),确保向旅客提供必要的安全信息、说明和指导材料,增加发生事故时机上乘员的生存机会。

当旅客被准确指导如何正确使用安全带及其他安全设备,并了解在紧急情况下应采取的正确防冲击姿势时,他们的生存率将显著提高。对航空安全知识有一定了解的旅客,在飞机遇到生命威胁的紧急情况时,更有可能把握住生存的机会。

为了提高旅客在发生紧急情况时的反应和生存能力,运营人必须向旅客提供必要的信息,这样做的一个主要手段是飞行前的安全演示。一般来说,安全演示由客舱机组在客舱现场进行,或者播放运营人开发的视频,在起飞前给旅客观看。安全演示包括旅客为增加在事故中生存的机会而需要知道的关键事项,例如安全带的使用、紧急出口的位置、紧急逃生路径照明和出口标志、氧气面罩和救生衣的位置和使用方法,以及如何为防冲击做好准备等。此外,某些旅客可能需要单独介绍,包括但不限于携带婴儿的旅客、无人陪伴儿童、残疾人、行动不便者和担架旅客等。

(2)我们对每次撤离的生存能力因素了解有限,因此需要通过分析实际案例和总结经验教训来不断提升。

1985年,英国曼彻斯特机场发生了一起重大事故,飞机起飞过程中,发动机遭遇非包容性失效,燃油泄漏导致左发动机起火,飞机中断起飞后驶入滑行道,风将火力引向机身后部。虽然机场消防部门及时赶到事故现场,但飞机停下后五分半钟内,机上137名乘员中仍有55人丧生。AAIB调查报告指出,人员死亡的主要原因是吸入客舱内浓密的有毒/刺激性烟雾而迅速失能,右前门故障和出口受限导致的撤离延误加剧了这种情况。

民航业有责任广泛传播从事故中汲取的教训,以推动航空安全标准的发展和改进。为此,民航业需要通过教育提升旅客的安全意识,改革机组的操作程序,优化客舱布局,更新客舱材料,并加强撤离程序的认证标准与监管力度。此外,行业内需要进行深入研究,以更好地理解人在紧急情况下的行为模式,尤其是紧急撤离时的行为。研究成果应该公之于众,特别是"对于参与撤离的乘员来说,时间是最关键的因素",应确保所有相关人员都能了解到时间在撤离过程中的至关重要性。

(3) 撤离延误也影响旅客生存能力,撤离延误的因素如下。

对事故报告的审查显示,飞行员在试图了解事故状况、评估飞机状态以及检查是否有起火情况,并完成撤离检查单的过程中,可能需要花费一分钟的时间。在明显紧急的情况下,一分钟是旅客可以忍受的最长时间。

当"系好安全带"的指示灯依然亮着时,尽管客舱机组可能会要求旅客保持就座,但如果飞机已停稳且未出现明显烟雾、起火或重大损坏迹象,旅客可能意识不到存在紧急且危及生命的状况,因此他们很可能会尝试从头顶行李架中取拿随身行李。然而,在此关键时刻,客舱机组需留在紧急出口附近随时待命,这使得他们难以有效阻止旅客的这一行为。一旦旅客开始取拿行李,随身行李很可能会减缓甚至完全阻塞过道中的疏散人流。其他旅客也会跟随他人举动拿取行李,这增加了撤离延误。

如果家庭成员坐在客舱的不同部位,他们可能在发出撤离信号后留在客舱内寻找其他家庭成员,而此时他们应该做的是快速离开飞机。在撤离期间与家庭隔开的单身家庭成员可能会造成另一个撤离障碍,正如之前的案例所述(迪拜B777飞机撤离),一名乘务员通过和旅客沟通,说服一个家庭在没找到他们7岁女儿的情况下先撤离,随后发现女儿已经安全撤离了飞机。

(4) 客舱机组的自信和沟通的能力对撤离有着重要影响。

运营人员应当擅长分析并总结那些影响旅客安全的关键因素。例如,当客舱内存在烟雾侵入的风险时,客舱机组必须迅速采取行动,阻止旅客擅自打开某些紧急出口,并立即将旅客引导至最近的可用出口。在这一紧急情况下,机组人员的自信心以及高效沟通信息的能力显得尤为重要。乘务员对撤离程序了如指掌,能够有条不紊地引导旅客并迅速协助他们离开飞机,这将极大地提升机上人员的生存率。

(5) 旅客行为对撤离的影响。

为什么机上旅客会表现出非理性的行为?如何解释旅客会从撤离的出口走向充满烟雾的客舱?为什么在飞机着火客舱烟雾弥漫时,有些旅客在前往紧急出口之前抓住行李?旅客在着陆时怎么可能不系安全带?为什么大多数旅客不看安全演示,为什么他们不阅读安全须知卡?在长时间的越洋飞行后,旅客是否知道离他们最近的紧急出口在哪里?任何头脑正常的旅客在成功撤离后会重新进入飞机客舱内吗?

英国格林威治大学消防安全工程组教授兼小组主任埃德·加莱亚(Ed Galea)的一项研究表明,旅客的行为与人本身以及所处的环境一样具有多样性和复杂性。人类在面对紧急状况时的典型反应包括:情境意识丧失,即未能充分认识到情况的严重性,表现为留在座位上不动、拒绝使用滑梯撤离或试图通过进入飞机时的同一出口(通常是1L出口)离开;焦虑情绪可能导致旅客无法迅速解开安全带或打开机翼上方的紧急出口;社会纽带作用可能驱使旅客在客舱内寻找朋友或家人,而忽视了撤离的重要性;从属行为则表现为旅客试图从头顶行李架中取回行李;恐惧反应可能导致旅客在撤离指令发出之前就解开安全带并冲向出口；在客舱烟雾弥漫的环境中，生理性定向障碍的旅客难以找到紧急出口；利他行为表现为旅客即使面临生命危险，也试图给予他人帮助；行为不作为是指旅客因各种原因无法移动；而恐慌行为则可能引发潜在的危险举动，如推开其他旅客。

为了有效应对上述各种旅客行为，我们需要深入研究并改进现有的安全演示活动。值得深思的是，当前的安全须知卡、安全简介及安全演示是否存在内容过长、缺乏吸引力、令人感到困惑或被视为无关紧要的问题。

研究表明，撤离的旅客中约30％没有从最近的可用出口撤离；当旅客熟悉安全须知卡中提供的指令时，或者当机组人员提供旅客个人简介时，旅客更能成功地打开紧急舱门；不到一半的旅客会查看或阅读安全须知卡，根据现行状况，这是在出发前向旅客提供安全信息的唯一方式。

为了使关键安全信息更加清晰易懂并吸引旅客的注意力，一些航空公司创新地在安全演示中融入了幽默感和娱乐性元素。澳大利亚运输安全局的研究揭示，确保旅客认真观看飞行前的安全演示，是促使他们对自己的安全负责、在紧急情况下能够采取正确行动，以及避免撤离时受伤的关键因素。

（6）业界应确保持续更新飞机的撤离研究。

许多事情都超出了运营人的控制范围，必须在行业层面上解决。以下为需要考虑的建议。

① 充分重视紧急撤离调查，以更好地了解真实的旅客行为，完善、改进撤离系统的设计；

② 飞机的撤离系统，包括滑梯和舱门等，必须通过实际运行环境因素的认证，这些环境因素包括风、雨、雪以及非正常的飞机姿态等；

③ 飞机撤离认证要求必须考虑现实的旅客组成和行为；

④ 制定策略，将旅客的随身行李限制在行业可接受的尺寸、重量和形状范围内，同时考虑到现有的撤离经验；

⑤ 机组撤离培训必须考虑并反映业内实际撤离事件所总结的经验；

⑥ 家庭成员在办理登机手续时应尽量坐在一起，不要分开；

⑦ 起飞前和降落时的安全演示应提醒旅客熟悉最近的出口位置，并反复强调在撤离时必须将行李留在原地；

⑧ 在旅客开始取回随身行李之前，应迅速采取行动，并以一种严厉的态度制止；

⑨ 出口座位应由无语言障碍且有行为能力能够打开紧急出口的旅客占用；

⑩ 在飞行的关键阶段，航空公司需要提前考虑如何让客舱机组均匀地分布在整个客舱内；

⑪ 探索提供安全信息的各类行之有效的方式。

在未来的客舱安全领域，我们预见将会更频繁地面临"黑天鹅"事件，诸如强风导致滑梯无法使用、行李处理不当引发的意外情况等。可以说，客舱安全管理既迎来了新机遇和动力，也面临着前所未有的危机和挑战。同样，当今世界面临百年未有之大变局，经济社会发展遇到很多前所未有的困难，民航强国建设也没有现成的经验可以借鉴。

在国际国内复杂多变的背景下，要实现行业的高质量发展，需要我们立足岗位、脚踏实地,才能完成历史和时代赋予的使命。近年来,有关于客舱安全的工作取得了显著成就,但也有不少问题,如不遵守规章和违规操作的现象仍然屡禁不止,"最后一千米"的执行问题亟待解决等。

提升风险早期识别和预报预警能力,完善安全风险分级管控和隐患排查治理双重预防机制,防止发生系统性风险是客舱安全管理永恒的话题。我们可以主动迅速地从他人的不安全事件中吸取教训,排查风险,改进管理,构建严密的安全"防火墙",有效遏制重复性问题的发生。

展望未来,我们既要防范已知的"灰犀牛"风险,更要高度警惕未知的"黑天鹅"事件。要以大概率思维去防范小概率事件,不断堵塞漏洞、强化薄弱环节,做到未雨绸缪、主动出击,将各类风险隐患扼杀在萌芽状态,坚决守住不发生系统性风险的底线。正如古语所言:"骐骥一跃,不能十步;驽马十驾,功在不舍。"我们需持之以恒,不懈努力,方能确保客舱安全管理的长治久安。

案例分析

阿联酋航空B777飞机复飞后撞击跑道,无准备撤离

第七章　陆地迫降

2000年7月12日,赫伯罗特航空公司的一架A310飞机在起飞后发现起落架无法正常收起。尽管飞行机组意识到起落架未完全收起会增加飞行阻力,从而导致油耗增加,并且低速飞行也会进一步加剧油耗问题,但他们未能及时采取有效措施。最终,飞机因燃油耗尽而引擎失效,不得不在维也纳机场进行陆地迫降。随后,机上所有人员迅速撤离,幸运的是,此次事件中没有人员伤亡。A310飞机陆地迫降如图7-1所示。

图7-1　A310飞机陆地迫降

紧急迫降按迫降的场地分为陆地迫降和水上迫降,其中水上迫降通常被认为比陆地迫降更具危险性。众所周知,大多数航空事故易发生在"危险11分钟"内,即起飞后3分钟和着陆前8分钟。这段时间飞机的飞行高度较低、速度较小、离机场较近、较易获得救援,加上飞机越来越先进,因而这段时间的航空事故通常也称为"有生存可能的航空事故"。

历史案例反复表明,在这些具备生存可能的事故中,如果没有机组人员的及时指导和协助,许多旅客可能难以迅速逃生。因此,在紧急情况下,客舱机组进行必要的客舱准备,有序地组织撤离,以及旅客对机组人员指挥的服从,对于大幅提升生存率至关重要。

迫降后,若需进行撤离,客舱机组应立即执行以下步骤:确认出口状态、打开出口、检查滑梯或救生筏是否完好,随后指导旅客有序撤离,并确保机组人员也安全撤离,最后指挥撤离后的旅客集合。未及时撤离飞机以及未能以有序和安全的方式进行撤离,都可能导致旅客和机组人员受伤甚至死亡。以下简单介绍撤离常见的场景、机组防御措施、撤离设施、客舱机组响应及撤离固有的风险等。

撤离常见的场景有烟雾、起火等。例如飞机起飞过程中，2号发动机起火，警告系统被激活，飞机中断起飞后停在跑道上，飞行机组执行了检查单，但警告仍然存在，机长启动撤离。救援和消防服务（RFFS）在3分钟内到达现场并将火扑灭，一些旅客在撤离中受了轻伤；又如飞行中，后部洗手间的起火使飞机充满烟雾，飞行机组宣布进入紧急状态，飞机备降在附近的机场后立即启动撤离，RFFS在现场实施应急响应。撤离完成之前火势迅速蔓延，导致部分旅客死亡。

机组防御措施包括但不限于以下几个方面。

（1）飞行中，机组人员尽可能积极地处理机上异味、烟雾、起火等紧急情况，并在适当的情况下立即备降。如果紧急情况威胁到生命安全，一旦到达地面，作为预防措施，最合适的行动方案是将旅客和机组人员从风险中移除。

（2）如果在地面操作期间发生非包容性的发动机或机身起火，其他任何导致起火或飞机结构故障的情况，或飞机在起飞或着陆时坠毁，最好的防御措施是立即撤离飞机。

撤离设施设备包括但不限于以下几种。

（1）紧急出口：根据飞机机型的不同，紧急出口可能包括登机门、勤务门、机翼出口、客舱内的尾部出口、驾驶舱窗户或驾驶舱出口以及货舱出口等。出口可能配备登机梯、撤离滑梯/救生筏/撤离绳等。

（2）滑梯：滑梯是一种充气装置，有助于乘员的快速撤离。某些门槛的高度（地面到机门槛的正常高度）使身体健全的旅客无法从出口跳下或"下移"，这可能会导致出现重大的人身伤害风险。所以法规要求门槛高度大于6英尺或以上的所有机门必须安装滑梯；当机翼高于地面的高度（襟翼完全伸展）超过最大认证距离或机翼前方的撤离路线时，在机翼出口处也需要配备滑梯。一些滑梯还设计为飞机降落在水面上时用作救生筏。

作为认证的一项要求，飞机制造商必须证实，在飞机满载旅客的情况下，仅需利用紧急出口总数的一半，就能在90秒内完成全体人员的撤离。同时，另一半的出口需模拟在撤离过程中可能因故障、起火或结构损坏而被堵塞的情况。测试结果显示，在碰撞后起火的情况下，导致火势迅速蔓延的条件在90秒内出现的可能性较低。然而，根据实际撤离的案例，特别是在满载飞机上发生的非计划性撤离中，当飞机着陆时或着陆后不久突发异常情况，实际的撤离时间往往超过了认证规定的90秒。

客舱机组在起飞前的安全职责中，会向旅客提供全面的安全简介，这包括紧急撤离的相关内容。他们会向旅客推荐安全须知卡，这些卡片上详细标明了出口位置、在视线不佳时如何利用地板路径照明、出口处撤离滑梯的使用方法，以及如何正确打开出口等信息。对于坐在无人值守的出口座位的旅客，客舱机组会特别告知他们在紧急情况下如何打开这些出口。如果紧急情况发生且时间允许，客舱机组还会为这些旅客提供更为详尽的说明。试验结果显示，当旅客熟悉安全须知卡上的信息，或者客舱机组为他们提供了更为详细的单独指导时，他们在紧急情况下成功打开紧急出口的可能性会大大增加。

撤离指令通常由机长下达。然而，在无法与飞行机组取得联系的情况下，如果客舱机组判断客舱内的情况紧急，撤离刻不容缓，并且飞机已经完全停稳且发动机已经关闭，那么他们可以根据自身经验和接受过的培训知识，自行下达撤离命令。在这种情况下，客舱机组需要直接评估风险，例如外部是否起火或发动机是否在任何出口打开之前仍在运行等。

监督出口的客舱机组还必须确保出口的安全,直到滑梯(如果配备)完全充气,并在滑梯发生故障时阻止该出口的使用。他们还应使用适当的口令,在必要时采取身体行动来要求旅客迅速离开飞机并留下个人物品,特别是头顶行李架里或座位下的物品。他们会根据训练要求,协助旅客从飞机上离开,并将旅客安全地集合在一起。

撤离固有的风险包括以下几个方面。

(1)撤离延迟:在撤离开始之前,可能需要1分钟的时间。若存在明显的设施设备问题,旅客还需要忍受更长的时间。如果紧急情况不明显,旅客可能会恢复正常行为,例如开始打开头顶的行李架取回行李,而当客舱机组被要求留在紧急出口附近的站位时,旅客的这种行为很难预防;此外,客舱和驾驶舱之间的无效沟通可能导致撤离出现严重延迟。

(2)沟通:在紧急撤离过程中,机组成员之间以及与旅客之间的有效沟通对于及时、有序、有效的响应至关重要。有效沟通可能会受到以下因素的阻碍:一是PA系统可能无法正常工作(可能是因为被无意关闭或出现故障),导致客舱机组和旅客无法听到最初的撤离命令以及后续的指令;二是沟通不畅,即机组成员之间可能存在信息传递缺失、信息不完整或理解错误的情况。

(3)出口和滑梯操作:紧急出口操作和紧急滑梯释放存在问题而延误了撤离,这可能影响成功撤离;客舱机组或旅客在操作紧急出口门时遇到困难。

(4)旅客撤离准备:撤离过程中,旅客的不良行为或不可控行为或缺乏行动的准备是值得全球业界认真关注的问题。旅客可能没有察觉到他们所处的危险,因此可能会以不适当的方式行事,如对客舱机组的指令反应迟钝、寻找亲朋好友,试图打开头顶行李架拿取行李等,甚至大声指责或怒怼乘务员。

(5)烟雾、起火:烟雾和起火的存在会影响能见度,妨碍通信,减少可用出口的数量,影响旅客的行为,降低乘员的心理和身体能力,从而对成功撤离造成了极大的威胁。烟雾和起火在撤离期间应被确定为值得客舱安全领域各个层面严肃认真对待的风险。

风险是民用航空活动不可避免的一部分,但其表现形式和可能造成的后果可以通过各种措施来预防。客舱乘务员可通过对风险的识别、分析、评估和预防控制,从而有效降低甚至消除潜在的客舱安全风险。

实施安全管理体系(SMS)的目的是要将安全关口前移,未来客舱安全在推行SMS时重点强调的也是要建立以前置性的风险管理为核心的安全管理体系。在风险管理方面,我国众多航空公司展现出的优势在于拥有健全的信息收集系统,以及专业的数据分析和处理团队。然而,劣势也同样明显:尽管掌握了大量信息和数据,仿佛坐拥一座宝藏,却缺乏一个高效的数据平台和方法,来对这些数据和事件进行整体性和趋势性的深入分析。这导致的一个主要风险是,我们只能针对具体问题进行处理,而数据和安全信息的价值未能得到充分挖掘。更为严重的是,对于客舱安全运行至关重要的不良趋势,我们可能无法及时发现,最终可能陷入被动管理的境地。

因此,如果能够明确一些对客舱安全运行至关重要的关注点,利用已收集到的大量信息,归类分析,确定发展趋势,根据历史情况以及安全目标,设立警戒值,那么,一旦发展趋势触及了这一警戒值,就可以进行风险趋势预警和前置性的调查分析,采取预防措施,以有限的资源集中力量解决重要的客舱安全问题。

任务一 案例分析:2013年7月6日韩亚航空 B777-200ER事故

2013年7月6日,美国太平洋时间11:28,韩亚航空执行214航班,使用注册号为HL7742的B777客机在加利福尼亚州旧金山国际机场28L跑道进近时与防波堤相撞。飞机受撞击后引发大火,进而导致飞机损毁。

根据NTSB的调查报告,韩亚航空214航班在五边进近上段,高度高、速度快。为了尽快下降到正常的下滑道剖面上,飞行机组不恰当地接通了FLCH,飞机随即转入上升,欲爬升到预先设置的复飞高度3000英尺。为了阻止飞机继续爬升,机组人员迅速断开了自动驾驶系统,并手动向后拉动油门杆,将飞机的推力设置从THR(推力)调整为HOLD(保持)。后续调查披露,主操纵者长期执飞A320飞机,习惯于空客飞机自动油门的随动保护功能,对B777机型的油门工作方式和功能不甚熟悉,误以为B777机型在实际速度小于预定速度时也会自动补偿推力。因此,机组疏于对速度的监控,在飞机低于下滑道后,仅通过拉杆来减缓下降,导致飞机速度迅速降低。显然,飞行员对于B777机型的自动油门系统运行并不完全清楚,不了解该系统并不会在所有的情况下都自动维持飞行速度。

在本次航班中,担任带飞教员的真正机长未能有效监控左座飞行员的操作,对其不当之处纠正不及时。同时,整个飞行机组对飞行参数的监控也显得疏忽,缺乏必要的"标准喊话"沟通流程,以至于直到飞机发出"速度慢"的警告信号时,他们才猛然意识到问题的严重性。尽管在随后短短的两秒内,机组迅速将油门推至最大位置,但遗憾的是,推力并未立即同步增加到最大值,飞机速度也未得到迅速提升。最终,这架重达近200吨的波音777飞机,以每分钟550英尺的速度,无奈地撞向了防波堤。

NTSB举行了听证会并发布韩亚航空214航班空难调查结果,认为飞行员过分依赖自动驾驶系统是事故发生的重要原因。

这里我们主要阐述和客舱安全相关的内容。

一名乘务员感觉到飞机即将撞击机场防浪堤时,他从2L门左侧的毗邻座位透过窗户看到了水面,他叫坐在他对面的乘务员做好防冲击准备,这时候还没有收到来自驾驶舱的警告信息。同时,其他几位乘务员也发觉,飞机下降的速度太快了。随后飞机以奇怪的方式上仰,他们感到了第一次的撞击,类似于重着陆,紧接着是一种仿佛被重物压迫的强烈感受。这次撞击导致飞机的起落架、机身以及尾部部分区域遭受了严重损坏。

NTSB的最终调查报告指出:除了飞机设计应当符合当前美国适航性和坠毁生存能力的标准外,飞机撤离、救援和消防服务(ARFF)响应也被证明是非常重要的、积极的生存因素。机组成员的受伤情况因他们的座位位置及其他因素而异。在291名旅客中,有3人不幸遇难,40名旅客、8名乘务员(乘务组共12人)以及1名飞行机组人员(飞行组共4人)受重伤,其余部分人员则受了轻伤。

11:27:50飞机与海堤发生最初撞击。一些乘务员在接受NTSB调查时表示,第一次撞击后出现了复飞的感觉,第二次撞击比第一次更严重。物品在整个客舱中乱飞,氧气面罩脱落,客舱天花板掉了下来。

机场监控摄像机捕捉到的视频图像详细记录了飞机瞬间的升降与旋转动作:在主起落架和后机身猛烈撞击海堤的那一刻,飞机的尾部压力舱壁瞬间折断。随后,飞机沿着跑道滑行,其间部分机身抬头,倾斜角度达到了30度,并旋转了大约330度。

11:28:06,飞机停了下来。

飞机和地面的撞击力超过了飞机适航性的认证限制,导致两个滑梯在舱内充气,两名乘务员因此受伤且被困。在撞击防浪堤的过程中,共有6人被弹出。其中包括两名未系安全带的死亡旅客(其中一人还被消防车辆碾压),以及四名坐在客舱尾部、虽然系了安全带但因厨房撞击破坏而被弹出的乘务员,这四名乘务员均受重伤。

从坠机现场图看到,飞机的一些大型组件散落在海堤和跑道之间,包括垂直尾翼、左、右水平安定面,左、右主起落架组件等。由于机身、舱门和滑梯/救生筏部分遭受损坏,部分滑梯/救生筏没有正常展开,客舱设备的损坏阻碍了顺利撤离,同时冒烟和起火也阻碍了撤离,飞机的起火始于右发动机然后进入机身。

根据NTSB的报告,当飞机停止滑动时,位于L2A的乘务员已经喊了他的同事做好防冲击准备,并且指示旅客继续坐着。随后,他评估了撞击的严重程度。他听到了坐在R2A折叠座椅上的乘务员尖叫着呼喊需要帮助,由于滑梯向客舱内充气导致她的双腿被压住,她不能从中脱身。L2A的乘务员走过去尽力协助,但没有成功。他看到2R舱门窗外的烟和火,需要立即撤离。于是,他果断地自行决定发起撤离行动。

此时机长花了1分11秒的时间试图获得空管塔台评估飞机状况的信息。塔台听到了请求,并且表示飞机救援消防车辆正在响应。当机长了解到救援车辆正在响应后,开始执行撤离检查单,发出撤离指令。客舱经理后来向NTSB调查人员陈述,她实际上是听到了来自L2A位置乘务员宣布的撤离命令后,迅速打开了1L门,并指导旅客通过1L滑梯进行撤离。而位于1R门的乘务员则遭遇了滑梯向内充气的情况,导致她被困在座位上。幸运的是,她的丈夫(恰好也在该航班上作为旅客)、客舱经理以及另一名乘务员迅速联手,成功将她解救出来,随后她也通过1L滑梯安全撤离。

坐在R2A的乘务员仍然被困住,但她神志清醒,已经解开了安全带并掉落到地板上。几名乘务员和至少一位飞行机组人员过来帮助她,他们用厨房里的刀具,以及紧急救援人员提供的刀刺穿了滑梯,成功将她解救出来。部分乘务员和飞行机组从1L、2L门撤离飞机。

处于飞机后半部的一名乘务员在被撞击后的几秒钟失去了意识,随后恢复,但是她一直无法打开3L门。一名旅客打开了3R门,乘务员指挥旅客通过2L、3R门疏散撤离。而负责3R舱门的乘务员,尽管系有安全带,但仍在撞击中被甩到地板上并受了重伤,最后是依靠一名旅客的帮助,才从3R舱门撤离。随着火势逐渐蔓延至机身,位于3L的乘务员注意到仍有数名旅客未撤离,她意识到可能有些旅客被困在了飞机上。随后,消防员进入飞机内部,成功救出了这5名被困的旅客。图7-2为韩亚航空公司B777飞机旧金山机场坠毁示意图。

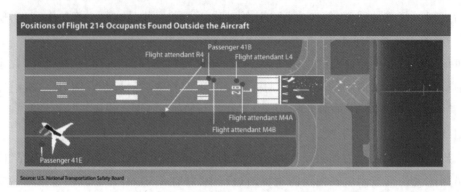

图7-2 韩亚航空公司B777飞机旧金山机场坠毁示意图

撤离之后,未受伤的乘务员们立即开始履行各自的职责,包括将旅客聚集到安全地带,照顾受伤的旅客和机组人员,以及通知应急响应人员等。然而,他们并未查明坐在机尾的四名乘务员的具体位置。

这次坠机事故中,有三位死者均为青少年女性。其中一位是16岁的女性,原定座位为41B,但后来坐在41D上,其遗体被发现于海堤和飞机主要残骸的中间位置,靠近跑道右侧;另一位16岁的女性坐在41E,其遗体在机身左大翼前方约30英尺(约9米)的地方被找到;还有一位15岁的女性坐在42A,她在被送往医院六天后不幸去世。

坐在这些去世人员附近的三位幸存者向NTSB调查人员描述了当时的情况。他们提到,那位原本坐在41B的旅客在着陆时盖着毯子,他们不确定她是否系了安全带。而另一位坐在41E的旅客,在着陆时则没有系安全带。对于第三位去世的学生是否系了安全带,他们表示不清楚。其中一名学生提到,一名乘务员(L2A)在检查时特别提醒她要系好安全带。另外,附近的一名旅客也证实,该乘务员在着陆前一直特别关注这些学生,并执行了所有的客舱安全规定。

有学生告诉NTSB调查人员,当飞机停下来后,他们发现41B和41E这两个座位是空的。接受访谈的三位学生相信,他们的朋友——那两位坐在41B和41E的旅客,是在碰撞过程中从飞机中弹出去的。对此,NTSB的结论是这两名旅客在着陆时可能都没有系安全带,因此在撞击发生时的不同时间,通过破裂的飞机尾部被弹出。在这次事故中,受重伤的旅客主要集中在客舱尾部,其中包括24名旅客和5名乘务员脊柱受伤。

11:28:00,飞机与海堤相撞10秒钟后,旧金山机场塔台通知了飞机救援消防单位和紧急救援人员。

当第一辆应急车辆到达现场时,旅客已开始从1L和2L滑梯撤了下来。一共有7辆救援消防车辆陆续抵达。在第二辆车到达约20秒内,大多数旅客已经从1L和2L门的撤离。

11:38:37,第一辆车的三名消防员爬上2L滑梯,进入烟雾弥漫的客舱进行搜查,扑灭了从右发动机蔓延过来的火,发现4—6名旅客无法自行撤离,他们被卡在座位下面,消防队员帮助他们撤离了飞机。

基于多个来源的信息,推测出最后1名旅客撤离的时间约在11:47:00,火势在12:18:30被控制住。

NTSB对韩亚航空214航班生存因素的分析表明,旅客的受伤情况可能是由于飞机坠毁时产生的强烈水平侧向力所致,而非纵向力。在事故中,旅客是向前冲击的同时,还遭受了巨大的侧向力。此外,滑梯在此类情况下所承受的冲击力量,远超过其机型性能认证测试中的要求。基于这些调查数据,NTSB建议深入研究滑梯在客舱内弹出并充气的问题。

如何改进飞机救援消防反应能力?这包括救援指挥所的任务分配、刺穿机身的救援指导、ARFF和非ARFF(后备救援消防部门)之间无线电频率的互操作性问题,以及紧急医疗供应车辆的调配、车辆如何运行以避免撞击或碾压地面人员(这次事故中41E旅客被车辆碾压)等的工作改进。

如何对消防主管进行飞机救援消防的专业培训?救援车辆配备了炮塔和刺穿机身的喷嘴,但在韩亚航空214航班最初救援消防中未以最佳方式使用。今后在飞机救援消防过程中需要明确穿刺作业何时开始,在什么情况下才能达到最佳消防效果。

显然,陆地迫降的原因多种多样,进行迫降准备、撤离时所面临的客观条件也各有差异。尽管航空公司的运营手册和程序旨在提供全面的指导,但无法涵盖所有可能的情况和环境因素,也无法充分预见并包含所有特殊运行事件的应对策略。例如,在该案例中的滑梯在客舱内意外充气,乘务员被困、受伤甚至失去意识。在这种情况下,客舱机组人员必须依靠自身的判断力和专业技能做出最正确的决策和行动,他们不仅要熟悉常规的撤离程序,还要能够灵活处理突发事件,确保旅客和机组人员的安全。

任务二 案例分析:乌纳拉斯卡机场跑道外的生死撤离

2019年10月17日,半岛航空服务公司(PenAir)运营的萨博SA-2000飞机执行3296航班,在阿拉斯加州的乌纳拉斯卡机场13号跑道着陆后冲出跑道末端(见图7-3)。

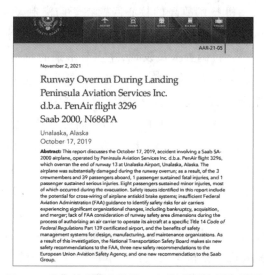

图7-3 半岛航空服务公司3296航班调查报告封面

飞行机组在第一次进近13号跑道时进行了一次复飞。然后，飞机进入盘旋等待模式，在同一条跑道上进行第二次着陆尝试。在着陆前不久，机组人员了解到风向为300度，风速为24节，这表明着陆过程中会出现明显的顺风。

由于飞机需要更长的跑道才能在着陆出现顺风时减速和停止，因此在相反方向31号跑道上着陆会有利。然而，飞行机组继续计划降落在13号跑道上。事后的计算表明，当飞机降落在跑道上时，顺风为15节。

机长在事故发生后报告说，着陆后的初始制动动作是正常的，但是，当飞机沿着跑道滑行时，尽管施加了最大制动，飞机仍出现零制动的感觉。这架飞机随后冲出了跑道的尽头和相邻的300英尺跑道安全区（RSA），在机场围界停了下来。

机上共有39名旅客和3名机组人员。其中，一名旅客不幸遇难，一名旅客遭受重伤，另有8名旅客在撤离过程中受轻伤。机组人员以及其他29名旅客未受伤。飞机在冲出跑道的过程中遭受了严重损坏。

事故调查结果显示，飞机出现技术故障的主要原因在于其防滞制动系统存在严重的布线错误。该系统的设计初衷是在飞机着陆时，确保轮胎与地面之间保持最佳摩擦，有效防止轮胎打滑，进而保证飞机能够安全减速并顺利停稳。然而，调查过程中发现，左主起落架的轮速传感器线束存在错误的布线情况。正常情况下，这些线束负责将轮胎的转速信息准确无误地传递给防滞制动系统。但在本次事故中，原本应连接至左内侧轮胎的线束被错误地接至了左外侧轮胎，反之亦然，导致了这一关键系统的失效。

这种接线错误导致防滞制动系统的功能严重受损。在飞机着陆并滑行时，左侧外轮胎实际上已经打滑，但是由于线束的错误连接，系统却错误地认为左内侧轮胎在打滑。基于防滞制动系统的配对机轮设计，系统自动减少了左内侧轮胎和右内侧轮胎的刹车压力，试图防止它们打滑。然而，这种调整是基于错误的信息。实际上，由于左外侧轮胎已经打滑，防滞制动系统的这一调整反而进一步减弱了飞机的制动能力。最终，左外侧轮胎由于持续打滑而爆胎，这导致了飞机主起落架的刹车效果遭受了额外的损失，飞机无法在跑道上安全停下，导致了事故的发生。

事故调查最终揭示，飞机技术故障的核心问题在于防滞制动系统的布线存在重大错误。该系统旨在飞机着陆时，通过维持轮胎与地面的最佳摩擦力来防止打滑，确保飞机能够安全减速并平稳停住。然而，调查人员发现，左主起落架的轮速传感器线束布线出现了错误：原本应分别连接至左内侧与左外侧轮胎的线束被错误地对调了。这一错误导致防滞制动系统无法准确接收轮胎转速信息，进而使该关键系统失效。

在事后访谈中，飞行机组表示他们知道飞机制造商的15节顺风限制，但他们认为报告的风向和速度（300度/24节）不必改变跑道降落方向。尽管知道顺风超过了制造商的限制，但仍继续计划降落在13号跑道上是不合适的，调查机构认为这与计划延续偏差心态一致，这是一种无意识的认知偏差，即尽管条件不断变化，但仍要继续执行原始的计划。

此外，PenAir公司将乌纳拉斯卡机场（DUT）归类为特殊机场，由于周围的地形以及复杂的进近和离港程序，该机场需要公司认可的具备特定资质的机长（PIC）执行任务。

大约两个月前，该事故机长获得了乌纳拉斯卡机场（DUT）的机长资质（PIC），然而，他并未达到公司规定的Saab 2000飞机总飞行时间的资质要求。这一情况下，机长在不满足公司政策规定的前提下参与了DUT机场的飞行运行,这可能意味着他对在该机场操作该型号飞机所涉风险的理解不够全面。

同时,FAA批准了PenAir在DUT机场的13/31号跑道上使用Saab 2000飞机,但未充分考虑该机场的跑道安全区(RSA)是否适应Saab 2000的进近速度和要求,这与FAA的指导原则不符。

造成此事故的可能原因是起落架制造商在大修期间对左侧主起落架MLG上的轮速传感器线束接线不正确。不正确的接线导致防滞系统无法按预期运行,致使左外轮胎失效,飞机制动能力严重受损,冲出跑道。图7-4为飞机停下来的最终状态,图7-5为飞机地面滑跑的轨迹图,图7-6为飞机停下来的最终状态(左侧)。

图7-4　飞机停下来的最终状态

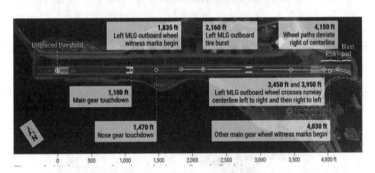

图7-5　飞机地面滑跑的轨迹图

图7-6　飞机停下来的最终状态(左侧)

这里我们主要阐述和客舱安全相关的内容。

客舱配置有1个中央过道和15排旅客座位,排数为1至12和14至16排(没有13排)。客舱左侧的单个座位被指定为A,客舱右侧的2个座位被指定为D(过道)和F(靠窗)。

有一个面向客舱的乘务员折叠椅,位于飞机左侧主舱门的前方。除主舱门外,飞机右侧还有一个后勤务门,第9排有两个翼上紧急出口。图7-7显示了机组人员、重伤旅客和致命旅客的位置。

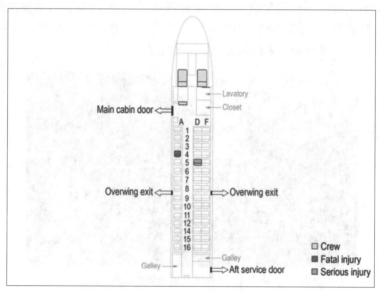

图7-7　机组人员、重伤旅客和致命旅客的位置

由于左螺旋桨叶片撞击了客舱左侧,损坏了3A至6A的客舱内部,4A座椅靠背和靠窗旁边的座椅部分严重损坏。该区域的头顶行李架与其支架部分分离,下降6至12英寸。墙板在3A附近分开,并在机尾和舷内产生移位。图7-8为客舱被左螺旋桨叶片撞击后的情况。

图7-8　客舱被左螺旋桨叶片撞击后的情况

4A座位遭受严重损坏,座椅靠背向中央过道内侧移动,座椅靠背结构在左侧断裂,安全带未损坏,功能正常。一个螺旋桨叶片已经进入左侧机身,穿过客舱,并垂直位于客舱右侧4F前方。图7-9为从第6排往前拍摄的客舱内部情况。

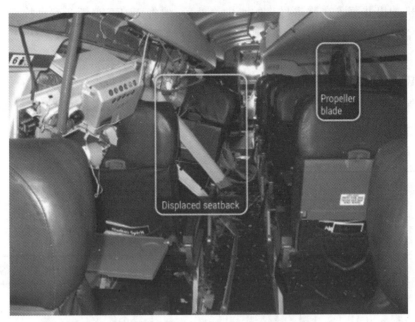

图7-9　从第6排往前拍摄的客舱内部情况

PenAir的《乘务员手册》明确了计划外撤离的职责,指出乘务员全权负责旅客的组织和撤离,迅速准确地对紧急情况作出反应,这是至关重要的。撤离应该在飞机完全停止后立即开始,乘务员在非计划紧急情况下不应该等待机长发出撤离信号。

根据事后的访谈,乘务员从旅客窗户向外看,确定她的出口(飞机左侧的主舱门)无法使用,因此她立即下令通过右侧出口撤离。受访的旅客未能清晰回忆起客舱机组或飞行机组的撤离命令,但意识到撤离是必要的,于是打开了右侧机翼出口和客舱机尾右侧勤务门。由于飞机的姿态,从机尾勤务门撤离的旅客离地面高度高,会出现坠落到地面的情况。

打开舱门的旅客帮助其他旅客从出口撤离到地面上。由于撤离的时候开始下雨,从右侧翼上出口撤离的旅客遇到滑溜的机翼而出现滑倒,8名旅客受轻伤,之后,放置了毛毯在机翼上以提供摩擦力。旅客通过梯子到达地面,梯子很可能是由消防员搭到机翼上的。

坐在第5排和后面的旅客立即撤离,坐在第4排和前面的旅客(包括3名机组人员)最初无法撤离,因为4A座位的旅客在飞机停下后立即被其他旅客从座位转移到过道以便照顾,从而阻塞了出口路径。

在第5排和后部的大部分旅客撤离后,一名目睹了事故的当地医生通过右侧的翼上出口登上飞机,为受伤的旅客提供医疗援助。之后,紧急医疗人员登上飞机并移走了受伤的旅客,然后通过救护车送到当地的医疗诊所。

其余旅客和3名机组人员随后离开飞机,所有旅客在事故发生后约19分钟离开飞机。另外9名旅客被送往当地医疗诊所,其中一名旅客受了重伤,通过空运救护送至安克雷奇接受治疗,其他旅客均得到治疗。几天后,一名轻伤旅客接受了外科手术。

一名正在值班的机场运营员工说,飞机在第二次进近后降落,似乎比正常时滑行得更快。当飞机经过机场运营办公室(靠近ARFF站)时,听到了轰鸣声,听起来像失火。不久之后,他看到飞机冲出了跑道的尽头,感觉已落在水中。他立即穿上消防装备,拨打911报告一架飞机冲出并落入在跑道尽头的水中。然后,他将ARFF车辆开到事故现场,并在途中打电话给机场经理。DUT机场手册包括了与乌纳拉斯卡市的互助协议,因此,除了机场响应之外,乌纳拉斯卡消防局和警察局对事故现场也作出了响应。

NTSB从乌纳拉斯卡警察局获得了数字视频资料和计算机调度报告,审查了来自两个机场外安保摄像头视频捕获的事故、撤离和应急响应的部分内容,确定了撤离和应急响应时间表(见表7-1)。

表7-1 撤离和应急响应时间表

时间	应急响应过程
17:40:29	飞机停了下来
17:40:40	右翼出口打开,旅客不久后开始撤离
17:40:52	右后服务门打开;无法观察到通过此门撤离的旅客
17:42:36	右翼出口撤离的客流结束
17:42:42	机场ARFF车辆到达现场
17:45:37	第一辆互助消防车(一辆SUV)到达
17:48:39	第二辆互助消防车抵达
17:50	医务1和2号救护车到达
17:54	4A座位的旅客被抬下飞机
17:59	所有旅客都下了飞机
18:00	载着包括4A旅客的1号救护车前往医疗诊所
18:02	1号救护车到达医疗诊所

除了4A座的旅客外,所有旅客都幸存下来。4A旅客被左侧发动机的螺旋桨叶片击中而不幸遇难,该桨叶在撞击过程中分离并进入客舱。5D座旅客被不明来源的碎片击中,严重受伤。从右翼撤离过程中,由于下雨而地面潮湿,8名旅客因滑倒和跌倒而受伤。

该陆地撤离是非计划的,PenAir的《乘务员手册》载明"对于计划外的紧急情况,不需要机长发出任何撤离信号,撤离应在飞机完全停止后立即开始","乘务员全权负责旅客的组织和撤离"。

乘务员评估了飞机左侧旅客窗户外的情况,并准确地判断她的出口(飞机左侧的主舱门)无法使用,于是立即下令通过右侧的机翼出口和机尾舱的右侧勤务门撤离。从右侧勤务门撤离的旅客缺乏有效的逃生手段和由于飞机不寻常的姿态而使旅客面临坠落到地面引发受伤的风险。打开了勤务门的旅客在撤离后留在机下,协助其他旅客跳到地面。

第5排和后部的旅客立即撤离,但由于4A旅客受重伤,第4排和前方的人员(包括3名机组人员)的撤离被延迟。4A旅客后来被其他旅客从座位上移开,并在飞机停下后安置在过道上(这阻挡了第4排和前方旅客的出口路径),以便其他旅客照顾他的伤势,直到紧急救援人员到达。

其余旅客在重伤旅客被移走后离开飞机,事故发生后约19分钟内全部撤离飞机。虽然机内部分乘员的延迟撤离并不理想,但乘务员根据她的经验判断,重伤旅客需要接受紧急医疗护理,因此暂停了撤离,这个决定是可以理解的。飞行机组进入客舱后,他们也给予了大力支持。此外,飞机前部缺乏可用的出口和小型飞机客舱狭窄的环境也是无法克服的客观条件。

对事故紧急反应的机场ARFF车辆以及来自乌纳拉斯卡消防局和警察局的人员,他们根据DUT机场手册中的互助协议实施了应急响应。对视频文件和调度报告的审查表明,机场的ARFF车辆在飞机停下后约2分13秒到达现场,符合相关规定和要求。

第一辆来自机场外的应急车辆大约3分钟后到达,重伤旅客在大约9分钟后从飞机上移走。

NTSB的调查结论是,鉴于需要为重伤旅客提供紧急医疗护理,机组人员和部分旅客的延迟撤离是合理的,并且应急反应及时有效。

调查报告中识别出的安全问题包括飞机防滞刹车系统交叉布线错误;FAA对经历重大组织变革包括破产、收购和合并的航空公司识别安全风险的指导不足;在授权航空公司运营过程中,FAA缺乏对跑道安全区域的考虑;缺乏要求设计、制造和维护飞机的组织建立安全管理体系的规定等。

作为这项调查的结果,NTSB向FAA提出了6项新的安全建议,向欧洲航空安全局提出了3项新的安全建议,向萨博集团提出了1项新的建议。

建议FAA和欧洲航空安全局对当前获得认证的运输类飞机上起落架系统开展安全评估,以缓解可能导致防滞制动系统组件(包括轮速传感器)交叉布线的人为差错;建议FAA和欧洲航空安全局要求对起落架防滞系统进行系统安全评估,对未来运输类飞机设计进行认证的过程中,应确保系统安全评估并缓解可能导致交叉布线错误的人为差错的可能性。

建议萨博集团重新设计Saab 2000机型的轮速传感器线束,以防止线束在维护和大修期间安装不正确,建议FAA和欧洲航空安全局要求设计、制造和维护飞机的组织建立安全管理体系。

在该案例中,客舱乘务员做出了应急状况下的正确判断,尤其针对飞机异常姿态下可用出口的准确判断,果断指令,最大程度地保护了旅客和机组人员的生命安全。

通常情况下,乘务员在打开出口前,应当先确认出口的状态。他们可以通过机门上的观察窗或者机门旁边的客舱舷窗来观察机门外的环境,确保出口既有效又可用。在确认过程中,如果发现出口存在机体结构性损伤、起火、被障碍物(例如金属碎片)阻挡,或者机门附近存在燃油等情况,那么通常不建议使用该出口,除非在没有其他更合适选择的情况下。另外,如果由于浓烟等不利因素导致无法对机门外环境进行有效评估,那么乘务员应当避免冒险打开这样的出口,而是选择其他安全的逃生路径。飞机异常状况下可用出口的选择如表7-2所示。

表 7-2　飞机异常状况下可用出口的选择

情形	大概率可以使用的出口
起火	与起火出口相对的出口
所有起落架自动收起/折断（机腹着陆）	所有出口
主起落架完全收起/折断（机头高）	较低的应急门/应急出口
前起落架自动收起/折断（机头低）	前部（机翼前缘）的应急门/应急出口

飞机在收起起落架着陆的情况下，某些机型如果出口离地面很接近时，在启用出口之前应当解除滑梯预位；在部分收起起落架着陆的情况下，某些出口因为离地过高，导致滑梯过于陡直而不能正常使用。

撤离后，乘务员需根据现场实际情况灵活应对。如果撤离后能迅速获得救援，或者飞机存在随时起火爆炸的风险，应立即远离飞机。相反，如果飞机迫降在无法及时获得救援的区域，且预计短时间内不会发生起火爆炸，乘务员则应携带必要的备用品。撤离后的具体工作包括但不限于：指挥旅客迅速移至距离飞机100米以上的上风位置躲避；集合所有旅客并进行人数清点；将幸存者分组，并为每组指定领队；立即开展救护工作；搭建避难场所和临时掩体；尽量保持在飞机附近的安全区域内，以便救援队伍及时发现；准备好救援信号器具，并启动应急定位发射机；如有需要，安排人员轮流值班以保持警觉；同时，务必保持冷静，避免无谓的体力消耗，确保体能充足以应对后续情况。

任务三　案例分析：美国航空公司383航班中断起飞后的撤离行动

2016年10月28日，美国航空公司一架B767-323飞机执行383航班，从伊利诺伊州芝加哥奥黑尔国际机场（ORD）飞往佛罗里达州迈阿密国际机场（MIA）。中央夏令时14:32起飞滑跑后右发动机故障，随后起火，飞机中断起飞，乘务员实施了紧急撤离（见图7-10）。

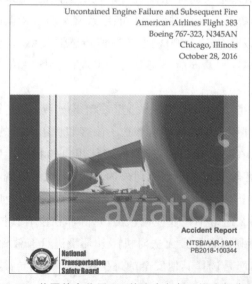

图 7-10　美国航空公司383航班中断起飞调查报告封面

起初飞机滑行到28R跑道,从跑道与N5滑行道的交叉口起飞。28R跑道长13000英尺,宽150英尺,从N5交叉口的可用长度为9750英尺。

据驾驶舱语音记录器(CVR)显示,14:30:57塔台管制员给予飞机起飞指令,14:31:19 CVR记录了类似于发动机转速增加的声音,飞行数据记录器(FDR)显示发动机在14:31:24达到起飞功率,14:31:32第一副驾驶例行喊出"空速80节",14:32:45机长要求执行撤离检查单,副驾驶约1.5秒后确认指令宣读撤离检查单,机长完成了动作。

检查单中的第2步和第3步要求给飞机释压,机长在事后访谈中称,飞机需要很长时间才能释压。在执行检查单时,机长听到驾驶舱门外的骚动,意识到乘务员已经开始撤离。在完成撤离检查单的所有剩余步骤后,机长离开了驾驶舱。此时,留在驾驶舱内的两名副驾驶突然发现了机舱内弥漫的浓烟。与此同时,机长在机舱外遇到了乘务长,乘务长向他确认所有旅客和其他乘务员都已安全下飞机。随后,副驾驶也迅速撤离了飞机,紧接着,乘务长和机长也相继撤离。

撤离飞机后,机长用他的个人手机联系美国航空公司获取机上旅客总数,以便提供给机场急救人员。20名受伤旅客被送往当地医院接受治疗后在24小时内皆出院。飞机发动机起火后的右侧图像如图7-11所示。

图7-11 飞机发动机起火后的右侧图像

一、可生存性因素分析

飞机共有4个舱门出口和4个翼上出口,配置了2个飞行机组座椅、1个驾驶舱折叠椅(无人占用),10个乘务员折叠椅座位(其中3个无人占用)和206个旅客座位。飞机客舱布局如图7-12所示。

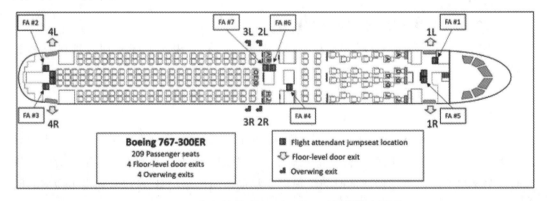

图7-12 美国航空公司B767-300飞机客舱布局图

(1) 飞机的内部通信系统。

飞机的内部通信系统包括1个飞行机组话机和5个乘务员话机,这些话机用于PA广播和内话联络,以实现乘务员之间的通信,以及驾驶舱和5个乘务员位置(1L、1RC、2R、4L和4R)之间的通信。

美国航空公司B767-300系列飞机有两种不同的话机型号。图7-13所示的经典型内话,安装在2003年1月前交付的B767C-300ER飞机上;图7-14所示的新型话机,安装在2003年1月后交付的B767N-300ER飞机上。本事件中的飞机于2003年4月交付,安装了新型话机系统。

图7-13 经典型话机

图7-14 新型话机

经典型的话机系统有4个按钮,用于呼叫飞机内的位置;新型的话机有类似于标准电话的键盘,背面是10个通信选项列表,用于呼叫飞机内的各个位置。新型话机的模拟模型在两架B767乘务员模拟器上都有安装,经典型话机的模拟模型在其中的一架上有安装。

根据美国航空公司乘务员内话程序,虽然经典型和新型话机系统都要求乘务员缓慢地激活内话按钮,并在每个高/低提示音之间停顿,但驾驶舱和客舱之间拨打例行电话和紧急呼叫的程序在各型号中有所不同。

(2) 撤离过程。

14:32:10飞机停下后客舱机组实施撤离。

14:32:20飞机停稳10秒后左翼翼上出口打开,左前1L和右前1R舱门分别在18秒和22秒后打开。

14:32:48飞机停稳后38秒,机尾左4L舱门打开。

14:33:09左发动机关闭。

美国航空公司向NTSB提供了目击者拍摄的两段事件录像视频。第一段视频长2分28秒,第二段视频长57秒,两段视频都只显示飞机左侧的情况。视频没有显示最后一名旅客通过左翼翼上出口滑梯撤离的时间。根据这些视频的可用信息,NTSB确定了撤离时间表(见表7-3),时间表是以飞机停下来作为时间原点。

表 7-3 撤离行动时间表

0:00(分:秒)	飞机停下来
0:15	左翼翼上出口打开
0:19	左翼出口滑梯完全放出
0:31	第一个乘员通过左翼翼上出口滑梯撤离
0:31	1L门打开
0:37	1L滑梯完全放出
0:40	4L门打开
0:44	第一个乘员通过1L滑梯撤离
0:46	4L滑梯放出,但最初无法使用,因左发动机仍在运转,发动机喷气吹到机尾方向,滑梯附着在飞机上
1:09	4L滑梯自行调整位置
1:11	4L滑梯可用
1:25	第一个乘员通过4L滑梯撤离
2:02	机场响应车辆到达
2:11	最后一名乘员通过1L滑梯撤离
2:21	最后一名乘员通过4L滑梯撤离

乘务员在NTSB的访谈中表示,他们在听到"砰"的一声巨响,感觉到飞机颤动、摇晃和摆尾后,旅客被从飞机右侧甩到左侧,而此刻飞机仍在跑道上移动。飞机完全停止后,旅客开始向出口冲去,并敦促乘务员打开舱门撤离。

两名乘务员无法正确使用话机,4L舱门滑梯在放出后无法立即使用,因为左发动机还未关闭,滑梯被吹到了机尾附着在飞机上。旅客在被指令不要携带行李时但仍带着行李撤离。表7-4描述了乘务员在撤离前和撤离期间的行动。

表 7-4 客舱机组的撤离行动

号位	撤离行动
FA1(乘务长)	飞机完全停止飞行后,乘务长站起来评估他所在区域的情况,等待驾驶舱的联系。旅客们开始冲向1L门区,要求他打开门。他回忆起他拿起内话,但不记得是否给驾驶舱打电话了。他看见头等舱的后部有"浓烟",于是打开1L门启动撤离直到所有旅客都撤离。他告诉机长,客舱已经撤离完毕,随后从1L门撤离
2号乘务员	她看到火焰从右翼升起。旅客们前往4L门恳求下飞机。她试图就左发动机情况与飞行机组联系,但没有成功,因为她在话机上选错了按钮。旅客们继续恳求让他们撤离飞机,但她继续阻止旅客,以便让飞行机组有更多的时间关闭左发动机。客舱烟雾弥漫,她很担心,所以决定让旅客从4L门撤离。滑梯放出,但因左发动机仍在运行,滑梯被吹到机尾。她和3号乘务员拦住旅客,直到发动机停止运转、滑梯稳定不晃动后开始撤离。直到她负责的4L门区域无人撤离后,她才撤离

续表

号位	撤离行动
3号乘务员	飞机停下来前,旅客们尖叫着,爬过座位,向飞机的左侧移动。他拿起话机,准备发布PA广播,指示旅客保持冷静,但他没有发出广播,因为他不记得该如何使用话机。他走到4L门区域,协助2号乘务员,旅客要求他们打开门。他和2号乘务员正等着机长的指令,等待左发动机关闭。等待期间,客舱里开始冒出浓烟,所以他们决定打开4L门,但门一打开后就看见滑梯被吹起来。滑梯稳定下来后他立即实施撤离,直到他负责的区域无人后才从4L门撤离
4号乘务员	她听到一声巨响,看到起火。尽管飞机还在移动,旅客们还是从座位上站了起来。她对旅客喊道"保持就座""低头",但他们继续冲向她的折叠椅座位。飞机完全停稳,她指挥旅客撤离。她负责的出口无法使用,所以她跑到头等舱,看到前门是开着的,于是把旅客重新定向引导到飞机前部。旅客们试图把行李从头顶的行李架里取出来,她反复告诉他们"不要携带任何东西"。她走到2L翼后出口,看到7号乘务员将旅客撤离到窗口出口,于是她也引导旅客前往这些出口。一位旅客带着一个包朝出口走去,她阻止携带,但旅客没有按照指令做,仍将行李顶在头上。她所在的位置烟越来越多,她担心飞机会爆炸,因此在检查客舱后从2L翼后出口撤离
5号乘务员	她正等着飞行机组告知在起飞过程中发生了什么,此时旅客们开始冲向她大喊"起火,开门"。她最初没有看到起火,但注意到1号乘务员在看到客舱内冒烟后打开了1L门,同时透过1R舱门窗户评估外部状况,未见起火,打开了舱门。然后,她看到外面的火,于是举起她的手阻止旅客使用该出口。她大声引导旅客使用1L门,并继续封住1R门。直到所有旅客都撤离,她从1L门撤离
6号乘务员	飞机完全停稳后,她从飞机右侧的窗户望出去,看到起火,于是转向2L翼后出口,7号乘务员正在打开2L翼后出口,所以她引导旅客到该出口。一名旅客带着一个大行李来到该区域,她指令旅客不要携带行李撤离飞机,旅客不听,她试图把行李拿走,但突然意识到,如果在行李上出现纠纷可能导致撤离时间延误,得不偿失,因此旅客携带了行李撤离飞机。直到区域没有人后,她从2L翼后出口撤离
7号乘务员	他看到右翼上空起火,黑烟弥漫。当飞机仍在移动时,旅客们开始从座位上站起来,他喊道"坐下来",但旅客们不听。飞机完全停止后,他打开2L翼后出口,尽管这是6号乘务员负责的出口,他指令旅客从左侧的翼后出口撤离飞机。7号乘务员还引导旅客向头等舱方向前进。客舱开始充满灰色的烟雾,他认为内部面板在燃烧,可以看到右侧的窗户玻璃在融化。旅客撤离后,他从2L翼后出口撤离

NTSB还约谈了航班上的4名旅客。其中一名旅客坐在3L翼后出口附近座位,他说起飞时一切似乎都正常,直到他听到一声巨响,看到了似乎是橙色的火花,坐在他前面的乘务员以平静而有力的方式指令旅客坐下。飞机一停下,他就打开了出口。他没有听到撤离指令,因为他全神贯注于准备马上打开出口。

此外,NTSB还访谈了在撤离中严重受伤的旅客,他通过左翼出口滑梯撤离,到达地面站起来后,被左发动机后面喷射的气流吹倒,他再次站起来,跑到跑道旁边的草地上,他感到背部疼痛。

二、值得关注的客舱安全问题

（1）手提行李的问题。

NTSB得出的结论是，携带行李的旅客是紧急撤离期间最大的障碍，FAA先前为缓解这一潜在安全隐患而采取的行动并不有效。关于行李问题的具体分析在第六章"无准备的撤离"中有详述，此处略过。

（2）撤离的问题。

7名乘务员均报告说，飞机停下来后，他们仍留在指定出口位置。旅客们迅速向出口走去，并敦促乘务员打开出口，因为当时还没有收到飞行机组的撤离指令，乘务员试图推迟撤离。

然而，由于起火的严重程度和旅客的恐慌情绪，乘务员开始实施撤离，在涉及烟雾和起火这种危及生命的情况下采取这样的举措是正确的。乘务员撤离了所有的161名旅客，检查了他们指定的区域后撤离飞机（除乘务长等待飞行机组撤离外）。

NTSB评价了乘务员在撤离过程中的行为。

分配到2L、2R和3L机翼出口的乘务员都观察到飞机右侧着火，分配到右翼出口的4号乘务员发现机外的烟雾和火封锁了出口，这是适当准确的做法。

6号乘务员负责操作左翼出口。在撤离过程中，7号乘务员站在座位上为旅客提供流量引导和控制指令，他于14:32:20飞机停下后10秒打开左翼出口，开始撤离旅客。6号乘务员看到7号乘务员已经打开出口，她承担了引导旅客到可用出口的责任。视频证据表明，左翼出口滑梯在飞机停稳19秒后完全展开，第一个乘员在12秒后从滑梯上撤离，尽管发动机还没有完全关车。

乘务长和5号乘务员被分配到前舱门（分别是1L和1R），乘务长决定撤离，因为浓烟已经弥漫客舱，旅客们正冲向飞机前部。按照公司程序，乘务长应内话通知飞行机组，但他不记得是否执行了联系飞行机组的步骤。乘务长于14:32:38飞机停止28秒后打开1L门，旅客从1L滑梯开始撤离。5号乘务员于14:32:42飞机停下32秒后打开1R门，但她立即封锁了出口，因为发动机的起火离1R门滑梯很近。

乘务员经过专业培训，通过舱门上的窗户评估舱门外的情况，如果满足所有条件（没有烟雾、起火或飞机碎片或地面碎屑等）可以打开舱门，并继续评估飞机外部的情况。由于窗的观察面积有限，5号乘务员可能直到1R门完全打开才看到火势，她认识到起火将构成危险，于是采取了适当行动阻止旅客使用该出口。

2号和3号乘务员被分配到负责机尾舱门（分别是4L和4R）。当他们观察到飞机右侧起火时，采取了相应的应急措施。2号乘务员由于听到左发动机仍在运转，首先判断并封闭了她所负责的4L出口，这是一个恰当的反应。她尝试通过内话系统联系飞行机组，报告左发动机的运行状态，但遇到了通信困难。在飞机停止38秒后，即14:32:48，她决定打开4L门。与此同时，3号乘务员也观察到了门外弥漫的烟雾和火焰，因此他封闭了4R出口，这也是一个正确的做法。他试图通过内话系统向旅客进行广播以安抚情绪，但同样遇到了通信障碍。

7号乘务员执行了指派给6号乘务员的职责,违反了公司的程序和培训要求,还偏离了《飞行服务手册》中的撤离程序。手册指出,在打开出口之前,评估外部情况以确定出口和撤离路线是否安全,并开始从左翼出口撤离旅客。然而,在打开左翼出口后,7号乘务员应该从发动机的声音中认识到该出口不可用,无法撤离。

发动机的声音是对7号乘务员的主要提示,即发动机仍在运转。鉴于左翼出口相对位于左发动机的位置,7号乘务员应封住出口直到发动机关闭。7号乘务员说,他猜测左发动机仍在运转,但并没有处于"全功率模式",因为飞机已经停止。他还说,他主要关心的是因为起火需让旅客抓紧一切时间撤离飞机。但是,撤离指南特别指出,发动机仍在运行时撤离是不安全的。撤离过程中,一名旅客重伤也是这个原因。

NTSB的结论是,鉴于飞机右侧着火和客舱内冒烟,乘务员做出了撤离的正确决策。但鉴于左发动机仍在运行,应该封住左翼出口,因为造成从该出口撤离旅客受伤的风险增加。因此,NTSB建议FAA对121部航空公司制定并发布要求:在乘务员定期复训期间讨论这一事件,强调在异常或紧急情况下有效评估舱门和翼上出口安全的重要性,提供识别出口条件(包括发动机是否仍在运转)的技能。

(3)飞行机组和客舱机组沟通的问题。

美国航空公司《B767操作手册》和《快速检查单》(QRH)指出,如果不需要立即撤离,机长应PA广播:"这是机长,保持就座!保持就座!保持就座!"向乘务员和旅客传达情况已得到控制,但没有要求机长在宣布此广播之前与乘务员进行协商。

尽管383航班的机长在飞机停稳前的5.7秒指示执行引擎起火检查单,但如果他选择进行广播,反而会透露出他初步判断当前情况尚未紧急到需要立即撤离的程度,这样的信息能让客舱机组理解飞行机组的意图和判断。

在事件后的访谈中,3名乘务员报告说,飞机停稳后,他们预计驾驶舱会发布广播。可以理解的是,飞行机组专注于确保右侧发动机安全(鉴于发动机起火警告和ATC的起火报告),飞行机组在发动机起火和撤离检查单上的表现符合美国航空公司的程序和培训。不过,在飞机停下来后,机长可能有足够的时间迅速指令乘务员和旅客保持就座,这一声明可以致使客舱机组通知飞行机组右侧起火的严重程度及需要关闭发动机。若如此,飞行和客舱机组之间的这种沟通则是有效的机组资源管理(CRM)技能的展示。

此外,QRH提供了飞行机组撤离指导:机长必须评估具体情况,做出良好的判断,并根据现有信息做出最佳决策。乘务员与飞行员就客舱内和飞机外部的情况进行通信,有助于机长就撤离时间做出明智的决定,但是该航班没有一名乘务员向飞行员发出撤离信息。

如前所述,乘务员试图推迟撤离,因为他们没有收到驾驶舱的撤离指令,鉴于起火的严重程度和旅客的恐慌情绪,虽然左发动机仍在运转,但他们还是开始撤离。

美国航空公司的《飞行服务机上手册》详细说明了在客舱条件紧急、需要立即撤离的情况下,乘务员应负责通知机长,因为信息的及时传递至关重要。尽管手册也赋予了客舱机组在面临直接生命威胁时,无需等待飞行机组指令即可启动撤离程序的权力。但它同时强调,如果条件允许,客舱机组在启动撤离前,应尽量先与飞行机组进行沟通。在实际操作中,有一名或可能两名乘务员尝试通过内部通信系统与飞行机组联系,但未果。这表明,在当时的情况下,乘务员实际上有足够的时间尝试与飞行员沟通,并向他们传达撤离的相关信息。

在事件后的访谈中,一名乘务员表示,如果发生引擎起火,内话沟通不是优先选项。乘务员可以激活位于乘务员座椅上方控制面板中的撤离信号系统,这将为驾驶舱提供听觉和视觉警报。如果任何乘务员采取了这一行动,飞行机组就会立即知道撤离正在进行,他们本可以作出相应的反应。

美国航空公司训练过乘务员使用信号系统进行撤离,乘务员手册中的撤离程序也说明"飞机上有这种信号激活系统",为何没有客舱机组使用该系统来提醒飞行机组,原因未知。

机长报告说,当他听到驾驶舱门外的骚动时,他意识到乘务员启动的撤离正在进行。虽然客舱门被打开时,EICAS屏幕上会显示"DOOR"信息,但事件后模拟机测试显示,由于其他紧急情况的警报显示,导致这些信息在EICAS(发动机指示和机组警告系统)屏幕上长时间不会被关注到。由于飞行机组会专注于执行检查单,他们也不太可能注意到舱门的警报。此外,在发动机关闭后,EICAS屏幕不会显示警报和其他相关信息。

机长在事件后的访谈中表示,他从撤离录像中得知,当出口打开时,左发动机仍在运转。若他听到骚动,他就有这种意识,会早点关掉左发动机。

乘务员有撤离信号系统和内话系统可供他们与飞行机组通信,但没有任何一名乘务员启动信号系统,试图使用内话系统进行通信的乘务员未能有效联系上飞行机组。

即使出现紧急情况,客舱机组和飞行机组之间也应该有更好的沟通。

由于缺乏沟通,飞行机组不知道客舱内正在发生的情况,乘务员开始撤离,左发动机仍在工作。如果左发动机更早关闭,4L滑梯将可以更快用于撤离,因为滑梯就不会受到来自发动机喷气的影响。此外,撤离造成的旅客重伤可能是可以避免的,如前所述,一名旅客在地面上被左发动机的喷射气流吹翻。

NTSB的结论是,如果飞行员和乘务员在飞机停稳后进行及时并有效沟通,飞行员就可以意识到飞机右侧起火的严重程度以及迅速关闭发动机的需要。

(4)飞机内通信系统的问题。

在事件后访谈中,3名乘务员表示他们试图在撤离前使用话机联系。2号乘务员试图使用内话与驾驶舱联系,提醒左发动机正在运转,但因按下错误号码而未成功。3号乘务员试图使用PA向客舱发布广播,安抚旅客,但不记得如何使用话机。NTSB无法确定1号乘务员(乘务长)是否试图使用内话联系驾驶舱。

根据交付日期,美国航空公司B767-300系列飞机要么具有经典型话机系统要么具有新型话机系统。因此,获得B767飞机资格的乘务员需要知道如何使用2种不同的话机系统。与经典型话机相比,安装在事件飞机上的新型话机需要额外的操作步骤。

相比之下,经典型话机有一个键盘,带有标识"飞行员"和"前、中、后舱位置"的按钮。此外,这2种话机型号都有一个"按键通话"按钮。但是新型话机要求乘务员在按下通话按钮之前,通过将内话放回底座或按下"重置"按钮来重置内话通信。

在事件后访谈中,美国航空公司的乘务培训经理说,当事乘务员在初始培训、飞机差异训练和复训期间均会接受内部通信系统培训。然而,值得注意的是,当事乘务员在复训时,内部通信系统科目是通过网上课程完成的,缺乏在紧急情况下使用话机的实践经验。

NTSB在评估现有证据后,无法确定乘务员在操作话机时遇到的困难是否与缺少训练或与当时情况下的情绪和重大压力直接相关。

由于事件飞机上的话机位于1L、1RC、2R、4L和4R折叠椅上方,因此经常坐在2L和3L折叠椅和1LC、4LC和4RC折叠椅(在该航班的飞行期间无人占用)的乘务员,通常只有在训练期间才有机会接触到并使用这些话机。

NTSB进一步指出,尽管2号和3号乘务员可能有使用话机的经验,但在紧急情况下没有正确使用话机。基于此,NTSB认为美国航空公司没有对B767飞机的乘务员进行充分培训,未能确保他们在紧急情况下能有效使用飞机上安装的不同型号的话机系统。

在事件发生后,美国航空公司已经计划在2018年1月将"内部通信系统差异实践培训"纳入乘务员初始训练,在2018年4月纳入乘务员定期训练。此外,公司将继续致力于为乘务员提供培训,以进一步提升乘务员对不同话机系统的熟悉程度。

考虑到"9·11"事件后驾驶舱门加固导致乘务员在紧急情况下难以迅速进入驾驶舱与飞行机组沟通的情况,乘务员对飞机内部通信系统的熟悉程度变得至关重要。同时,由于并非所有乘务员都有在实际飞行中使用内话系统的经验,乘务员应接受适当的培训,以确保他们能够在紧急情况下,即便面临巨大压力,也能成功操作不同型号的话机系统。

事件发生时,美国航空公司的机队共有13种不同的内部通信系统,如果乘务员不熟悉各种型号的话机系统,则它们之间的差异可能会影响紧急情况期间的撤离通信联系。同时,这一问题也可能涉及其他航空公司的乘务员和飞行员。因此,NTSB向FAA提出建议,要求审查121部运营人的培训计划,并进行必要的改进。这些改进应包括对不同型号内部通信系统的操作进行场景化的培训,以确保乘务员和飞行员能够在紧急情况下得到充分的锻炼;此外,培训时还应提供辅助工具,帮助他们熟悉和掌握各种系统的操作。

2017年12月,AAIB发布了关于2016年6月26日英国伦敦希思罗机场一架美国航空公司A330客机事件的最终调查报告。报告中指出,由于APU压缩机碳密封故障,客舱内弥漫着烟雾,热油进入客舱的引气系统。几名乘务员试图联系飞行员,但他们使用了正常的内话呼叫功能而不是紧急呼叫功能,飞行机组人员没有对呼叫做出回应(可能是因为主警告的声音遮盖了内话呼叫的声音),一名乘务员在飞机停在登机口时启动了撤离程序。

AAIB发现乘务员接受过机上几种内话操作的训练。这些内话系统中紧急呼叫的启动方式各不相同,具体取决于飞机的类型。然而,由于内话键盘的布局缺乏统一标准,这很可能是导致乘务员在紧急情况下无法迅速启动紧急呼叫的一个原因。因此,AAIB发布了安全建议2017-024:业界需要规范在紧急通信期间内话的标准化操作。

NTSB认识到,标准化的内话系统设计可以最大限度地减少混淆情况的发生。然而,为所有飞机型号设计统一的标准化内话系统也面临着不小的挑战。鉴于此,NTSB发布了安全建议A-18-8:解决乘务员使用内话相关问题的最有效和最佳方式是让FAA直接与121部运营人合作,确保其乘务员培训计划涉及不同内话系统。

(5)FAA不作为的问题。

NTSB在关于达美航空公司2015年3月5日1086航班不安全事件的调查报告中指出,业内多次发生与撤离相关的沟通和协调不力的事件,FAA为充分解决这些问题做出的努力是不够的。因此,NTSB发布了安全建议A-16-26,倡导采用多学科方法,通过重点分析涉及飞机撤离的数据,找出提高飞行和客舱机组行为表现的方法,制定解决撤离问题的最佳做法。针对这项建议，FAA当时表示，正在考虑是否设立一个由政府和行业专家组成的工作组，审查经常出现的和撤离相关的问题并提出建议。2017年3月，NTSB将安全建议A-16-26归为"未关闭-可接受的建议"。

NTSB也正在调查另外2起紧急撤离事件。2015年9月8日，英国航空公司一架执行2276航班的B777-200型飞机在内华达州拉斯维加斯的麦卡兰国际机场地面滑跑时，其安装的GE90-85B发动机发生了非包容性故障，导致飞机起火。幸运的是，ARFF人员迅速扑灭了大火，157名旅客和13名机组人员得以通过滑梯在跑道上安全撤离。2015年10月29日，美国动力航空一架载有101名旅客的B767-200ER飞机执行405航班，在佛罗里达州劳德代尔堡机场滑行时，燃油开始从左发动机泄漏并引发起火，乘员进行了紧急撤离。这两次撤离都是在发动机仍在运转的情况下开始的，说明飞行和客舱机组之间的沟通和协调仍然存在不足。

在2007年9月美国航空公司1400航班事件的调查报告中，NTSB发现咨询通告AC 120-48并没有有效解决紧急情况下飞行和客舱机组通信不充分造成的安全风险。

2009年5月，NTSB发布了安全建议A-09-27。尽管该建议所涉及的咨询通告指南已有20多年的历史，但在该建议发布后的8年多时间里，FAA尚未采取任何措施来落实这一安全建议。

FAA未能更新近30年的咨询通告指南，没有反映从最近的事故和事件中吸取的教训，也未能解决2001年"9·11"事件后飞行机组进出驾驶舱规则变化带来的通信挑战，这不符合当代安全管理惯例和联邦航空局确保持续运行安全的要求。

NTSB认为，应更新咨询通告AC 120-48，纳入紧急情况下机组人员通信的最新行业知识，运营人可以自愿将这些信息纳入其培训和指导内容。紧急情况下，飞行和客舱机组之间的有效沟通将提高旅客安全，而最新的指导将有助于缓解反复出现的撤离相关的安全问题。

NTSB特别指出，FAA应强调在需要撤离的情况下，飞行机组和客舱机组之间通信的重要性，这能够促进安全，确保有效的决策和行动。如果这个安全问题持续未得到解决，可能会继续对出行公众造成负面影响。

AAIB对2016年6月发生在希思罗机场的事件进行调查后，发现飞行机组与客舱机组在撤离过程中的沟通和协调存在问题。AAIB在报告中指出，发起撤离的乘务员没有激活撤离信号（类似于383航班）。而另一名乘务员前往驾驶舱报告撤离进展时，机长仅从候机楼的反射中看到机尾滑梯已展开，便宣布停止撤离，因为他认为已隔离了烟雾源，并希望避免不必要的伤害。然而，机长在做出此决定前未与乘务员讨论客舱状况，显示出"飞行机组与客舱机组间的沟通与协作存在障碍"。

AAIB的报告还表明，机长宣布停止撤离造成了现场的混乱。一名乘务员认为机长不知道客舱内正在冒烟，于是她大声指令旅客继续往前走。另一名乘务员看到机长站在驾驶舱中，于是告诉机长，由于客舱内有"浓烟"，撤离工作应该继续，机长随后宣布继续通过廊桥（撤离前已经到位）撤离。AAIB报告总结认为，如果驾驶舱与客舱之间能迅速、有效沟通，此次撤离或许可以避免，因为撤离之前乘务员没有收到飞行员的具体指令。

因此，AAIB发布了安全建议2017-029，建议"飞行机组和客舱机组应参加联合训练，以增强紧急情况下的协调性"。NTSB也认识到飞行和客舱机组联合撤离训练的好处,向FAA提出了类似的建议。

(6) 飞行机组和客舱机组撤离职责的问题。

飞行机组的事件后访谈表明,在事故发生后,机长通过PA系统宣布撤离指令,并完成了撤离检查单上的所有步骤后,离开了驾驶舱,进入充满烟雾的前客舱。在那里,乘务长告诉飞行机组所有旅客都已离机,接下来他们需要撤离。飞行机组和乘务长随后从1L门撤离飞机。ARFF人员要求机长提供机上乘员人数,机长打电话给航空公司的签派人员以获取所需信息。在机长获取乘员人数的同时,ARFF人员对客舱进行了彻底检查,以确认所有旅客和机组人员都已安全撤离。

在确认所有人员都已下机之后,ARFF人员将从机长那里得到的乘员人数与飞机起飞时记录的乘员人数进行了核对。根据美国航空公司《B767运营手册》和快速检查单的标准操作程序,机长应亲自巡视整个客舱,确保所有旅客都已安全撤离,然后通过可用的机尾出口离开飞机。然而,在这次事件中,机长并未亲自检查客舱,而是依赖于乘务长的报告。这一做法在一定程度上是可以理解的,因为机长报告称,在撤离驾驶舱时,他遇到了"浓密的黑烟",能见度低到几乎看不到"约2英尺"远的地方。

撤离飞机后,飞行机组负责将旅客汇集在一起,机长还负有额外的责任,即确保至少有一名机组人员留下和旅客在一起。根据事件后访谈,机组没有完成这项职责。

由于客舱内冒烟,机长无法证实所有人都已经下飞机,但机长在撤离飞机后的首要任务应该是确认这一信息。然而,美国航空公司《B767运营手册》、快速检查单都没有具体说明撤离后的这些职责,培训也没有强调这些职责。

美国航空公司规定,在撤离过程中,乘务员的职责是在撤离飞机后统计旅客数量并报告机长。NTSB没有发现任何证据能表明乘务员完成了这一任务,尽管这种情况没有导致任何不利后果,但NTSB的结论是,旅客撤离后,飞行机组和客舱机组没有以最佳方式进行沟通协调。

(7) NTSB事故调查中发现的关于客舱安全的主要问题。

NTSB建议,需要针对地面和空中两个不同阶段的发动机起火检查单制定单独的程序。NTSB认为,美国航空公司的B767发动机起火检查单延误了飞行机组启动撤离检查单,且检查单没有区分发生在空中和地面的发动机起火,未包括发动机在地面上起火、关闭未受影响的发动机或尽早执行撤离检查单的步骤。此外,发动机起火检查单中从释放第1个灭火瓶到确定是否需要释放第2个灭火瓶之间须有30秒的等待时间,但在用于地面操作的发动机起火检查单中指示飞行机组应在同一时间释放2个灭火瓶。

此外,NTSB建议改进关于评估撤离出口以及在紧急情况下乘务员使用通信系统的培训。在撤离过程中,位于飞机右侧的3名乘务员封闭了他们负责的出口,因为他们意识到发动机起火带来的危险。与此同时,位于飞机左侧的一名乘务员也封闭了她负责的出口,直到左发动机关闭。然而,另一名位于飞机左侧的乘务员在评估了飞机外部情况后,却在发动机仍在运转时打开了左翼上方的出口。在撤离过程中,一名旅客通过左翼出口撤离后受到了重伤,原因是他在到达地面后站起准备离开飞机时,被左发动机喷出的气流击倒。

NTSB还指出,业内需要研究随身行李对撤离的影响。与乘务员的事件后访谈和撤离期间的录像显示,尽管有明确的指令要求旅客不要携带行李,但仍有一些旅客在从三个可用的出口撤离时携带了随身行李。尽管NTSB目前尚未发现因携带随身行李导致的撤离延误直接造成旅客受伤的案例,但旅客在撤离时携带随身行李一直是一个反复出现且令人担忧的安全问题。

NTSB认为业内需要改善紧急情况下(包括撤离)飞行机组和客舱机组之间的沟通。乘务员有撤离信号系统和内话系统可供他们提醒飞行员撤离正在进行中,但没有乘务员启动信号系统。7名乘务员中只有2名使用内话系统与飞行员通信,但未成功。即使紧急情况正在发生,飞行机组和客舱机组之间也应该有更好的沟通。

通常情况下,客舱机组应对烟雾和起火状况及时进行评估和处置,并且请求帮助,这时可以根据机长的指令实施快速离机或应急撤离。如果驾驶舱没有任何指示信息,且火警或烟雾无法得到有效控制,严重危及机上乘员生命安全时,客舱机组可以宣布并实施应急撤离。在使用滑梯撤离前,应确认滑梯已处于待命状态。

我们已经深入剖析了多个方面的问题,包括内部通信系统培训不足,行李处理不当,飞行机组与客舱机组沟通不畅,以及客舱机组在撤离过程中遇到的问题。同时,NTSB也指出了FAA不作为的问题。

发生的每一次事件都是一个学习和改进的机会,我们除了需要加强实际操作培训,做好CRM训练,改善沟通机制,还应依据实践和运行中反馈的信息不断审查和更新客舱乘务员的培训课程,确保培训内容与实践联系紧密,包括不同情境中的撤离策略、旅客管理技巧、压力下仍能维持生存的能力。同时,我们要重视重复性问题的研究,比如行李处理问题,并推动建立严格的监管和问责体系,以确保客舱安全规定得到有效执行。

最后,笔者将结合该案例及后续案例中的"内话系统的紧急呼叫"这一知识点进行详细分析。

三、内话系统的紧急呼叫

2016年11月28日,英国易捷航空公司一架执行U2-6931航班的A320-200客机(注册号为G-EZWX),从英国爱丁堡飞往德国汉堡,机上载有172名旅客和6名机组人员。飞机从爱丁堡起飞后的爬升过程中,驾驶舱内闻到一股电气燃烧的气味,紧接着有烟雾出现。15分钟后,飞机安全备降。AAIB于2017年9月14日发布调查结论:事故发生是由于静变流机故障。驾驶舱产生烟雾是由于驾驶舱内额外供应电力的静变流机过热。此次事件是该型号飞机向飞机制造商报告的第11次驾驶舱故障,其中至少有7次故障导致飞机改道。

这里,我们着重探讨客舱和驾驶舱之间是如何进行紧急呼叫的。

在紧急情况下,客舱机组可以通过话机向所有其他站位和驾驶舱拨打内话,驾驶舱也可以通过紧急呼叫方式联络客舱,从而实现机组人员之间的及时通信。这是通过按下并松开话机上的"EMER"(不同机型应急呼叫键不同)呼叫按钮来启动的。选择后,驾驶舱内的蜂鸣器会响3声,并且"EMER"按钮和所有"ACP"键会反复闪烁。客舱内,前部和后部区域呼叫面板上的红灯闪烁,客舱内响起3声高低提示音,所有AIP上显示"EMER CALL"消息。

通过按下并松开头顶面板上的"EMER"按钮,从驾驶舱启动到所有客舱乘务员站位的紧急内话功能,客舱前部和后部区域呼叫面板上的红灯闪烁,客舱内响起3声高低提示音,所有AIP上显示"EMER CALL"消息。

然而此次事件中,客舱乘务员和副驾驶之间使用紧急内话系统的初始通信联络建立失败,可能是因为副驾驶在不经意间忽略了设置音频控制面板的客舱内话信道,或没有选择传输按钮。客舱乘务员听不到副驾驶的声音因此挂断了电话听筒,紧急呼叫连接断开。

3分钟后,副驾驶选择了"前内话呼叫"选项后,与客舱乘务员建立了通信。

调查结果显示,驾驶舱发起了紧急内话呼叫,但客舱电话听筒断开连接,关于如何重新与驾驶舱建立通信,机组人员没有接受过任何指导或训练。

客舱内话容易出现问题,可能由于以下几点原因。

(1)运营人提供给客舱和驾驶舱机组的文件中,并没有包含如何"重置"内话,建立紧急内话呼叫通信的具体步骤和方法。

(2)客舱机组培训中没有包括如何使用紧急呼叫功能。

(3)驾驶舱与客舱的沟通:副驾驶在使用紧急呼叫系统与客舱机组沟通时遇到困难,从第1次选择紧急呼叫功能到最终建立双向通信,花了3分钟。乘务长无法听到副驾驶声音很可能是因为副驾驶没有将他的ACP设置为在客舱乘务员频道上传输,或者他在对着氧气面罩麦克风说话时没有选择ACP或侧杆上的无线电发射开关,这导致乘务长挂断了他的话筒,从而断开了紧急呼叫的连接。然后,乘务长能够从前舱发出旅客广播通知。

然而,由于紧急呼叫仍然有效,在紧急呼叫被取消之前,乘务长不可能向驾驶舱或飞机后部客舱机组发起内话呼叫。在没有任何其他操作的情况下,这将需要客舱机组等待至少2分钟的时间,直到紧急呼叫"超时"。

图 7-15 客舱内话系统

在紧急呼叫正在进行时,是无法从已断开连接的客舱电话听筒向驾驶舱发起呼叫的。但是,通过选择在已经断开连接的客舱电话听筒键盘上的紧急呼叫按钮,客舱电话听筒就会重新连接紧急呼叫功能,使驾驶舱与客舱之间可以进行通信。乘务员没有意识到这个功能,如果他这样做的话很快就能建立通信联系。基于紧急内话系统不经常使用,机组人员必须了解其操作,这是非常重要的(见图7-15)。

根据AAIB的报告,当飞机爬过FL230高度层时,机组人员开始意识到驾驶舱内有烟雾。2名机组人员都戴上了氧气面罩。当副驾驶执行检查单时,机长承担了操纵飞机和通信的职责。大约在那时客舱发现了烟雾,机长宣布"注意,机组人员各就各位",提醒机组人员存在潜在的紧急情况。由于使用氧气面罩的原因,空中交通管制员最初没有理解这个呼叫,所以机长发送并重复紧急呼叫。副驾驶在执行检查单1分钟后,选择了电子舱抽风,并将鼓风机设置为"超控"(OVRD),然后烟雾和气味开始消散。之后副驾驶选择了内话的紧急呼叫功能,乘务员拿起客舱电话听筒但听不到副驾驶的声音,副驾驶则能听到乘务员的声音。大约在电子舱烟雾指示停止的时候,乘务员挂断了内话。副驾驶尝试再次与客舱联系,这次使用内话呼叫功能(而不是紧急功能)。客舱中的乘务员拿起了客舱电话听筒,按下并释放了"EMER"按钮,这样,在第一次尝试与客舱取得联系失败约3分钟后,双方建立了通信联系。

由于副驾驶无意中遗漏了将ACP设置在客舱内话频道上传输,或者没有选择发射按钮,因此无法使用紧急内话系统在乘务长和副驾驶之间建立初始通信。乘务长无法听到副驾驶的声音,并挂断了他的听筒,使其与紧急呼叫断开。大约3分钟后,当副驾驶选择前舱内话呼叫选项时,与乘务长建立了通信。调查发现,在客舱听筒与从驾驶舱发起的紧急对讲内话呼叫断开连接的情况下,既没有向机组人员提供信息,也缺乏相应的培训来教授他们如何重新建立与驾驶舱的通信联系。在进行紧急呼叫时,无法从已断开连接的听筒向驾驶舱发起呼叫。但是,通过选择断开连接的听筒键盘上的呼叫按钮,听筒将重新连接到紧急呼叫,从而允许与驾驶舱和其他正在通话的客舱机组进行通信。乘务长不知道这个功能,如果他知道,通信可能会更快地重新建立起来。

紧急内话系统很少使用,客舱机组对其操作的掌握非常重要。飞机制造商和运营人都打算采取安全措施来解决这个问题。

AAIB关于内话机的通信问题分析认为:乘务员无法听到副驾驶声音的原因很有可能是副驾驶没有设置能在乘务员的频道上传输信息的音频控制面板,或者当他对着氧气面罩的麦克风说话时,没有打开他的音频控制面板或侧杆上的无线电发射开关。机组成员能够从前舱的听筒发出旅客广播,但由于紧急内话仍然激活,乘务员不可能在紧急呼叫未被取消时与驾驶舱或后部的客舱机组发起内话呼叫。在没有任何其他行动的情况下,这将要求乘务员等待2分钟,直到紧急呼叫"超时"。按下客舱电话听筒上的"EMER"按钮能够使乘务员立即重新连接,然而,此方法既没有记录在手册或文档中,也没有包含在训练中,所以乘务员并不知道此功能。在最初尝试与客舱机组建立联系的3分钟后,在驾驶舱语音录器上记录了驾驶舱中的1个按钮按压并伴随着1个呼叫铃声。乘务员将其客舱电话听筒从支架中取出,然后点击键盘上的"EMER"按钮,再对其进行讲话,然后乘务员和副驾驶之间建立了通信。在一个呼叫铃声后与乘务员建立了通信,表明副驾驶此时选择了呼叫乘务员按钮。该呼叫优先于从客舱发起的呼叫,因此乘务员不必选择客舱电话听筒上的紧急呼叫功能来接通。

即便是一个看似简单的内话系统,实则蕴含着如此丰富的知识,隐藏着如此让人混淆和迷惑的潜在风险。作为飞行安全的守护者,我们是否也曾深思熟虑过这些问题?作为客舱乘务员的我们,在航班生产中是否也存在类似的情况,对所执飞机型的内话系统没有透彻的了解,不知道如何打电话到驾驶舱、不知道如何区分来自驾驶舱的电话、不知道如何使用"全呼叫"功能、不知道如何操作乘务员休息室电话?若如此,我们怎样确保客舱安全?这值得我们深思,因为这关系到我们的责任和使命。

任务四 案例分析:飞机起飞爬升时检测到异常气味,备降后紧急撤离

2013年1月16日,全日空运营的一架B787-8客机执飞692定期航班,于当地时间08:11从山口乌北机场飞往东京机场。

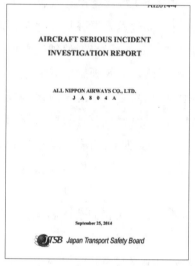

图7-16 全日空B787-8客机备降后紧急撤离调查报告封面

08:27,当飞机在32000英尺飞行时,EICAS出现电池故障信息,驾驶舱里弥漫着不寻常的气味。飞行机组决定转往高松机场备降,08:47飞机降落。08:49飞机在T4滑行道上释放滑梯并紧急撤离。137名乘员中(129名旅客和8名机组人员)有4名旅客在撤离过程中受轻伤。事件是飞机起飞爬升过程中主电池热失控导致,虽然飞机主电池损坏,但未引发火情。

全日空B787-8客机备降后紧急撤离调查报告封面见图7-16。

事发前9天,2013年1月7日在美国(东部标准时间)马萨诸塞州波士顿洛根国际机场也发生了类似事件。2014年1月14日,成田机场又发生了1起类似的电池相关事件。

一、客舱机组的行为

08:17系紧安全带标志灯关闭,客舱乘务员开始准备服务。约08:25,4L站位的主任乘务长接到了机长的内话询问客舱内是否有烧焦的气味。由于无法快速给出答案,她挂断了内话,前往2R了解情况。

在最前面厨房里的2R乘务员没有闻到任何气味,但是当她在前舱供应饮料后,她感觉到第1排和第2排座位附近的左过道有一股烧焦的气味。她说是一种淡淡的气味,很容易被咖啡或味噌汤的气味所掩盖,而当时乘务员正在提供这两种食物。

尾舱内4位乘务员也嗅到这种相同的怪异气味。2L站位的乘务员向机长报告了情况,说客舱内存在异常气味。

08:37,未与客舱经理协商,驾驶舱发布了因飞机上检测到烟雾而改道备降高松机场的广播。客舱经理询问机长是否使用滑梯紧急撤离,机长回答正常着陆,如果计划改变,他将发布指令。客舱经理通过内话的全呼叫模式向所有乘务员传递了机长的指示,并指令乘务员为着陆做准备。结束通话后,4声提示音响起,这表示在指定区域附近走动是可以的,飞机准备着陆。乘务员开始着陆前安全检查,4R乘务员做了正常着陆前广播。

08:47飞机降落在高松机场。着陆后,乘务长发布广播"我们已经降落在高松机场,请

保持就座直到安全带标志灯关闭。我会提供更新的信息"。

飞机停止滑行。大约30秒后,撤离指令和信号几乎同时响起。

客舱经理在1R门外看到有白色的东西。她观察了机外的情况,第一个打开了应急舱门,虽然一些乘务员不确定撤离指令和信号的有效性,但他们在听到客舱经理的指令后开始开门。4L门没有打开,因为附近旅客很少,乘务员判断使用其他门可以实施快速撤离。

7扇舱门打开后滑梯运行正常,旅客没有惊慌失措。其间,站在滑梯顶部的第一名旅客实际上并没有跳下,而是采用坐滑的姿势,其余旅客也跟着这样做。

一些害怕滑的旅客被指令坐在滑梯顶部,乘务员从后面推他们。一些旅客试图携带个人物品,但乘务员说服他们放下行李。那些穿高跟鞋的女旅客在脱下鞋后滑下滑梯,一些男性旅客在滑梯底部协助撤离。

撤离工作有条不紊地进行。一些乘务员确认洗手间和座位上没有旅客后,携带必要的设备跳下滑梯。旅客在撤离结束之前一直保持平静状态,在地面上,他们开始用手机拍摄,在飞机旁边到处走动。

乘务员把旅客召集到飞机机头附近,面对着飞机,让他们以10人为单位分成小组进行点数。之后,他们被要求坐在地上。机长站在汇集在一起的旅客面前,解释飞机发生了什么情况。一名乘务员说,飞机于08:47降落,机长于08:58向旅客解释情况。

此事件中,4名旅客从滑梯滑下后受轻伤。

二、地面应急响应情况

地面相应时间及情况如表7-5所示,全日空B787飞机在机场降落并撤离的地点如图7-17所示。

表7-5 地面响应时间及情况表

时间	事件响应情况
08:31	关西进近通知高松塔台,由于紧急情况,飞机已要求改道前往高松机场
08:37	东京救援协调中心通知空中交通服务飞行信息官,飞机因驾驶舱冒烟宣布进入紧急状态,并打算改道备降
08:41	一名安保人员向高松消防处发出2级动员。塔台使用坠机警报通知关西进近、运行部门和安保部门。安保部门用专用电话通知高松市消防大队
08:42	机场1号、2号和5号消防车驶向待命位置,1号和5号消防车安排在T3滑行道,2号消防车在T1滑行道。安保部门将信息通知县警察总部
08:45	1辆指挥车驶向T3滑行道,位于待命处
08:47	飞机降落,1号、2号、3号消防车和指挥车跟随着飞机。塔台使用坠机警报于08:47将着陆信息通知关西进近、信息和安保部门
08:48	飞机在T4滑行道上停下来。安保人员观察到前轮喷出烟雾,通过多声道无线电向塔台传达了他的观察结果。塔台把这条信息转告给机长,塔台通知信息人员,证实有烟雾

续表

时间	事件响应情况
08:49	飞机舱门1R至4R和1L至3L均打开。旅客们开始紧急撤离。安保人员广播要求旅客远离飞机,并指令高松消防处启动紧急信息转发系统
08:50	塔台告诉信息人员,飞机在T4滑行道上停下来,旅客开始紧急撤离,信息人员通知跑道关闭
08:52	所有旅客和机组人员撤离完毕
08:56	安保人员要求机长检查人数及安全状况。09:05,安保人员收到了来自机长的口头报告
09:05	飞机乘员开始向候机楼走去
09:25	安保人员、消防人员、全日空的机务人员开始检查现场
09:35	消防队通知信息人员,一名臀部挫伤的男性旅客已被送往市医院(轻伤)
09:49	消防队通知信息人员,飞机确认安全
10:04	高松市消防队的车辆开始离开现场,10:25全部撤离

图7-17 全日空B787飞机在机场降落并撤离的地点

乘务员在紧急情况下保持冷静,迅速行动,打开了飞机上的应急滑梯,组织旅客紧急疏散。撤离到地面,机组履行撤离后的职责,将旅客分组点数,安抚旅客等。但是我们也看到有旅客撤离到地面上后开始用手机拍摄,在飞机旁走动,虽然拍摄的资料有可能用于证据或事件复盘,但这是一种不建议的行为,因为它可能带来一系列潜在的危险:旅客此时仍置身于危险的环境,可能面临飞机爆炸的危险,面临被外部车辆撞击的隐患。这种行为会分散旅客的注意力,降低对周围环境的警觉性,从而影响紧急情况下的快速响应。同时可能会触发模仿效应,导致其他旅客也跟随这一行为,影响救援工作的效率。

面对错综复杂的环境,客舱乘务员如何保证乘员安全?

(1) 打好基础、练好基本功:这是乘务员应具备的基本素质。

(2) 培训与知识更新:乘务员需定期接受紧急情况处置培训和演练,确保应急情况下的迅速反应,且培训的内容应随着航空安全标准的不断更新和新技术的应用而及时更新。

(3) 沟通与指导:在迫降过程中,乘务员需清晰、冷静地与飞行机组沟通,向旅客传达指令指导他们如何保护自己。

(4) 快速反应:在紧急情况下,乘务员需迅速行动,快速评估并采取必要的安全措施。

(5) 利用资源:利用飞机上的资源,如救生设备、通信设备、人力资源等,以提高处置效率。

(6) 灵活应变:面对不同的迫降环境和情况时,乘务员需灵活应变,根据实际情况调整处置策略。

(7) 旅客管理:确保旅客服从机组指导,帮助旅客保持冷静,减少恐慌,避免在撤离过程中发生混乱和伤害。进一步改进旅客管理技巧,确保在压力下仍能维持秩序。

(8) 紧急医疗救助:对于受伤的旅客,乘务员需提供初步的医疗救助,安全撤离后尽快寻求专业医疗帮助。

(9) 后续协调:在旅客安全撤离后,乘务员需与地面救援人员协调,确保旅客得到适当的安置和援助。

(10) 团队协作:乘务员之间、乘务员和飞行员之间、乘务员和旅客之间、乘务员和地面人员之间需密切协作,共同应对紧急情况。

(11) 后续跟进:乘务员可以参与事件的复盘和评估,以识别任何需要改进的地方,并制定相应的改进措施。

(12) 健康与体能:乘务员在紧急情况下可能需要进行高强度的体能活动。保持良好的体能和健康状况,对于有效执行紧急撤离至关重要。

(13) 安全文化:加强安全文化建设,鼓励乘务员在日常工作中持续关注安全问题,不断提出改进建议。

安全是民航业的生命线,它要求每一位客舱安全管理人员和一线生产人员时刻保持如履薄冰、如临深渊的警觉态度,坚守安全底线。正如古训所言,"患生于所忽,祸起于细微",无论是显而易见的"灰犀牛"事件还是难以预测的"黑天鹅"事件,在它们发生之前,总有微小的征兆和迹象可循。这就需要我们善用"显微镜""放大镜"查找问题。

安全责任的落实,应如"群雁高飞头雁带",意味着运营人需要在机制和制度上明确领导层的安全责任,并将这些责任具体化到安全管理工作中。通过这样做,我们可以确保员工不仅理解公司安全管理体系(SMS)的基础内容和作用,而且能够深刻认同公司安全管理的核心要义和理念。

一线岗位人员和基层管理人员往往是最能发现薄弱环节、小差错和轻微不安全事件的,因此,增强他们的举手意识、报告意识和主人翁意识至关重要。通过营造一个人人都关注安全、讨论安全、参与安全的环境,我们能够确实筑牢安全风险的管控屏障,确保运营的持续安全。

第八章 水上迫降

一提到水上迫降，我们脑海中随即浮现的是那场在美国哈德逊河上发生的惊心动魄的奇迹，那架A320飞机在水面上漂浮并沉没的壮观画面，不仅成为航空史上的永恒瞬间，也在我们业界人士心中留下了不可磨灭的印记。

然而，当我们放眼全球，审视客机在水上迫降的案例时，可以发现，每一个水上迫降案例都是独一无二的，有的机毁人亡令人扼腕，有的劫后余生令人赞叹，有的堪称史诗级壮举，足以载入航空史册……接下来要讲述的，便是在梭罗河上发生的一次绝境逢生的水上迫降事件，它比著名的哈德逊河迫降还要早七年。

任务一 案例分析：印尼嘉鲁达航空公司B737-300飞机水上迫降

2002年1月16日，印尼嘉鲁达航空公司B737-300飞机执行GA421航班，08:32离开安佩南前往日惹，09:24两台发动机失去动力后迫降在印度尼西亚中爪哇省梭罗河上。

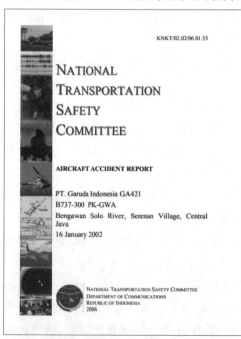

图8-1 嘉鲁达航空公司B737-300飞机水上迫降调查报告封面

嘉鲁达航空公司B737-300飞机水上迫降调查报告封面如图8-1所示。

飞机遭遇到湍流、大雨和冰冻之后不久，双引擎熄火。印度尼西亚国家运输安全委员会（NTSC）的事故调查报告指出，驾驶舱的录音数据中能够听到强烈的噪声，同时机头天线罩和发动机的损坏表明飞机遭遇了冰雹，冰雹或强降雨超出了发动机的设计承受范围，从而导致发动机关闭。

飞行机组的事件后访谈显示，飞行机组注意到飞机断电，只有主发动机仪表和机长这侧的飞行仪表仍有显示，最终两台发动机熄火。飞机在大约8000英尺的高度进入到VMC条件。机长发现了前方的梭罗河，并决定将飞机降落在河上，飞行机组认为采取水上迫降是最安全的选择。飞行机组向客舱机组宣布准备水上紧急迫降。飞机在上游方向的两座铁桥之间的水面成功降落,并停了下来,机翼和控制舵面等基本完好无损,飞机部分被淹没。

机上共53名旅客、2名飞行机组人员和4名客舱机组人员(1名男性,3名女性)。其中,12名旅客受伤,一名坐在机尾折叠座位上的乘务员在河上被发现时已受重伤,另一名乘务员在河上被发现时已经死亡。飞行机组和另外2名乘务员没有受伤。死亡的乘务员脸部被撕裂,颈部的左侧骨折,双上臂、右股骨、左小腿骨折,其死亡可能是飞机撞击河流过程中造成的冲击力所致。53名乘员安全撤离到河岸的情景见图8-2,飞机在水上的状态见图8-3。

图8-2 53名乘员安全撤离到河岸的情景

图8-3 飞机在水上的状态

飞机配置了104个旅客座位,其中商务舱22个、经济舱82个。飞机内部配置以及相应座位位置的旅客和机组人员受伤情况如图8-4所示。

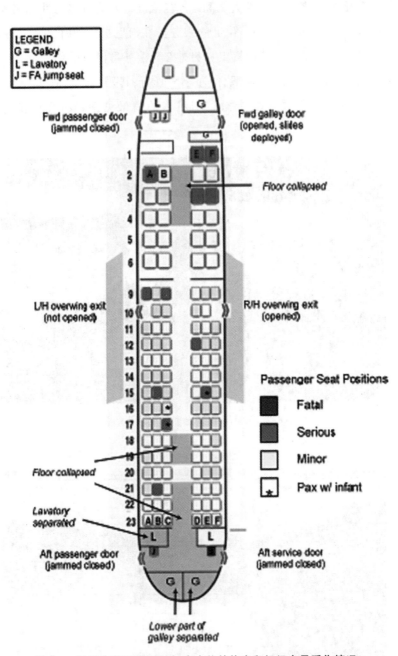

图 8-4　飞机内部配置以及相应座位的旅客和机组人员受伤情况

飞机停下来后，唯一能够立即使用的出口是前方勤务门，由2号位乘务员打开。该乘务员表示，她没想到飞机会在河上迫降。15分钟后，飞机右侧翼上出口被打开。

由于机身结构变形以及舱门附近的地板部分坍塌，机尾的舱门和勤务门无法使用。前舱门也被卡住了。根据乘务员描述，客舱内部墙壁上的紧急出口灯亮起，但他们不记得地板上是否有任何灯光/照明。

乘务员和旅客表示,撤离期间机舱内没有起火或烟雾。飞行机组人员必须踢开驾驶舱门才能进入客舱,随后与坐在前方折叠座椅上的乘务员一同协助旅客撤离。机长随后使用手机通知了位于雅加达的嘉鲁达航空公司运营中心。然而,坐在机尾折叠座椅上的乘务员因坠机时被困,无法参与撤离,其中一人受重伤,一人不幸遇难。

经济舱的旅客主要通过右翼出口撤离飞机。部分旅客并未立即撤离,而是试图取回存放在头顶行李架中的个人物品,尽管乘务员不断呼吁他们放弃个人物品,尽快撤离。商务舱的6名旅客中有5人受重伤,他们在乘务员的协助下通过前舱勤务门撤离,而周围的村民也提供了宝贵的帮助。

旅客及其个人物品被暂时安置在河边的一间空屋里,随后被送往最近的医院,其中重伤旅客被事故现场附近的一辆皮卡车紧急送往最近的诊所进行救治。

救援队、当地警察、空军和阿迪苏曼莫国际机场的工作人员在坠机后几个小时到达现场,所有旅客在飞机水上迫降后大约1个小时内成功撤离至集结地点。

水上迫降是一项极具挑战性的飞行操作,稍有不慎就可能带来灾难性的后果。在前述案例中,得益于机长精湛的飞行技艺和冷静的判断,飞机成功地完成了水上迫降。但不幸的是,这种成功并非总能复制。例如,1996年11月23日,埃塞俄比亚航空公司的一架飞机在被劫持且燃油耗尽后,机长在印度洋科摩罗岛附近尝试进行水上迫降,但最终飞机不幸在水面翻转并解体,导致机上175名乘员中有125人遇难。

任务二 案例分析:新几内亚航空B737飞机坠海,紧急撤离

2018年9月28日,巴布亚新几内亚的国家航空公司——新几内亚航空(Air Niugini)运营的一架B737-800型客机(注册编号P2-PXE),执行PX-73航班由波纳佩岛飞往丘克岛(隶属密克罗尼西亚联邦),机上载有35名旅客和12名机组人员。新几内亚航空公司飞机坠海调查报告封面如图8-5所示。

在当时恶劣的天气下,飞机进近丘克岛机场04号跑道时,因高度过低在进入跑道前坠入距离04号跑道入口约460米的丘克岛潟湖水域,飞机顺时针旋转了210度,沿04号跑道中线向东南漂移了140米,机头所指方向约为265度。飞机在距离跑道入口约150米的海面停下后实施紧急撤离,所有旅客和机组人员均撤离飞机,6人因重伤被送往当地医院,4人轻伤,其他乘员未受伤。10月1日,一名旅客死亡(见图8-6和图8-7)。

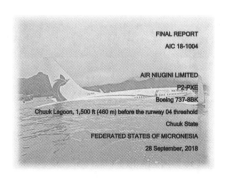

图8-5 新几内亚航空公司飞机坠海调查报告封面

图 8-6　新几内亚航空公司事故飞机坠海状态

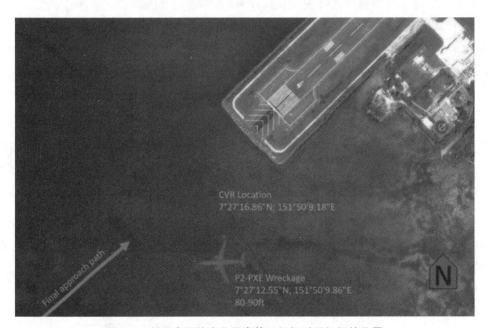

图 8-7　新几内亚航空公司事故飞机相对于机场的位置

一、人员的伤亡和撤离情况

　　重伤旅客的国籍为 3 名越南人、2 名中国人和 1 名菲律宾人(座位布局见图 8-8)。死亡的旅客是 1 名印度尼西亚人,坐在 23A。他的旅伴在报告中说看到他站在他们前行的路上,走向机翼出口。当地潜水员发现死者仰卧在座位 22 排和 23 排之间的地板上。他的一条腿缠绕着 23 排座椅挡杆,另一条腿在机身断裂处向机身左侧伸展。尸检报告得出的结论是,在飞机撞击后几分钟内因伤势过重而死亡。新几内亚航空公司事故人员的伤亡情况见表 8-1。

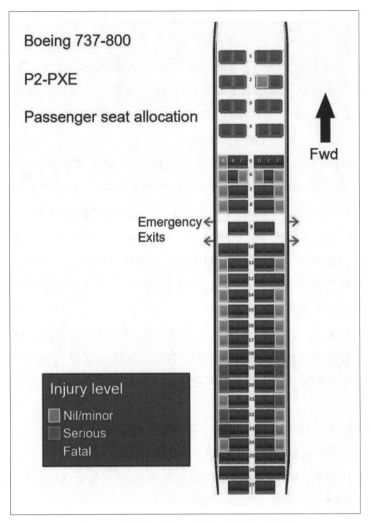

图 8-8 新几内亚航空公司飞机座位布局图

表 8-1 新几内亚航空公司事故人员的伤亡情况

伤亡情况	机组人员/人	旅客/人	总计/人
死亡	0	1	1
重伤	0	6	6
轻伤	0	0	0
没有受伤	12	28	40
总计	12	35	47

  大多数幸存的旅客在没有帮助的情况下撤离了飞机。6名重伤旅客在机组人员和旅客的协助下通过左翼出口撤离,幸存的乘员被当地船民和附近执行任务的美国海军潜水员用小船救出。飞机停下后,水从机翼后方第17排和第22排区域的机身断裂处迅速涌入机舱。

  当地船民从左侧机翼出口救出28名旅客和乘务员CC5和CC6。乘务员CC1和CC3,

以及飞行员和机务工程师被当地船民从1L门救出。美国海军潜水员从右后翼出口救出了6名旅客、飞机载重平衡工作人员和乘务员CC2、CC4、CC7、CC8。

乘务员CC2在过道中发现一名旅客身处水下,于是将他抬到水面以上,在CC4的协助下将他向前拉至左翼出口。这名旅客坐在22A,受了重伤。到达出口区域后,CC2将旅客的肚子靠到座椅扶手上,水通过口鼻排出。之后CC6加入了援助,他们一起将旅客从出口抬到救援船上。

与此同时,乘务员CC6还发现了另一名仍在17F座位上系着安全带的旅客。CC6迅速解开他的安全带,并与其他机翼上的旅客共同协助他离开飞机,前往左后翼出口。

当水进入飞机时,飞行员和机务工程师仍在驾驶舱内,且门被锁上。乘务员CC1紧急敲拍驾驶舱门,大喊让飞行员出来。随后,工程师首先离开驾驶舱,副驾驶也紧随其后,2人都从1L门登上了救援船。最后,CC1和机长向美国海军潜水员发出指令,让他们离开飞机。潜水员们通过右翼出口撤离,而CC1和机长则随后从1L门登上了救援船。机长成为最后一名离开飞机的幸存者。

事故发生后的第2天,美国海军潜水员在楚克机场救援协调会议上报告说,他们已经对飞机进行了全面搜查,确认客舱内已无人。密克罗尼西亚政府、巴布亚新几内亚调查机构(AIC)以及新几内亚航空公司的调查人员均出席了楚克机场救援协调会议,共同商讨调查事宜。

事故还导致燃油泄漏持续了数天,海洋受到了严重污染。整个洋面都可以看到泄漏的燃料。在密克罗尼西亚联邦政府的批准下,一支经过认证且经验丰富的日本潜水员团队也在事故现场潜水和搜索飞机。潜水员们在第22排和23排座位之间的地板上发现了死者旅客,这里正是机身断裂的位置。

美国海军潜水队派出专业人员将死者运送到楚克医院。病理报告显示,死者在事故发生后3分钟内因伤死亡,且没有溺水的证据。死者的头部和面部受钝力损伤,据此推断,该旅客在撞击时未系安全带,导致身体被抛出并造成头部和面部创伤,在头部受伤后的3分钟内,该旅客因重度脑震荡而不幸离世。

二、调查分析

(1)救生筏。

飞机配备了三艘救生筏,分别供1L门、左翼出口和右翼出口撤离使用。存放在商务舱第1排和第2排之间天花板上的救生筏(可承载56人)在移至1L门时部分充气。乘务员CC1表示,她拉动了系留绳,但只有一个气瓶充气,之后再尝试两次均无效;CC3加入后也拉动两次,同样未能解决问题。访谈中,一名乘务员透露曾踢开救生筏以避免阻碍撤离。随后,救援船抵达,因此救生筏被留置未用。大多数旅客通过机翼出口离开,而1R门(右前门)并未开启。新几内亚航空公司事故飞机机组和旅客撤离路线图见图8-9。

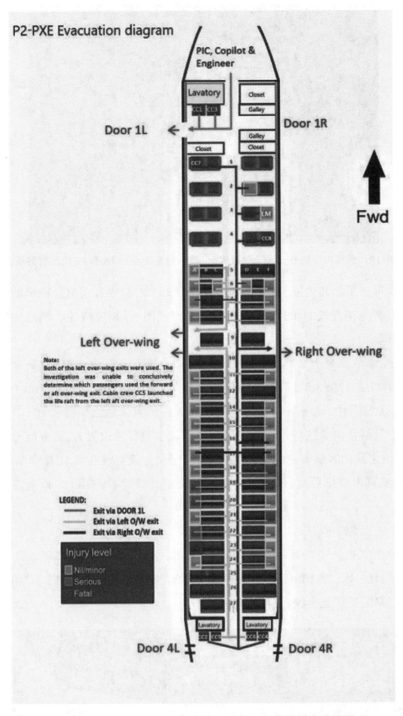

图 8-9　新几内亚航空公司事故飞机机组和旅客撤离路线图

在调查访谈中,CC1 表示,她无意中撞到了从驾驶舱走到 1L 门时掉入处于半充气状态的救生筏里的飞行工程师。调查查验了照片证据,发现其中一个救生筏在机翼出口排的座位上,由于有大量小型救援船来到坠机现场,因此没有使用。当地潜水员找回了未使用的救生筏,并将其带到莫尔兹比港进行检查,二氧化碳压力瓶中仍然有 3000 Psi 的压力。总结来看,飞机的三个救生筏中有一个未按设计要求充气,另一个则未使用(见图 8-10)。

图 8-10　新几内亚航空公司飞机事发时,救生筏在商务舱 1A 和 1B 座位前的状态

调查机构审查了新几内亚航空《培训参考手册》(TRM)中有关紧急撤离的内容,其中,7.11.19.3节有救生筏充气的示意图(侧视图和平面视图)及相关描述。但描述的字号非常小,阅读有障碍。

调查确定,事故飞机上2个救生筏的实际装载位置在新几内亚航空《安全与应急程序手册》的第6卷(B737)第3.2.2节中被错误描述为"商务舱区域的救生筏存放在左边第2个头顶储物柜(第2排)中,经济舱区域的救生筏存放在机翼紧急出口排(9和10)上方的左右头顶储物柜中";新几内亚航空该型号飞机的实际救生筏存放位置为:商务舱救生筏存放在1排和2排座位之间的客舱天花板上,经济舱的一个救生筏存放在第12排和第14排之间的天花板上,在机翼出口排后面,另一个救生筏存放在出口排第9排和10排上方的左侧头顶储物柜中。

(2)旅客安全须知卡。

新几内亚航空机队中的另一架 B737-800(注册号 P2-PXC)具有和事故飞机相同的设备。调查确定,P2-PXC 和 P2-PXE 的旅客安全须知卡错误地显示了通往 1L 和 1R 的路径,而且每个舱门都配备了救生筏(见图8-11)。

图 8-11　新几内亚航空公司飞机安全须知卡的错误描述

(3) 水上迫降后出口的使用程序。

新几内亚航空公司SEPM手册规定，水上迫降后使用前出口的程序根据是否使用救生筏而不同：如果使用救生筏，则需要将救生筏从1L门展开，解除1R门的预位，但不要打开；如果没有使用救生筏，则应打开1L和1R门，利用救生衣通过1L和1R两扇门进行撤离。然而此次事件中，当1L门没有救生筏可用时，1R门未按照程序打开和使用，这不符合公司程序要求。

(4) 旅客和机组出口。

一些旅客报告说，客舱机组惊慌失措，大喊大叫或大喊指令。然而，调查确定，这种呼喊是必要的，其目的是确保飞机上的所有旅客都能听到客舱机组的指令。

客舱机组在接受访谈时表示，在撤离过程中，他们大喊"撤离"一词，但似乎有些旅客不明白这意味着什么。然后他们反复喊"出去"，旅客似乎听懂了并跟随撤离。

调查发现，负责翼上出口的乘务员CC5，由于过道上的旅客拥堵，她从后舱乘务员站位移动到机翼出口时遇到了困难。在紧急撤离时，CC5的职责是打开机翼上的紧急出口，但为了到达机翼出口，她除了大喊指令外，还必须用一定的力量将旅客推开。

(5) 行李。

调查机构审查了在撤离期间拍摄的录像资料，注意到有许多不遵守撤离指令的情况，比如指令禁止在撤离期间携带行李，然而，仍有几名旅客带着行李离开飞机。同样，客舱机组人员也是"有规不循"。其中一名客舱机组人员从飞机前部拿了一个装制服的手提包，穿过客舱达到右侧的机翼出口。飞机载重平衡工作人员将背包、写字夹板和鞋子带下飞机，两只手上都提满了行李，这些是严重的违章违规的行为。

几名旅客在书面问卷的答复中表示，他们对机翼出口处的一名乘务员强迫他们将随身行李留在飞机上"感到恼火"（见图8-12）。

图8-12　新几内亚航空公司的飞机载重平衡工作人员携带行李撤离

有两处情况值得注意，它们都涉及旅客处置行李减慢了出口撤离速度：有一名旅客在飞机内停留，他从右后翼出口探出身子，将1个随身行李交给站在机翼上协助撤离的美国海军潜水员，潜水员先将行李扔给橡胶充气船上的潜水员，然后协助旅客下飞机（图8-13）。另一名旅客带着随身背包撤离飞机后在美国海军潜水员的协助下重新进入飞机取回鞋子。

图 8-13　新几内亚航空公司旅客携带行李撤离

（6）客舱机组撤离指令。

在访谈中,客舱机组人员表示,一些听不懂英语的旅客没有响应"撤离"的指令,于是客舱机组人员使用了"出去"的用语,但旅客将这一指令误解为"下机",而不是"撤离"。

（7）出口和出口排旅客。

本次航班为坐在机翼出口排的旅客提供了安全须知卡,但由于紧急出口排没有旅客,客舱机组人员没有向任何旅客提供额外的特定口头安全简介。

在水上迫降发生后,乘务员 CC5 迅速从客舱后部位置向前移动,意图到达机翼处的紧急出口。然而,由于一些旅客站在过道上,造成了一定程度的拥堵,这延缓了她到达出口的速度。幸运的是,这次航班并未满员,客舱中还有许多空余座位。如果飞机满员,旅客和行李可能会更加密集,将极大地增加客舱机组人员到达紧急出口的难度。

（8）应急出口灯。

调查发现,撞击后内部和外部应急照明没有亮起,无法确定应急灯不亮的原因。但是任何新几内亚航空手册或快速检查单（QRH）中都没有要求飞行员撤离时激活应急灯的程序。调查确定,在发生需要撤离的事件时,必须激活应急灯以协助在撤离期间提高客舱能见度。机尾乘务员面板（客舱机组站位）有1个客舱应急灯开关,当打开时,该开关会旁通驾驶舱应急灯开关并点亮所有应急灯。

新几内亚航空 TRM 手册第 10.8.3 节指出:应急照明系统由驾驶舱里的开关控制,飞行前应在预位位置。在该位置,如果完全断电,所有内部和外部应急灯都会自动亮起。此外,飞行员可以随时通过将驾驶舱应急灯开关设置为"ON"来点亮应急灯。无论驾驶舱开关的位置如何,位于客舱后部舱门处面板上的应急照明开关也可以旁通驾驶舱开关并点亮应急灯。

调查发现,包括 QRH 在内的新几内亚航空各类手册没有提供手动操作驾驶舱头顶面板或客舱后部乘务员面板上的应急照明开关的说明或紧急程序。

（9）飞行机组行为。

机长(52岁)持有航线运输驾驶员执照,总飞行时长为19780小时,同机型飞行时长为2276小时,担任该型机长飞行时长为2276小时。副驾驶(35岁)持有航线运输驾驶员执照,总飞行时长为4618小时,同机型飞行时长为368小时。

机长为操纵飞机的飞行员,副驾驶为监控飞机的飞行员,1位飞机维修工程师坐在驾驶舱的观察员座椅上。这位工程师用苹果手机录制了飞机进近的视频,主要记录了驾驶舱仪表设备的各类信息。

机长计划执行RNAV(GPS)进近,在丘克岛国际机场的04号跑道降落,并照此向副驾驶下达简令。最初飞机是在目视气象条件(VMC)下降和进近,但从高度546英尺(无线电高度为600英尺)起,飞机进入仪表气象条件(IMC)下飞行。机组成员未遵守新几内亚航空SOPM的进近和着陆前检查单,也未充分熟悉04号跑道的RNAV(GPS)进近程序图。

飞行过程中,在下降顶点简报之前,机长(PIC)、副驾驶和空中交通管制之间的口头交流是正常的,有条不紊的。然而,在10000英尺以下的进近过程中,飞行员之间的沟通很少,不符合SOP,他们没有使用标准术语。

当机长要求副驾驶在EGPWS1000英尺喊话之前继续着陆检查单时,机长继续着陆的意图得到了加强。然而,CVR舱音表明,唯一沟通内容是起落架、襟翼和灯。副驾驶没有为机长提供有效的监测和操作支持,也没有认识到处于不稳定进近状态。由于缺乏情景意识和警惕性,他无法认识到需要纠正下滑道以下不断增大的下降率。

在进行"minimums"喊话时,副驾驶观察到精密进近路径指示器(PAPI)显示三个白灯,飞机没有在正确的飞行路径上,下降速度明显超过每分钟1000英尺,下滑道指示在通过最低决断高度后9秒内从最低决断高度处低半个点快速偏离到高2个点。

飞行机组没有遵守新几内亚航空SOP,没有建立有效的情景意识。2名飞行员在接受调查访谈时表示,他们忽视了下滑道和下沉率语音警戒信息。驾驶舱折叠座椅上的机务人员拍摄的驾驶舱NAV显示器的视频片段显示,在复飞点之后,飞机前方的进近航径有一片大雨区域。然而,风暴单元位于飞机和预定的着陆跑道之间。如果机组人员在复飞点中止进近,他们就可以避免大雨等恶劣天气状况。机长表示,在飞行的最后30秒并没有建立跑道目视。

从307英尺(无线电高度364英尺)开始,PFD显示红色警告——"PULL UP"。然而,在副驾驶没有有效监控显示并且缺乏警惕的情况下,2名飞行员都错过了目视提示"PULL UP"。飞机没有产生语音硬警告来提醒机组人员即将发生的灾难。

新几内亚航空SOP指出,如果稳定进近(IMC中为1000英尺AGL或VMC中为500英尺AGL)存在偏差,则PM应发出相关的偏差喊话,后跟"不稳定"一词。机长应宣布"复飞",并立即进行复飞程序。

(10) 人的因素和航空医学。

调查机构安排了一位经验丰富的航空医学专家协助调查,该医生在飞机事故和严重征候的医疗及心理调查领域拥有超过20年的专业背景。医生对所有相关证据进行了彻底审查,并向调查机构提供了评估报告和调查结论:没有证据表明本次事故中飞行机组出现疲劳。注意力不集中或警惕性降低是导致操作错误和事故的原因之一。

警觉性降低表现在几个方面,也可以称为意识的危险状态。

①全神贯注状态：一种如此专注于特定任务以至于忽略其他任务的状态。

②思维固着状态：一种被锁定在一个任务或一种情况视图上的状态，即使有证据表明其他地方需要注意或者特定视图不正确，但状态也不会发生变化。本次事故中，思维"固着"一词被选择来描述机长心理上的警觉状态。

③注意力的渠道化：是指一个人将全部注意力集中在特定情境上，而忽略其他所有情境的一种精神状态。这种情况可能成为问题，尤其是当个体因此未能执行任务或处理更高优先级的信息时，他们可能没有注意到或没有足够的时间响应那些需要立即关注的线索。

本次事故中发现，机长的注意力集中在着陆上，尽管飞机处于不稳定的进近状态，飞行机组却忽略了13个EGPWS（增强型近地警告系统）的语音警戒警报以及"PULL UP"的视觉警告信息。机长依然坚持原定的降落计划，没有采取必要的规避措施来应对这一不稳定情况。

其他需要机组人员注意的任务要么没有被听到，要么被忽视。关于其他重要和危险事物的语音信息没有传递到达他们的意识状态之中。

本次飞行不稳定进近。机长打算继续降落飞机，在IMC和低于最低下降高时，飞机下降率过高，这表明他的注意力在压力重重时期被其他事务固着了。

(11)生存方面。

除了救生筏在商务舱内部分充气和在飞机上试图充气的问题，以及一名客舱机组人员和一名飞机载重平衡工作人员带着行李离开飞机外，调查没有发现任何证据表明客舱机组不遵守新几内亚航空标准操作程序。

在调查访谈中，客舱机组人员报告说，一些语言多样化的旅客没有响应"撤离"指令，他们使用了"出去"的撤离指令用语。旅客迅速反应为"出去"，而不是"撤离"。大多数旅客从左翼出口离开飞机，那里有20多艘当地船只提供了救援援助。5名客舱机组人员和4名旅客从美国海军充气艇所在的右后翼出口离开。

三、调查总结

巴布亚新几内亚事故调查委员会接受密克罗尼西亚联邦的委托，对事故展开调查，于2019年7月18日发布了此次事故的最终调查报告，报告认为：①飞行机组没有遵守新几内亚航空的《标准操作程序手册》(SOPM)及进近与着陆前检查单，未充分熟悉04号跑道的RNAV(GPS)进近程序图；②在气压高度625英尺（无线电高度677英尺），飞机关闭自动驾驶仪后不久，横向操纵超限，飞行轨迹开始不稳定。飞机在IMC下的下降率大幅超过1000英尺/分钟；③飞行机组共听到了13次EGPWS警报声（下滑道和下降率警戒信息），但并未理会；④飞行员的情景感知意识下降，注意力都转移或集中到如何完成着陆的任务上。

尽管在飞机进入IMC前，显示PAPI灯为3盏白灯，但飞机到达复飞点(MAP)时，机长并未实施复飞；进近不稳定；主飞行显示器(PFD)的下滑道指示器上显示，飞机通过最低决断高度(MDA)9秒之后，迅速偏离下滑道，由向下偏离半个点变为向上偏离两个点；下降的速率过快。

EGPWS警报声响起,PFD上显示EGPWS的"PULL UP"警报。副驾驶(监控飞行员)没能发挥作用,未察觉到迅速恶化的危险局面。

调查机构识别出和客舱安全有关的安全建议主要包括以下几个方面。

(1) 建议新几内亚航空应确保B737-700和B737-800的安全须知卡上准确指示水上迫降的可用出口,准确说明安装了救生筏的出口。

(2) 建议新几内亚航空应确保所有机组成员在操作程序和主要职责方面遵守其SOP和《机组成员操作手册》(FCOM)。

(3) 建议新几内亚航空应确保提醒所有机组成员,有责任遵守巴布亚新几内亚的民航规则、新几内亚航空的特殊紧急程序和应急手册;应确保提醒所有机组成员,有职责保证旅客撤离时不从飞机上带走行李。

(4) 建议新几内亚航空应审查其《安全与应急程序手册》(SEPM)中有关新几内亚航空机队所有飞机的政策和程序,确保在所有航班上,坐在翼上出口位置的是可靠且有能力的成年旅客;以及坐在翼上出口位置的旅客充分了解紧急出口与协助旅客撤离的工作。

为降低机组成员因旅客拥挤而无法到达翼上出口的风险,建议新几内亚航空应审查其标准操作程序(SEPM)和《机场勤务手册》(ASM),确保所有飞机型号的相关政策和程序都得到适当考虑,确保在每个航班上,至少有一名客舱乘务员被安排在机翼出口附近的座位。

针对救生筏未能在前出口门展开的情况建议新几内亚航空应确保机组成员完全熟悉SEPM第6卷2.14.4.2节的内容,遵守撤离程序的要求。

建议新几内亚航空应审查其《安全与应急程序手册》第6卷(B737)第3.2.2节"P2-PXC/P2-PXE飞机——应急设备的位置"板块的内容,确保图表能清楚描述救生筏存放的正确位置,并确保所有乘务员都知道救生筏的正确位置。

作为《国际民用航空公约》的签约国,密克罗尼西亚联邦的民航部门有责任确保丘克岛国际机场达到国际民航组织(ICAO)附件14规定的标准。这包括制定全面的机场应急预案,以及提供专业的救援服务,包括必要的设备和人员,以应对机场周边水域可能发生的紧急情况。如果密克罗尼西亚联邦在实施过程中无法完全符合附件14的标准,民航部门应向ICAO明确声明本国的国内法规和措施与附件14中的国际标准和建议措施之间的差异。此外,应通过航行情报服务,向国际航空界公布这些差异,确保所有利益相关者都能获得必要的信息。

建议新几内亚航空应确保相关手册完成修订,包括快速检查单和撤离检查单,为手动操作驾驶舱的紧急照明开关和后舱的乘务员面板开关提供说明与应急程序,并保证所有机组成员了解其重要性和使用方法。

建议新几内亚航空应确保《培训参考手册》及所有紧急撤离相关的手册完成修订,保证图片的描述清晰且准确,《培训参考手册》及操作程序应明确强调救生筏需要在充气前部署在飞机外部。

任务三 水上迫降程序

1995年5月16日,一架英国皇家空军的尼姆罗德海上巡逻机经过重大维护后,在苏格兰东北海岸外进行VMC适航功能飞行,4台发动机中的1台发生非包容性的起火,火势迅速蔓延至相邻的发动机,严重威胁到了飞机的结构完整性和可控性。随后,由于机组成功实施了水上迫降,所有乘员安全撤离飞机,仅有3人受轻伤。

2005年8月6日,一架突尼斯国际航空的ATR72-200客机,途中燃油意外耗尽,在巴勒莫附近水上迫降。飞机在撞击时被分成3个部分,39名旅客中有16人死亡。调查发现,飞行前维修人员安装了不正确的燃油量表,而飞行机组完全依赖该燃油量表;调查还发现,飞行员在发动机关闭后没有完全遵循适当的程序,如果他们遵循了,至少可以避免水上迫降。

为了应对计划内和计划外的水上迫降,众多航空公司制作了专门的水上迫降撤离检查单,旨在指导客舱机组在紧急情况下迅速、有序地执行撤离程序。以下程序供大家了解和参考。

一、有时间准备的水上撤离程序检查单

有时间准备的水上撤离程序检查单如下。

与机长协调;
与区域负责人协调;
把客舱灯调到最亮位(如配备隔板观察窗,则必须打开);
向旅客广播迫降决定;★
安全检查(紧急情况);
示范救生衣的使用方法;★
介绍紧急出口位置,撤离区域划分;★
示范防冲击安全姿势;★
选择援助者;
准备撤离时携带的物品;
再次进行安全确认;
调暗客舱灯光;
自身确认,报告主任乘务长/乘务长;
报告机长客舱准备完毕;
发出防冲击口令"弯腰低头,紧迫用力!"(HEADS DOWN! BRACE!);
做好自身防冲击安全姿势。
(说明:准备时间不充分时,乘务组可以根据实际情况决定需要实施的程序,其中★部分作为优先完成的内容。)

二、无时间准备的水上迫降程序检查单

无时间准备的水上迫降程序检查单如下。

迅速做出判断；
发布防冲击口令"弯腰低头，紧迫用力！""HEADS DOWN! BRACE!"；
做好自身防冲击安全姿势。

在每个章节中，我们几乎都会提到案例、案例分析、调查、调查结论，同时我们也看到，每次事故的发生，它的背后都隐藏着风险和隐患，某些看似很简单的安全规定，其背后也许就是血和泪的教训。我们应用心践行"敬畏生命、敬畏规章、敬畏职责"，坚持最高标准、最严要求、最实作风，不断完善安全体系、提高安全管理能力，牢固树立安全第一思想。

随着民航的快速发展，对机组人员的安全素质要求越来越高，机组人员需要得到更高水准的安全教育和培训，这既是员工自我保护、自我深造的内在要求，也是确保航空安全的有效手段，更是保障安全的治本之策。

我们一直坚持"安全第一预防为主"，深知保证安全对旅客、对员工、对企业都是至关重要的，安全是行业和企业发展的生命线。我们还要从更高的层面，深刻认识航空安全与国家安全密切相关。大量事实说明，民航飞机一旦发生重大事故，不仅造成生命财产巨大损失，还将带来严重的政治影响，以致引起社会震荡。要充分认识航空安全的重要性和特殊性，最终要落脚到认清民航所承担的重大责任上来。保证航空安全，既是重大的经济责任、社会责任，更是重大的政治责任。航空安全责任之重，重于泰山，是我们的第一责任。

那么如何有效履行我们的第一责任？

我们通过许多案例的具体描述和分析，旨在举一反三：航空安全系统中所出现的问题及其教训，是民航领域内所有单位共同拥有且应共享的宝贵资源，不应也不允许每个单位都亲身经历后才予以承认和接纳。然而，当前部分单位对他人的教训视而不见，缺乏从个别到一般的推广意识。个别单位及部门尚未深刻认识到安全教育培训的重要性，常常仅限于阅读文件或内部传阅，并将完成台账记录视为培训的终点，培训仅仅为了应付，从未关注其实际效果，认为只要能通过上级检查便万事大吉。如果我们持续忽视安全教育培训这一"警示链"，必将导致基层员工在安全行为意识和技能上出现断层，最终直接或间接地引发不安全事件乃至事故。

从安全管理的规律来看，事故冰山理论告诉我们"冰山一角"下面隐藏着大量的安全隐患，别人存在的隐患自己可能也会存在；墨菲定律告诉我们，如果事情有变坏的可能，不管这种可能性有多小，它总会发生，别人发生过的事件自己也有可能发生。安全管理工作一定不能带着侥幸心理，必须做到举一反三。

案例分析

哈德逊河水上迫降

直面过去，立足当下，艰难困苦，玉汝于成！

第九章　快速离机

快速离机也称为快速下机,是指旅客和机组人员通过廊桥、客梯车或机场相关基础设施快速离开飞机,适用于飞机存在潜在危险但并无直接危害的情况。通常情况下,机长会在评估潜在危险和机场保障能力后,决定是否执行快速离机程序,如果在快速离机的过程中运行情况进一步恶化,机长可以将快速离机升级为紧急撤离。

快速离机通常由机长启动,或者在他们缺席的情况下由客舱经理或乘务长启动,有的公司只能由机长启动。但要成功做出快速离机还是紧急撤离的决定也并非容易之举。一架被誉为"空中泰坦尼克"的A380飞机,在起飞4分钟后遭遇了引擎爆炸起火。面对驾驶舱里不断响起的58个故障警报,机组人员创造了惊心动魄的奇迹,成功使飞机安全降落。

降落后,飞机上的16个滑梯本可用于紧急撤离,但这样做,机组成员面临一个艰难的决定:是立即使用滑梯进行紧急撤离但存在人员受伤的风险,还是等待消防泡沫喷洒以减少起火威胁后方让旅客离机。最终,机长决定不执行紧急撤离程序,而是选择让旅客分批下机。这一审慎的决定确保了所有乘员的平安。澳大利亚运输安全(ATSB)对该事故的调查历时966天,成为ATSB历史上规模最大的一次调查历程。

任务一　案例分析:澳航QF32航班,机组再三权衡后的撤离决策

2010年11月4日,一架隶属澳洲航空公司的A380-842型客机(2008年2月出厂,同年9月交付给澳洲航空公司)执行从英国伦敦希斯罗国际机场起飞,经停新加坡樟宜国际机场前往澳大利亚悉尼国际机场的QF32航班。机上共有5名飞行机组、24名客舱机组(两套轮班)和440名旅客(以澳洲航空A380最高450座计算,该航班几乎满员)。

飞机从樟宜机场起飞爬升过程中,2号发动机发生非包容性故障,在机组的齐心协力默契配合下,飞机安全返回樟宜机场。事故调查人员后来透露,这种情况转危为安是不可思议的。然而,飞机上的所有乘员最终安全下机。为什么极有可能成为世界上最严重的航空灾难之一却出现了奇迹般的结果?此事件被收录在纪录片系列《空中浩劫》的第13季第10集,标题为"Qantas 32: Titanic in the Sky"。QF32航班A380飞机发动机非包容性故障调查报告封面见图9-1。QF32航班A380飞机落地后消防车对发动机的喷射行动见图9-2。

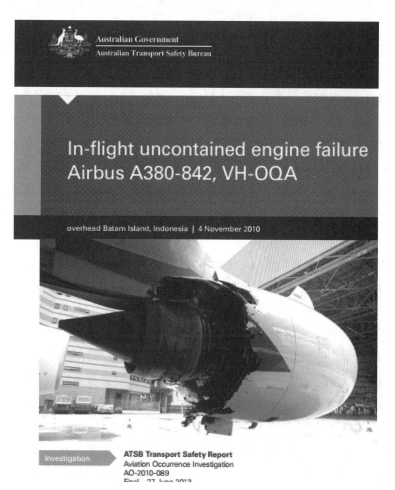

图9-1　QF32航班A380飞机发动机非包容性故障调查报告封面

图9-2　QF32航班A380飞机落地后消防车对发动机的喷射行动

执飞QF32航班的机长是理查德·克雷斯皮尼,曾是澳大利亚皇家空军的一名战斗机飞行员,后来前往澳航工作,驾驶过B747-400和A330,于2008年4月11日获得A380的机长资质。

当地时间10:01,飞机飞至印度尼西亚巴淡岛上空,爬升至7000英尺高度时,左侧传来两声类似风扇电机"爆炸"的声音,原本平静的驾驶舱顿时进入紧张状态。事后调查,飞机左侧机翼内侧的2号引擎发生非包容性失效爆炸,爆炸产生的碎片击穿了左侧主翼内侧靠近机身的机翼油箱和输油系统,导致燃油在空中泄漏。同时,液压系统的失效破坏了部分控制系统、管线、电线等。泄漏的发动机滑油起火,火势蔓延至涡轮盘区域,导致其过热并性能下降。最终,126个涡轮叶片在51000马力的推动下,使涡轮盘从轴上脱落。燃油流量的增加导致气体流量激增,加速了已脱落的160公斤涡轮盘的旋转,直至其爆裂,产生数百片碎片穿透发动机并四处飞散。接着,爆炸后产生的部分引擎碎片落在了巴淡岛上并被当地居民捡获,随即"一架澳洲航空的客机已经坠毁"的假消息铺天盖地。

澳大利亚运输安全局(ATSB)花了966天的时间调查QF32航班到底发生了什么——这是ATSB历史上历时最长的一次调查。调查过程中,ATSB细致分析了飞行机组的工作流程,发现机组在空中执行了多达100份ECAM(电子集中监视系统)检查单,这一系统是空客飞机上至关重要的组成部分,用于显示系统状态、监测故障,并在特定情境下提供应对指南。此外,地面人员还额外执行了20份检查单。然而,值得注意的是,ATSB无法完全衡量出,在每次紧急状况升级时,飞机发出的响亮而尖锐的警报声给飞行机组人员带来的巨大心理压力和分散注意力的挑战,这无疑是前所未有的情况。

飞机于11:46落地,8辆消防车立即包围了不断冒烟和燃油泄漏的飞机。虽然已经安全降落,但紧急情况远未结束,在消防人员告诉飞行机组关闭发动机后又告知了一个让人不寒而栗的消息,这个受损引擎仍在运转。飞行机组人员试图关闭它,但未果,于是消防人员对刹车和发动机喷水,并用泡沫覆盖燃油,最终人机安全。

ATSB于2013年6月27日正式公布了长达305页的最终调查报告:ATSB发现一大块涡盘碎片击穿了左翼前缘,然后穿过前大梁进入左内侧油箱,最后从机翼上表面飞出。这个碎片在机翼油箱里引起了短时间的一股小闪火。ATSB认为,当时油箱内部的环境不能遏制火情。

在2号发动机的蒙皮下部内侧也发现了另一处火情,这是因为供油管受损,滑油泄漏到蒙皮上。火情持续了一段时间后自行熄灭。大的涡盘碎片也切断了机翼前缘内侧连接多个系统的导线束,另外一个碎片切断了在机身下部与大翼整流罩处的导线束,此处导线束中有一些导线为已经被切断的机翼前缘导线束连接的系统提供备份控制,这个额外的损伤使得这些系统彻底失效。飞机的液压和电气系统也受到了损害,这影响到了那些未直接受发动机故障影响的系统。

引擎制造商罗尔斯·罗伊斯公司认定输油短管断裂的原因是短管内存在一个未对准的内径,这导致了短管的疲劳从而最终断裂,同时发现管壁两侧的厚薄不一,一侧厚度明显要比另一侧薄,这说明制造质量存在问题。破裂就是在薄的那一侧发生的,燃油也由此喷射而出,引发了几乎毁掉整架飞机的火灾。QF32航班A380飞机发动机故障系列图片见图9-3和图9-4。

图9-3　QF32航班A380飞机发动机故障系列图片①

图9-4　QF32航班A380飞机发动机故障系列图片②

下面为调查报告1.17节中阐述的整个机组在QF32事件中的具体表现：

机组资源管理（CRM）的一个关键目标是最小化或管理机组的工作负荷。在该航班的飞行期间，驾驶舱中额外的飞行机组人员（还有2名飞行员是负责评估机长的表现，这是澳航年度考核的一项任务）是向机长和第一副驾驶提供支持的有效资源。左右座飞行员按照他们的培训，处理ECAM信息并遵循程序，安排其他机组人员在适当的时候执行飞行安全任务并收集信息，包括与客舱机组沟通获取有关飞机损坏的信息，以协助他们决策。运营人的培训体系是围绕驾驶舱规定数量的机组人员而构建的。在这种情况下，额外机组人员的存在没有干扰主要机组人员，他们按照经验和训练齐心协力应对紧急情况。

CRM主张主要机组人员使用所有可用资源,包括人员、信息和设备。因此,这次安全结果不仅取决于飞行机组,还取决于客舱经理(CSM)和其他客舱机组的共同努力。

根据澳大利亚调查机构的看法,具有胜任能力的团队应具有的机组资源管理(CRM)技能如表9-1所示。

表9-1 具有胜任能力的团队应具有的CRM技能

闭环通信	2名或2名以上团队成员能够清晰、准确地传达和接收信息或指令,并提供有效的反馈
任务分析与规划	团队成员应具备组织和规划资源、活动和响应的能力,以制订明确的行动计划。这确保了任务能够以协调一致的方式高效完成
支持性行为	团队成员应深刻理解各自的职责所在,并能够在成员之间有效转移工作负荷。特别是在高压力或工作量巨大的情况下,团队成员应能预测并满足同事的需求,展现出相互支持的行为
相互行为表现监控(工作负荷管理)	团队成员应能准确监控彼此的行为表现,包括提供、寻求和接收任务,以及清晰的交流反馈
团队领导力(管理)	团队领导能够指导和协调团队活动,鼓励协同工作;评估绩效;合理分配任务;培养团队知识、技能和能力;激励成员;计划和组织;营造良好的团队氛围
决策能力(判断、解决问题)	团队成员能够收集和整合信息,做出符合逻辑和合理的判断,确定备选方案,评估备选方案及其后果,选择最优解决方案
与任务相关的自信心(自信、进取、威权)	团队成员应有自信并准备好以令人信服的方式表达自己的想法、观点,并在必要时坚持自己的立场
团队适应性(灵活度)	团队成员应具备在新信息出现时调整行动路线或策略的灵活性
共享情景意识	团队成员应能收集和利用信息,形成对任务和工作环境的共同理解,建立共享心智模型和情况评估

总体而言,QF32航班上的飞行机组和客舱机组行为与上述行为一致,表明飞行和客舱机组都可以归类为在此情况下达到具有胜任能力及合作水平的团队。

在本次事件中,所定义的大部分技能都展示在驾驶舱和客舱内。这些行为的示例包括:

机长与其他经验丰富的飞行机组一起就飞机可控制性、完成ECAM程序、准备飞机返回和降落以及旅客下机等方面作出了至关重要的决策;

客舱经理(CSM)有效和高效地处理了涉及一名旅客的轻微医疗问题,并确保所有客舱机组都了解事态发展及职责,亲自巡查每个站位并向所有客舱机组通报情况;

CSM建立了驾驶舱和客舱之间的通信,以保持一个有效联系接触点;

所有机组成员之间以及机组人员和旅客之间的沟通是快速、全面的,提供了必要的信息,使所有人都了解情况;

飞行机组和客舱机组在团队内部和团队之间有效合作,实现了紧急情况下达到安全的结果。

通常,事发后才完全了解意外或非预期的自动化事件的逻辑。无论是由航空公司引起的还是由系统设计导致的,即便是设计得最好的系统,也可能出现飞机制造商意料之外的事件,或试飞中未曾出现过的意外,澳大利亚航空QF32航班就遇到了许多这样的挑战,从新加坡起飞4分钟后,A380飞机上的2号发动机发生了非包容性故障。理查德·克雷斯皮尼机长撰写的《QF32航班》(2012)一书中有一些文字尤其引人注目:"我不开心。我们都被ECAM警报的数量和层次化的复杂性以及ECAM试图检查和修复飞机的'逻辑'方式弄得不知所措(第201页)。几个月后,当我讲述QF32航班的故事时,我会播放驾驶舱声响警告的原声,向听众说明当ECAM开始发出刺耳的不中断的警报时会发生什么。我还没见过哪个听众能忍受30秒以上的噪声,直到有人面部变形,要求关掉声音。而事发时,我们忍受了更久——就像在进行军事压力试验一样(第217页)。"

事故发生后不久,理查德·克雷斯皮尼机长询问空客公司的一名高级试飞员,询问他和他的机组在事故发生时可以采取哪些不同的动作?对方的回复简单明了:"我没有任何建议,你所经历的故障,我们从未在A380上进行过测试。你只能靠自己——这超出了认证提供的10^{-9}安全包线范围。我们的A380设计得坚固而有裕度,你证明了这一点。空客的每一个人都为我们飞机的出色表现而感到自豪"。

本次事件期间,没有人因非包容性发动机故障而直接受伤,客舱环境系统仍在运行,飞机最终顺利返回樟宜机场。但其中值得关注的问题如下。

一、便携式电子设备(PED)

旅客登机后,作为正常起飞程序的一部分,客舱机组对旅客广播要求关闭便携式电子设备(PED),在飞机到达巡航高度并关闭安全带标志之前不得打开。

发动机故障发生在飞机到达巡航高度之前,发生故障后,在飞行的其余时间,安全带标志灯仍然打开。因此,旅客使用便携式电子设备(PED)的条件不符合,也没有给予使用便携式电子设备(PED)的许可。客舱机组报告说,在发动机故障后广播指示旅客保持就座,系好安全带,并保持便携式电子设备(PED)关闭。但是视频和静止图像显示,一些旅客没有遵守客舱机组的指示:①在指示旅客保持就座时,部分旅客仍在客舱走动;②在飞行过程中,特别在进近、着陆和着陆后阶段,当指示关闭便携式电子设备(PED)时,部分旅客仍使用。

虽然旅客在飞行期间拍摄的照片为ATSB的调查提供了补充信息,但事实上使用便携式电子设备(PED)存在许多已知的安全隐患,比如在紧急情况下,旅客若使用PED,可能会分散对关键时刻和重要信息的注意力。尽管难以精确复制PED对飞机系统造成的具体干扰,但有强有力的证据表明,PED可能产生有害影响,包括提供错误的导航信息、触发错误警告、削弱机组人员对警告系统的信任度,以及分散机组人员的注意力。

在紧急情况下,客舱机组会向旅客发布与飞行期间正常广播截然不同的安全指令。对所有旅客而言,倾听并理解这些指令至关重要。人的注意力资源是有限的,且往往经过过滤,专注于单一渠道。众多研究表明,便携式电子设备(PED)具有显著的分散注意力效果。在需要迅速采取行动的紧急状况(如撤离)下,客舱机组可能没有足够的时间给那些因使用PED而分心的旅客来重复指令或将信息传递。

二、旅客下机流程

运营人的《飞行机组紧急程序手册》(FCEPM)将飞机乘员的紧急出舱分为3个基本类别：无准备的紧急情况、事先准备好的紧急情况、预防性离机。

最紧迫的情况是撤离，要求客舱机组利用所有可用的出口、遵循明确的指令和程序以确保尽快撤离。然而这种下机方式也伴随着旅客受伤风险的增加。

《飞行机组紧急程序手册》将预防性离机定义为在认为安全的情况下，乘员尽快下机的紧急情况，下机的速度较慢，以便尽量降低对旅客和机组人员的潜在伤害。如果情况发生变化，这种下机形式可以迅速升级为完全撤离。预防性离机被列为地面有准备的紧急情况，通知客舱机组的初始警报是通过PA广播实现，PA广播通知客舱机组处于警戒阶段。处于警戒阶段时，飞行机组需要评估飞机的安全运行性，同时考虑到内部和外部环境，确定使用的出口类型。飞行机组执行适用的关车程序并与应急响应部门建立通信以获取有关飞机周围外部环境的信息，警戒阶段可能需要几分钟。

着陆后，飞行机组依据适用的撤离检查单，评估应急响应部门提供的信息，决定使用登机梯进行预防性离机。本次事件中，机长向客舱经理通报计划，向旅客介绍下机的情况。最初的计划是使用1R门下机，并为此解除了该门的预位，以便对接客梯车。然而，实际情况是客梯车被对接到了2R门。为避免在2R门打开时意外放出滑梯，客舱机组与飞行机组之间进行了紧急沟通。同时，飞行机组还指示客舱机组不得从飞机左侧离机，因为1号发动机仍在运转。

为确保旅客安全离机到飞机外的受控区域内，且不会随便闲逛进入仍有重大危险的区域，机场应急响应部门建议采用分批管理的方式下机，即每次安排足够填满一辆巴士的旅客下机。

针对此次事件，机长在其撰写的《翱翔》一书中详细描述了当时的决策过程。在地面上，飞行机组对是实施紧急撤离还是通过客梯车快速离机有不同的看法，当时燃油倾泻在地面上，就在高温刹车附近，发动机无法关闭，起火的风险很明显。A380飞机上层客舱的门槛离地面8米，滑梯倾斜在45度左右。机长需要权衡撤离过程中可能受伤的风险与快速离机的必要性。他担心有人试图从客舱中拿行李、在航空煤油上滑倒，接近正在运转的发动机、被消防车撞倒或者被意外点燃的煤油所伤等存在更严重的风险，因此机长决定通过客梯车快速离机。他回忆道："我们面临的威胁是巨大的，这是我们最耗时最困难的决定——是通过滑梯撤离，失去对旅客的控制？还是在我们的控制下让他们慢慢走下客梯车？决策过程时间越长，我们在飞机上停留的时间越长，刹车冷却得越久，覆盖在燃料上的泡沫也越多。"客舱机组在着陆后2小时内处于戒备状态，直到机上所有人员全部下机——连续2个小时的决策，没有人受伤，机长将这归功于客舱机组："他们非常出色地工作，这就是训练有素的结果，我为他们感到骄傲。"

在《翱翔》这本书中，理查德还有专门章节介绍了各种决策方法："撤离决策是一个缓慢但有效的过程，我们使用了航空公司所教授的决策模型，它考虑了每个人的意见，是动态的，并且需要不断重新审视这个决策，特别是当事情没有按计划进行时。"

事故调查机构认为：鉴于当时没有迹象表明机上人员的安全受到直接威胁，机组人员选择通过登机梯快速离机是一个明智的决定。

用QF32航班理查德机长的话对本案例进行小结："我们通过利用在领导力、团队合作、风险评估和决策领域深厚的知识储备以及学到和实践的技能，来应对这些不可思议的和前所未有的事件。我们了解人类行为和危机管理，我们使用了特定的技巧，例如反转逻辑来创建独具匠心的解决方案。"

解决问题和做出决策是我们每天本能地进行的活动。但是，当我们遇到那些复杂、新颖或超出我们经验范围的情况时，仅凭直觉和经验可能不足以应对。这时，采用结构化的问题解决和决策方法可以帮助我们系统地分析问题，识别核心因素，评估不同的解决方案，并选择最佳的行动路径。

通过结构化的方法，我们能够更全面地考虑所有可能的因素和后果，减少在问题评估阶段的遗漏。同时，这种方法还能够降低由于个人偏见或主观判断而导致的差错风险。例如，结构化决策过程可能包括对飞行数据的详细分析、对潜在风险的评估，以及对紧急情况下的标准操作程序的遵循。

此外，结构化的问题解决和决策方法还有助于提高团队合作的效率。当团队成员共同遵循一个明确的问题解决框架时，他们可以更有效地沟通和协作，确保每个人都对问题有清晰的理解，并朝着同一个目标努力。这种方法还可以促进持续学习和改进，因为它鼓励团队成员反思过去的决策，从中吸取教训，不断优化决策过程，使我们能够更加自信和有效地应对各种挑战。

任务二　案例分析：乘务员做人工安全演示之前，烟雾充满客舱，启动撤离

一架A330飞机计划从希思罗机场起飞，机组人员由3名飞行员和9名乘务员（A乘务员到H乘务员和K乘务员）组成。英国航空安全调查局针对A330飞机紧急撤离事件调查报告的封面如图9-5所示。旅客登机的时间比预定时间晚，因为机务工程师、餐饮服务商和清洁人员仍在机上工作，包括机务工程师处理前序航班遗留的机务缺陷。一些乘务员感受到了较平时更大的工作压力，因为要在完成其他客舱工作的同时兼顾旅客的登机服务。

APU用于提供空调系统所需的引气，但由于APU上的发电机无法使用而连接了外部电源。工程师在旅客登机1小时后离开，然后所有舱门关闭并将滑梯预位。乘务员向坐在4个出口座位的旅客介绍了出口座位须知，其中包含打开应急出口的指导，坐在这些座位的旅客必须同意，如果需要的话，他们愿意并能够打开这些出口。

廊桥于10:57脱离，但2分钟后，因为有迹象表明驾驶舱导航系统有故障，所有舱门滑梯都被解除预位，廊桥在2L出口处重新连接，一名机务工程师前往驾驶舱处理故障。

由于机上娱乐系统（IFE）无法运行，客舱机组需要使用储存在机上的演示设备进行人工安全演示。乘务员的工作地点大多在折叠椅附近，K乘务员的工作地点在2L，由于3L和3R出口旁边没有存放设备演示包的柜子，F乘务员向前走向2L出口，G乘务员向4R出口

靠近拿取附近的设备演示包,K乘务员在飞机左侧的机尾厨房附近寻找演示袋。A330飞机客舱布局如图9-6所示。

AAIB Bulletin: 12/2017	N276AY	EW/C2016/06/02
SERIOUS INCIDENT		
Aircraft Type and Registration:	Airbus A330-323, N276AY	
No & Type of Engines:	2 Pratt & Whitney PW400 turbofan engines	
Year of Manufacture:	2001 (Serial no: 0375)	
Date & Time (UTC):	26 June 2016 at 1115 hrs	
Location:	London Heathrow Airport	
Type of Flight:	Commercial Air Transport (Passenger)	
Persons on Board:	Crew - 12	Passengers - 277 Ground staff - 2
Injuries:	Crew - None	Passengers - 1 (Minor)
Nature of Damage:	APU failure	
Commander's Licence:	Airline Transport Pilot's Licence	
Commander's Age:	61 years	
Commander's Flying Experience:	31,635 hours (of which 1,912 were on type) Last 90 days - 200 hours Last 28 days - 28 hours	
Information Source:	AAIB Field Investigation	

图9-5 英国航空安全调查局针对A330飞机紧急撤离事件调查报告的封面

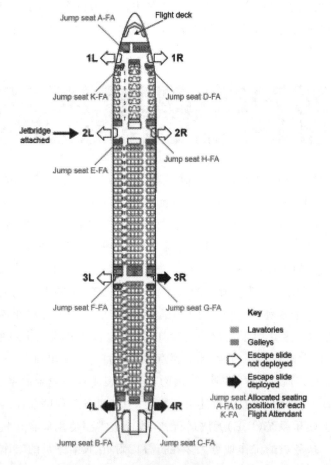

图9-6 A330飞机客舱布局

一、撤离过程简述

(1) 中客舱。

2L门一直敞开着,廊桥在整个事件中一直是连接着的。E乘务员在2L和2R出口之间的厨房中,靠近F和H乘务员。这时E乘务员沿着过道看到烟雾在不到3秒钟的时间内弥漫了客舱,她立即按下内话上的"CAPT"按钮试图联系机长,但没有得到任何响应。她闻到了电气起火的味道,于是发布PA告诉旅客撤离,并指令试图从头顶行李架中取回物品的旅客将行李留下。

E乘务员报告说,她曾考虑过预位2R门,但觉得这可能会造成混乱。当旅客撤离时,E乘务员听到机长阻止撤离的PA。她相信机长无法像她那样感知到异味和烟雾,所以向旅客大喊,让他们继续前进。然后,她听到机长继续撤离的PA。虽然机长的指令造成了短暂的中断,但旅客对客舱机组的指令做出了回应,继续离开飞机前往廊桥。

(2) 后客舱。

机尾厨房有4名乘务员:B乘务员(站位在4L出口)、C乘务员(站位在4R出口),还有G(收集演示袋)和K乘务员(收集演示袋)。

B乘务员听到爆炸声,似乎来自厨房左侧上方,然后烟雾突然出现在客舱中,遮住了她和其他乘务员的视线。她的同事没有听到这声音,但他们都注意到突然出现了浓密的白烟,伴随有化学或电气气味。

K乘务员检查了烤箱,看了看经济舱的左侧过道想确定烟雾的来源。旅客情绪焦躁不安,有些人站了起来。

G乘务员在机尾厨房的前方右侧,当她看到烟雾时使用内话"CAPT"按钮试图与机长联系,但内话为占线/忙音。

B和C乘务员试图内话联系机长,但他们的内话没有得到回应。此时,警报声响起,B乘务员将其识别为烟雾报警,C乘务员认为是2次撤离信号。B乘务员抓起了灭火器和防护式呼吸装置(PBE),并听到了PA撤离指令。

由于警报声和旅客大喊大叫的噪声,附近的其他3个乘务员无法听到PA的声音,但每个人都独立决定撤离是必要的。事后他们表示他们遵循训练做出了响应。

G乘务员指令其他乘务员重新预位滑梯,K和C乘务员阻止了旅客前行,B和G乘务员预位滑梯并打开了4L和4R出口,确认滑梯已放出,并检查机外安全后使用"跳和下滑"的指令指挥旅客撤离。

第一批撤离的旅客被要求在滑梯底部提供帮助。除2名旅客外,其他所有旅客都未携带随身行李,B乘务员随后听到机长PA发出"停止撤离"的指令,她在4L和4R出口向同事重复这一指令。她通过内话与A乘务员(客舱经理)核实,确认了该指令。25名旅客(包括1名婴儿)使用了2个机尾滑梯,其余旅客被引导向前,机尾舱内的乘务员都没有听到进一步的PA。他们表示机尾舱内仍然有很多烟雾,由于不确定其来源,他们认为使用紧急逃生滑梯继续撤离是明智之举。

(3) 前舱。

客舱经理在烟雾出现时位于前左洗手间（驾驶舱的后部），洗手间在大约4秒钟内充满烟雾，当她打开门时，她认为她多次看到"驾驶舱冒烟"，接着是听见烟雾报警器的声音。她以为烟雾的来源在驾驶舱，她从乘务员座位下抓起灭火器和PBE，试图将灭火器交给飞行员，但没有人从她那里拿走它。她意识到整个客舱里都有烟雾，她听到E乘务员说"撤离，往这个方向来"。于是她和D乘务员通过商务舱向后移动，将旅客引向2L出口。在接近2L时，她听到机长"停止撤离"的PA。

环顾四周，她看到机长正站在驾驶舱朝她看去，她意识到客舱内仍有浓烟，于是告诉附近的E和F乘务员继续撤离旅客，自己向前告诉机长应该继续撤离。

机长认可了这一点，她听到机长继续撤离的PA广播。她估计，到这个时候，已有50名旅客从2L出口撤离，并且在客舱后端可以看到一些光线，她认为那里的门是打开的。

她向机尾移动，她注意到3L出口是打开的，但滑梯没有展开。一名带着2个孩子的旅客正在向门外望去，她指令他们去2L出口，并在敞开的3L出口拉了一条警示带。她看到3R出口也打开了，并释放了滑梯。G乘务员在那里与一名旅客交流，这名旅客坐在3R出口后几排，他看到出口排的旅客试图打开出口，但很困难。他知道需要滑梯，于是设法将滑梯预位并打开了门，尽管没有人通过这个出口撤离。

当最后1批旅客离开时，机场救援服务（RFFS）的人员到达并指示乘务员撤离。在廊桥上，一名呼吸不畅的乘务员使用了氧气，一些乘务员在离开飞机后鼻子、喉咙和眼睛有灼热感。

机场响应情况如下：第1辆RFFS车辆在11:18至11:19之间到达现场，发现飞机右侧2个滑梯放出，左侧1个滑梯放出。消防队员报告说，他们大约11:22登上了飞机，廊桥和飞机上有烟雾，没有起火迹象。机长告诉他们，烟雾来自APU，他们使用热探测仪来确保没有残留的热点。RFFS日志记录了除飞行员外，所有旅客和机组人员在11:26之前都离开了飞机。机场警察于11:20时到达停机位，照顾撤离到机坪上的25名旅客，随后将他们转移到航站楼。

二、旅客问卷调查

机场管理局向该航班旅客分发了英国调查机构（AAIB）的调查问卷，希望旅客提供事件的详细信息，共回收了26份问卷。

从问卷回复中可以明显看出，坐在客舱尾部附近的一些旅客没有听到任何PA指令，但附近的客舱机组向他们发布的指令是明确的；65%的受访者（主要位于第2排和第34排之间）表示听到的指令不清楚；46%的受访者提到冲突、令人困惑或矛盾的指令；一位坐在3L和3R（旁边没有客舱机组）出口附近的受访者表示没有听到任何PA，这引起了旅客的"恐慌"情绪。

大约23%的调查问卷表明指令是明确的，但机长的干预造成了几秒钟的延迟。客舱各处的旅客报告说，浓烟突然从通风口涌出，烟雾具有"难闻"的化学气味，在眼睛、嘴巴和喉咙中产生灼烧感。靠近客舱前部的旅客表示，这种烟雾是刺激性的，而不是窒息性的。

位于机尾的旅客说那里的烟雾更浓,但他们能够透过它看到前方。

坐在第23排(3L和3R出口稍前方)的一名受访者说,可以透过烟雾看到部分物体,但烟雾太浓了。第27排的一名旅客看到有人打开3L门,但滑梯没有展开。在客舱的另一侧,出口排的旅客无法打开3R门,但坐在后面几排的旅客协助将它打开了,一名旅客在打开门之前预位了滑梯。后来听到广播,指令每个人从主门撤离,没人使用3R出口。

三、有关撤离程序的调查

运营人的《运行手册》OM第1卷指出,机长通常会启动撤离,计划内和计划外的撤离将以相同的方式执行。《飞行手册》(FM)第1部分中关于撤离的描述是:"在紧急撤离中,某些旅客和机组人员可能会受伤,机长应该考虑撤离的风险与留在飞机上的相对风险。"然而,FM和《乘务员训练大纲》(FSIM)都表明,当飞机停止并且客舱机组确定存在危及生命的情况时,如果他们无法与机长联系,他们可以启动撤离。FSIM指出:烟雾或起火可能表明存在危及生命的情况,如果无法与驾驶舱联系,客舱机组将就撤离做出独立决策并操作所有可用的出口。如果一名客舱机组启动撤离,所有客舱机组都将通过喊出撤离指令立即启动撤离程序,但机长有权推翻他们的决定。FSIM没有区分计划撤离和计划外撤离。

《运行手册》(OM)卷I指出:若显示"A DOORS ECAM"可能表明撤离已经开始。如果撤离已经开始,最好不要试图阻止;如果撤离尚未开始,且确定不需要撤离,应立即发出PA指令"我是机长,保持就座,保持就座,保持就座"。

FSIM载明,机长可能会在撤离情况下做出额外的PA,包括"保持就座,保持就座"以告知情况已经改变,听到此指令的客舱机组将停止撤离,但对于客舱机组来说,如果客舱的情况需要撤离,那么向机长更新报告信息至关重要,驾驶舱可能没有意识到如浓烟、起火等危及生命的情况。

驾驶舱撤离检查单显示在QRH,它包括关闭发动机和APU,在适当的情况下使用灭火剂,机长进行撤离PA广播并操作"EVAC"开关。

《运行手册》(OM)指出,当机长和副驾驶完成驾驶舱职责后,他们应该前往客舱评估状况并协助撤离。

FSIM中关于"紧急下机/在登机口撤离"的程序明确说明,当仅使用廊桥进行撤离时,该行动被定义为"紧急下机",而非正式的撤离。该程序的具体步骤如下:①如果条件允许,客舱机组应立即通知驾驶舱任何紧急情况。②使用公共广播系统(PA,如果可能的话)引导旅客前往连接廊桥的门。在使用PA时,应加入以下介绍:"请注意,这是乘务员广播,每位旅客都必须迅速离开飞机。"③指示所有客舱机组人员在可能的情况下留在其指定的出口附近,并通过重复相同的指示来引导旅客。同时,该程序警告说,在旅客下机的过程中,已解除预位的门不应无人看管。④如果在任何时候接收到撤离信号,即"我是机长,撤离,撤离,撤离",随后是警告信号,应立即使用所有可用的出口,并按照适当的撤离指令启动撤离程序。如有必要,应做好滑梯预位并打开所有可用的出口。

运营人的A330 QRH、FM第1部分或OM第1卷中均未提到快速离机程序,但这是国际航空运输协会(IATA)认可的一项程序,其在《客舱安全操作最佳实践指南》中提到了快速离机:在某些情况下,旅客和机组人员需要立即快速离机,如加油时出现紧急情况。英国一些飞机运营人将这种程序称为预防性快速离机。

四、有关于撤离的调查

(1) 发起撤离。

当E乘务员没有收到发起撤离内话的回复时,她认为这种情况危及生命,于是做了PA广播启动撤离。在飞行机组的指南中没有提到紧急下机程序,如果飞行和客舱两个群体定期接受撤离情景的联合训练,那么运营人可能会早点发现这种不一致情况。客舱机组启动撤离的决策符合运营人的政策,即客舱机组可以在飞机停止、无法与机长沟通并发现对生命构成威胁的情况下启动撤离。

在使用PA广播指令撤离后,E乘务员没有打开撤离信号,尽管这是运营人希望客舱机组完成的操作。

一旦指令撤离,所有可用的出口都应该被使用,但是1L、1R和2R的出口没有打开,客舱前部的客舱机组仅使用2L廊桥执行"紧急下机"。

本事件发生之后,运营人已明确必须为"紧急下机/登机口撤离"发布新的指导并改进机组人员的培训。

(2) 4L和4R的撤离。

由于未能通过内话与飞行机组联系,后部厨房区域的4名乘务员自行评估,认为这种情况需要紧急撤离。

洗手间烟雾报警器在客舱内响起,但C乘务员误认为是两次撤离信号。这两个警报的声音是不同的,乘务员的这种误解表明其接受的培训不足。即使警报未被正确识别,密集和有毒的烟雾也可能足以让后部厨房的乘务员启动撤离,无论是否听到PA指令。

乘务员报告说,他们以协调良好的工作方式预位滑梯并开始有序撤离,在APU首次排放烟雾1分钟后,第1批旅客使用4R滑梯撤离。

(3) 机长停止撤离的指示。

飞行员没有注意到驾驶舱SD上显示的琥珀色门指示灯,他们当时的注意力可能全部集中在显示屏的烟雾警告上。当机长看到航站楼滑梯展开的倒影时,才意识到撤离正在进行,他认为烟雾的来源已经消除,因为他已经采取行动关闭了APU引气,所以没有寻求外部的帮助,他担心旅客使用滑梯比留在机上更容易导致受伤风险。

如果这时机长发起了紧急呼叫,与客舱机组沟通,这就符合当时显示的烟雾警告所需的行动。而事实上,他使用广播阻止撤离,尽管OM的指导是"最好不要试图阻止正在进行的撤离"。机长的PA广播在客舱内造成了短暂的混乱,尽管他随后推翻了这一指令,但这一情况仍导致了前往出口的时间出现了轻微的延迟。

(4) 驾驶舱随后的行动。

撤离是在飞行机组不知情的情况下开始的,机组没有使用撤离检查单。在机长的干预和随后决定继续通过廊桥撤离之后,飞行机组使用了撤离检查单,以确保"没有遗漏任何东西"。但是,未执行检查单的第2个项目——联系ATC,双方之间的直接通信可以使重要信息得以交换。ATC试图呼叫飞机,但没有回应。

在旅客和客舱机组下机并且RFFS宣布飞机安全后,飞行机组人员仍留在机上和运营人的签派部门沟通。

(5)出口座位旅客的调查。

在PA广播撤离时,3L或3R出口附近的2名乘务员可能已离开去取演示设备袋。如果演示设备袋就在这些出口附近,或者只需一名乘务员去取,另一名就可以留在附近操作出口。但是,当不在登机或下机状态且飞机停泊时,客舱机组不需要留在这些地板高度的紧急出口附近,也不要求客舱机组人员均匀分布在整个客舱内。

位于紧急出口座位的旅客都已收到了出口座位的简介,简介有效地明确了他们的责任:在紧急情况下,若客舱机组人员不在附近,旅客需自行操作紧急出口。安全须知卡提供了有关出口座位详细说明,以及如何操作出口的图示。

在听到撤离PA并感知到烟雾后,3L和3R附近的旅客打开了这两个出口。显然,3R附近的旅客认为他们需要做的不仅仅是抬起舱门操作手柄,他们向坐在机尾的一位旅客寻求帮助,在打开舱门之前预位滑梯。

闭路电视图像显示,在烟雾出现大约30秒后,3R门首先被打开,随后4R门也开启。目前尚不清楚旅客在打开3R门之前是否评估了外面的状况。3L门显然未按照安全须知卡打开,因为其预位滑梯没有放出。这扇舱门的门槛离机坪地面高度为5.2米,若有旅客不慎使用该舱门撤离,后果不堪设想。

旅客在口头同意承担紧急出口座位旅客的角色,并接受了详细的安全指示后,可能会在没有客舱机组人员在场的情况下,感到有责任主动打开紧急出口。

五、安全建议

针对此次事件,英国航空安全调查局(AAIB)提出了以下和客舱安全相关的建议。

(1)建议局方重新考虑向坐在出口排的旅客提供情况介绍及适当的指导,以确保紧急情况下迅速撤离飞机。对以前类似事件的回顾表明,当飞机在地面且有旅客时,由训练有素的客舱机组人员操作地板高度的紧急出口是更为合适的做法。

(2)建议美国联邦航空管理局出台规定,要求客舱机组在登机过程结束后,应均匀分布在客舱内及地板高度出口附近,以便在紧急情况下提供及时且有效的援助。

(3)建议美国联邦航空管理局要求飞行机组和客舱机组参加联合训练,以提升他们在处理紧急情况时的协调能力。

关于快速离机,在ICAO《客舱安全培训手册》《旅客安全信息和说明手册》,以及IATA《客舱安全操作最佳实践指南》中均提到快速离机可作为撤离的替代程序。

诚然,机长在撤离和快速离机的决策之间会陷入两难的境地,那么机组应如何进行合理抉择,从而将人员伤害降到最低呢?当飞机存在潜在危险但并无直接威胁的情况时,快速离机是可选方案之一。同时,飞机制造商应不断优化飞机设备和操作手册,航空公司则需完善运行政策和安全文化,包括修订快速离机程序和鼓励机长合理决策的安全文化,为机组合理的撤离决策提供支持。

2019年12月15日,澳洲航空公司一架A330-200飞机从悉尼起飞后约7分钟,1个液压系统故障,飞机返航安全落地并被拖到候机楼后,客舱和驾驶舱出现异味和烟雾,机长指令紧急撤离,使用滑梯撤离的过程中1人受重伤,5人轻伤。

澳洲航空公司曾实施过一个名为"预防性离机"的快速离机程序,该程序是机组人员应急程序培训和评估的一部分。然而,在2005年至2013年期间的安全调查中发现,预防性离机程序在设计和实际管理旅客下机方面存在不足,缺乏必要的灵活性,因此公司于2017年取消了该程序,并用"非常规下机"取而代之,将其归类为正常程序的一部分。非常规下机是旅客无法以常规或正常方式下机,但没有足够的风险来证明需使用紧急撤离的一种方式。如果情况需要,非常规下机可以升级为撤离,在这种情况下,必须打开所有主要逃生路径。

按照笔者的理解,澳洲航空公司的做法分为三种:常规下机(正常程序)、非常规下机(正常程序)、紧急撤离(非正常程序)。之所以用"非常规下机"取代"快速离机",除了因为后者在设计和实际管理上存在不足外,还为了避免引起飞行机组和客舱机组对指令的混淆,以及减少旅客的恐慌情绪。

全球范围内发生的航空不安全事件持续表明,使用滑梯撤离存在对旅客造成重大伤害的风险。这种风险在紧急情况下是合理的,两利相权从其重,两害相权从其轻,但在非紧急事件中,重大伤害风险不再被认为是可接受的。关于这个问题还值得民航业未来进一步深入研究和探讨。

我们可以看到,在数次案例中均提到机组联合演练。由于飞行机组手册与客舱机组手册在某些关键点上可能存在描述不一致现象,或者机组人员对手册和程序的理解存在差异,又或者由于飞行机组与客舱机组之间缺乏必要的沟通、理解和尊重,这些不一致和分歧可能导致对事件处理产生误解,最终可能引发重大事故。因此,运营人必须高度重视机组联合演练。

演练过程中,双方可以更加深入地了解在应急情况下各自的角色和责任,比如撤离或无需撤离的标准指令,飞行机组在应急情况下与正常情况下PA广播的区别,乘务员何时可以自主发起撤离等。同时,也能增进相互理解,比如客舱机组认为的"最放松时刻"为何恰好是飞行机组的"关键时刻",释压后客舱机组为何未能及时感受到飞行高度的变化并联系驾驶舱,以及为何在高高原机场释压后飞机不能迅速下降到安全高度等。

正如古语所言,"求木之长者,必固其根本;欲流之远者,必浚其泉源"。在民航业的发展历程中,尽管我们已经取得了显著的安全成就,但仍需认识到安全管理的道路依然漫长,永无止境。历史教训告诉我们,绝大多数不安全事件都是曾经发生过的类似事件的重演。因此,我们必须从自身和他人的错误中吸取教训,从历史中汲取智慧,不仅要避免重蹈覆辙,更要积极学习借鉴他人的经验教训和风险管控成果。

同时,面对不断变化的航空环境和技术挑战,我们还需不断夯实安全基础,完善安全管理体系,强化责任落实,深化风险管理,优化应急响应机制,营造安全文化。充分利用"双重预防机制"排查风险隐患,按照"盯组织、盯系统"的要求做好安全风险防范和问题隐患治理,确保风险识别提醒到位,风控措施落实到位,问题隐患治理彻底。每一位从业者,无论是在驾驶舱、客舱工作还是地面支持岗位,都肩负着推动安全进步的责任。我们的目标是通过不懈的努力,确保每一次飞行都安全、高效、可靠。

案例分析

驾驶舱烟雾,飞机返航着陆后部分人员快速离机,部分人员紧急撤离

第十章 　烟雾和起火

现代客机驾驶舱中若出现燃烧的气味,对飞行机组而言是一种极其严重的警醒信号。起火,尤其是电气(电路)起火,能直接威胁到现代喷气式飞机的"中枢神经系统",这无疑是飞行员最为恐惧的情境之一。

1998年9月2日,一架瑞士航空公司MD-11客机执行111航班从美国纽约飞往瑞士日内瓦,机上起火导致229人全部遇难。在这起惨痛的事故中,电气起火是罪魁祸首,最终导致飞机在加拿大新斯科舍省海岸外的北大西洋哈利法克斯空中失去控制,坠入北大西洋。

飞行过程中,飞行机组人员闻到了烟味,询问客舱得知并没有类似的味道,机长认为是空调问题。然而,事态的发展远超出了机长的预料。在检测到异常气味约13分钟后,驾驶舱里的烟雾越来越浓重,飞机系统接连不断出现各种故障,自动驾驶功能失效,各种警告陆续响起,最终飞机坠毁。

根据加拿大运输安全委员会(TSB)的调查报告,起火的原因可能与飞机使用的断路器类型有关。这种断路器虽然与普遍使用的类型相似,但并不能防止所有类型的电线产生电弧。因此,起火很可能是由电弧引发的,而机上娱乐系统过热的电线引燃了绝缘层,进一步加剧了火势的蔓延。

TSB调查人员回顾了民航业之前所发生的飞行中起火的各类事件,寻找与瑞士航空公司111航班事件相似的起火事件,查明了15起类似情况。从首次发现起火到飞机坠毁的时间从5分钟到35分钟不等,每一起事件都有相同或类似的特点:比如飞行中火势迅速蔓延,变得无法控制。111航班机组人员从发现异常气味到飞机坠毁约20分钟,机组确认有烟雾和已知起火对飞机系统造成不利影响的时间仅有约11分钟。

1983年6月发生的另一起严重的客机起火事件也涉及飞机电气系统故障。一架加拿大航空公司的DC-9飞机执行797航班,在美国俄亥俄州上空大约33000英尺高空巡航。最初断路器跳出引起了飞行员的注意,因为该断路器用于后舱洗手间的冲洗泵电机。机长认为冲洗马达可能卡住了,约8分钟后试图重置该断路器,但未奏效。大约在同一时间,机上人员闻到了来自靠近机尾洗手间中一股奇怪的气味,一名乘务员短暂打开洗手间门,看到洗手间内烟雾弥漫,未看到火焰,乘务长看到黑烟从洗手间墙壁的缝隙中冒了出来,也未看到火焰,于是释放了一个二氧化碳灭火瓶,他知道烟并不是来自垃圾箱,他也从未打开垃圾箱检查。

副驾驶两次前往机尾洗手间,但从未打开过洗手间门。第1次是因为未戴护目镜,第2次是因为他感受到洗手间门把手上的热量,于是决定不开门。乘务长和副驾驶都没有告知机长他们未看见火焰且不清楚火源的确切位置,而机长也未曾向任何人询问火灾发生的地点或严重程度。结果,从乘务员告诉机长洗手间发生起火到机长决定紧急降落已经过去了5分30秒。

下降期间,浓烟开始弥漫客舱。飞机停在跑道上后,消防队员立即应急响应并使用阻燃泡沫,但并未将火扑灭,最终飞机被毁。机上41名旅客中23名死亡,所有乘务员通过客舱紧急出口撤离,飞行机组人员通过手动打开的驾驶舱窗口逃生。

事故的原因是机组人员低估了起火的严重程度,并且机长接收到了相互矛盾的火情信息,导致飞行机组未能及时做出紧急就近降落的决定。

在飞行过程中,机组人员是应对起火的第一道也是最主要的防线。根据对近100份关于机上烟雾和起火事件的调查报告分析,飞行机组在面对机上烟雾和起火时需要采取以下基本行动:①切断所感知到的电气故障的电源。事实上,大多数现代客机都装有冗余的电力系统。因此,飞行员可以使用紧急程序,有选择地关闭一些系统,并立即隔离可能出现燃烧的系统,一次一个,直到电源从受影响的系统断开,让其他系统安全地接管。②尽快降落。③飞行机组员需要更真实、更严格的模拟训练,同时使用应急设备应对可能由于多个系统故障造成的电气故障。

客舱机组应采取的基本行动包括:①任何时候的烟雾、起火都是一种威胁,必须意识到及时采取行动的重要性。②保持机组内部的有效沟通与协作。当飞机探测到烟雾/火警警告或乘务员发现烟雾/起火时,应立即报告、采取行动、迅速评估状况、确定烟雾/火警来源、接近火警位置、使用灭火设备和可用的物品(如不含酒精的饮料,包含碳酸饮料、咖啡、茶、果汁等)进行灭火、使用湿枕头或湿毛毯遮盖火源,防止复燃,等等。

总之,保持警惕至关重要,任何不寻常气味、噪声或不正常的系统运转状态等都可能是潜在的火警提示。发现烟雾和起火时,时间是关键,应快速反应,尽一切努力采取积极行动,立即消除险情。

任务一　灭火训练的重要性

通过对1983年加拿大航空公司797航班事件调查,NTSB指出飞行机组和客舱机组对烟雾和起火的快速反应对事故中乘员的生存至关重要。NTSB建议机组进行适当的培训,以迅速识别和评估起火的条件,找到火源,立即采取积极行动灭火。NTSB也向美国联邦航空局(FAA)提出了多项建议,包括推动早期起火识别的训练、优化飞行机组与客舱机组应对起火的设备与程序,并建议航空承运人的主任运行监察员(POI)对其监管下的承运人培训计划进行审查,必要时进行修订,以突出以下几点关键内容:

① 飞行机组应立即采取积极主动的行动,确定起火的来源和严重程度,在起火的源头和严重程度没有得到确定或无法立即灭火时应紧急下降;

② 让客舱机组认识到报告客舱内发生烟雾或起火的位置、来源和严重程度的紧迫性;

③ 飞行机组和客舱机组要了解积极应对客舱起火的正确方法,包括佩戴防护式呼吸装置(PBE)进行实战训练、在实际起火中使用适当的手提式灭火器、使用消防斧通过飞机内部面板寻找火源。使用消防斧寻找火源时,可以砸穿面板但不要对飞机的重要部件造成风险。

通过对1983年至2000年间发生的涉及商业航空飞行中起火事故的审查，NTSB（2002）再次指出了机组人员培训中存在的问题，包括缺乏有效识别暗火地点的方法，缺少进入内部墙壁或天花板后方区域以检查火情的具体指导，以及复训中缺乏模拟起火情境的演练。因此，NTSB就机组训练向FAA提出了进一步的安全建议。

① 发布咨询通告以说明机组人员需要针对机上起火迹象立即采取积极行动。咨询通告应强调，起火通常隐藏在面板后面，因此，可能需要移除面板或以其他方式进入面板后面的区域，以便有效地将灭火剂直接应用于火源。

② 建议机组复训时参加实际或模拟起火的消防演练，演练应包括识别潜在迹象、定位和扑灭隐藏起火的情景。

③ 向运行监察员发布飞行标准手册，以确保航空公司培训计划涵盖解释海伦灭火器的特性，强调与主动使用海伦灭火器扑灭起火所带来的安全益处相比，海伦灭火器对旅客和机组人员的潜在有害影响微不足道。

2013年7月12日，埃塞俄比亚航空公司一架B787梦想客机上的1台应急定位发射机（ELT）电池盖板下的交叉电池线中的5个锂金属电池单元出现了热失控，导致了缓慢燃烧的起火，后机身的一部分损坏。幸运的是，起火发生时，飞机正好停在伦敦希思罗机场机坪上。机场救援和消防服务（RFFS）人员在进入客舱约25分钟后将火扑灭，现场许多设施设备被火烧毁难以辨认。

ELT安装在客舱天花板上方的区域，固定在两个机身框架之间的支架上，周围是绝缘毯。在飞机尾舱的浓烟中，消防队员在2个头顶行李架之间的缝隙中发现了起火的迹象，然后将海伦灭火剂释放到缝隙中。他们拆除了天花板后，发现火焰，消防人员用软管中的水将火焰扑灭。

英国航空事故调查机构（AAIB）的结论是，如果起火在飞行过程中发生，那么机组人员难以找到"不可见"的火源。一旦确定起火点，机组人员将不得不拆除天花板，站在座椅或扶手上处理火源。如果没有接受过具体的训练，机组人员将很难像埃塞俄比亚航空公司B787飞机上这样扑灭ELT起火。

事件发生后，飞机制造商在《客舱乘务员手册》（FAM）中加入了有关锂电池起火应对的内容。

阿拉伯联合酋长国对美国联合包裹运送服务公司UPS航班事故（2010年9月3日，机型为B747-400F）调查后发现：主货舱的货物起火严重损坏了飞行控制系统，上层甲板和驾驶舱冒烟削弱了飞行员操作飞机的能力。氧气的补充供应在没有警告的情况下停止，使机长丧失操作能力。坠机后，2名机组人员均丧生，飞机被大火烧毁。

NTSB向FAA提出建议后，FAA于2014年12月修订了咨询通告AC 120-80A，重点修订内容为机组人员的培训、氧气面罩的使用、与佩戴氧气面罩的机组人员保持沟通、锂电池起火和隐藏起火等一系列安全问题。

早在1999年，布雷克（Blake）就对评估客舱机组扑灭小型B类货舱舱内货物起火的能力进行了测试，测试内容在美国联邦法规（14 CFR 25.587）中的规定为：①有足够的通道使机组人员使用手提式灭火器的灭火剂有效到达舱内的任何部分；②出入时，具有危险容量的烟雾、火焰或灭火剂不得进入机组或旅客占用的任何区域；③有单独的经批准的烟雾探测器或起火探测器系统可向飞行员或飞行工程师发出警告。测试发现,经过训练的乘务员平均花了50.5秒穿上PBE(标准范围在30至89秒);测试时出现舱门打开,烟雾进入旅客占用区域的情况。由于测试参与者事先未被告知具体任务,这次测试因此更加贴近真实场景,具有极高的价值。布雷克总结指出,优化训练程序将能提升机组人员有效应对客舱起火的能力。

FAA于2017年6月专门公布了一份有关于客舱机组灭火训练需求分析的报告(见图10-1),其中针对客舱机组对于起火迹象的识别以及灭火训练的各项要求提出了不少具有建设性和洞察力的指导意见。

可见,灭火训练亟待贴近真实、还原现实,尽可能考虑到运行中遇到的环境,其重要性不言而喻。而今,我们正处于新产品层出不穷的年代,比如带充电功能的行李箱,如果旅客在飞机上使用行李箱内置的USB接口充电或连接设备,这对客舱安全来说又是一个新的课题,所以运营人应对影响客舱安全的事物有敏锐的嗅觉和洞察力,充分了解客舱安全的形势,及时获取最新的民航安全信息,补充更新训练内容,将客舱训练做到与时俱进、贴近现实,把各类风险隐患提前考虑周全,周密预案,把预案加入客舱安全训练。

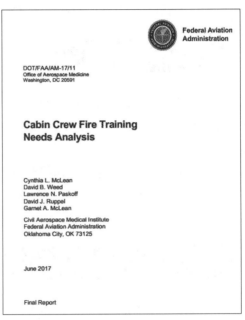

图10-1　FAA关于客舱机组灭火训练需求分析报告的封面

任务二　起火因素分析

一、机上起火的定义

机上起火是指飞行过程中,飞机内部或外部的某些部位发生燃烧的现象。这包括飞机在地面移动、跑道侵入或冲偏出跑道期间坠毁或撞击障碍物或其他飞机后发生的起火;飞机与地面或障碍物发生撞击,导致结构损坏,燃油与点火源接触造成的起火;作为货物运输的危险品在飞机上被损坏或安全保护壳受损,由于撞击、接触热表面而被点燃的情况。

二、起火的因素

造成飞机起火的因素包括：电子设备故障或过热；化学品发生不当反应；飞机材料磨损、老化或飞机设计缺陷；危险品泄漏；操作人员操作设备不当或违反规定操作；娱乐系统设备故障等。此外，现代飞机携带大量燃油，飞机坠毁有可能使油箱破裂。如果溢出的燃油暴露在火花或明火中，可能会发生起火。对于具有低闪点的航空汽油尤其如此。虽然航空煤油具有较高的闪点且不易受到火花的影响，但将它暴露在正在运行的发动机或热的发动机部件中，也可能因温度会升高到自燃点而导致起火。

三、起火造成的影响

火灾一旦发生，有可能迅速在飞机机身内蔓延，导致客舱内充满热量、烟雾以及由于燃烧产生的有毒气体。如果机舱内积聚的烟雾和气体温度达到自燃温度将发生闪点，则飞机机身可能被火焰迅速吞没。

起火对飞机造成的影响可能从轻微损坏到机体完全报废不等，起火的潜在伤亡后果从没有人员受伤到机上所有人丧生不等，附带的损害和伤亡可能取决于坠机的地点、严重程度以及火灾规模。

四、风险防御举措及解决方法

风险防御举措及解决方法包括但不限于以下几种。

（1）飞机设计：设计飞机结构和燃油系统，最大限度地减少燃油溢出量。

（2）燃油选择：大多数大中型客机使用航空煤油而非航空汽油，因为煤油的更高闪点降低了起火的可能性。

（3）应急措施：

① 倾倒燃油：在预计坠毁、迫降或着陆时（如起落架故障或需要场外着陆），如果时间和飞机设计允许，倾倒燃油以减少燃油量并改善操控性。对于无燃油倾倒能力的飞机，可在着陆机场附近盘旋以耗油。注意，在机上已起火或有烟雾的情况下，不应采取倾倒燃油等延误着陆的措施。

② 隔离燃油系统：关闭交输活门。

③ 客舱准备：做好紧急着陆准备。

④ 货物处理：如果可行，抛弃易燃货物。

⑤ 撤离飞机：发生起火后，迅速紧急撤离飞机以最大限度减少生命损失。

⑥ 发动机关车和飞机系统：飞行机组将采取一切必要措施关闭发动机并使用灭火手柄、调节油门杆或灭火按钮（根据飞机类型）隔离飞机发动机，以减少撤离过程中的受伤可能性。

(4)救援和消防服务:救援和消防服务有助于挽救生命并最大限度地减少起火造成的损失。如果坠机发生在机场边界内,则救援和消防服务的响应将在很短的时间内到达现场;对机场外坠机事件的响应可能需要相当长的时间,因为需要时间来定位坠机地点以及坠机现场的可进入性。

五、客舱烟雾/起火的处置

机组人员应遵守经批准的航空公司应急程序和制造商关于飞行实施及飞机系统管理的知识,识别可疑起火来源和遵循灭火的指导。各公司的程序各异,因此学习和熟悉自己公司的特定程序非常重要。

(1)起火导致的后果。

飞行过程中,客舱、洗手间、厨房或行李架发生重大起火是客舱机组面临的最严重的情况之一,它可能导致机组失能和飞机失去控制。

在飞机这个密闭空间中积聚的热量、有毒的烟和烟雾会迅速使机组和旅客丧失能力,并可能导致窒息或吸入有毒气体而死亡;旅客由于恐慌而冲向飞机的两端,可能会造成失衡,使飞机难以控制;飞机系统可能被损坏,导致飞机失控;飞行中一旦发现起火,可能就很难控制住。

(2)特定设备与环境起火。

① 洗手间起火。机上禁止吸烟,再加上使用耐火材料,从而减少了吸烟引发座椅装饰材料起火的可能性。然而,尽管对违法者提出了广为人知的刑事指控,但仍有少数旅客继续我行我素。洗手间起火通常是由于将燃烧的香烟放在废纸箱中引发,也可能是由洗手间内的电气设备(如马桶冲水开关、灯等)导致。

② 厨房起火。飞行中和地面烟雾/起火的大多数事件与厨房有关,并涉及某种电气设备。烤箱起火可能是由于放置在烤箱内的不合适物品或由于食品过热或电气故障等引发。除了烤箱外,厨房里还有很多设备可能导致起火,例如垃圾压实机、咖啡机/热水器、烧水壶、微波炉、保温箱等。

③ 电气起火。通过切断相关设备的电源,可以快速控制电气起火。然而,烟雾、起火的来源以及相关的电气系统可能并不总是容易被识别或易于接近并处理。

④ 废物箱起火。废物箱起火可能有许多不同的原因,如燃烧的香烟,溢出的热饮或热盘引起的过热或化学反应。废物箱起火通常很容易控制。

⑤ 头顶行李架起火。这些起火通常源自旅客的手提行李。例如,便携式电子设备(PED)中使用的锂电池,或是内置电池的行李箱。

⑥ 座位起火。对于飞机座椅,由于使用材料的耐火性,起火很少见,并且易于识别。但是,为单个座位提供的日益复杂的娱乐系统和服务设施确实存在座位发生电气起火的可能性。

⑦ 便携式电子设备(PED)起火。PED在使用、挤压或充电时更有可能成为火源。

经验表明,无法进入起火点是乘务员所面临的困难,这大幅降低了成功扑灭火源的可能性。加拿大航空797航班的客舱机组观察到起火在洗手间墙后面,但同时也意识到无法进入起火点;瑞士航空111航班的火势迅速蔓延,客舱机组无法将其扑灭,因为无法将灭火剂释放至飞机内部天花板上方区域的火源,而灭火剂排放在火源底部时效果最佳。

(3)灭火设备。

① 烟雾探测器。光电式/电离式烟雾探测器一般安装在飞机洗手间里,也安装在货舱中。一般情况下,它们只能通过能见度的显著降低来激活。

② 便携式灭火器。一般可在驾驶舱和客舱内找到便携式灭火器。它们用于扑灭小火情,因此,它们的容量有限。

③ 自动灭火系统。一些飞机在洗手间垃圾箱、娱乐系统主机处设有自动灭火系统,货舱通常需要机组人员主动采取行动才能释放灭火剂。在远程航班上,灭火剂通常是缓慢释放的,这主要是为机组人员提供长时间的保护作用。

④ 消防斧/撬棍:消防斧用于在紧急情况下进入飞机难以触及的区域,如侧壁、电气系统附近或天花板后面,其手柄设计为绝缘材料,以防触电。过去,消防斧常见于驾驶舱和客舱,但由于不同国家的反恐法规,现在许多航空公司已不再配备消防斧,取而代之的是客舱/货舱中的绝缘撬棍。

⑤ 灭火手套:这些保护式手套贮存在驾驶舱和/或客舱中,保护使用者免受高温、起火的伤害,也可用于处理热或尖锐的物体。

⑥ 防烟装置:客舱和驾驶舱有几种不同的防烟装置。防护式呼吸保护装置(PBE)通常被称为防烟面罩,包含一个小型氧气发生器或气缸,为佩戴者提供有限时间的氧气,通常为15—20分钟;带有全面罩的便携式氧气瓶也可在客舱和驾驶舱中携带,主要用于灭火,因为它们提供密封保护,防止烟雾进入,同时防止氧气泄漏。

⑦ 烟雾护目镜:在驾驶舱可以找到烟雾护目镜、PBE。一些飞机配备了带有整体式烟雾护目镜的氧气面罩,以供灭火时使用。

⑧ 灭火毯:一些飞机上配备有灭火毯,通过切断氧气供应来灭火。

火灾类型及适用的灭火设备见表10-1。

表10-1 火灾类型及适用的灭火设备

火灾类型	适用的灭火设备
纸布类 例如:纸张、木材、织物等	水基灭火器; 海伦灭火器; 大量的水或含水的饮料
易燃液体类 例如:润滑油、液压油、飞机燃料、油漆、油脂、油性颜料等	海伦灭火器
电器类 例如:烤箱、咖啡机、电线、灯具、整流器、跳开关等	海伦灭火器 (注:不得使用导电的灭火剂,如水基灭火器)
锂电池 例如:充电宝、手机、平板/笔记本电脑等	水基灭火器; 海伦灭火器

(4) 灭火。

首先确定起火类型。客舱或驾驶舱内起火的检测通常取决于客舱机组或飞行机组看到或闻到烟雾的能力,由于飞机内的气流流通,检测起火的确切位置可能特别困难。在检测到起火后,我们需遵循以下灭火原则,灭火的基本原则包括:迅速查找并确认烟雾、起火类型和来源;立即采取积极措施进行灭火;与飞行机组保持有效沟通;收集灭火设备;留意火源是否可能复燃;重新安排旅客座位,使他们远离火源和高温区域,并指导旅客使用湿纸巾或湿毛巾捂住口鼻以防吸入烟尘。

在航班运行过程中,最有可能出现的是烤箱、卫生间、废纸篓冒烟起火,我们要在实际运行中总结经验,搭建风险防御层。以烤箱为例,一旦发现起火,应立即根据情况关闭烤箱门,并尽可能堵住门上的通风口,以隔绝氧气使火熄灭;同时切断相关电器的电源,拉出相应的跳开关;佩戴PBE和防火手套,取出灭火瓶进行灭火;如果火焰已蔓延至烤箱外部,应首先扑灭外部火源;在灭火时,轻轻打开烤箱门,仅留出足够空间让灭火瓶喷嘴伸入,然后释放灭火剂。

烤箱起火的原因往往与配餐流程有关。一些配餐公司为了提前准备餐食,会将热食装入烤架内,并贴上标签注明餐食类别等信息,使用吊牌式标签挂在烤架上以便乘务员核对。然而,如果乘务员在烤炙前未将吊牌标签取下,标签可能会在烤箱内被烤焦甚至燃烧。此外,烤箱内残留的油渍也可能导致烤炙过程中冒烟起火。因此,乘务员在接收和清点餐食时,应仔细检查烤箱内及烤架上是否存在安全隐患,确保烤箱清理干净后再进行加热;同时,餐食烤炙程序应严格按照运营人制定的标准进行,避免温度过高、烤炙时间过长或干冰等不安全因素导致的事故。

(5) 团队努力。

团队努力是消灭机上火情的非常有效的方法。通常情况下,一些航空公司由3名客舱机组组成灭火组(消防员、沟通者、现场指挥员),他们各司其职、合作互补(见表10-2)。

表10-2 灭火组成员分工表

人员	消防员	沟通者	现场指挥员
分工	发现起火的人员,灭火	和机组沟通	管理指挥现场
具体职表	应对起火; 就近取适用的灭火器; 灭火; 试图找到火源; 提醒其他客舱机组	起火位置; 起火源; 严重性、密度、气味颜色; 灭火进展; 客舱内剩余的灭火器数量; 开始灭火行动的时间; 采取的行动是否有效; 客舱内的秩序和情况; 其他需要沟通的内容	提供更多的灭火设备; 支持灭火工作; 从失火区域清除易燃物品; 管理旅客; 其他需要关注和考虑的事宜

① 消防员角色:消防员使用适当的消防设备实施灭火,同时保护自己免受伤害或丧失能力。NTSB强调,与积极扑灭飞行中起火的安全益处相比,海伦灭火剂对旅客和机组人

员的潜在有害影响微不足道。例如,典型的飞机座椅起火所产生的毒性影响远远超过使用海伦灭火剂的潜在毒性影响。

② 沟通者角色:有效的机组沟通非常重要,尤其是在起火等异常或紧急情况下。客舱机组要了解客舱内发生的情况,通过内话向飞行机组提供关键的信息。确保烟雾不进入驾驶舱至关重要,因此在执行消防程序时,驾驶舱舱门应保持关闭状态。客舱机组需要接受专业培训,应以清晰、简洁的方式报告客舱内的情况。

③ 现场指挥员角色:现场指挥员的职责是全面了解事件,确保所有必要的工作都正常进行,这包括确保消防员有必要装备,确保消防员持续完成被委派的任务和履行职责,确保与旅客和机组保持通信。

如果烟雾影响旅客,应鼓励旅客保护自己避免吸入烟雾,比如用湿毛巾捂住鼻子和嘴,防止吸入烟雾颗粒。如果旅客靠近起火区域,应将旅客移离,同时要考虑这可能对飞机重心平衡产生潜在影响,这对于小型支线涡轮螺旋桨飞机尤为重要。如果将旅客转移到新座位,客舱机组必须随时向飞行机组通报。

提前考虑旅客在机上起火中的反应非常重要,大多数旅客会担忧,甚至可能惊慌失措,因此,客舱乘务员应该以平静和令人信服的方式向旅客通报情况,并在客舱内采取行动让旅客平静下来。

对于未直接参与灭火工作的机组人员,若确实需要留在客舱内,则应在必要时提供协助。在发生烟雾或起火等特殊情况时,机长可能会指派一名飞行员进入客舱评估状况,特别是当存在第三名飞行员或第二副驾驶时。机组成员应严格遵守安全程序,因为起火有可能是人为故意引发,目的是试图闯入驾驶舱。客舱机组必须保持高度警觉,意识到起火可能作为一种干扰手段。为此,乘务长应指派一名客舱机组人员监控客舱状况,预防可疑活动和其他潜在的安保问题。

烟雾和起火是客舱安全的主要威胁之一,根据国际民航组织(ICAO)安全报告和航空安全网(ASN)事故统计显示,2005—2014年,每年发生的飞机起火事故数量占飞机事故总数的8%左右,2013年甚至达到15.5%。另一项数据显示,50%的飞机起火事故会造成人员死亡,并且有人员死亡的飞机起火事故数量占比呈上升趋势。在民航事故中,飞行中一旦失火,可能就很难有效控制住,故有"飞机癌症"之称。客舱通道狭窄,人员密度高、空间密闭等因素都增加了灭火的难度,处置稍有不慎就可能导致事态恶化甚至酿成重大事故。客舱机组必须正确预防和处置烟雾和起火,时刻高度警惕客舱内的安全隐患,与飞行机组积极密切配合,协同处理,有效减少安全隐患的出现,避免不安全事件的发生。特殊情况出现时,基于自身的专业训练,充分发挥团队协作,将危害降至最低,避免危及飞行安全。凡事预则立,立则行,行则达!

任务三　案例分析:法航A340飞机冲出跑道后起火爆炸

2005年8月2日,法国航空公司执行358航班,执飞机型为A340-313F-GLZQ,从巴黎夏尔·戴高乐机场飞往加拿大多伦多皮尔逊国际机场，飞机落地冲出跑道后起火爆炸。法航 A340 飞机冲出跑道后起火爆炸事件报告见图 10-2。

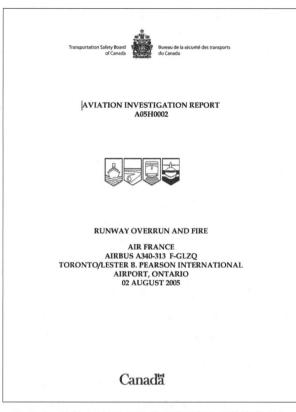

图 10-2　法航 A340 飞机冲出跑道后起火爆炸事件报告

一、人员受伤情况

机上共有 297 名旅客和 12 名机组成员，33 人被救护车送往医院，其中 21 人因轻伤接受治疗，12 人（2 名机组人员和 10 名旅客）受重伤，其中 9 人因撞击受重伤，3 人在撤离过程中受重伤，2 名遭受严重撞击而受伤的机组人员在事故发生时能够有效地执行紧急任务。

二、飞机损毁情况

飞机在冲出跑道期间严重受损，随后被大火烧毁。

客舱机组信息如表 10-3 所示。

表 10-3　客舱机组信息

站位	在法航的工作经历
1L（主任乘务长-最低配置机组）	20 年
2L（前舱乘务长-最低配置机组）	18 年

续表

站位	在法航的工作经历
3L(最低配置机组)	8年
4L(后舱乘务长-最低配置机组)	13年
1R(扩编机组)	5年
2R(扩编机组)	10年
3R(最低配置机组)	10年
4R(最低配置机组)	5年
客舱机组座位9(额外的机组)	5周
客舱机组座位10(扩编机组)	4年

机上有10名客舱机组人员：9名客舱机组人员加上一名尚未具备资格的客舱机组人员。根据法国民航法规的要求，所有客舱机组人员都已获得认证，可以履行指定的安全职责。

欧洲联合航空规章(JAR-OPS)第1.990节要求：每50名旅客座位配备1名乘务员。法航358号航班客舱机组最低配备人数是6人。被指定为最低配置的客舱机组按照公司运行程序被分配到1L(主任乘务长)、2L(前舱乘务长)、3L、4L(后舱乘务长)、3R和4R站位。还有3名扩编乘务员被分配到1R、2R站位和客舱机组座位10号，扩编乘务员可以在正常运行期间和紧急情况下履行与安全相关的职责。

一名额外的客舱机组人员仅提供旅客服务。她于2005年6月30日开始在法航工作，在该事故前执飞了4个航班，这是她在A340机型的第2次飞行。她被分配到乘务员座位9号，和乘务员座位10号相邻。在正常运行时，额外客舱机组人员没有具体的安全职责，但在紧急情况下可以履行安全职责。

三、旅客和撤离概况

该航班共有297名旅客：168名成年男性、118名成年女性、8名儿童、3名婴儿。成人旅客中包括3名轮椅旅客和1名盲人旅客。3名公司人员作为免票旅客，1名坐在驾驶舱的座位上，2名在飞行机组休息区。

1) 冲出跑道

飞机冲出跑道在峡谷中停下来，飞机猛烈地反复弹跳，至少出现3次不同的撞击。每次撞击时，客舱内的乘员都有被从座位上推出去或抛起来的感受。据估计，从飞机离开跑道到在峡谷中最终停下来历时15—20秒。在飞机冲出跑道时发生了以下和客舱安全相关的事件：①内话系统的座机从1L乘务员站位的存储位掉了下来；②多个头顶行李架打开，不受控，许多行李杂乱地落入客舱；③飞机冲出跑道末端后还在移动时，2L门在某个时候被打开；④在2L门附近的客舱通道内，紧急出口灯和通风格栅出现部分分离并悬挂在客舱天花板上；⑤一些氧气面罩脱落；⑥在前方厨房内，1张固定好的便携式小推车掉落在2L和2R出口舱门之间的过道上；⑦旅客座位区(右旅客通道)和4R出口区域之间的窗帘杆分离并掉在地板上;⑧起火是在飞机停止之前从飞机外部开始的;⑨烟雾在撤离前通过打开的舱门进入客舱。

2) 撤离

当飞机完全停稳后,坐在飞机前部的主任乘务长解开安全带,从地板上捡起PA座机。他不知道烟雾或火源的实际情况,也不知道许多旅客已经站在过道上并前往紧急出口。他通过广播说道:"一切都好,保持就座,机组会照顾你"。2L站位的乘务长随后赶到,告诉他3L门着火需要紧急撤离。

主任乘务长转向面对客舱,通过飞机左侧的窗户看到火情以及站在过道上的旅客。当机长被告知起火和实施撤离的必要性时,根据飞行机组的紧急程序,他按下"EVAC/CMD"按钮激活撤离警报,但系统并未响应。

客舱机组通过2L、3L和4L门上的观察窗观察到机外起火的情况,在飞机8个紧急出口中的4个站位指挥撤离。

在面向旅客的安全问卷中,42%的旅客看到飞机外侧起火,而飞机仍在移动,10%的旅客在飞机停止前看到客舱内出现烟雾。

黑烟首先从飞机左侧进入客舱,在第29排和31排旅客座位区域的窗户下方出现。当飞机停下来时,烟雾继续进入客舱,致使在撤离过程中很难看清楚实际情况。3L乘务员的站位刚好在第31排后,3L乘务员戴上了防烟面罩。

撤离过程中客舱内没有发生起火,旅客在大雨中撤离了飞机。根据天气预报,当天的19:00—20:20时段内,机场为持续强降雨和雷暴天气,之后逐渐减弱为小雨。

大多数旅客似乎都沿着飞机的右侧上堤,其他人沿着小溪向2个方向散射撤离。

在飞机附近区域,一名旅客腿部骨折,3R站位乘务员、扩编乘务员和一名机场员工一直和这位受伤旅客在一起,直到消防队员用担架将受伤旅客抬走。消防队员从前舱门进入飞机内部。由于爆炸发生的危险增加,消防队员被命令从飞机上撤离之前,对驾驶舱和前6排旅客座位进行检查,未发现有人在飞机上。除一名旅客腿部骨折外,未发现需要消防员协助抬运的旅客。

3) 紧急出口的使用

在撤离开始时,乘务员评估认为1R和2R出口无法使用,因为1条溪河就在出口外,2名乘务员都遵循了无法使用出口的规定程序。随着撤离的进行,乘务员重新评估了1R和2R出口可用性的最初决定,得出结论,鉴于客舱内烟雾量不断增加,必须利用这些出口加快撤离。

2L出口不安全,因此不能将滑梯放出,前舱的乘务长也知道这一信息。然而,当飞机停下来时,他意识到主任乘务长不知道飞机已经着火了,于是冲到主任乘务长身旁,告知需要紧急撤离,这一举动使撤离工作尽早开始。但是在这样做时,他没有时间关闭2L门,敞开的出口留在那里无人看管,持续时间不确定。在他不在场的情况下,至少有16名旅客通过2L出口撤离。2名旅客受伤,其中1人从10英尺—12英尺(约3.05米—3.66米)高度的出口跳下,1人被其他旅客从出口处推下。乘务长之后返回2L出口,将旅客重新定向引导到1L出口。

事故中,飞机紧急出口撤离情况汇总如图10-3所示。

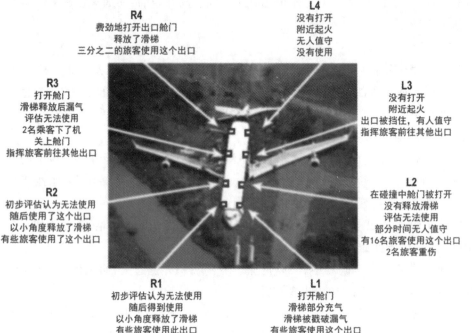

图10-3 飞机紧急出口撤离情况汇总

乘务员打开3R门时,滑梯释放,但滑梯在接触地面的碎片后立即被放气,因而无法安全使用。在乘务员关闭3R门时,2名旅客强行通过,并从出口跳下,不知道他们是否遭受了伤害。舱门关闭后乘务员引导旅客转移到另一个出口。

飞机外的起火使3L和4L出口无法使用。3L乘务员封锁了无法使用的出口,并按照运营人制定的紧急程序将旅客重新引导到最近的可用出口撤离。

在机尾4L出口的后舱乘务长没有封锁无法使用的出口,也没有指派体格健壮的旅客或扩编乘务员来封锁出口。4L出口处起火,很明显出口不能使用。

4R门难以打开,需要2名客舱机组将门的控制手柄提升到完全向上的位置,并将门推出。4R门上方的机身蒙皮出现大范围褶皱,表明该位置受到相当大的冲击力,机身的变形极有可能影响舱门的操作。

起火使8个出口中的2个(3L和4L)无法用于撤离,2L和3R出口的滑梯要么没有放出,要么已经放气,但被一些旅客使用,其中一些旅客受伤。撤离主要使用了1L、1R、2R和4R出口。

事故发生后,2L乘务员无法回忆起他在撤离过程中的行为。4L站位乘务长在4R出口指挥撤离,她负责的4L出口无人看管(由于不能使用未打开)。4L站位乘务长指挥4R站位乘务员撤离到滑梯底部引导帮助旅客。

大约2/3的旅客通过4R出口撤离,其余人员通过1L、1R和2R出口撤离,极少数人员通过2L和3R出口撤离。据估算,机上人员在略多于2分钟的时间内撤离完毕。

客舱内的烟雾和起火迫切需要迅速撤离,但一些旅客携带随身行李,这一行为对安全构成严重威胁。

在应急程序培训期间,乘务员被要求在佩戴防烟面罩时应使用扩音器,以便乘员听到相关的指令和要求。此次事故中,3L站位乘务员没有使用扩音器。

4）滑梯

1L滑梯部分充气。由于飞机冲出跑道后呈机头朝下、左翼高的姿态,滑梯充气和展开都呈现完成一半的状态。

当旅客从1L出口跳下时,一些人被困在滑梯的折叠部分,在其他旅客跳上滑梯之前无法自救。在撤离过程中,1L滑梯完全放气。事故后对滑梯的检查显示,滑梯有2个地方被刺穿,破损的长度为18厘米和13厘米。

2L出口不安全,滑梯无法展开,尽管一些旅客从该出口撤离。

由于3L和4L出口未打开,因此这些滑梯未启动。

1R滑梯按照设计自动展开。然而,滑梯展开后几乎平行于地面,因此,撤离下滑速度大大减缓。在滑梯底部,两侧的植被推向滑梯,导致滑梯向内卷曲,形成管状。在撤离过程中,1R站位乘务员不得不停止撤离,等待已经在滑梯上的旅客通过这个"管状物",随着更多旅客使用滑梯,滑梯的底部被推平了。

2R滑梯运行正常。

3R滑梯一开始正常展开,但紧接着滑梯漏气。3R乘务员关闭了舱门,防止可能尝试使用该出口的旅客受伤。后来,调查机构发现,滑梯被一块飞机残骸给撕裂了。

4R滑梯正常展开。

在1R、2R和4R双道滑轨的滑梯上的旅客实际上是按照单排撤离。

5）客舱机组应急复训

法航于1987年11月5日发布的相关通告中包含了对客舱机组进行应急复训的指导及对应急复训的监管要求。该通告附件10规定:这些实际演练应尽可能考虑在运行中可能遇到的环境,可在客舱内设置散落的物品制造撤离障碍。

通告还规定,复训计划必须提交监管机构批准。客舱机组必须每12个月参加1次紧急程序复训,但具有3个月的宽限期,即可延长到15个月。

法国民航局（DGAC）的客舱安全监察员对航空公司的初始训练和复训计划进行现场审核,并进行机上审计。法航对客舱机组的应急培训符合当前的所有监管要求,且在某些领域超过了法规要求。

加拿大运输安全委员会（TSB）的调查人员在法航观察了一次应急程序的复训课程:应急撤离演练所分配的时间约为35分钟,包括演练前简介和演练后总结。调查人员发现在这次应急撤离演练中,客舱内没有散落任何物品为撤离制造障碍,被派去扮演旅客角色的乘务员没有将随身行李带到应急出口。

四、设施设备的资源使用情况

1）PA系统

调查报告显示,当机长试图使用PA时,PA系统无法正常工作。机长试图使用PA的时间与客舱机组行动的时间无法确定。

客舱机组在PA停止工作之前,通过PA系统发布了3次广播:①乘务员的第1次PA广播为"一切正常,保持就座"。②机尾的乘务长立即做了第2次PA,只用法语说"4L门,我看到火焰,起火。我正在通过4R门撤离,我正在撤离"。主任乘务长没有听到机尾乘务长关于起火的PA,其他客舱机组人员听到了。主任乘务长随后被前舱乘务长告知发生了起火。③使用PA发布的第3次也是最后1次广播是主任乘务长下达的撤离指令,主任乘务长试图重复撤离指令,但PA系统不再工作。

1995年,TSB发布了一份题为"大型载客飞机撤离安全研究"的报告(SA9501)。TSB审查了涉及应急撤离的21起事件,在这21起事件中,有8起是飞机的PA系统在事故发生后无法工作。因此,客舱机组或旅客会出现没有听到初步撤离指令或没有听到其他应急指令的情况,从而导致启动撤离的时间被推迟,旅客和机组人员的安全受到威胁。

2)撤离警报系统

在主任乘务长发出撤离指令后,他按下了乘务员面板(FAP)上的"撤离/指令"(EVAC/CMD)按钮,向客舱机组发出信号,提醒他们启动撤离警报系统。系统设计的运行方式为:按下"EVAC/CMD"按钮时,按钮会亮起,位于驾驶舱上的"EVAC/ON"按钮闪烁红色并响3次。

激活撤离警报系统的目的是确保所有客舱机组知道他们要立即启动撤离。当主任乘务长按下"EVAC/CMD"按钮时,它未亮起。

飞行机组均未注意到驾驶舱内的"EVAC/ON"按钮闪烁红色或响了3次,机长后来表示,他也按下了"EVAC/ON"按钮来激活撤离警报系统,但系统没有响应。

作为调查的一部分,调查机构记录了驾驶舱内所有开关或切换开关的位置:"EVAC/ON"按钮位于"OUT"位,即正常位置,当按下按钮以激活系统时,该按钮应保持在"IN"位。若按钮被第2次按下,它将弹出回至正常位置。

撤离警报系统在启动设计上允许从FAP和驾驶舱分别激活,但法航运行程序要求设置该系统只能从驾驶舱内激活。

在TSB的安全研究中,需解决的安全问题之一是撤离期间机组通信和通信设备。鉴于TSB研究中发现的通信问题,并基于需明确激活撤离警报且立即在整架飞机上发出需要撤离的信息,NTSB也重申了其早先的建议(A-98-22),新制造飞机的每个客舱机组站位应配备可运行的具有独立电源的撤离警报系统。

3)飞机应急照明

根据乘务员和旅客提供的信息以及旅客安全问卷的回复,在本次事故中,客舱内的常规照明系统没有发挥其功能。撤离期间,通往4R出口的地板逃离路径标志灯未亮起。旅客拍摄的撤离期间客舱内的照片证实,2L出口附近的天花板出口标志灯未亮起,前舱的应急照明可能与PA系统同时失效。

在旅客调查问卷中,TSB询问了飞机停止后的能见度问题,20%的受访旅客回复说从他们的座位只能看到周围几排,14%的受访旅客表示他们只能看到周围的几个座位,受访者没有说明为何他们的能见度受到限制。

虽然客舱内光线有些暗,但旅客撤离并没有因照明不足而受到影响。

4) 观察窗——评估撤离前的外部条件

在每个应急出口门上都有观察窗,窗中圆形棱镜的半径约为6英寸(约15厘米),外景的视野角度在所有方向上大约为31度对称。

根据法航的应急撤离程序,客舱机组在启用出口前必须评估外部环境,确保没有危险存在。乘务员们受过专业培训,他们通过出口门上的观察窗或最近的客舱窗户来进行评估。

在本次事件中,3L站位乘务员并未通过观察窗进行外部环境评估,原因是她觉得观察窗尺寸太小,无法提供足够清晰的视野。因此,她离开了乘务员站位,走进旅客区,向外望去,看到外面起火。她随后返回站位,封锁了应急出口,并重新引导旅客前往其他出口。1L站位乘务员透过观察窗观察,唯一能看到的就是光线。

3R站位乘务员使用观察窗评估了外部条件,但没有看到出口下方的起火或滑梯展开路径中的残骸碎片。当应急出口门打开时,黑烟进入客舱,滑梯接触到尖锐的碎片后被放气。

1R站位乘务员使用观察窗评估了外部条件,但直到出口打开后才看到外面有溪河。当滑梯放出时,它的底部非常接近河水。乘务员封锁了该出口,重新引导旅客从其他出口撤离。

虽然机外雨下得很大,但客舱机组没有觉得他们评估外部条件的视觉能力受到降雨的阻碍。

在1992年的一项调查中,NTSB确定了乘务员离开应急出口进入旅客座位区评估外部条件时造成的风险。比如1992年7月30日白天,1架洛克希德L-1011飞机起飞后在纽约肯尼迪国际机场紧急迫降后被大火烧毁。负责2L出口的乘务员无法通过观察窗清楚地看到外面的情况,于是离开站位到旅客窗口查看外部情况。评估完成后,她无法返回站位,因为许多旅客阻挡了过道,另一名乘务员站在她的出口站位区域,当2L乘务员告知外面没问题后打开了出口,让旅客撤离着火的飞机。NTSB检查了该航空公司运营的另一架洛克希德L-1011飞机的观察窗,想探究为何客舱机组无法通过观察口清楚地看到外面的情况。他们发现,观察窗的玻璃被划伤或有刮痕,以至于很难清楚地看到地面。其他一些窗户也有划痕或开裂的情况,干扰了清晰的视图。

由于起火给飞机造成很大的损坏,无法确定法航358航班的观察窗状况是否导致乘务员难以评估飞机外部的情况。

5) 驾驶舱里的旅客安全须知卡

在这起事故中,坐在驾驶舱里的旅客得到了一张特定于驾驶舱的安全须知卡。该卡显示,如果撤离,乘员将通过前方客舱机组/旅客门撤离,但未提及从驾驶舱撤离和驾驶舱两侧应急出口的信息。旅尽管旅客在起飞前听取了口头安全简报,却未被告知撤离绳的具体位置及其使用方法,结果旅客是从左边的应急窗口跳下飞机撤离的。事后发现,撤离绳悬挂在左窗外,但不清楚在旅客跳出时该绳是否已被展开使用。

当飞机脱离跑道时,经历了猛烈的连续弹跳,最终在峡谷中骤然停下。研究表明,这一过程中至少存在三种不同的撞击力量,并且飞机还同时遭受了纵向的减速力,导致许多旅客头部撞上了前排座椅靠背或客舱侧壁板。在此期间,客舱机组并未向旅客指示应对当前紧急状况的具体行动,即未指示旅客采取防冲击姿势。

截至事故发生之时,欧洲的相关法规并未规定在紧急情况下旅客需采取防冲击姿势,相应地,法航的客舱机组应急程序中也没有规定在事故发生时,乘务员必须发出"BRACE(防冲击)"的口令,乘务员仅在应急着陆时喊出"BRACE"指令。

加拿大民航法规《客舱乘务员手册》和乘务员培训计划中包括客舱机组在可能发生事故迹象时喊"BRACE"指令的程序。

在调查1996年1架B747飞机冲出跑道事件时,NTSB确定在撞击序列中,12名客舱机组人员中只有3人高喊"BRACE"指令。NTSB建议FAA向121部航空公司的主任运行监察员发布飞行标准信息公告,确保客舱机组培训计划中应突出:即使乘务员不确定情况的确切性质,在察觉到可能发生事故的迹象时,大声喊出防冲击指令的重要性(A-96-156)。目前,FAA已要求客舱机组必须接受指挥旅客采取保护姿势的培训。

6)推荐防冲击姿势的安全信息

法航358航班的一些旅客在撞击过程期间确实采取了防冲击姿势,只是所采取的行动和姿势可能并非完全适当,例如,一些旅客抓住他们前面座位的两侧支撑自己。

在1项对防冲击姿势的安全评估中发现,大约50%的旅客(包括常旅客)不知道应该如何采取防冲击姿势,很多旅客提到的姿势不是向前弯曲而是很直地坐着这种不安全不正确的方法。

法航安全须知卡上向旅客提供了2种防冲击姿势。第1种显示乘员直立坐着,头稍微向下倾斜,双手紧握扶手;第2种显示乘员弯腰向前,前臂折叠抱在膝盖上,头部没有碰到膝盖。但这一图示并未说明,直立防冲击姿势是为乘坐经济舱的旅客设置的,因为座位排之间的距离有限,旅客无法向前弯曲90度,而第2个弯曲向前的防冲击姿势适用于座位间距较大的商务舱旅客。

加拿大调查机构对安全文献的审查没有发现采取直立坐姿防冲击姿势的研究。作为调查的一部分,调查机构对包括欧洲多家航空公司在内的50多张安全须知卡进行了审查,只有2家运营人推荐直立的防冲击姿势。加拿大、美国、英国和澳大利亚民航局都推荐以下2种防冲击姿势:乘员向前弯腰,靠在他们前面的座椅靠背(高密度座椅配置构型——通常是经济舱座位);或者头部朝下,双臂缠在腿后面/下腿(低密度座位配置构型——通常是商务舱和/或头等舱座位)。

7)提供禁止携带行李的安全信息

法航安全须知卡中有一张图片是告知旅客撤离时禁止携带行李。现有数据显示,只有不到一半的旅客阅读了安全须知卡。1989年,通过对加拿大航空旅客群体的调查发现,只有29%的旅客阅读或查看安全须知卡;2000年,对涉及应急撤离旅客的问卷调查发现,68%的旅客没有阅读安全须知卡。

法航应急程序要求客舱机组在撤离期间通知旅客,必须将随身行李留在飞机上,高喊"LAISSEZ VOS BAGAGES/留下你的行李"。法航358航班的客舱机组在撤离过程中,使用2种语言大声喊出了这一指令。

尽管有这一指令,问卷调查的结果显示,49%的旅客在离开飞机时试图携带随身行李,48%的旅客报告说随身行李减缓了撤离速度,因为通往应急出口通道的过道被回取行李的乘员堵住了。当一名乘务员告知旅客不能带行李撤离时,一名旅客这样说:"没关系,我们有足够的时间"。一名乘务员指出一名旅客在取下和安放随身行李中的物品时堵住了出口,这名旅客仍然携带行李前往出口并没有听从乘务员的指令,也没有回应站在他身后的许多旅客的愤怒言论。

众所周知,旅客在应急撤离过程中拿下随身行李会对撤离造成威胁,包括可能会减缓撤离速度、损坏滑梯,以及使用滑梯时携带物品的旅客可能无法稳定地下滑从而增加受伤的风险等。

8)紧急情况下使用的语言

法航的正常及应急运行程序规定,需以法语和英语两种语言提供安全信息,以确保在紧急着陆或水上迫降时,旅客能够接收到必要的安全指导。

旅客调查问卷收集的信息表明,法航358航班的旅客中,有77%懂英语,54%懂法语,而11%的旅客由于语言的障碍难以理解撤离指令。

9)应急设备——防烟面罩和扩音器

根据相关规定,这架飞机为客舱机组配备了13个防烟面罩(11个位于客舱机组站位)和2部扩音器(分别在1L、4L客舱机组站位)。

防烟面罩需遵循技术标准规范(TSO-C116)进行认证,确保机组人员的呼吸保护满足特定标准。根据TSO规范,所认证的设备应具备清晰的双向通信能力。具体而言,在65分贝的背景噪声环境下,设备应保证用户在至少4米的距离内能以85分贝或更高等级的声音进行有效沟通。这意味着即使在嘈杂的环境中,使用者也能与他人进行清晰的交流。

客舱机组的防烟面罩配有发音膜,用以提高扬声器的有效沟通能力。3L站位乘务员的区域冒出大量黑烟,她戴上了防烟面罩,但后来又将它取下,因为旅客听不到/不能理解她所说的话。

TSB的调查人员和法国航空事故调查机构(BEA)的代表共同观摩了法航客舱机组的定期应急程序培训。在培训中,每位乘务员被要求在佩戴防烟面罩的情况下高声发出紧急指令。然而,即使靠近乘务员,也很难听清或理解他们所传达的内容。为了解决这一问题,每位乘务员随后被配备了一个扩音器。培训中展示了如何正确定位防烟面罩上的发音膜,并要求他们喊出同样的指令。在扩音器的帮助下,乘务员发出的指令并不难被听见。该事故中,3L站位乘务员没有使用机上扩音器。

10)双道滑梯

双道滑梯的设计旨在通过允许撤离人员同时从两个滑道下滑,提高撤离效率。制造商古德里奇公司表示,在测试双道滑梯时,他们安排了每次两人同时跳上滑梯的测试条件,结果显示,每分钟每个滑道能撤离80人。然而,在实际应用中,人们很少会同时两人跳上滑梯。空客公司表示,在A340机型的型号认证过程中,并未进行包括通过双道滑梯撤离乘员在内的全面撤离演示,而是基于A300-600上进行的全面撤离演示试验结果,认为A340飞机能够满足撤离要求。A340舱门与A300舱门大小相同,滑梯类似,只是A340机型滑梯较长。

通过对法航的应急撤离程序进行审查,并与法航培训人员进行讨论后证实,双道滑梯的撤离程序中要求客舱机组指示旅客在滑梯入口处排成2行,并使用"跳"的指令,1次2人跳上滑梯。

乘务员在飞机资格训练和应急程序复训期间会接受双道滑梯的相关培训。图10-4展示了调查人员于2005年9月在法航客舱机组培训设施拍摄的照片,照片中是双道滑梯训练装置。

图10-4 双道滑梯训练装置

然而,事故航班的乘务员提到,在滑梯入口处并没有足够的空间让旅客有效排成两行进行撤离。同时,由于滑梯相对于舱门开口的位置以及出口门与飞机外部机身的相对布局,2名旅客很难同时跳上滑梯。

1位在滑梯底部协助的乘务员指出,旅客往往跳到了滑梯的中间位置。在358航班撤离过程中,使用的所有逃生滑梯都是双道滑梯,只有23%的旅客表示,他们通过滑梯撤离时与另一名旅客一起滑下,而且双道滑梯上的分隔线并不突出。

没有法规要求双道滑梯配备凸起的"分隔装置"或其他标识以表明滑梯包含两个道。

关于358航班的调查问卷中,面对"你使用的滑梯是双道滑梯吗?"这一问题,63%的旅客的回答为"不是"。

五、可生存性分析

得益于全体乘务员的训练有素和迅速行动,撤离工作取得了成功。除少数例外情况外,乘务员堪称典范的表现是这次事故成功撤离的重要因素。

飞行机组与客舱机组之间建立了有效的沟通机制,客舱机组因得知可能复飞而保持高度戒备状态,从而在应急情况发生时能够立即作出响应。

航班上的3名扩编乘务员无疑对撤离的成功起到了重要作用。他们在撤离过程中充分发挥了安全角色的作用:其中2人在应急出口处指挥旅客有序撤离,而另一人则负责打开应急出口,并在之后于4R滑梯下方协助旅客撤离。

1) 火情

飞机到达峡谷之前没有发生重大起火,而当飞机停止时,火势加剧。泄漏和汇集的燃油为起火提供了充足的"供给物",在撤离进行期间,火势愈演愈烈。撤离完成后不久,机身被大火吞没,客舱内装载的物品、随身行李和货舱物品助长了火势的蔓延。大雨使消防泡沫剂稀释,降低了灭火效率。

2) 旅客安全和撤离

(1) 着陆前的安全简介。

经过长时间飞行,尤其是跨洋航班持续数小时后,旅客可能会遗忘起飞前安全演示中介绍的关键安全指示。尽管旅客可以通过查阅座椅背后的安全须知卡来获取必要的信息,但调查结果显示,仅有不到三分之一的旅客表示他们曾阅读过这些安全须知卡。

着陆前安全简介中应包括其他重要信息,如应急出口的位置和在应急撤离中取回随身行李的危害等,以降低撤离过程中的风险,增强旅客的安全保障。

在事故发生前,加拿大民航法规已有规定,对于飞行时间超过4小时的航班,着陆前简报除了应急指示外,还包含应急出口的位置,但没有提及不能携带随身物品的问题。在预期或准备应急情况时,必须告知旅客应采取的适当行动。法国相关法规及法航的应急程序中,并未明确要求客舱机组在突发意外时引导旅客进行防冲击准备,这在一定程度上增加了旅客在紧急情况下遭受碰撞伤害的风险。

(2) 防冲击姿势。

法航安全须知卡上展示的身体直立防冲击姿势不是美国和加拿大推荐的防冲击姿势,也并非许多国家航空监管机构推荐的做法。研究表明,这种姿势可能无法提供足够的防护来抵御撞击造成的伤害,采用这种方式进行防冲击准备的旅客可能面临较高的脊椎受伤风险。即便是轻微的伤害,也可能影响旅客进行有效撤离的能力。在飞机事故中,如果坠机后发生起火,出口的任何障碍都会对旅客的安全构成极大的威胁。

(3) 行李。

由于大火烧毁了大部分机身,调查人员无法检查头顶行李架、厨房和分离的窗帘杆等的实际状态。

研究表明,在撤离期间,旅客和机组人员的安全持续受到旅客(约50%)在撤离前取回随身行李的威胁。至少有两个因素会影响旅客携带随身行李的行为。第一个是人类在应急情况下的附属行为倾向。这种行为最常见的表现是在撤离前旅客从头顶行李箱(火车、飞机)拿取随身行李,或返回客舱(火车、游轮、渡轮)收集贵重物品;第二个促成因素是安全信息提供不足。许多旅客可能不知道他们不能携带随身行李撤离飞机。即使不到一半的旅客查看或阅读安全须知卡,但根据现行状况,安全须知卡在始发前向旅客提供安全信息的唯一手段。

尽管乘务员在应急撤离期间要求旅客不要携带随身行李,但这些信息是在旅客压力大且客舱内噪声水平可能相当高时提供的,这不是了解或遵守关键安全信息的最佳时机。

在着陆前的安全简报中提醒旅客:"如果着陆时需要撤离,不要携带个人物品",可能有助于加快最终撤离速度。

(4)滑梯。

没有明确的视觉提示表明某些滑梯实际上有两条滑道。在配备双道滑梯的每个应急出口,如果没有乘务员的提示,旅客可能会将双道滑梯用作单道滑梯,减慢撤离速度。

(5)客舱机组行为与沟通。

事故发生后,PA系统无法使用,导致撤离工作启动延误。PA系统和撤离警报系统由同一应急电源提供,撤离警报系统也没有激活。这种风险应引起重视。

虽然为客舱机组提供的防烟面罩已通过了TSO-C116认证,但基于个人保护而戴上了防烟面罩的一名乘务员无法以旅客可理解的方式进行通信。她无法向旅客传达应急信息和指令,她的站位没有扩音器,因此她取下了防烟面罩来发布指令。如果每个乘务员站位都配备扩音器,这可以增加客舱机组在佩戴防烟面罩时发布信息或指令被旅客听到的效果。

总体而言,客舱机组在应急情况下建立了有效的沟通,后舱乘务员PA广播告知发生了起火,她正在4R门组织撤离,这为客舱机组协调应急反应提供了便利。

起火后,后舱乘务长有效地评估了旅客面临的风险,并毫不犹豫地决定立即启动应急撤离。其他客舱机组也表现出有效的风险评估和决策过程,1R和2R客舱机组的行动就证明了这一点。他们最初正确地判断溪河在飞机外流淌,他们的应急出口无法使用,然而随着客舱内烟雾情况的恶化,他们迅速重新评估了旅客安全的总体风险,并得出结论:溪河所带来的风险相较于客舱内烟雾构成的直接威胁要小,于是这2名客舱机组采取相应行动,在各自的出口开始组织撤离。

本案例详细复盘了飞机在异常情况下客舱内的状况及整个机组成员的应对与处置。就此案例,笔者要强调以下四点内容:

第一,除少数例外情况外,乘务员堪称典范的表现是这次事故成功撤离的重要因素,这取决于全体乘务员的训练有素和迅速行动。该航班旅客还包含8名儿童、3名婴儿、3名轮椅旅客和一名盲人,尽管烈火迅速蔓延,瞬间吞噬航空器,但297名旅客和12名机组共309人在约2分钟的时间撤离航空器,机组成员在紧急撤离中的卓越表现有效避免了生命的重大损失。

第二,这次撤离的成功还得益于运营人配置了10名客舱乘务员,这比所在国相关法规规定的客舱机组最低人数多了4人。国际民航组织发布的《制订最低客舱机组人数要求手册》对指派客舱乘务员担任商业客机上的应急任务做出建议,运营人必须按照飞机座位数量或所载旅客人数确定各种机型所需客舱乘务组的最少人数,这一最少人数的规定必须获得运营人所在国的批准。我国CCAR121FS第121.391条也对客舱乘务员的配备数量和比例做出明确要求,在第121.475条"客舱乘务员的搭配要求"中明确,合格证持有人应当建立一套客舱乘务员排班程序,保证科学合理地搭配客舱机组成员,安全地完成所分派的任务。搭配客舱机组成员时当考虑:客舱乘务员的年龄和飞行时间经历;客舱乘务员的训练、资格满足所飞机型、区域和特殊运行的要求。

客舱乘务员的角色至关重要,他们在紧急情况下或需要进行紧急撤离时,能够安全且迅速地引导旅客撤离飞机,并履行其关键职责。有效的应急情景管理、减少旅客受伤风险以及保障运行安全,都离不开足够数量的客舱乘务员。他们的表现对于提升撤离速度至关重要,是确保乘员成功撤离的关键因素。特别是在时间成为决定旅客生死的关键时,机上客舱乘务员的数量会显著提升撤离的效率。

第三,358航班的火灾源于机外因素,尽管飞机设计初衷是防止烟雾进入机舱内部。然而,敞开的门、舱口及某些机载系统可能成为烟雾进入客舱的途径,这些烟雾通常通过飞机的增压和空调系统渗透进来。大多数客机依赖发动机或辅助动力装置(APU)的引气来为客舱加压、加热或冷却,因此,任何源自发动机或APU的污染物一旦进入,都可能导致客舱和驾驶舱内出现烟雾。在航班运行过程中,若客舱内出现烟雾,关键措施包括劝告旅客保持头部低于扶手水平,提供湿毛巾供旅客捂住口鼻,或分发装满水的容器,指导旅客用湿衣物、手帕等遮掩口鼻。同时,应注意控制旅客情绪,禁止乘员大面积纵向移动,以防造成进一步混乱。回顾中国民航史上的"大连5·7空难",从报告机舱起火到飞机失控仅短短几分钟,专家分析认为,旅客恐慌性地涌向前舱导致飞机迅速失衡,重心变化剧烈,最终引发飞机失控。

第四,烟雾和毒性测试指标同样至关重要。飞机零部件(尤其是客舱材料)的制造商、供应商们要重视航空器材的质量要求、适航要求,确保所使用的原材料满足适航的阻燃要求。同时,运营人也需要考虑在飞机上配备的各类物品应符合相应的阻燃要求。

任务四 案例分析:危险品运输造成的起火

1996年5月,美国ValuJet航空公司运营的一架窄体DC-9飞机,在前货舱发生浓烈起火后,不幸坠毁于机场附近的大沼泽地,导致机上105名旅客和5名机组人员全部遇难。

经调查,这场灾难性的火灾是由未授权的危险品——化学氧气发生器的不当运输引起的。这些氧气发生器在设计上能够产生氧气,且在燃烧时会产生极高的温度。它们被设计为通过弹簧加载的锤子击中点火销来启动化学反应。为了防止在运输过程中被意外激活,这些点火销上必须安装安全帽。

14:04,在灾难发生前10分钟,DC-9从跑道9L起飞,并开始正常爬升。

14:10,旅客闻到烟味。同时,飞行员听到一声巨大的轰鸣,并迅速觉察到飞机多重电气系统故障,便立即决定返回迈阿密。几秒钟后,一名乘务员进入驾驶舱,通知飞行机组客舱起火。驾驶舱门打开时,舱音记录了客舱里激动的女声"起火!起火!起火!"。

14:13:42,592航班从雷达上消失,附近的目击者看到飞机倾斜、滚转到一侧。飞机坠入迈阿密以西几英里处的沼泽地。

调查的重点是起火可能是由货舱内携带的氧气发生器引起的,飞机携带装有144个氧气罐和2个充气的MD-80起落架轮胎的箱子。从沼泽地的飞机残骸中找到了几个被火烧黑的氧气发生器,这些氧气发生器没有安装运输安全帽。NTSB的调查人员模拟重建了Valujet DC-9前货舱的装载情况。测试的录像显示,测试录像显示,当故意启动一个置于纸板箱中的化学氧气发生器,且其周围被其他可燃行李和货物(包括两个飞机轮胎)包围时,大约6分钟后开始燃烧。火焰从一些氧气发生器喷出,蔓延至轮胎和其他可燃物。录像还显示,其中1个轮胎发生爆炸,致使大量橡胶碎片狂飞,这与从残骸中回收到的裂开的、烧焦的轮胎一致,后来这被怀疑是飞机在爬升时机长听到的噪声的来源。

NTSB确定,SabreTech技术公司将未消耗完的化学氧发生器提交ValuJet航空公司运输前,未能对未消耗完的化学氧气发生器进行正确准备、包装、识别和跟踪。一个或多个氧气发生器的不当运输导致了货舱起火。同时,ValuJet航空公司未能正确监督其合同维护计划,确保符合维护、维护培训和危险品材料的要求和做法,未能确保合同维护机构的员工了解承运人禁止运输危险品的政策,且缺乏适当的危险品培训。此外,FAA未要求在D类货舱中使用烟雾探测和灭火系统。

任何消防或烟雾清除程序在这起事故面前显得多么的无力。飞行中由于危险品导致的起火事故并不少见,我们可以事先做好的工作如下:①采取积极措施,确保不符合运输法规要求的危险品不装入飞机;②为所有机组人员提供先进的消防设备,并进行全面培训,使他们能够熟练使用这些设备迅速扑灭机上起火。简而言之,必须竭尽所能预防飞行中的火灾,一旦发生,必须立即彻底扑灭。

另一个重要的经验教训是"尽快降落"。在ValuJet航空公司起火4个月后,一架DC-10货机又发生了起火,机组人员发现货舱烟雾警告灯后的18分钟内,飞机回到了地面上。这起事故发生在1996年9月5日凌晨,联邦快递公司使用道格拉斯DC-10-10CF货机执飞从田纳西州孟菲斯飞往马萨诸塞州波士顿的1406号货运航班,机组人员确定货舱冒烟后,在纽约机场紧急降落。机上有3名机组人员,其中机长和飞行工程师在撤离飞机时受了轻伤,飞机着陆后被烧毁。NTSB确定这起事故的起因是机上货物起火(调查报告AAR-98/03)。

机长说,当飞机进近机场时,驾驶舱的能见度仍然很好,尽管他通过氧气面罩闻到了烟味。飞机降落在27号跑道上,在A3号滑行道停了下来,机场救援和消防服务(ARFF)的车辆正在旁边等候响应。飞行工程师说,着陆后打开驾驶舱门时,看到前舱区域弥漫着浓烟。机长告诉调查人员,他和飞行工程师都要求紧急撤离,机长随后拉起3个引擎的灭火手柄,并试图释放发动机的灭火剂(他不确定是否都释放了)。飞行工程师未阅读撤离检查单,但他表示他关闭了电源开关(这是撤离检查单第18项)。

飞行工程师试图打开主舱门(1L和1R),但门没有立即打开。与此同时,机长试图打开驾驶舱的窗户,他感到有阻力,听到空气"嘶嘶"声。然后,飞行工程师将外流阀控制旋钮转到打开位置,从而对飞机释压,并再次尝试打开1L和1R门,1L门部分打开,滑梯展开。飞机释压后,机长和副驾驶都打开了驾驶舱的窗户。

机长说当时烟雾是灰色和黑色的,然后变成黑色,并且有"可怕的刺鼻"气味,他必须屏住呼吸直到打开窗户,滚滚浓烟从窗户中涌出,消防员也看到从驾驶舱窗户和撤离门冒出的烟雾。

机长和副驾驶打开各自的滑动窗后,把身体上部伸出到飞机外面,机长跪在座位上,上半身在窗外。副驾驶坐在窗台上,双脚放在座位上,上半身伸出去,以便得到更好的新鲜空气。飞行工程师通过1R滑梯撤离,在窗户下的地面呼叫机长和副驾驶,机长和副驾驶随后用逃生绳撤离了飞机。在撤离过程中,机长的手被烫伤,飞行工程师的额头被轻微割伤。飞行工程师说,烟雾是"油腻、酸味和臭味的",使呼吸变得困难。在离开驾驶舱之前,他使用了氧气面罩,然后进入前舱区域。他没有使用驾驶舱中的PBE,因为他急于打开出口门,他认为不穿戴PBE可以相对较快地完成撤离。调查显示,起火来源在集装箱6R内。6R有4批货物:工业金属阀门、DNA合成器及两批计算机设备。6R所有货物均接受了检查,但没有找到起火的确切点火源。

  1973年,一架从纽约起飞的货机在空中起火,在波士顿洛根国际机场迫降时飞机坠毁,机组人员全部遇难。事故原因是货舱中的货物有未如实申报的危险品硝酸,而货运单上的货物品名却是"电器"。根据事故调查,在160个木箱里,每个木箱内装有一个5升硝酸的玻璃瓶。托运人签署了一份空白的"托运人危险品申报单"给货运代理,货运代理将货物交给包装公司进行空运打包。包装公司并不了解包装要求,将装有5升硝酸的玻璃瓶放入一个用木屑作为吸附物和填充材料的木箱中,操作时包装外有些粘贴了方向性标签,有些没有贴。这160个木箱在装入飞机时,粘贴了方向性标签的木箱是按照向上方向码放的,而未粘贴方向性标签的木箱倾倒了。事后调查机构用硝酸与木屑接触做试验,硝酸与木屑接触后会起火,8分钟后冒烟,16分钟后木箱被烧穿,22分钟后爆燃,32分钟后变为灰烬。到达巡航高度时,玻璃瓶的内外压差造成瓶帽松弛,硝酸流出与木屑接触,随即起火。实际起火的木箱可能不超过2个,却导致了整架飞机的坠毁。

  以上的这些事件,直接影响了民航局方和其他机构对监管要求的改进,如1996年ValuJet危险品事故后,NTSB建议重申所有客机的货舱必须配备烟雾探测器和灭火器的要求。FAA强制要求,自2001年起,所有飞机必须安装火灾感应器和灭火系统。

  危险品是指列在国际民航组织《危险物品安全航空运输技术细则》危险品清单中或者根据该细则归类的对健康、安全、财产或者环境构成危险的物品或物质。在货舱区域,危险品的破损或泄漏将威胁飞行安全。各运输承运人应制定危险品处置程序或清单,并不断完善改进,如涉及危险品火情时客舱机组的行动通常为查明物品→应用消防程序→切断电源→在装置上洒水(或其他不可燃液体)→将装置放在原位,并监测重新起火现象→冷却装置→在剩余的飞行时间里对装置及其周围区域进行监测→在下一个目的地着陆后和相关人员交接。

  空中发生危险品事故或征候时,乘务员应考虑的事项包括:①飞行机组会考虑尽快着陆,提前做好准备;②不应为了灭火而降低通风率,这对灭火却起不到多大作用,而旅客可能在火被熄灭之前因缺氧而窒息,通过确保客舱的最大通风量,可显著增加旅客的幸存机会;③在处理涉及火情和烟雾的事故或征候时,应时刻戴着气密呼吸设备。

  烟雾可能会通过面罩上的气门或气孔被吸入,因此应提醒处于充满烟雾的环境中旅客使用湿毛巾或湿布捂住嘴和鼻子。湿毛巾或湿布可帮助过滤有害物质,且比干毛巾或干布的过滤效果更佳。如果烟雾越来越多,客舱机组应迅速采取行动,将旅客从受影响区域转移,必要时提供湿毛巾或湿布,并说明如何通过它们来呼吸。

  一般而言,在有溢出物或有烟雾的情况下,需要考虑到使用水灭火的局限性,因为它可能使溢出物扩散,或加快烟雾的蔓延。当使用水灭火器时,还需特别注意是否存在电气组件,以防触电风险。

  在触摸可疑包装件或瓶子前,应将手保护好。抗火手套或烤炉抗热手套覆上聚乙烯袋子,可提供适当的保护。

在擦干任何溢出物或渗漏物时,应时刻谨慎小心,确保用来擦抹的物品与危险品之间不会产生反应。如果可能产生反应,就不应试图擦干溢出物,而应用聚乙烯袋子将其覆盖。如果没有聚乙烯袋子,则应确保用来盛装该物品的任何容器与该物品本身不会产生反应。

如果已知或怀疑的危险品以粉末形式溢出,所影响的一切物品均应保持不动,不应用灭火剂覆盖此类溢出物或用水加以稀释,而应将旅客从受影响区域转移,并考虑关闭循环风扇。使用聚乙烯袋子或其他塑料袋和毯子覆盖有溢出物的区域。将该区域隔离起来。着陆之后,由合格的专业人员负责处理情况。

如果火已被熄灭,且内包装完好无损,考虑用水冷却包装件,从而避免再燃烧的可能性。

1999年,592航班事故发生三周年之际,坠机地点大沼泽地建立了由110根混凝土组成的纪念碑,永远纪念那110条逝去的生命。从航空发展历程来看,这些纪念碑也是航空安全的里程碑,最终指引我们走向更安全的航空世界。

当今,随着物流行业的发展和国际贸易的增加,危险品运输的需求也逐渐增加。同时,由于危险品种类繁多、性质复杂,危险品运输管理面临着挑战,这需要危险品承运人不断关注行业发展和国际趋势,需要从业人员具备较强的专业知识和技能,严格遵守管理规定,确保危险品的合法、合规、安全运输,推动危险品运输工作的可持续发展和长期安全。

任务五 使用便携式电子设备(PED)应考虑的问题

便携式电子设备(PED)泛指可随身携带的,以电力为能源并能够手持的电子设备。例如,笔记本电脑、平板电脑、手机和电子游戏机等。

伴随着近些年电子技术的迅猛发展,电子产品也广泛应用并出现在生活的各个角落,机上电子设备起火时有发生,如2023年8月,国内某航空公司一航班在飞机巡航阶段,公务舱旅客手机不慎掉至座椅下方,在旅客自行调节座椅过程中锂电池受挤压后出现冒烟和火花闪现;2023年12月,国内某航空公司航班上一名旅客羽绒服口袋内的充电宝发热并轻微冒烟,旅客自述上机前充电宝摔到地面且裂开,航程中并未使用。

一、电子设备起火——客舱机组检查单

(1)最初行动:①通知机长。②识别物品。③遵守标准程序,获取和使用灭火器:使用标准紧急程序处理任何火灾,虽然海伦灭火器已被证明对锂电池起火效果不理想,但它能有效地扑灭周围材料的后续起火。④从设备中移除外部电源(如适用):电池在充电期间或充电周期之后立即由于热失控而着火的可能性更高,热失控的影响可能会延迟一段时间。通过从设备中移除外部电源,可以确保不会将额外的能量馈送到电池以促进起火。⑤用水(或其他不易燃液体)浇注装置以冷却电池并防止相邻电池起火:如果可用,应使用水来冷却已点燃的电池,防止热量扩散到相邻电池(如果没有水剂灭火器,可以使用任何不易燃的

液体来冷却电池和装置)。⑥请勿移动设备:研究证明,当热量传递到电池组中的其他电池时,涉及起火的电池组会重新起火,最好用水(或其他不易燃液体)冷却设备。如果设备在移动时重新起火,可能会造成再次伤害。⑦如果设备正在接通电源,断开电源插座的电源,直到可以确定飞机的系统没有故障。通过断开其余电源插座的电源,可以确保故障的飞机系统不会导致旅客便携式电子设备的其他故障。

(2) 落地后:①向地勤人员指明危险品物品以及存放位置。②在维护日志中进行适当的录入。

二、扩大使用便携式电子设备(PED)应考虑的问题

自20世纪60年代以来,有关在商用飞机飞行中使用便携式电子设备(PED)的法规基本保持不变。但随着技术不断发展和革新,旅客希望能够在飞机上使用电子设备且对于24小时不间断网络的期望与日俱增。许多民航监管机构已经开始放宽限制。2014年12月,国际民航组织发布了第340号通告——"关于扩大使用便携式电子设备的指导原则",以帮助各国有效应对这一变化。在此之前,FAA宣布,商业航空公司可以在飞行的所有阶段扩大旅客使用便携式电子设备的范围,并向运营人提供实施指导。在政策中出现这种非常明显的变化之后,国际民航组织收到了很多希望效仿美国放宽对旅客便携式电子设备使用限制的咨询。

为了在国际层面讨论这一议题,国际民航组织于2013年11月会见了FAA、欧洲航空安全局(EASA)以及航空航天工业协会国际协调理事会(ICCAIA),与会方一致认为,需要全球统一标准和做法。2014年1月,各方再次举行会议,这次有国际航空运输协会(IATA)的参与。

各方一致认为,在允许扩大使用便携式电子设备之前,各国应制定明确的程序,批准或接受运营人的政策和程序的变化,并确定在实施这一变化时应采取的行动以维护必要的安全水平。

各方讨论主要围绕两个主要问题展开。首先是技术层面的考量,确定飞机机载电子系统和设备对便携式电子设备使用的干扰容忍度。其次是在扩大便携式电子设备在客舱内使用的情况下,可能出现的安全隐患问题。

结果表明,技术考虑不是受到关切的问题。美国FAA和欧洲EASA都使用国际公认的标准,对飞机机载电子系统和设备就便携式电子设备使用干扰的容忍范围进行测试,结果令人满意;然而,客舱安全问题更引起了人们的关注,特别是因为美国和欧洲的做法不同,可能导致国际航班上出现混乱。各方一致认为,IATA应制定指导材料解决这些问题:①便携式电子设备耐受性测试的技术事宜;②与旅客扩大使用便携式电子设备有关的客舱安全事宜;③各国批准在现有飞机类型飞行阶段使用便携式电子设备的要求。

为了促进国际协调,国际航空运输协会(IATA)鼓励各国将相关通告中提出的指导意见纳入其法规和指导材料。此外,340号通告还涉及实施后的活动,例如国家持续监测实施情况以及运营人在扩大使用便携式电子设备方面的安全保证程序,如报告可疑的便携式

电子设备干扰。通告包括以下章节：术语、引言、监管注意事项、技术注意事项、运营人安全风险评估、运营人政策和程序、对机组和国家航安监察员进行培训、旅客意识、实施后活动，包括报告和调查、额外资源（来自国家和国际组织）。

各国关于在飞机上使用便携式电子设备的法规规定，运营人有责任确定便携式电子设备的使用是否可以接受。通告解释了运营人如何根据飞机类型认证数据、对特定的便携式电子设备容差测试或飞机操作测试进行确定。建议使用标准制造组织如航空无线电技术委员会（RTCA）和EUROCAE的可用行业标准以确定运营人的飞机是否可以使用便携式电子设备。通告援引下列文件作为参考：关于允许在飞机上传输便携式电子设备（T-PED）的指南（RTCA/DO-294）、在飞机上使用便携式电子设备指南（EUROCAE ED-130）、飞机设计和便携式电子设备容差认证（RTCA/DO-307）。

在制定第340号通告期间，客舱安全问题成为讨论的首要问题。国际民航组织客舱安全小组（ICSG）面临的3个主要挑战如下：便携式电子设备的存放与固定、在安全演示期间旅客的注意力，以及对国际运营的影响。

首先，"便携式电子设备存放与固定的问题"在ICSG内部引起了相当大的争论，小组成员最初无法就飞机移动时如何处理便携式电子设备达成一致。有人担心飞机在滑行、起飞或着陆滑跑时旅客使用的便携式电子设备在突然减速时可能成为抛射物，并造成其他旅客受伤。

经过长时间的讨论，小组决定，应区分存放的设备和固定的设备。如果便携式电子设备被"存放"，则必须将其放置在飞机上经批准的储存位置，这些地点经过设计和认证，符合保留物品的要求。

设备应存放还是固定取决于大小。较大的便携式电子设备（如笔记本电脑）应存放在经过认证的位置（例如行李架）；飞机在地面移动、起飞、下降、进近和着陆期间，应固定较小的手持便携式电子设备，如移动电话或平板电脑。

旅客应通过国家可接受的方式固定较小的便携式电子设备，便携式电子设备不应放在相邻的空座上或随意放在旅客的膝上，这种做法并不安全。旅客可以将小型便携式电子设备放在座椅口袋中，从而确保它们的安全。座椅口袋的使用也引起了很多讨论。因此，通告建议运营人的政策应涉及使用座椅口袋来固定便携式电子设备。

作为审批流程的一部分，运营人应进行安全风险评估，以确定放置在座椅口袋中的物品可接受的重量限制。

其次，旅客在安全演示期间的注意力是否能全神贯注是使用便携式电子设备的另一个挑战。飞行前的安全演示对于向旅客提供飞行安全方面的信息以及演示安全、应急设备、飞机系统的使用是非常重要的。不幸的是，事故调查和研究表明，旅客通常很少注意安全演示。随着便携式电子设备的广泛使用，关注安全演示的旅客会更少，一些专家对此表示担忧。虽然在安全演示期间禁止使用便携式电子设备可能会解决这一问题，但这不被视为一个现实的解决方案，尤其是在大型飞机上，因为客舱机组无法验证每位旅客是否遵守这一要求。

客舱安全小组（ICSG）建议，应避免在安全演示期间旅客使用便携式电子设备造成的分心,以便旅客能够将注意力集中在安全简报和客舱机组指令上。

运营人应强调旅客注意安全演示的重要性,并鼓励他们关注简报和客舱机组指令。如果对特定的操作可行,例如对于小型飞机上或紧急出口排就座的旅客,运营人可考虑在安全演示期间限制其使用便携式电子设备。

最后,扩大使用便携式电子设备对国际航班运营人的影响在通告的制定过程中也引起了很大的争论,主要有2种情形:①目的地国有法规允许扩大使用便携式电子设备,但是与运营人所在国家的法规不同;②目的地国不允许扩大使用便携式电子设备。FAA的指导材料建议美国运营人遵守目的地国规定的任何限制(即不允许运营人使用便携式电子设备的国家中,不允许扩大使用便携式电子设备)。这意味着运营人应核实他们所运营的每个国家的便携式电子设备法规,并根据需要实施限制。就此,未能在国际民航组织指南中达成共识。这个问题虽未得到解决,但要求各国和运营人给予考虑。

通告指出,如果运营人所在国允许扩大使用便携式电子设备,但目的地国不允许,则运营人应在其政策中包含该内容,并决定如何解决这一差异问题。

作为过渡进程的一部分,国家应特别注意提高旅客对扩大使用便携式电子设备的认识。关键步骤是向旅客传达运营人新的便携式电子设备使用政策、扩大便携式电子设备使用的任何安全影响。运营人应向旅客提供准确和清晰的信息,说明在飞行的各个阶段可以使用或不能使用的便携式电子设备类型、在飞行的某些阶段固定和存放设备的要求,以及便携式电子设备的尺寸和重量限制等信息。

该通告指导各国和运营人向旅客提供关键信息,提高人们对在飞行各个阶段扩大使用便携式电子设备时的安全认知。

我们从空中、地面、危险品、便携式电子设备起火等各方面对机上烟雾和起火进行了介绍,分析了起火的因素,讨论了烟雾和起火的应对措施,通过案例分析强调了灭火程序和培训的重要性,特别是应对机上烟雾和起火时时间的关键性。

NTSB对1983年6月加拿大797航班事故的调查发现,来历不明的火源、对火势的评估不足,以及向机长提供的误导性火势信息最终导致事故发生。受到致命伤害的部分旅客很可能在客舱尾部寻找翼上紧急出口,但由于能见度迅速降低,旅客未能找到出口。其他幸存者也描述在浓烟中很难找到出口。

1985年8月,一架搭载有131名旅客的B737-200飞机在起飞过程中,发动机故障并击穿机翼油箱检修盖板,飞机中断起飞。由于左发动机起火,飞行机组通过PA广播指挥机上人员通过右侧出口逃生。火势在舱尾右侧出口开启后迅速向客舱蔓延,53名旅客受到致命伤害,飞机被毁。英国航空事故调查机构(AAIB)认为,事故出现人员死亡的主要原因是由于乘员吸入客舱内大量有毒、刺激性烟尘后迅速丧失了行动力,另外,一扇逃生门未能开启以及逃生通道的拥挤延缓了撤离的速度,安全须知卡的描述有误、翼上紧急出口开启困难以及舱内过道和出口处的拥挤状况等方面的原因导致这次事故中死亡人数众多。

诸如这些事故和征候在历史上具有重要意义,因为它们直接影响了飞机设计和功能的改进,推动了民航监管机构和其他组织对客舱设施设备的改进(见表10-4)。

表10-4 客舱设施设备的改进

16G座椅	1988年,针对所有旅客和客舱机组座椅的16G标准开始实行。此类标准提高了对严重头部创伤(头部与座椅或其他结构发生接触)的保护作用。16G座椅同样可以通过约束装置保护机组成员免受严重胸部创伤,并防止机上人员在座椅发生严重变形时被困于其中
防火材料	1984年提升了旅客和客舱机组座椅坐垫的阻燃性标准。如今的坐垫材料跟以往相比,能提供40至60秒额外的时间供撤离之用。为了延迟客舱闪燃现象的发生,针对表面面积较大区域(例如天花板、墙、厨房、行李架和隔板)的新测试标准从1985年开始实行。标准提升后,旅客和机组成员在事故发生后有更多的时间从航空器逃生。在客舱材料可燃性方面的这项改进措施旨在延迟客舱内闪燃现象的发生
近地紧急撤离通道标志	1986年推出了设置近地紧急撤离通道标志的规定,以帮助旅客确定逃生路线并通过近地照明光源来发现出口。该举措旨在提高乘员在客舱内大量烟雾条件下的逃生概率
盥洗室烟雾探测器和灭火器	从1986年起,所有航空器盥洗室都必须装配烟雾探测器;从1987年起,所有航空器盥洗室内的垃圾箱内也必须装配自动灭火装置
低热量/烟雾排放测试	航空器客舱(例如天花板、侧墙、行李架、隔板)材料必须通过低热量/烟雾释放测试
耐辐射热逃生滑梯	1983年修改了针对紧急逃生滑梯的技术标准规定,其中增加了对滑梯材料的耐辐射热测试,该修订提升了滑梯在附近出现大型燃料火灾情况下的耐热性
出口设计	对于搭载60名或以上数量旅客的航空器,对其内部通往出口的过道的最小宽度进行重新规定,以便使乘员更容易到达第三型出口。与以往狭窄的过道相比,通过出口的逃生速率得到了提升。新式航空器采用自启动舱门(ADH)而不是传统的第三型出口,取消了人工操作,确保舱门打开后的最终位置不会阻挡航空器内部和外部的逃生路径
紧急出口之间的距离	从1989年起,机舱两侧各有至少一个紧急出口的航空器,其同舱同侧任意两个相邻的旅客紧急出口之间的距离不得超过60英尺,旨在确保紧急情况中旅客对于出口的合理使用。出口的位置设置应尽量统一,以提供合理的"座椅到出口"和"出口到座椅"的距离
货舱火灾探测/消防系统	1998年,FAA要求所有大型客运航空器在2001年3月之前必须在所有货舱区域装配火灾探测和消防系统。所有现有的D级货舱必须升级为C级或E级,且所有现有的烟雾或火灾探测系统必须进行升级,以符合更为严苛的标准(探测功能在1分钟内启动)。该规定适用于正在服役以及所有新制造的航空器
隔热或隔音材料	此类规定针对运输型航空器机舱内通常采用的隔热或隔音材料的可燃性制定了具体的标准,包括采用可燃性测试方法和标准以阻止现实火灾现场中火势蔓延及外部火势进入航空器内部(烧穿)。2005年之后制造的所有航空器都必须采用符合该规定标准的隔热或隔音材料。该新规定同样适用于2005年9月前制造的航空器的隔热或隔音材料翻新或替换

此外，还增加或改进了机组防护式呼吸装置(PBE)的配备、机组人员安全培训(含CRM)、撤离检查单、紧急出口处的旅客座位限制、旅客安全简报，等等。

但是，飞行中起火的威胁仍然挥之不去。2016年3月16日，美国国内某航班在登机过程中，一支电子香烟在旅客的随身行李中点燃，延误了从哈特斯菲尔德-杰克逊亚特兰大国际机场起飞的航班。火被扑灭了，飞机没有损坏。航空公司的政策允许电子烟登机："电池供电的便携式电子吸烟装置(例如电子香烟、电子雪茄、电子尼古丁)，如果由旅客或机组人员携带供个人使用，必须随身携带或携带在随身行李中，不允许在飞机上为设备或电池充电"。

还有一些更意想不到的原因，比如接线故障、电气部件故障、雷击、引气泄漏、故障的断路器等问题导致的飞行中起火(可能与飞机老化有关)；新飞机装载了更多的高科技系统，这些系统需要大量的布线，这通常是墙板后面和天花板上方烟雾和起火的源头；锂电池和锂离子电池所具有的潜在爆炸性，无论是在货物中，或是作为机上必备设备，还是为旅客和机组人员的飞机系统和电子设备供电，都对飞行中的起火构成了新的威胁。

2024年1月2日，日本航空JAL516航班在东京羽田机场降落时与一架日本海上保安厅的运输飞机相撞。随后，JAL516航班飞机失控，机翼和发动机燃起大火。在事故发生后的18分钟内，旅客和机组成员共379人全部安全撤离，截至截稿日(2024年8月1日)，事故仍在调查之中。379人全部生还的背后，客舱机组做了什么？这值得我们去仔细思索和认真研究。

现代航空业的安全记录是建立在无数牺牲与深刻警示之上的，我们应当铭记过往的历史教训。"敬畏生命、敬畏规章、敬畏职责"不仅是民航安全工作实践的智慧结晶，也是人民至上、生命至上原则在民航领域的深刻体现。这种精神应当深深植根于每位民航从业者的职业生涯之中，成为指导我们工作的核心理念。作为航空安全不可或缺的一环，客舱安全管理同样需要遵循这一原则，并将其内化为每位客舱安全管理者及从业人员的行动指南。

安全，不仅仅是我们的职业要求，更是我们对生命的尊重和对职责的忠诚。安全工作是一场永无止境的征程，我们要时刻警惕，安而不忘危。在客舱安全领域，我们需要敏锐地"察事物之萌"，见微知著，关注到客舱安全工作中苗头性、趋势性问题，盯紧不安全事件，深挖事件背后的原因，排查安全隐患，堵住安全漏洞，始终保持如履薄冰、如临深渊的谨慎和忧患意识，将安全发展理念融入血液、刻入骨髓、注入灵魂，确保客舱安全基础牢固。

案例分析　　　　案例分析

加拿大航空797航班洗手间起火事故

B738飞机在札幌机场滑行过程中客舱发生烟雾，紧急撤离

第十一章 释压

1990年6月10日,英国航空一架BAC型客机由于机务更换风挡螺丝时未遵循手册指引,错误地使用了尺寸过小的螺丝安装风挡,导致驾驶舱风挡在飞行途中松动并脱落,飞机瞬间释压,机长上半身被吸出左侧挡风玻璃外,驾驶舱门被吹到飞机操纵台前,但飞机最终平安降落。

2018年5月14日,我国四川航空股份有限公司A319飞机执行3U8633航班从重庆飞往拉萨,起飞约40分钟,驾驶舱前挡风玻璃破裂脱落,飞机瞬间释压,飞行机组紧急下降,最终飞机安全降落在成都双流机场。

对在正常巡航高度飞行的大多数喷气式客机来说,释压是潜在的严重紧急情况之一,也是各航空公司飞行和客舱领域高度关注的核心风险之一。释压常伴随氧气面罩脱落、人员缺氧、耳朵受压等。2018年1月7日,国内某航空公司A319飞机执行邦达-成都航班,10:58从邦达机场起飞后仅35秒,飞机的电子中央监控系统(ECAM)发出了主警告音响,并显示了座舱高度过高的警报信息,随即客舱机组通过内话告知飞行机组客舱氧气面罩全部脱落。飞行机组重新设置座舱增压控制器后,座舱增压逐渐恢复正常,飞机于11:55在成都安全落地。

2018年7月10日,国内某航空公司一架B737-800飞机在执行从香港飞往大连的航班中,由于飞行机组在空中准备吸烟时不慎关闭了空调组件,导致飞机在10700米的高空触发了座舱高度警告。在紧急下降过程中,飞机与另一架外航飞机发生了冲突,触发了交通防撞系统(RA)的告警。在降至3000米并平飞后,飞行机组意识到空调组件被错误关闭,并立即重新启动,使得座舱增压得以恢复正常。在氧气面罩已经释放的情况下,飞机恢复爬升至8100米的高度,又继续飞行2小时37分钟后在大连落地。

任务一 释压的基础知识

一、增压的定义

飞机飞行高度越高,空气越稀薄、气压越小,高空的低气压会使人产生减压症状,因而在高空飞行时要保持座舱和驾驶舱的气压在合适范围。

现代客机的客舱都经过加压(飞机增压系统),随着飞机高度的上升,飞机增压系统会给飞机增压,使机内人员不会因为高空压力小和氧气不足而产生不舒服的感觉。

二、释压的定义

释压是指飞机从增压状态到与外界气压值相同的气压变化过程。

三、导致释压的原因

结构故障：如窗户、门、压力舱壁故障或飞行中爆炸等，其中飞行中爆炸可能是由于系统故障、危险品货物或机上安放爆炸装置等恶意行为造成。

增压系统故障：增压系统的某些部分（如外流阀）出现故障。

无意中的系统控制输入：意外或错误地激活了关键的增压控制装置。

有意行为：一种主动性措施，如机长可能将释压作为清除客舱烟雾的一种措施来考虑。

四、释压的类型、定义和迹象

释压的类型、定义和迹象如表11-1所示。

表11-1 释压的类型、定义和迹象

释压的类型及定义	释压的迹象
缓慢释压：逐渐释放客舱压力	失密处有漏气的尖响声；失密处可能有光线进入；轻细物体吸向破损处；气流膨胀引起的耳朵不适，人员感到困倦和疲劳；释压预录广播（如安装）启动；客舱灯光异常明亮，出口指示灯/系好安全带信号灯/禁止吸烟灯亮起，洗手间"返回座位"指示灯不亮；氧气面罩脱落 （注：缓慢释压的初始迹象很难能觉察到，潜在的缺氧会导致人体机能缓慢下降而失能，乘务员必须对缓慢释压的迹象时刻保持警惕）
快速释压：迅速释放客舱压力，又称为爆炸性释压（极端情况发生在1—2秒内）	巨大响声；出现雾气；冷空气涌入客舱，温度急速下降；可能产生灰尘；中耳受压、耳膜凸出；呼吸急促、身体感觉不适；释压预录广播启动（如安装）；物体或人飞向破损处；客舱灯光异常明亮，出口指示灯/系好安全带信号灯/禁止吸烟灯亮起，洗手间"返回座位"指示灯不亮；氧气面罩脱落

注：并非所有迹象都会出现；洗手间内的烟雾探测器可能会误认为是起火。

五、释压的解决方式

一是补充氧气。在释压的情况下，乘员必须尽快使用氧气供给设备；在有意释压的情况下，机组人员应在释压开始之前吸氧。

二是紧急下降。在不受控制的释压的情况下，机组人员可以立即下降到机上乘员可以在不依赖氧气补充的情况下呼吸的高度——通常在足够的地形安全裕度下10000英尺的平均海平面高度。

六、释压的影响

释压过程中的最大危险是缺氧,缺氧会导致人体机能缓慢下降而失能,当症状明显时可能已为时过晚。因此,乘务员应时刻关注和监控组员或旅客是否出现任何缺氧症状。

空气压力随着海拔高度的增加而降低,由于氧气的分压也随之降低,因此可用的氧气绝对量会减少。气压的降低减少了氧气通过肺组织流入人体血液的流量,血液中氧气正常浓度的显著降低称为缺氧。

机舱内氧气的外泄和压力的降低可导致旅客身体迅速膨胀、缺氧窒息从而逐渐失去意识。不同高度缺氧的症状见表11-2。在缺乏充足氧气供应的情况下,最终可能导致因缺氧引起的死亡。

表 11-2　不同高度缺氧的症状

座舱高度	症状
10000英尺(约3050米)	头痛,疲劳
14000英尺(约4270米)	发困、头痛、视力减弱、肌肉、相互不协调。指甲发紫、昏厥
18000英尺(约5490米)	除上述症状外,记忆力减退,重复同一动作
25000英尺(约7620米)	惊厥、虚脱、昏迷、休克
28000英尺(约8530米)	5分钟之内立即出现虚脱、昏迷

个人在缺氧环境下的表现受多种因素的综合影响,主要包括飞行时的飞行高度及个人的健康状况。例如,一个人的总体健康状况和生活习惯,如是否吸烟,都可能显著影响他们对缺氧状况的耐受力。在低于10000英尺的飞行高度,氧气浓度的略微降低对健康的机组人员和旅客通常影响较小。但是,当飞行高度超过这个阈值时,缺氧的影响会变得更加严重,开始显著影响个体的认知功能和身体能力。

七、有效的意识时间(TUC)

有效意识时间(TUC)是指个体在氧气供应不足的环境中,仍能保持执行任务和活动的能力的时间长度。这一时间跨度从个体首次遭遇低压环境开始,直至其无法继续采取必要的纠正措施和自我保护行为为止。换言之,TUC是个体在缺氧环境下仍能保持对环境的有意识反应、自我行为控制以及任务执行能力的有限时间。

不同高度的TUC见表11-3。

表 11-3　不同高度的TUC

座舱高度	TUC(适当运动)	TUC(静坐)
22000英尺(约6705米)	5分钟	10分钟

续表

座舱高度	TUC（适当运动）	TUC（静坐）
25000英尺（约7620米）	2分钟	3分钟
28000英尺（约8535米）	1分钟	1.5分钟
30000英尺（约9144米）	45秒	1.25分钟
35000英尺（约10668米）	30秒	45秒
40000英尺（约12192米）	18秒	30秒

不能否认的是，TUC的数字只是一个标准，每个人的TUC是不同的，它受到个人身体健康状况的影响，比如患有呼吸道或心脏病、吸烟或身体不适的旅客，其TUC时间可能较短，同时还与环境温度、体能水平、情绪状态、活动强度及所处的座舱高度等多种因素有关，运动、劳累或提高心率的活动会显著缩短TUC的持续时间。

任务二 案例分析：2008年7月25日QF30航班，伴随着爆炸声，飞机迅速释压

2008年7月25日09:22，一架注册号为VH-OJK的B747-438飞机从中国香港国际机场起飞，执行定期QF30客运航班前往澳大利亚墨尔本。澳航B747-438飞机释压的调查报告封面见图11-1。

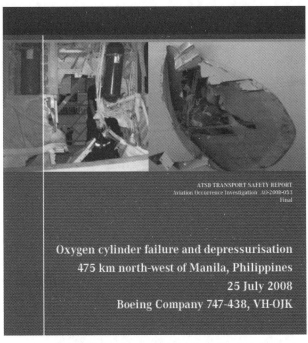

图11-1 澳航B747-438飞机释压的调查报告封面

机上有350名旅客、3名飞行机组和16名客舱机组。起飞约55分钟后,当飞机在29000英尺巡航时,旅客和机组人员突然听到一声巨响,紧接着机舱迅速释压。许多客舱机组人员报告称,他们感觉到有空气涌入,目睹轻质碎片在客舱内四处飞舞,氧气面罩从头顶上脱落。尽管大多数旅客开始自行使用氧气面罩,但仍有一部分旅客要在乘务员的直接指导下才能正确操作。

所有乘务员都移到客舱机组座位或空的旅客座位上,并按照紧急操作程序使用氧气。释压时,飞机正飞越中国南海,距菲律宾马尼拉西北方向约475千米。

飞行机组报告说,最初听见"砰砰"或开裂的声响,感觉到机身震动,紧接着自动驾驶仪断开连接,监视仪表上显示多个警报消息。当飞行机组注意到客舱高度警告后,他们立即戴上氧气面罩,执行紧急程序,宣布"MAYDAY",启动紧急下降。

当地时间10:24,飞机到达10000英尺高度并改平,不再需要使用氧气面罩。

飞行机组通知客舱机组"执行后续工作",并评估了飞机的状态后准备改道前往马尼拉的尼诺阿基诺国际机场备降。

尽管多个飞机系统明显出现故障,飞机进近和降落马尼拉是平稳的,飞机于当地时间11:11安全降落在06号跑道上。

机场应急响应人员检查飞机之后,将飞机拖至候机楼,旅客下机。机上旅客或机组人员均未受伤。

调查机构在马尼拉对该飞机进行了检查,发现机身前端右大翼过渡结构区域出现了大约为6.6英尺×4.9英尺(2米×1.5米)的裂口,机身的材料、导线及前货舱的货物从裂口中掉出,调查组进一步调查认为前货舱右侧的4号氧气瓶发生了爆炸,对氧气瓶爆炸导致的损坏分析表明,爆裂的冲击力使得氧气瓶碎片垂直向上弹射,穿透客舱地板,撞击2R门的框架、把手以及头顶天花板结构。尽管进行了全面搜寻,除了氧气瓶的阀门外,调查人员没有找到氧气瓶的其他部件,有可能在释压过程中丢失。

由于无法找到并检查失效的氧气瓶,澳大利亚运输安全局(ATSB)根据氧气瓶的设计和使用记录,结合本次事件,怀疑在飞行过程中,一个充压氧气瓶可能因破裂而失效,导致高压氧气瞬间释放,瞬间释放氧气瓶中高压氧气的爆破力使得飞机机身局部破裂,导致飞机以无法控制的方式释压。

发生释压以后,飞机经历了一系列和客舱安全相关的主要事件序列。

(1)飞机的左甚高频全向信标(VOR)导航系统和所有的三套仪表着陆系统(ILS)失效。飞机的左飞行管理计算机(FMC)失效。飞机的右主起落架防滞刹车系统部分失效。

(2)客舱应急氧气系统自动作动以后,一些旅客服务组件没有展开里面的氧气面罩。

(3)由于预录旅客广播(PATR)自动播放失效,客舱乘务人员需要大声地指导旅客如何使用氧气面罩。

(4)现行的客舱应急程序未包含在PATR失效时机组应采取的应对措施。

(5)提供给旅客的安全信息未能充分说明氧气在没有储压袋充气的情况下也会流向氧气面罩。一些旅客没有采取正确方式固定好氧气面罩,也没有确保其家属采取正确方式固定。失去弹性的氧气面罩系带导致许多旅客需要用手托住面罩。

(6)一些客舱乘务人员没有充分理解氧气面罩流量指示系统的含义。

(7) 一些客舱乘务员在飞行机组宣布安全高度前,离开座椅或位置帮助旅客。他们对飞机应急下降的飞行剖面理解不足,未能清醒地认识到所处情况的危急性。

(8) 在实施紧急响应时,有几名客舱乘务员暂时性地丧失了部分行动能力。

(9) 客舱乘务员的训练设施没有很好地模拟飞机上安装的设备,包括下拉的氧气面罩组件。

一、客舱机组情况

机上有16名客舱机组,包括客舱经理(CSM)和客户服务主管(CSS)。CSM拥有17年的飞行经验,包括在该航空公司6年的经历。CSS拥有30年的工作经历,包括在该航空公司7年的经历。其他客舱机组在该航空公司的经历为2个月到27年不等,一些客舱机组还具有其他运营人的飞行履历。所有客舱机组都符合应急程序培训的要求。

CSM站位在飞机前部,CSS站位在后部。CSM负责整架飞机,在正常飞行期间,其重点是头等舱和商务舱区域;CSS通常负责所有经济舱区域,包括高端经济舱。

16名乘务员在释压前都在履行正常的服务工作。大多数乘务员感知到释压是听到"砰砰"的爆炸声,观察到旅客氧气面罩脱落,感受到客舱内有风,看到雾气和碎片在飞来飞去。

许多乘务员,特别是在2R门附近的乘务员感受到了释压的力量,2名站在2R和2L门之间厨房区域的乘务员被抛到2R门,所以他们不得不抓住厨房设备来固定自己。CSS在客舱前部,被抛到飞机的左侧。所有乘务员都报告有爆炸声后,氧气面罩立即从头顶面板上脱落。

根据运营人的释压程序,乘务员应马上移到机组座位或空的旅客座位以获得可用氧气。一些乘务员包括CSM坐在旅客座位的脚边,使用多余的旅客氧气面罩,直到收到明确指令可以履行后续职责。CSM移到他的站位试图联系飞行机组,然而,此区域的氧气面罩没有掉落,所以他不得不返回到旅客座位上,确保自己能获得氧气,然后再返回站位向飞行机组报告2R门区域的损坏情况。

CSS被抛向飞机前舱的洗手间,她使用的是洗手间的氧气面罩。

乘务员报告说,大多数旅客抓起面罩并罩在嘴上,乘务员不得不大声喊叫或指示旅客用力拉下面罩,以激活氧气的流动;乘务员告诉旅客用弹性带固定面罩,而不只是把面罩固定在嘴和鼻子上,并大声指示带婴儿/儿童的旅客叫醒孩子,帮孩子戴上面罩。一些年幼的孩子烦躁不安,抵制或不愿意一直戴着氧气面罩。

2名乘务员在紧急降落期间离开了机组座位。一名乘务员报告说,她观察到2名年迈的旅客没有戴上面罩,而且似乎呼吸困难,于是她穿过客舱向旅客移动,途中通过使用空余的氧气面罩呼吸。她帮助旅客戴好面罩后返回座位;另一名使用便携氧气瓶的乘务员报告说,当她看到同事协助旅客时,她在客舱内四处走动,主要检查她负责区域的儿童和婴儿的安全状况。

2R门附近的乘务员注意到释压时飞机损坏的情况。当被告知可以在客舱内走动后,更多的乘务员看到或报告了飞机损坏的情况。下降后不久,CSM联系了飞行机组,报告了其所看到的2R门周围区域的损坏情况。

在向马尼拉改道之前，飞行机组通知CSM飞机计划转飞马尼拉备降。CSM获知并对此作出回应，指令客舱机组固定物品，确保客舱安全，然后等待进一步的指令。

根据第二副驾驶和CSM的报告以及CVR的记录数据，机长进行了4次广播，第二副驾驶进行了2次广播。第1次PA广播是来自第二副驾驶，指示乘务员和旅客就座，戴上氧气面罩。之后，他告诉乘务员，一旦达到10000英尺，就正常执行客舱后续工作。

到达10000英尺后，机长通知旅客飞机出现故障，飞机将改道备降马尼拉。下一个广播通知预计正常着陆，飞机将在跑道上由应急响应部门前来处置，并对飞机进行评估。

客舱机组被告知执行后续任务后，他们携带便携式氧气设备，到客舱中检查旅客情况。使用便携式氧气设备符合运营人防止因劳累过度而缺氧的程序。

客舱机组报告说，绝大多数旅客使用氧气面罩，尽管一些儿童和婴儿没有一直戴着氧气面罩。大多数旅客一直抓住面罩放在脸上，而不是系紧带子。其中2名乘务员一开始无法立即执行后续任务，因为其中一名休克，另一名感到头晕目眩，后来他俩都恢复了意识和知觉，在马尼拉下降时回到指定位置。

还有一名乘坐商务舱的工作人员——公司的机务工程师，检查了客舱并建议客舱机组离开2R门区域。

在机长通知CSM改道马尼拉后，CSM指示客舱机组在指定区域做好着陆准备。2R门的乘务员被安排坐在3R门。

飞机降落时一切顺利。客舱内部情况见图11-2。

图11-2　客舱内部情况

当飞机在29000英尺的高度巡航时发生了座舱释压，TUC（不含补充氧气）预计约为2分钟。由于飞机迅速紧急下降，在释压后2分钟，飞机已经下降到23000英尺，在这个高度，TUC预计是8至9分钟。再过4分钟，飞机的高度就达到10000英尺，不需要补充氧气了。

根据客舱机组关于2名老年旅客状况的报告，2名老年旅客可能出现缺氧的症状，因为他们有呼吸急促、脸色发青、打瞌睡的现象。

在此次释压事件的调查中,澳大利亚调查机构还调查了以往发生的一些比较典型的或具有代表性的释压案例。以下释压事件描述了释压的部分迹象,强调了在高空使用氧气的重要性以及缺氧的速度。

1998年,一架B737-200型客机在从克罗地亚杜布罗夫尼克飞往英国伦敦的途中,飞机释压。第一副驾驶意识到飞机正在释压,于是戴上了氧气面罩。机长试图戴上氧气面罩,然而在佩戴面罩的过程中,他的眼镜不慎缠绕面罩,导致眼镜掉落。当他伸手去取时,昏迷了。第一副驾驶意识到他帮不上机长,于是要求乘务长给机长吸氧。乘务长必须摘下自己的氧气面罩才能进入驾驶舱,然而,她没有携带便携式氧气设备,因为设备位于远离她的站位。乘务长进入驾驶舱后,也昏迷了。第一副驾驶操作飞机紧急下降,然后,他请另一名乘务员携带便携式氧气设备为机长和乘务长提供医疗急救。之后,飞机紧急着陆,没有发生进一步的事件。

2005年11月9日,一架B737-700型客机从澳大利亚悉尼飞往墨尔本。当飞机出现释压时,机长感知到了释压的迹象(胃部和耳朵不适),并意识到客舱高度已经上升到指示值的最高值,故启动紧急下降。机长通知客舱机组,但客舱机组没有听到。在厨房里,乘务长注意到氧气面罩脱落,她坐下来戴上氧气面罩。她看到并非所有旅客都使用氧气面罩,在与驾驶舱沟通后,她广播告诉旅客正确使用氧气面罩的方法。客舱机组报告说,部分旅客不知道需要施加一定程度的力量来激活氧气面罩,也不知道氧气面罩上的流动指示器意味着什么。

2018年7月13日,瑞安航空公司一架B737-800型客机(注册号EI-ENM),执行FR-7312航班从爱尔兰都柏林飞往克罗地亚扎达尔,机上载有190名旅客和6名机组人员。飞机在德国法兰克福西南约120海里(仍在法国领空)的FL370高度巡航时,座舱释压,氧气面罩脱落,飞行机组紧急下降至FL080,最终飞机在法兰克福哈恩机场03号跑道安全着陆。机上33人受伤,一些旅客感到耳痛和恶心,部分旅客耳朵流血。位于菲尔斯滕费尔德布鲁克的德国空军耳鼻喉医学专家表示,中耳受伤很可能是由客舱内持续几分钟的过度压力变化造成的,几名旅客出现流鼻血的症状可能也与这一变化有关。专家进一步指出,这种伤害可能是由于快速释压或压力过大引起的。

二、客舱机组程序

以下摘录自澳航2008年6月2日版《客舱机组紧急程序手册》第7章"飞行中紧急情况"。

客舱机组的迅速行动包括:

(1)使用最近的可用面罩。

(2)坐在空的座椅上系好安全带,或在旅客或座位行之间楔入自己。

(3)保持就座并吸氧。

(4)紧急下降后,飞机到达安全高度,驾驶舱广播通知客舱机组执行后续任务后,客舱机组方能实施后续程序。

主要的客舱机组程序包括:

（1）获取并携带便携式氧气瓶。

（2）检查旅客和客舱状况（旅客氧气面罩的氧气通过PSU供应）。

（3）根据需要提供急救。

（4）照顾昏迷的旅客。

（5）如果旅客没有恢复知觉或旅客需要进一步吸氧，通过适当的方式选择高流量供氧。

（6）通知乘务长。

（7）乘务长向机长报告客舱状况和旅客情况。

援助的客舱机组程序包括：返回站位并整理PSU的氧气面罩线束；替丧失行为能力的组员履行职责。

三、客舱机组行为

按照程序要求，离乘务员座位足够近的乘务员，应回到座位上，系好安全带并获得氧气（PSU掉落的氧气面罩，或在客舱机组座位附近的便携式氧气瓶）。一些乘务员（包括CSS）当时远离站位，他们激活并使用附近未使用的旅客氧气面罩。然而，还是有一些乘务员跑回他们的座位，或最近的乘务员空座位，而不是使用最近的空的旅客面罩。

释压时CSM位于下层客舱的商务舱附近，意识到有必要与驾驶舱沟通，于是返回位于高端经济舱前面的工作站。然而，当她到达后发现那里没有氧气。为了获得氧气，她坐在第34排使用空余的旅客氧气面罩。但在该位置无法使用内话系统，无法与驾驶舱和其他客舱机组通信。为了与驾驶舱沟通，CSM进入工作站位，向驾驶舱通报2R门损坏情况，然后再返回第34排使用氧气面罩。

CSS留在商务舱，使用旅客氧气面罩直到飞行员告知客舱机组可以正常履行后续职责。

由于观察到部分旅客的氧气面罩有问题，要么面罩没有掉落，要么旅客没有从面罩获得氧气，2名乘务员在飞行员广播之前已经离开了自己的座位。第1个离开座位的乘务员报告说，她觉得这样做是安全的，并且由于2名旅客头顶PSU里的氧气面罩没有掉落，她看到他们出现缺氧的早期迹象，需向他们提供氧气。当她在客舱内移动时不断使用空的旅客氧气面罩来协助自己行动，她觉得她的行为是安全的。第2名乘务员报告说，当她看到同事这样做后，她觉得自己使用的是便携式氧气设备，四处走动是安全的。

大多数乘务员遵循运营人程序使用最近的可用的下拉面罩。在此过程中，有3名乘务员使用最近的乘务员座位就座，但是其中2人使用最近座位就座后发现无法使用面罩。

大多数乘务员都遵守了运营人程序，坐在出口舱门旁负责在紧急情况下打开或封锁舱门。

虽然2名乘务员在事件发生后最初丧失能力，但当飞机降落马尼拉时，所有乘务员都能在指定的位置上履行职责。

四、氧气流量知识

部分乘务员在理解飞机氧气系统的使用,特别是如何确认氧气是否成功输送到面罩方面,存在不同的认知。众多乘务员反馈,他们采用了多种手段来检查氧气流量。

在判断氧气是否正常工作的问题上,有4名乘务员表示会寻找面罩内置的绿色流量指示器;7名乘务员则依据能否呼吸到氧气以及戴上面罩后感觉是否改善来判断;还有一名乘务员通过观察氧气袋是否充气来确认氧气流动。此外,除了那些主动寻找面罩上绿色流量指示器的乘务员,另有5名乘务员虽知晓面罩上存在这一指示器,但在实际操作中并未进行检查。

五、预录旅客广播(PATR)

该系统在机舱释压时会自动播放预先录制的信息,指导旅客坐下、系好安全带和拉下最近的可用氧气面罩,将面罩拉向面部,盖住鼻子和嘴部,正常呼吸,直到不再需要氧气。根据培训,客舱机组人员知道在释压的情况下,录音广播将会激活并通知旅客需要就座和听从指令。

根据访谈,所有客舱机组人员都对PATR没有激活表示惊讶,许多客舱机组人员开始大声喊叫,要求旅客留在座位上并使用氧气。为了有效地指导旅客该做什么,他们要么必须摘下面罩大声叫出指令,要么须向旅客发出手势信号指导旅客激活氧气面罩。其中,给头等舱和商务舱旅客的手势信号更加困难,因为旅客座位远离客舱机组的座位。客舱机组被迫摘下面罩,向这些舱位的旅客发出口头指令。经济舱乘务员能够有效地向旅客发出信号,因为大多数客舱机组都面对旅客。

六、安全演示录像

在香港始发前,由于设备故障没有播放安全演示的视频,客舱经理通过PA广播,客舱乘务员进行了人工安全演示示范。调查组认为,在无法使用安全演示视频的情况下,这些行动符合标准程序。

七、旅客问卷调查

作为事故调查的一部分,澳大利亚运输安全局(ATSB)在事故发生大约六个月后,对参与该航班的旅客进行了一项问卷调查。这项调查的目的是收集旅客对于客舱安全和运行状况的反馈。问卷调查涵盖了所有350名旅客,包括随行的家长,目的是详细了解他们及其孩子在航班中的经历和感受。

(1)旅客对释压的感知。

旅客被问到他们对释压的认识时,大多数答复者(152人中有149人)报告说,他们知道事件发生时的情况;3名受访者表示,由于机身发生破裂时他们正在睡觉,未能立刻觉察到发生的事。

旅客被要求描述在释压发生时他们所注意到的各种情况,大多数旅客(87%)听到"砰"的一声或一声巨响;另一个较多的回应(63%)是感觉冷空气或风席卷客舱;少数旅客注意到客舱内的雾气或冷凝现象(24%),以及耳朵爆裂或阻塞(18%);一些旅客看到纸张和轻质材料的物品横扫客舱;一些旅客在释压发生后,立即报告有烧焦的气味。

(2)旅客对释压的反应。

关于当氧气面罩掉落时旅客是否有信心操作面罩的调查,47%的调查者回应非常有信心,46%的回应有些自信,7%的回应没有信心。

大多数旅客(88%)认为安全演示和安全须知卡有助于指导该怎么做。图11-3显示了飞机座椅靠背口袋里安全须知卡中有关氧气面罩使用程序的视觉说明。

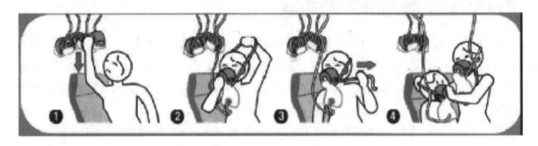

图11-3　安全须知卡中有关氧气面罩使用程序的视觉说明

大多数旅客(98%)报告说,他们在释压事件发生时保持就座,84%的旅客系紧安全带,14%的旅客当时没有系安全带。2名旅客报告说,他们根本没有坐下,一名旅客无法回忆起当时的具体情况。

旅客被要求回复并详细说明释压后他们的最初行动。59%的旅客报告说,他们开始使用氧气,其余旅客则"仍然坐着",或寻找乘务员想问问题和帮助他人等。

(3)氧气面罩的使用。

旅客被要求描述通过安全演示和安全须知卡获知的在释压时应该怎么做的知识,在完成和返回问卷调查的152名旅客中,86%表示他们相信如果释压,自己知道该做什么,其余14%的人要么没回答问题要么没有给出有效的答案。问卷调查还要求旅客详细说明他们对氧气系统工作方式的理解,76%的旅客回复知道必须用力拉下面罩后才能激活氧气流动,59%的旅客知道在戴上面罩后要拉紧带子,38%的旅客表示知道在帮助他人之前他们要首先戴上面罩,30%的旅客表示知道在正确戴上面罩后可以正常呼吸。

在152份答复中,只有4名旅客报告说,他们知道面罩下方的袋子在氧气流动时不一定会充气。

关于在客舱内氧气面罩脱落的问题,大多数旅客(93%)表示他们的面罩自动掉落,3%的旅客表示需要客舱机组或其他旅客的帮助才能拉下,4名旅客座位上的氧气面罩没有脱落,一名旅客没有回答。

旅客被问到一旦面罩脱落,他们使用面罩的速度有多快时,91%的回复是立即或几秒钟后使用,2人根本没有使用面罩,1人没有回答。

旅客最常见的困难来源是面罩上的弹性带。85%的旅客认为弹性带有问题,29%的旅客反映他们必须用手握住面罩;旅客表示弹性带最常见的问题是缺乏弹性,或由于弹性老化无法正确固定面罩。

(4)旅客广播和机组行动。

旅客被要求详细说明他们听到或记得的来自驾驶舱的任何广播。87%的旅客听到机长关于备降马尼拉的广播,40%的旅客听到飞行员广播将在马尼拉正常降落,及飞机在跑道上接受紧急救援服务。少数旅客记得在地面上听到过广播。

总体而言,旅客对驾驶舱与他们的沟通的看法是积极的,大多数旅客对广播提供了足够的信息给予肯定。许多人表示,他们明白释压后飞行机组和客舱机组都很忙。一些旅客表示在听到或理解广播时存在问题。

旅客还被要求详细说明他们观察到的客舱机组行动的情况:43%的旅客描述乘务员告诉他们要继续坐好并使用氧气面罩,71%的旅客说,飞机处于较低高度时,客舱机组穿过客舱,检查旅客的安康情况。当通知可以不戴氧气面罩时,客舱机组开始准备降落工作(16%的旅客注意到这一点),并分发水(9%的旅客反馈)。少数旅客注意到乘务员为氧气面罩未脱落的旅客打开头顶面罩面板(5%),以及协助旅客使用面罩(8%)。

许多旅客认为,客舱机组是冷静、专业的,虽然13%的旅客看到一些客舱机组感觉压力重重、不安或震惊,但他们的的确确帮助了旅客。

(5)儿童的情况。

在回收的调查问卷中,有27名旅客报告他们是携带儿童出行的。关于儿童是否能触及足够的氧气面罩这一问题,17份问卷表示可以,5份未作答,另有5份表示氧气面罩数量不足。当询问父母,孩子在使用氧气面罩时是否遇到困难时,15名父母表示遇到了问题,其中5人未具体说明所遇困难;而9名父母表示没有问题,3人未给出回答。

3位家长说,孩子不会戴上面罩或存在弹性带的问题;4名儿童在醒来后出现"晕头转向"的现象,其中一名根本不会使用氧气面罩,部分儿童在醒来后不肯一直戴着面罩;2名孩子座位上的面罩没有脱落(父母的面罩也没有脱落);4名旅客报告面罩的氧气流量有问题,因为他们的孩子不能正常呼吸,或者他们根本不知道氧气是否正常流出。

有问题的旅客要么自己纠正问题,要么在客舱机组的协助下解决问题。

(6)受伤情况。

旅客被问到,他们是否受到伤害或对健康不利的直接影响时,46名旅客表示没有,但106名旅客表示他们在飞行期间受到伤害或不利影响。

27名受访者表示大多数不良反应涉及耳压或耳塞以及疼痛和听力受损问题。疼痛或听力受损持续不到30分钟,7名出现症状的时间较长,疼痛或听力受损在1小时内或着陆时消失,另有8名旅客的症状在几个小时内消失,16名的症状持续数天。11名在较长时间内出现疼痛、耳塞或听力受损,症状持续数周,26名在搭乘航班后因疼痛或受伤而寻求医疗照顾。

在收集到的回复中,部分旅客分享了他们的心理反应。4名旅客报告说,症状可能出现在缺氧的早期阶段,包括手臂上刺痛的感觉,氧气供应后感觉血流冲上头部,言语模糊,理解迟缓。许多旅客还报告了恐惧、焦虑和压力的不良心理反应，特别是在事件之后。

27份涉及儿童的答复中，有10份表示有某种形式的伤害，其中8名儿童表现为焦虑或恐惧，2名为耳痛，这些症状一直持续到飞机降落。

(7) 旅客对安全演示和安全须知卡的关注程度。

大多数旅客要么充分关注，要么对始发（伦敦和香港）时的安全演示给予一些关注。4%从伦敦出发的旅客和8%从香港出发的旅客表示，他们根本没有注意安全演示。

旅客之所以没有关注安全演示，主要原因是要么他们是整天飞来飞去的旅行者，要么他们已经知道了相关内容。

大多数旅客认为安全演示和安全须知卡非常有用(51%)或有点用(38%)，8%的表示没有用，其余则没有给出答案。

八、值得关注的客舱安全问题

总之，客舱机组为旅客和客舱做好了紧急降落的准备，但是，调查机构认为澳航还有确需改进之处。

(1) 客舱机组释压后的行为。

虽然大多数客舱机组在释压期间是在座位上的，但2名确实从自己的位置移动到客舱去协助旅客，而此时，飞行机组尚未明确客舱机组是否可以恢复正常工作并在客舱内走动。

虽然客舱机组都提到这样做的原因（旅客没有戴上氧气面罩，或没有获得氧气），但客舱机组确实将自己置于可能受到伤害或失能的境地。如果乘务员丧失能力，这将降低执行客舱安全职责的能力。参与的乘务员虽然认识到这一点，但他们认为情况本来没有那么严重，特别是部分乘务员感到飞机并不像紧急释压事件中那样呈陡峭的"俯冲下降"状态。客舱机组由于无法充分了解具体情况的性质和影响范围，应当严格遵守运营人的紧急程序，直到明确可以在客舱内移动。

一些乘务员报告说，他们跑向客舱机组的座位，而不是就近使用氧气面罩。对乘务员的访谈显示，一些乘务员感到头晕目眩，他们很可能出现了缺氧症状。如果乘务员不能回到乘务员座位上，或者即使坐好但无法获得氧气，很可能导致其失去知觉或失能。

客舱机组在氧气面罩的使用知识方面表现出不一致的理解，对氧气流动的迹象判断也存在差异。这表明客舱机组在氧气使用的培训或实践中可能存在不足或缺陷。

(2) 便携式氧气瓶。

高空使用便携式氧气瓶，是为了确保客舱机组不会因在客舱内执行后续任务而缺氧。然而，便携式氧气瓶相当笨重，携带它在客舱内走动会带来额外的危险，如果飞机遇到湍流或不稳定，可能对旅客和客舱机组造成威胁。

(3) 预录旅客广播(PATR)。

释压后PATR故障意味着客舱机组必须喊出指令，要求旅客保持就座、系好安全带、使用氧气。此外，客舱机组还不得不指示一些旅客下拉氧气面罩，以激活氧气的流动。在此期间，由于乘务员也需要佩戴氧气面罩，沟通较为困难。为了有效地指导旅客该做什么，他们要么必须摘下面罩并大声喊叫，要么向旅客发出手势信号。在头等舱和商务舱中，由于旅客座位远离客舱机组座位,给旅客手势信号是效率较低的做法。经济舱乘务员更容易向旅客发出信号,因为该区域大多数乘务员的座位都面向旅客。

PATR失效,增加了客舱机组的工作负荷,他们需反复通知旅客并确保旅客使用氧气面罩。

(4)氧气流量识别。

对旅客的调查答复显示,虽然大多数旅客觉得他们知道如何使用氧气面罩,并有信心使用,但超过一半的旅客无法判断是否有氧气流动。

旅客们普遍期望在使用氧气面罩时能看到储气袋明显充气。然而,储气袋的功能类似于一个储气罐,它储存的是供用户在需要时吸入的额外氧气。在低流量输送或呼吸速率较快的情况下,旅客吸入的氧气量与供应量相当,因此储气袋不会显著膨胀。

客舱机组和一些旅客报告说,他们的储气袋确实充气,也提到他们呼吸缓慢。快速呼吸或过度换气可能是一些旅客没有看到他们的储气袋充气,觉得没有吸到任何氧气的原因。

调查发现,对于氧气面罩组件中内置的流量指示系统的工作原理,即氧气会流向面罩而不会使储气袋充气,客舱机组成员对该知识点的掌握各不相同。

九、与客舱安全有关的建议

(1)增加释压和PATR失效的程序。

运营人的客舱紧急程序中未包含PATR故障时客舱机组的操作程序。运营人告知ATSB,已更改紧急程序,要求飞行机组在客舱释压和PATR系统故障时直接向旅客进行广播(NSA-092)。

(2)强化提供给旅客关于氧气面罩的信息。

提供给旅客的安全信息没有充分说明氧气会流向面罩,而不会使储气袋充气。运营人表示,飞行前提供给旅客的安全视频已经修改,强化必须用力拉下面罩以激活氧气流量的信息,并包含"氧气将流向面罩而不会使储气袋充气"的说明(NSA-056)。

(3)澳航需要增加氧气系统的知识培训。

一些客舱机组对氧气面罩流量指示系统没有了解。客舱机组培训设施没有全部复制安装在飞机内的设备,如下拉氧气面罩组件。

运营人已通知ATSB,所有用于培训客舱机组的设备都已具有模拟客舱下拉氧气面罩的组件,以准确模拟释压时的客舱具体环境。所有与释压有关的内容都进行了修订和完善,并已落实到培训方案中(NSA-057)。

(4)提高客舱机组对紧急下降剖面的认识。

一些客舱机组对飞机的紧急下降剖面没有实际了解,导致对局势的重要性产生误解。运营人告知ATSB,已经完善了紧急程序培训的材料,提高对紧急下降剖面的认识(NSA-093)。

(5)其他安全措施。

①修订客舱程序。通过对事件的内部调查和审查,运营人发现,通过修订客舱程序可

以加强客舱机组在应急反应中的高效参与。因此,对客舱机组的紧急程序进行了如下更改。

②对客舱经理的要求。收到飞行机组发出的"客舱机组执行后续任务"的 PA 后,客舱经理应:a.返回/留在指定的通信站;b.随时准备尽快向飞行机组通报旅客受伤和飞机损坏情况。

③对其他客舱机组人员的要求。a.检查旅客受伤和飞机损坏情况,向客舱经理报告;b.如果需要,向旅客提供急救和氧气;c.如果旅客不需要氧气,关闭旅客服务组件(PSU)排放口阀门(如有);d.清理和固定客舱内松动物品。

(6)航空研究和分析报告。

ATSB 的研究与分析部门发布了两份报告,旨在向乘坐增压飞机的旅客和客舱机组提供重要的信息指南:①《在飞机增压过程中保持安全——面向旅客的信息广播》(AR-2008-075);②《飞机释压——面向客舱机组的信息简报》(AR-2008-075)。

这些报告通过广播的形式,旨在让旅客和客舱机组更好地了解释压对个人的潜在安全影响,并就如何采取有效措施以最大限度降低受伤风险提供建议。

该案例中,运营人的程序未包含 PATR 失效时客舱机组的操作程序,以及运营人对乘务员应掌握的有关氧气系统知识的培训及实践是存在缺失的。为了提高客舱安全管理的效率和效果,我们必须不断完善和细化操作程序,而且这些程序的制定需要全面考虑各种紧急情况,确保乘务员能够迅速而有序地采取行动以应对,减少程序不明确或执行上的缺陷带来的风险。同时,乘务员的专业培训也必须做到准确和全面,涵盖所有关键的安全设备和操作。只有通过这种全面而深入的培训,我们才可以最大限度增强乘务员对安全程序的掌握,提升紧急情况下的应急处置能力。

我国民航业一直在倡导要落实规章,做"手册公司"和"手册员工"。在执行规章和落实效果上做到"五个不走样",即训练标准和运行标准不走样,领导在场和不在场不走样,管理措施和生产行为不走样,正常处置和非正常处置不走样,有人监督和无人监督不走样。引导一线客舱员工把"依章管理、依章生产"作为行动准则,增强遵章守纪的自觉性和严肃性,做到"执行手册不动摇,执行标准不变通,执行程序不走样",这样才能有力保障客舱安全。

任务三 案例分析:飞机爬升过程中遭遇爆炸性释压,飞机安全着陆

2018 年 4 月 17 日,美国东部时间 10:33,美国西南航空一架 B737-700 飞机(注册号 N772SW)执行 1380 号航班从纽约拉瓜迪亚机场起飞。约 11:03,在爬升到 32000 英尺的过程中左侧发动机突然失效,大部分发动机进气道和部分整流罩脱落,脱落产生的碎片撞击到左侧机翼、左侧机身以及左侧水平安定面,一块碎片击穿客舱窗户,导致飞机发生爆炸性释压。左发动机失效约 17 分钟后,飞机在费城国际机场安全着陆。机上共有 144 名旅客和

5名机组成员,其中一名旅客死亡,8名旅客受轻微伤,飞机受损严重。美国西南航空B737-700飞机落地后的情景见图11-4。

图11-4　美国西南航空B737-700飞机落地后的情景

美国国家运输安全委员会(NTSB)认为,该事故的可能原因是13号风扇叶片的燕尾榫出现了低周期疲劳裂纹,导致风扇叶片在飞行中分离并撞击了发动机扇叶箱内壁——对发动机整流罩的结构完整性和性能而言是至关重要的位置。美国西南航空B737-700飞机发动机受损的情形见图11-5。

图11-5　美国西南航空B737-700飞机发动机受损的情形

一、客舱机组行为

引擎发生故障时,乘务员A(乘务长)在前方洗手间,乘务员B在后舱厨房做准备,乘务员C在客舱内靠近第5排的位置。3名乘务员都听到一声巨响,感觉到飞机在摇晃。乘务员A和C立即走到前舱他们的折叠椅上坐下,系紧安全带并戴上折叠椅上方的氧气面罩。

西南航空B737-700飞机客舱布局图见图11-6。

乘务员A报告说，碎片在客舱内飞来飞去。乘务员B没有注意到氧气面罩已经掉下，直到一名坐在尾部折叠椅上的公司员工提醒她后，方坐在后舱折叠椅上，并戴上氧气面罩。

飞机平稳后，3名乘务员背上了从前舱和后舱取的便携式氧气瓶进入客舱检查。

乘务员A注意到，一些旅客只在嘴上戴上面罩，而不是像预期的那样将面罩戴在鼻子和嘴上。她检查客舱确保每位旅客都吸到氧气，她在第8排停下来，帮助一名带婴儿的女士。

乘务员C也走到客舱，告诉旅客正常呼吸。当她到达第14排时，看到14A座位上旅客的头部、上身部分躯干和手臂从窗户飞到机外，当时该旅客的安全带是扣住了的。乘务员C抓住旅客，在乘务员A的协助下，试图将旅客拉回机内，但由于飞机的压力和高度，无法将旅客拉回来。这时候8D和13D的2名男性旅客主动提供帮助将旅客拉回机内并横放在14排ABC的座位上。

乘务员B到客舱检查，她没有发现氧气面罩佩戴不正确的情况，当她看到其他乘务员和一些旅客在14排照顾旅客后，才知道窗户破裂。14B和14C的旅客已经转移到了后厨房。

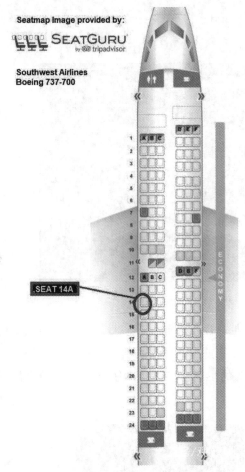

图11-6 西南航空B737-700飞机客舱布局图

当乘务员B到达后厨房时，她听到内话的提示音，于是接听了电话，但由于客舱内"非常巨大"的噪声，她听不到任何声音。

乘务员C到后厨房使用内话报告飞行员关于14A旅客的情况，并进行PA广播，希望机上有医疗资质的旅客提供医疗协助。8D（一位护理人员）和11C（护士）的旅客开始对受伤旅客进行心肺复苏（CPR），乘务员A从前舱拿了自动体外除颤器（AED）和快速响应急救套件。

乘务员B和C说，当飞机到达安全高度时，他们未听到飞行机组的任何通知，但3名乘务员回忆有飞行机组通知将在费城国际机场降落的广播。

乘务员A说，降落时她没有时间回到她的折叠椅，所以她坐在第4排和第5排过道的地板上，由旅客拉住她。乘务员B坐在后厨房的地板上，她本应坐的尾部折叠椅被原本坐在第14排的一名旅客和一名公司雇员占据，第14排的另一名旅客坐在后厨房的地板上。

乘务员C在着陆时也坐在后厨房的地板上。3名乘务员在着陆前和着陆时都喊出了防冲击的指令。

着陆后，乘务员检查客舱。乘务员A、B分别解除了前、后舱门的预位。乘务员A指示乘务员C与受伤旅客待在一起，并继续进行CPR。乘务员C报告说，8D和11C旅客继续给14A旅客提供CPR直到紧急医疗救援人员登机。

尽管客舱内噪声很大,但3名乘务员都听到了机长的PA广播,表明飞机正转向费城。乘务员与飞行员之间的直接联系发生在11:15:04(着陆前约5分30秒),一名乘务员问"我们快到了吗?",副驾驶说"我们将尽快着陆",乘务员告诉旅客"我们快着陆了",大约1分钟后说"我们快到了"。

虽然乘务员知道即将着陆,但没有1个乘务员在指定的折叠椅上就座。被分配到前舱入口门位置的乘务员A说,她没有时间回到折叠椅就座,她坐在靠近第4排和第5排过道的地板上;被指派到后厨房位置的乘务员B说,她坐在后厨房的地板上,着陆时由坐着的旅客将她拉住。

西南航空公司表示,乘务员在降落时需要坐在折叠座位上,因为这是最安全的地方,特别是如果飞机需要紧急撤离的话。公司《乘务员手册》中强调了乘务员需要坐在指定的折叠椅上并系好安全带和肩带,每次起飞和降落时都要系紧安全带和肩带;在有准备的紧急着陆期间,乘务员必须坐在他们的折叠椅上。但是乘务员在特殊的情况下没有在指定的座位落座航空公司是可以接受的,如为危及生命的旅客提供医疗急救。然而,这次事件中受伤旅客的急救是由符合医疗资质的旅客实施的。

乘务员对旅客的防冲击指令在着陆前19秒开始发出,这表明乘务员明白着陆迫在眉睫。然而,由于乘务员没有在指定的座位上,如果发生不安全的着陆事件,如冲偏出跑道,他们可能会受伤,而且更为关键的是,这可能妨碍乘务员迅速指挥旅客撤离飞机。

飞行机组忙于控制飞机并履行其他相关任务,和客舱沟通很少,对于飞机损坏的情况无暇顾及,因此,一旦受伤旅客开始接受符合医疗资质人员的急救,乘务员应该集中精力确保旅客和自己安全,并为撤离的可能性做好各种准备。

美国国家运输安全委员会(NTSB)的结论是,虽然不是事故结果的一个因素,但乘务员应该坐在指定的折叠椅上,以防着陆后开始紧急撤离。运营人必须提醒乘务员注意做好应对紧急情况的各种准备工作,并始终保持准备执行快速撤离的状态,这是乘务员最重要的安全责任。

事件发生后,NTSB建议西南航空公司将1380号航班事故的教训纳入初始训练和复训,强调在紧急着陆时坐在指定位置的重要性。

西南航空公司的《乘务员手册》提供了大量关于旅客座位重新安排的指导,但却没有涉及这次事件中无空座的情况下乘务员该如何应对的参考信息。事后对航空公司的访谈显示,作为安全风险管理的一部分,西南航空公司没有充分考虑航班上座位全坐满后如何重新安排旅客。同样,通过对FAA法规、咨询通告和8900.1号指令(飞行标准信息管理系统)的审查发现,美国行业内也没有任何具体的指导,因此,NTSB建议FAA制定并发布指南,指导航空公司在座位满员的情况下减轻对旅客造成的威胁。

二、与客舱安全有关的安全建议

NTSB对FAA提出了以下安全建议:制定并发布航空承运人如何消除因座位容量不足而造成威胁的指南(A-19-21)。

NTSB对西南航空公司提出了以下安全建议:将西南航空1380号航班事故中获得的

经验教训纳入乘务员初始训练和复训中,强调在紧急着陆期间必须在指定座位就座的重要性(A-19-22)。

基于这起事件的背景,我们提出如下思考问题。

(1) 发生释压时,在机组休息室的乘务员如何应对?

(2) 发生紧急情况,若需重新安排旅客的座位,但航班上又无任何空余座位时,乘务员该如何应对?

任务四　EASA安全通告:更新氧气面罩释放后客舱机组应急响应程序

2005年8月14日,塞浦路斯太阳神航空公司522航班在没有飞行员操控的情况下因燃料耗尽坠毁,这场悲剧导致121人全部遇难。事故原因是飞行工程师忘记将增压面板控制从"手动模式"变回"自动模式",飞行机组航前准备以及飞行实施过程中也没有认真执行检查单,导致机舱失压,人员缺氧。事故后针对客舱的调查得出以下结论:客舱机组按照现行法规进行培训和资质认证;客舱机组得到充分休息,值勤时间符合现行法规;客舱内氧气面罩脱落后,客舱机组本期望飞机开始下降或至少趋于改平;无法确定客舱内氧气面罩脱落后客舱机组采取了什么行动,也无法确定客舱机组在旅客氧气面罩脱落后是否试图联系飞行机组或进入驾驶舱;在左发动机熄火前不久,一名F-16战斗机飞行员观察到一名客舱机组进入驾驶舱,坐在机长座位上,并试图控制飞机。

以下为欧洲航空安全局(EASA)的相关安全信息公告:更新氧气面罩释放后客舱机组应急响应程序。

EASA安全信息公告

SIB No.:2009-33

发布时间:2009年11月24日

主题:更新氧气面罩释放后客舱机组应急响应程序

希腊航空事故调查与航空安全委员会就太阳神航空公司522号航班事故报告表明,飞机未能对客舱增压,飞行机组对客舱高度警告喇叭没有做出正确的反应,导致飞行机组因缺氧而失能,从而失去了对飞机的控制。

调查报告中第2006-41号安全行动建议:修改客舱机组程序,以便在由于客舱释压而释放氧气面罩时,如果飞机没有改平或开始下降,则要求乘务长(或离驾驶舱最近的客舱机组)立即通知飞行机组客舱氧气面罩已释放的信息,并确认飞行机组戴上氧气面罩。

针对此次事故,EASA建议在必要时对运行手册进行审查和修订,解决以下问题:如果氧气面罩在客舱内释放,或者出现客舱压力有损失或不足的任何迹象,除了标准程序(例如确保氧气供应、保持就座等)外,客舱机组应尽快通过适当的方式通知飞行机组客舱所发生的实际情况,并确认飞行机组佩戴氧气面罩。

在每一次飞行事故发生之后,人们都会进行调查和总结反思,并对航空器进行改进或制定出更加详细周密的规则,从而使飞行变得更加安全。从某种意义上说,航空安全的历史是由无数次挑战和改进铸就的。每一次飞行事故发生后的调查、总结和反思,都是对航空安全体系的一次全面审视,这些审视促使我们不断对航空器进行技术改进,制定更为严格和细致的操作规则,以提升飞行的安全性。

某些看似很简单的航空规定,其背后也许是一次代价非常惨痛的教训和深刻的洞见。对于客舱安全管理而言,我们不仅要严格遵循这些规章,而且要深入理解其背后的原理和目的,从已有的规则中发现潜在的关联,从而在实际工作中更好地应用,以预防和解决新问题。

任务五　高原机场运行的关注点

首先,笔者要强调的是关于氧气面罩的一些供氧知识,这些知识在客舱工作中常常被忽视,但却是重要的细节。2012年,国内某航空公司发生飞机释压事件后,在局方的调查中,部分乘务员反映客舱氧气面罩脱落后部分旅客和乘务员使用的氧气面罩不供氧,调查组通过对当事飞机事发后客舱供氧系统氧气瓶压力的检查,确认氧气瓶压力是1600 Psi,说明事发前氧气量是充足的。调查组抽查了部分掉下的旅客氧气面罩,也确认氧气面罩有氧气流出。事后,在局方的调查报告中专门强调了氧气面罩供氧的确认方法:观察与氧气面罩相连的透明管道上的绿色卡环(流量指示器)是否弹出,而不能以储气袋是否鼓起为依据。氧气面罩掉下后,必须人工拉动与氧气面罩相连的尼龙绳,将触发供氧的销钉拉出方可供氧,同时绿色卡环才会弹出。在座舱高度较低的客舱吸氧,氧气流量不大,绿色卡环不会露出太多,甚至看不到;在座舱高度为10000—19000英尺时吸氧,储气袋不会观察到明显有充气。

在QF30航班案例中,我们也曾探讨过储气袋的作用,它就像一个储气罐,储存着供用户在必要时吸入的额外氧气。在低流量输送或呼吸速率较快的情况下,旅客吸入的氧气量与供应量相当,因此氧气袋不会显著膨胀。

其次,我们需要着重强调的是高高原机场的特殊运行环境。在深入探讨这个话题之前,笔者想先提出一个问题供大家思考:在高高原机场飞行过程中,如果飞机遭遇释压情况,飞行机组可能并不会立即通过PA或内部通信系统通知旅客和客舱机组飞机已到达安全高度,那么在这种情境下,旅客和乘务员的氧气面罩可能会持续佩戴直至飞机着陆,这种说法是否准确呢?

接下来我们回到高高原机场相关的话题:飞机的氧气配备和机组人员用氧要求在CCAR-121.333条"具有增压座舱的涡轮发动机飞机应急下降和急救用的补充氧气要求"和CCAR-121.329条"涡轮发动机飞机用于生命保障的补充氧气要求"有明确规定。

比如,对于机组成员。每个合格证持有人应当按照下列要求为机组成员提供氧气。

(1)在座舱气压高度3000米(约10000英尺)以上至3600米(约12000英尺)(含)时,应当为在驾驶舱内值勤的每一个飞行机组人员提供氧气,并且他们也应当用氧,如果在这些高度停留超过30分钟,则在30分钟后的那段飞行时,应当为其他机组成员提供氧气。

(2) 在座舱气压高度3600米(约12000英尺)以上时,应当为在驾驶舱内值勤的每一个飞行机组人员提供氧气,并且他们也应当用氧,在此高度上的整个飞行时间内,应当为其他机组成员提供氧气。

(3) 当要求飞行机组成员用氧时,他应当连续用氧,除非为执行其正常任务需要除去氧气面罩或者其他氧气分配器。对那些处于待命状态的或者在完成此次飞行前肯定要在驾驶舱内值勤的后备飞行机组成员,视为本款第(1)(2)项所述的其他机组成员。如果某一个后备飞行机组人员不在待命状态,并且在剩下的一段飞行中将不在驾驶舱内值勤,则就补充氧气要求而言,可以将其视为一名旅客。

对于旅客,除经局方批准外,每个合格证持有人应当按照下列要求为旅客提供氧气。

(1) 对于座舱气压高度3000米(约10000英尺)以上至4000米(约13000英尺)(含)的飞行,如果在这些高度上超过30分钟,则对于30分钟后的那段飞行应当为10%的旅客提供足够的氧气。

(2) 对于座舱气压高度4000米(约13000英尺)以上的飞行,在此高度上整个飞行时间内为机上每一旅客提供足够的氧气。

资料表明,人体直接暴露在气压高度10000英尺以上的环境中,会造成人体急性认知能力、判断能力和行动能力下降。目前,有关于高高原地区人体急性认知能力、判断能力和行动能力在吸氧和不吸氧两种情况下的对比资料还有待进一步完善。但西南地区在执行高高原航线的飞行员普遍反映,在执行高高原航班过程中,尽管在座舱高度超过10000英尺时保持吸氧,但人体反应和判断能力仍然会明显弱于低海拔地区,特别是执飞机场标高在4000米以上的航班时,这种影响有时会持续到航班结束后的一整天,表现为身体疲倦,头脑昏昏沉沉。

飞机座舱未增压或高空释压的最大风险在于高空缺氧导致乘员失能。资料表明,人体不使用氧气直接暴露在大气中的有效意识时间随着高度的增加而减少。同时,高度增加的速率越快,有效意识时间越短。结合人体直接暴露在不同高度下的有效意识时间,对缺氧导致失能的两种典型情形分析如下:一种情形是在高高度巡航过程中出现座舱快速释压。这种情况下有效意识时间很短,如果机组未及时采取措施紧急使用氧气,可能会立即失能。这种情况的最大风险在于机组失能的突发性;另一种情形是飞机在座舱不增压且机组不使用氧气的情况下爬升。尽管这种情况下有效意识时间相对较长,但终究有限,最终机组会随着高度的上升和时间的延续逐渐失能。例如飞机逐渐爬升到22000英尺并保持,如果机组保持不吸氧,将在大约25分钟之内在不知不觉中逐渐失能。这种情况的最大风险在于机组不容易自我察觉到失能的出现。

最后,是关于氧气瓶的航前检查。座舱释压时氧气瓶起着举足轻重的作用,但是国内某航班运行中曾出现过氧气瓶被使用后,乘务员未按手册填写记录本CLB,维修单位收到氧气瓶已使用的报告后,未及时有效处理,加之次日乘务员未能及时有效识别,最终造成航班低于MEL标准运行。

可见，客舱安全工作必须要沉下心来，一个一个环节抓落实，从点点滴滴做起，切忌工作作风随意，标准操作程序不规范。要用认真、务实、严谨的态度对待客舱安全，持续推进作风建设的常态化、长效化，严格标准、严肃作风、严密生产组织、严格队伍管理，制定完善、有效的风险管控措施。乘务员应时刻提醒自己做好紧急情况的挑战，为应对应急响应做好准备，集中精力确保客舱安全。

第十二章 颠 簸

飞机在高空巡航,你凝视窗外,一碧万顷,仿佛置身于一幅纯净的画卷之中,令人沉醉。但是,此时的你很可能会遇到什么——颠簸!而且这往往是不可预知的。

任务一 颠簸的基础知识

一、颠簸的定义

颠簸是气流的突发变化,是飞机在飞行中突然出现的不同程度的、快速的上下起伏、左右摇晃、机身振颤等现象,它会让飞机改变姿态、高度和航向。颠簸是由空气的不规则运动引起的,当不同速度、方向或温度的空气相遇时(如冷热锋、雷雨、流过山或山周围的空气或靠近飞机的喷射流),可能会发生颠簸。颠簸是造成旅客和机组人员机上受伤的主要原因之一。

二、颠簸的严重性

飞机在空中飞行,由于绕过飞机气流速度场的不均匀性导致飞机的水平速度和垂直速度和飞机的俯仰角瞬间发生改变,从而使飞机升力突然发生改变,使得飞机承受了额外的负荷。虽然颠簸是正常的且经常发生,但它可能很危险。颠簸本质上是不可预知的——在没有警告的情况下发生轻微到重度的颠簸。

根据相关数据显示,1998年1月至2008年5月,澳大利亚航空公司向澳大利亚运输安全局(ATSB)一共报告了339起颠簸事件,造成了150多名旅客和机组人员受伤,其中一些伤势严重,如骨折和头部受伤。据美国联邦航空管理局(FAA)估计,全球航空业每年因颠簸伤害而造成的损失超过1亿美元,而且这一数据还处于持续增长中。

三、颠簸的常见类型及成因

事实上,飞机本身可以承受很严重的颠簸,颠簸也很少对飞行员控制飞机构成威胁。那么,为什么会有乘员因颠簸受伤?为什么乘员需要为颠簸做好准备呢?虽然飞机被设计成能够应对颠簸,但人类的身体不是。而且在通常情况下,客舱中的颠簸比驾驶舱的颠簸更严重。在典型的颠簸事件中,机上99%的人员没有受伤。但在没有警告的情况下,旅客和机组人员若没有系安全带就会被抛出而导致受伤。

颠簸的常见类型及成因见表12-1。

表12-1 颠簸的常见类型及成因

类型	成因
对流颠簸	首要且最显著的原因是对流天气,它形成于被地表加热的空气中。热空气上升,造成强烈的空气垂直运动。同时,对流与湿度有关,高湿度导致的强对流可形成雷暴,从而导致飞机颠簸
晴空颠簸	晴空颠簸(CAT)是由于高空气团的速度差异造成的。当飞机在2个气团的边界之间,通常会在高度超过15000英尺时遭遇严重颠簸
山地波颠簸	山区的多风条件会导致空气被山脉表面引导而向上运动,从而在山脉的下风处产生波浪效应。在这些山地波中飞行,常会遇到严重颠簸。山地波的影响可以延续到山脉下风处100海里以及飞机的巡航高度
尾涡颠簸	机翼上下表面的压力差会在翼尖处形成尾涡。飞机产生的尾涡可能引起乱流,严重程度取决于产生涡流的飞机重量及后机与它的距离。飞入严重尾涡的典型特征是,飞机先向一个方向轻微滚转,接着向反方向大幅滚转

飞行中所有类型的颠簸通常持续不超过10分钟。

四、颠簸的相关数据

根据FAA公布的数字,2016年,44名旅客和机组人员在飞行颠簸中受重伤,比上一年受伤人数高出一倍多。这44人中,33人是旅客,11人是机组人员。2015年,7名旅客和14名机组人员受伤;从2015年倒推15年,最糟糕的一年是2009年,当时有80名旅客和26名机组人员受伤。

如果你乘坐飞机旅行,你就需要认真对待颠簸。比如2000年,一架B747-400飞机从澳大利亚悉尼飞往日本大阪的途中遭遇了明显的晴空颠簸(CAT)。天气预报显示,在飞机航线200千米范围内有雷雨,但没有颠簸。当颠簸发生时,安全带标志灯未亮起,人们在客舱内走动,2名旅客在颠簸中被抛出座位,脚踝骨折。

晴空颠簸(CAT)往往是意外颠簸的罪魁祸首,在干燥的空气中突然出现。CAT的主要特征如下。

(1)飞行员、空中交通管制员和天气预报员很难探测到这类天气情况,因此在飞入CAT之前,通常不会发出警告。

(2)当没有云可见时,可能会发生这种情况。

(3)飞机雷达目前无法检测到。

(4)在巡航的高海拔地区很常见,尤其是在喷气尾流附近。

怎么做才能在颠簸中保证安全?我们使用安全常识就可以避免几乎所有飞行中的颠簸伤害,其中包括但不限于以下几点。

(1)系上安全带。系好安全带是防止颠簸受伤的最佳防御方法。在坐下时系好安全带,将它固定在旅客的腰部并保持低和紧。几乎所有的颠簸伤害都涉及没有保持正确坐姿和没有系好安全带。当安全带标志灯亮时,为了自身安全必须系好安全带。当安全带标志灯熄灭时,旅客应该继续系好安全带。在客舱周围移动、使用洗手间和在长途飞行中锻炼时应抓住座椅靠背或扶手。

(2) 注意安全演示和机组人员的任何指令。飞行中的颠簸伤害大部分是可以预防的。机组人员在飞行的不同阶段发布的关于在座位上时系好安全带的安全广播,旨在最大限度地减少伤害发生的可能性,务必时刻按照他们的指令操作。将任何随身行李安全地存放在头顶行李架或前面的座位下。如果固定不当,这些物品在颠簸中可能会成为抛射物。

(3) 阅读座位口袋里的安全须知卡。澳大利亚运输安全局(ATSB)通过对400名旅客的调查发现,65%的旅客没有阅读安全须知卡。安全须知卡提供给所有旅客,它包含特定于旅客乘坐的飞机类型的重要安全信息。旅客应特别注意掌握正确的防冲击姿势,这将在剧烈的颠簸中保护自身。

任务二　如何能够避免颠簸

1996年,一架B747-200B飞机从澳大利亚凯恩斯飞往日本东京的途中遭遇剧烈颠簸。当时飞机的飞行很平稳,由于飞机雷达无法探测到晴空颠簸,飞行机组没有任何警告且无法采取任何规避行动。颠簸发生时,客舱机组刚刚开始供餐。旅客、客舱机组和餐车抛到客舱天花板上,然后重重地砸到地板上,部分旅客和客舱机组受到严重伤害,包括骨折、撕裂、颈部和背部拉伤、肩部脱位和牙齿破碎。这次剧烈颠簸导致6名客舱机组和24名旅客受伤,几乎所有人都没有系好安全带。抵达东京后,3名旅客和1名乘务员住院。在这起事故中,受伤是因为没有颠簸警告——当颠簸发生时,系好安全带已经太晚了。

一般而言,所有航空公司都制定了相关程序,以确保飞行员尽可能避开颠簸,并知道如何应对颠簸。客舱机组经过培训,意识到飞行中颠簸的危险,时刻确保旅客安全。所有客舱机组都接受过急救培训,能照顾受伤旅客。因此,旅客应该遵循机组人员的要求和指令,包括系紧安全带、固定随身行李或返回座位。飞行员通过及时了解最新的天气预报,与附近的其他飞机沟通,观察前方的天气状况,尽最大努力避免颠簸。航空公司制定了标准操作程序,确保所有机组人员知道在遇到飞行颠簸时应做什么以及该怎么做。客舱乘务员会定期与驾驶舱沟通,确保飞行员了解客舱内的情况。

2014—2018年间,空客公司收到240起严重颠簸报告,其中30%的严重颠簸出现在长途航班中,12%的严重颠簸出现在短途航班中,导致旅客和机组人员受伤。

在长途航班中,旅客经常解开安全带在客舱内走动,并频繁使用洗手间,这可能是与短途航班相比导致受伤率更高的原因。此外,短途航班的受伤人员主要是客舱机组,而长途航班的受伤人员包括旅客和客舱机组。这进一步证明,告知旅客在飞行过程中系好安全带十分必要,客舱机组也应在预期出现严重颠簸和经历严重颠簸时,管理好客舱并保护自己。

那孩子们怎么办呢?大多数航空公司都提供专为飞机设计的儿童安全带和摇篮,确保儿童在颠簸中得到保护。目前,全球行业内正在开展飞机上儿童约束系统(CRS)的测试。测试表明,CRS为遭遇正常和严重颠簸的儿童提供了比腰带式的安全带更高的安全性和保护。即使安全带标志灯熄灭,家长也应该确保他们的孩子扣上安全带。

飞机内饰应最大限度地减少任何可能造成伤害的锋利边缘。在许多飞机上,客舱、厨房和卫生间都配有扶手,旅客和机组人员在颠簸中在没有就座的情况下,可以抓住扶手。

此外,民航业正在开发新的检测颠簸的方法,如颠簸预测和预警系统(TPAWS)技术,使用机载传感器测量大气前方颠簸的变化,在飞机遭遇颠簸前1分钟,这些信息会显示给飞行员,使飞行员有时间爬升或下降到更平静的气流中。比如厦门航空公司新增了气象情报系统(EWINS),经EWINS系统授权制作后提供的所有气象产品、服务、咨询和评估分析的服务对象包含:签派、飞行、机务等相关从业人员。其中的数据产品和预报服务为执行航班任务的客舱机组提供了一系列的气象信息数据,提高客舱预防颠簸的能力。

任务三　颠簸分类、影响及客舱应对措施

一、颠簸的分类

国际上颠簸强度根据涡流消散率(EDR)为指标来分类。涡流消散率(EDR)是描述颠簸强度的一个重要参数,它代表了颠簸内部热能转化为动能的程度,可以反映颠簸的速度结构。EDR可由多普勒声雷达、多普勒激光雷达、多普勒风廓线雷达、多普勒天气雷达以及多普勒测云雷达等进行探测。涡流消散率表示的是该区域内涡旋此时的强烈程度。所以涡流消散率越大表明该区域颠簸发展越剧烈。

根据EDR的立方根的峰值,颠簸分为:
(1) 严重颠簸:涡旋耗散率的立方根的峰值大于0.7。
(2) 中度颠簸:涡旋耗散率的立方根的峰值大于0.4但小于或等于0.7。
(3) 轻度颠簸:涡旋耗散率的立方根的峰值大于0.1但小于或等于0.4。
(4) 无颠簸:涡旋耗散率的立方根的峰值小于或等于0.1。

二、颠簸的影响

轻度颠簸会引起飞机高度和/或姿态(俯仰,滚动或偏航)的轻微、不稳定变化;中度颠簸与轻度颠簸很像,但强度更高,飞机高度和/或姿态会发生变化,但飞机始终处于积极的控制状态,通常会导致指示空速发生变化;严重颠簸会引起飞机高度和/或姿态突然的大的变化。它通常会导致指示空速发生较大变化,飞机可能暂时失控;如果是极度颠簸可以让飞机被猛烈抛掷,几乎无法控制,可能会导致结构损坏。不同颠簸强度的影响及客舱应对措施如表12-2所示。

表 12-2 不同颠簸强度的影响及客舱应对措施

强度	轻度颠簸	中度颠簸	严重颠簸
定义	轻微、快速且有些节奏的上下起伏,但是没有明显感觉到飞机高度和姿态的变化或飞机轻微、不规则的高度和姿态变化。机上乘员感觉安全带略微有拉紧	快速的上下起伏或摇动,但没有明显感觉飞机高度和姿态的改变,或飞机有高度和姿态的改变,但是始终在可控范围内。通常这种情况会引起空速波动。机上乘员明显感到安全带被拉紧	飞机高度或姿态有较大且急剧地改变。通常空速会有很大波动,飞机可能会短时间失控。机上乘员的安全带急剧拉紧
客舱内部反应	饮料在杯中晃动但未晃出;有安全带稍微被拉紧的感觉;餐车移动时略有困难	饮料会从杯中晃出;明显感觉到安全带被拉紧;行走困难;没有支撑物较难站起;餐车移动困难	物品摔落或被抛起;未固定物品摇摆剧烈;有安全带被猛烈拉紧的感觉;不能在客舱中服务、行走
客舱服务	视情小心服务;送热饮时需格外小心;或视情暂停服务,固定餐车和服务设施	暂停服务;固定餐车和服务设施。如有可能将餐车拉回服务舱并锁扣好	立即停止一切服务;立即在原地固定好餐车;将热饮料放入餐车内
安全带的要求	检查旅客已入座和系好安全带;手提行李已妥善固定;视情检查婴儿摇篮里的婴儿是否被监护人抱出并系好安全带或固定	视情检查旅客已入座和系好安全带,手提行李已妥善固定;回到乘务员座位坐好系好安全带、肩带;视情检查婴儿摇篮里的婴儿是否被监护人抱出并系好安全带或固定	马上在就近座位坐好,系好安全带或就地坐下,抓住行李杆;抓住客舱中的餐车;对旅客的呼叫可稍后处理
广播系统	客舱广播或发送信息提示;视情增加广播内容	飞行机组广播(若有可能);客舱广播;视情况增加广播内容和次数	飞行机组广播(若有可能);客舱广播;增加广播内容和次数
颠簸结束	乘务员巡视客舱,将情况报告乘务长,乘务长向机长报告客舱情况		

任务四 案例分析:供餐期间,飞机遭遇颠簸,人员受伤

2019年1月18日,一架B777-200型飞机从澳大利亚墨尔本机场起飞,当地时间约21:43抵达新西兰惠灵顿机场。飞行机组由一名机长和一名副驾驶组成,机长负责飞行操纵,副驾驶负责监控。

B777-200飞机遭遇颠簸的调查报告封面见图12-1。

在飞行前准备期间，机长从公司运营飞行计划(OFP)中注意到，途中可能发生颠簸。他向客舱机组通报了可能发生颠簸的情况，并提醒他们采取必要的预防措施，包括暂停服务，确保自己坐到座位上并系好安全带。

约23:00 UTC，飞机在巡航高度时，遇到轻微的晴空颠簸，飞行机组打开安全带标志灯。

此时，客舱机组正在给旅客提供餐食，看到安全带标志灯后客舱机组进行了安全检查，在确保旅客回到座位上，所有旅客都系好安全带后，客舱机组恢复了供餐服务。

约23:19 UTC，在餐食服务提供接近尾声，客舱机组正在处理厨房各类杂事时，飞机经历了一次强烈的颠簸，飞机短暂掉高度。

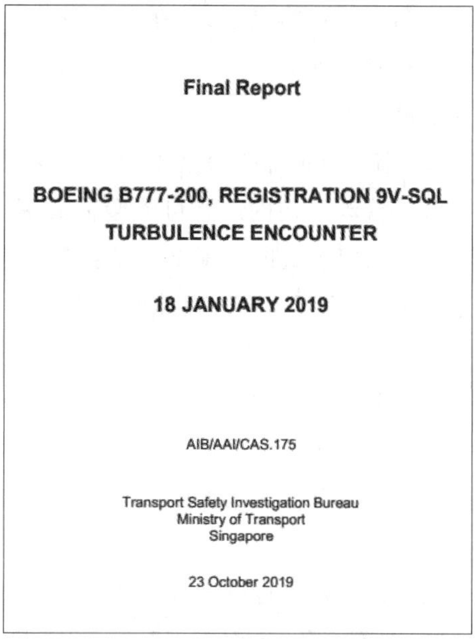

Final Report

BOEING B777-200, REGISTRATION 9V-SQL
TURBULENCE ENCOUNTER

18 JANUARY 2019

AIB/AAI/CAS.175

Transport Safety Investigation Bureau
Ministry of Transport
Singapore

23 October 2019

图12-1　B777-200飞机遭遇颠簸的调查报告封面

坐在经济舱的一名女士，正在返回座位的路上，瞬间被抛起至空中，当她的脚再次接地时感到右腿剧烈疼痛，只有采取脸朝下躺着的姿势才能减轻疼痛。当天气状况好转后，安全带标志灯在23:32 UTC熄灭，一名医生前来照顾她，并给她服用止痛药。

虽然可以提供远程医疗服务，但客舱经理决定不采用这一选择，因为飞机即将开始下降，飞行机组要求客舱机组为降落做好准备。客舱机组试图将受伤的旅客转移到座位上，然而每当试图移动她时，她都会感到腿部剧烈疼痛。几次尝试后，医生建议让她躺在过道上着陆。最终机长采纳了医生的建议，并在飞机抵达时为受伤的旅客安排了医疗服务。客舱机组在受伤旅客的周围铺了枕头和毯子，以防止次生伤害。一名乘务长坐在受伤旅客旁边的旅客座椅上负责监测她的情况。

飞机在惠灵顿机场平稳着陆，医护人员将受伤旅客转往当地医院接受进一步救治，最终确认旅客右大腿股骨骨折。

在此次事件中，调查机构开展了详尽的调查分析，具体如下。

(1) 根据运营人的安全和紧急程序，当飞机遇到轻微的颠簸和安全带标志灯亮起时，客舱机组必须履行的职责。包括：①发布适当的旅客广播；②执行客舱安全检查，遵守安全带标志灯(这需要客舱机组在安全时走过过道，以确保旅客全部就座并系好安全带)；③监控在洗手间里和可能需要帮助的旅客。

客舱机组告诉调查组，当安全带标志灯在约23:00 UTC打开时，他们履行了上述职责，但没有注意到站立在过道或上洗手间的旅客。

(2) 颠簸。

飞行机组已经意识到途中可能发生的颠簸。约23:00 UTC，在遇到轻微的晴空颠簸后，飞行机组打开安全带标志灯。安全带标志灯打开约19分钟后发生了强烈的颠簸，颠簸导致一名女性旅客受伤,她在安全带信号灯亮起期间离开了自己的座位,前往客舱另一排座位探望她的女儿。这一事件提醒我们,随时可能发生明显的晴空颠簸,旅客需要随时注意安全带标志灯。

(3)着陆期间旅客躺在过道上的问题。

由于移动受伤的旅客可能会造成更大的伤害,客舱机组几乎没有选择,只能在她周围没有任何固定装置的情况下让她躺在过道上,安排一名客舱机组人员坐在她旁边照顾。面对这种情况,运营人没有具体的操作程序,也没有专门的设备来固定和保护受伤旅客。

(4)安全整改措施。

航空公司在2019年9月举办的客舱乘务员安全论坛上将此类事件作为讨论项目列入议程。航空公司已向客舱机组发布了有关颠簸处理的提醒,并已开始在定期的客舱机组培训中将这种情况作为案例研讨。

(5)安全建议。

调查机构建议运营人针对机上人员在着陆时无法就座和固定的情况制定应急计划。

"安而不忘危,治而不忘乱"。对于机上人员在着陆时可能遇到的无法就座或固定的问题,运营人员应吸取教训,制定相应的应急计划。首先,是否已经制定了标准操作程序(SOP)来指导客舱机组在紧急情况下的行动?是否配备了必要的应急设备,以便在紧急着陆时保障旅客和客舱机组的安全?其次,加强培训同样至关重要。那么,航空公司应如何设计有效的培训计划,以预防或减轻飞行颠簸对客舱机组造成的伤害?

一是充分利用培训环境。客舱机组和飞行机组的培训应包括课堂讲座、情景模拟和实际操作演练等多种形式。这种多元化的培训环境为评估飞行中的风险、讨论决策的优劣,以及强化机组人员在颠簸发生前、中、后协调行动的重要性提供了宝贵的机会。此外,培训环境还为机组人员深入理解并掌握承运人的标准运行程序提供了理想的平台,包括统一的标准术语和关键概念的传授。这些概念有助于促进机组人员在实际遇到颠簸时严格遵循既定程序。

二是强调客舱机组人身安全的重要性。与其他机组人员和旅客相比,乘务员受伤率相对较高,这是因为乘务员在客舱中往往无法就座,需在客舱内频繁行走,因此没有系安全带。

乘务员培训的目标之一是确保乘务员在客舱内活动时自信、称职、有控制力。然而,在遇到颠簸时,乘务员最恰当的第一反应是自我保护。培训可以使乘务员意识到他们自身在中度和重度颠簸中的脆弱性。有效的培训可以以数字媒体、真实场景和访谈经历过中度和严重颠簸的乘务员等方式进行。

三是强调机组人员拥有可提高旅客和自身安全性的工具。有效的培训可向乘务员展示如何通过识别在颠簸中可用的工具来提高个人的人身安全和旅客安全。培训内容涵盖如何高效运用PA及其他沟通手段与旅客进行有效沟通;指导乘务员迅速找到飞机上的手持广播设备或可能作为手持工具使用的设备的位置;以及教授如何在紧急情况下快速确保餐车和厨房设备的稳固。

四是强调客舱机组需要识别并避免风险。例如,在短途航班上,需要在短时间完成客舱服务，乘务员在人身安全方面可能不如在没有时间限制的较长航班上那么安全。乘务员仍会努力遵守通常在每个航班上完成的常规程序，而不是对遇到颠簸的非例行情况做出响应，从而增加风险并危及其人身安全。

五是促进各方之间的沟通和协调。机组资源管理（CRM）培训以及签派员的签派资源管理（DRM）培训都强调个人是团队的一部分。比如可以在CRM培训中解决颠簸响应问题：机组人员之间的沟通和协调是有效应对颠簸或颠簸威胁的关键组成部分。航空公司可以在初始培训和复训中开发和实施CRM培训，鼓励在遇到颠簸之前、期间和之后机组人员做出协调响应。

航空公司应支持CRM和DRM培训中需要涵盖应对颠簸的主题。通过解决以下主题，可以更加清楚地了解高效和无效的团队绩效。

① 使用标准术语的重要性，使意义和意图永远不会被质疑。

② 使用标准操作程序（SOP）的重要性，以便所有人知道会发生什么。

③ 有效的飞行前简报的重要性，包括：每段航段发生颠簸的可能性；强调让驾驶舱了解客舱状况的重要性；承诺在遇到颠簸时使用航空承运人标准程序和术语。

在飞行期间保持通信的重要性，包括酌情与签派员的沟通。

在我国，强烈推荐开展联合机组资源管理（CRM）培训，涵盖乘务员、飞行员和签派员等关键岗位人员。这种综合性培训旨在加强不同运行人员在面对颠簸等紧急情况时的协同作用和对安全职责的认识。

任务五　案例分析：下降过程发生颠簸，客舱机组严重受伤（关于制服鞋的风险评估）

一、事实信息

2015年9月13日，一架注册号为A6-EEF的阿联酋航空公司A380飞机，运营从沙特阿拉伯吉达阿卜杜勒阿齐兹国王国际机场（OEJN）飞往阿拉伯联合酋长国迪拜国际机场（OMDB）的EK806航班。阿联酋航空公司A380飞机遭遇颠簸的调查报告封面见图12-2。

着陆前20分钟，客舱机组按照标准操作程序（SOP）做好降落前的客舱准备。当飞机通过FL300下降时，飞行机组接通了安全带指示标志，以确保乘务员及时完成客舱着陆准备。

下降过程中飞行机组在FL180进入航点BUBIN时与迪拜空中交通管制（ATC）建立了双向通信。飞行机组在自动模式下操作气象雷达，没有显示任何回波。飞行机组表示，有一层薄薄的散落云层，在通过这一层下降后，他们观察到飞机前方有一小片云。机长作为监控的飞行员,估计这片云的直径不到一英里。由于接近云层,机长指示副驾驶开始向右转弯,并请求ATC实施天气偏置。

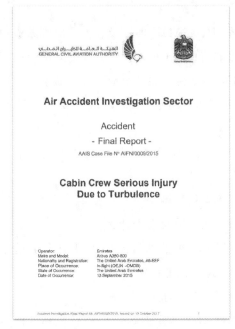

图12-2　阿联酋航空公司A380飞机遭遇颠簸的调查报告封面

副驾驶选择了HDG模式,右转并将速度降低到300节。由于空域冲突,ATC没有同意飞行机组请求,副驾驶重新接通NAV模式。机长表示,在答复空管后,他抬头看到NAV模式已重新接通。由于云层处于正前方,距离很短,并且由于云的视觉外观和缺乏气象雷达回波,他判断通过云层可能是最安全的行动方案。

这时候,客舱服务已经结束,客舱机组正在固定客舱/厨房,准备着陆。飞机进入云层后,遇到局部颠簸3到4秒钟。当时自动驾驶仪保持接通状态,所有参数均在飞机限制范围内。迪拜ATC询问飞行机组是否避开了天气,因为管制员观察到飞机开始左转。

在遇到颠簸之后,机长询问了客舱状况,客舱经理回复称一名客舱机组受伤。在右上门1(UR1)位置受伤的客舱机组人员无法履职,根据阿联酋航空标准作业程序,其在剩余的航程中坐在旅客座位上直到飞机降落。受伤的客舱机组右脚踝骨折,其他9名客舱机组人员受轻伤。

二、客舱机组着制服鞋的健康和安全评估

2007年和2009年,运营人为A380客舱机组更换制服(鞋)时,认为不需要对此情况实施风险评估。

截至2015年8月,运营人的危险源库中包括各种与颠簸相关的危险情景,比如安全带标志灯亮起时客舱机组在客舱内走动,这类危险源被归类为"危险的",概率不高,是可容忍的风险。

2016年5月公司发布的题为"女性客舱机组制服(鞋/裙子)的安全风险管理"文件中,运营人将飞行关键阶段穿高跟鞋的风险判定为轻微严重程度和极低风险概率。

根据运营人的政策规定,乘务员必须在旅客登机、下机和飞行中穿着标准配发的船形鞋。目前配发有3种不同的船形鞋:楔形——1.7英寸;扁平样式1——1.5英寸;扁平样式2——1英寸(2.5厘米)。配发给阿联酋航空公司乘务员的制服鞋子见图12-3。

然而本次事件发生时,乘务员穿着图12-4的高跟鞋,高3英寸。

图 12-3　配发给阿联酋航空公司乘务员的制服鞋子

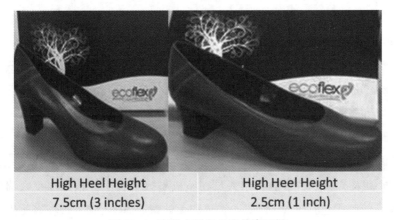

图 12-4　事件中乘务员穿的高跟鞋

三、分析

（1）客舱机组穿着制服鞋的选择。

调查机构根据在职乘务员的反馈得知，客舱机组为了节省开门和旅客下机的时间，在着陆前将鞋子由低跟鞋更换为中/高跟鞋是司空见惯的做法。受伤的客舱机组人员在飞行的进近阶段穿着高跟鞋，在颠簸条件下无法提供稳定的支撑，而且在遇到颠簸时，客舱机组人员正在站立完成着陆前准备任务，从而摔倒并导致脚踝骨折。

（2）客舱安全管理。

客舱机组人员执行着陆职责之前已换下了平底鞋。客舱机组人员从平底鞋更换为高跟鞋，导致支撑不足，无法在遇到颠簸时保持平衡。

运营人于2016年5月（事件发生后）进行安全风险评估，运营人将飞行关键阶段穿高跟鞋的风险分为轻微严重程度和极低风险概率，而危险源库上次审查是在2015年8月：在颠簸情况下，安全带标志灯亮起时，客舱机组仍在走动，这种行为被归类为"危险的"严重性类别。调查机构将2016年5月进行的风险评估与2015年5月的安全危险源库进行比较，并考虑到穿高跟鞋的后果与客舱机组的受伤程度，调查机构认为危险源库比后来的风险评估要更为准确。

(3) 本次事件中与客舱安全相关的调查结果。

①事发时安全带标志灯已亮起。

②受伤的客舱机组人员穿着高跟鞋。

③受伤的客舱机组人员由于高G力和在飞行该阶段穿着高跟鞋而失去平衡。

④运营人在2015年8月危险源库中将风险严重程度归类为"危险的",但在2016年5月的风险评估中将其降至轻微。

四、安全建议

2016年5月航空公司进行的风险评估低估了风险的严重性,将其归类为"轻微",而调查机构认为严重程度分类应该是"危险的",因此,建议运营人修订安全风险评估。

许多国家的航空运行法规都会规定机组人员的制服要求,比如欧洲航空安全局航空运营部法规GM1 ORO中CC.210(d)中规定:客舱机组制服应不妨碍在运营期间履行其职责,以确保旅客和飞行安全,并应允许旅客识别客舱机组,包括在紧急情况下。

1989年3月10日,一架由安大略航空公司运营的福克F28飞机(航班号1363)在起飞约49秒后坠毁。机上有65名旅客、2名飞行机组人员和2名客舱机组人员。其中21名旅客、2名飞行机组人员和一名客舱机组人员在坠机事故中丧生。根据加拿大调查委员会的调查,空乘人员的制服包括便鞋、轻便连衣裙和无袖背心,一名乘务员在客舱里丢失了一只鞋子,另一只鞋丢在外面的雪地里。为了更好地实施救援,她不得不借了一名旅客的一双鞋子。

1995年6月8日,一架由ValueJet航空公司运营的麦克唐纳道格拉斯DC-9(航班号597),从美国亚特兰大起飞时遭遇了发动机非包容性故障。客舱内发生起火。NTSB的调查认定,受伤最严重的是一名身穿短裤和短袖衬衫的人,FAA对旅客着装提出安全建议:"……合理的服装,例如由天然面料制成的衣服,并建议长袖和长裤完全遮盖手臂和腿部"。客舱机组的制服也应该有这样的考量。

任务六 案例分析:下降过程中遭遇晴空颠簸,旅客和乘务员受伤

2021年1月17日,一架注册号为A6-EPN的阿联酋航空B777-31HER飞机,运营航班号为EK957的定期客运航班,从阿拉伯联合酋长国迪拜国际机场(OMDB)飞往黎巴嫩贝鲁特国际机场(OLBA),实际起飞时间是04:27,飞行时间约为4小时11分钟。机上共有64人,50名旅客、2名飞行机组和12名客舱机组(阿联酋航空B777-31HER飞机颠簸调查报告封面见图12-5。

在飞行前准备会时,机长向客舱机组简要介绍了途中重要天气图(SIGWX)显示的下降过程中出现颠簸的可能性,预测偶尔会出现孤立的嵌入式积雨云,特别是在尼科西亚和贝鲁特飞行情报区(FIR)。

机长是起飞时操纵飞机的飞行员。机组人员在接受调查时表示,他们在进入尼科西亚飞行情报区之前曾预料到会偏离计划的飞行路线,以避开在飞机前方约80海里处的积雨云(CB)。机长说:"气象雷达的选择总是设置在自动位上,但会在短时间内切换到手动操作,以便更好地评估雷达回波"。

07:58,开罗飞行情报区内飞行高度FL360,航向330度,在进入尼科西亚飞行情报区之前约15海里(NM)处,副驾驶联系了尼科西亚地区控制中心(ACC)的空中交通管制

图12-5 阿联酋航空B777-31HER飞机颠簸调查报告封面

(ATC),ATC提供了直接飞往航点ZALKA的咨询信息,不是沿着原始飞行路径飞往PASOS。飞行机组人员接受了ATC指令,因为修改后的航向将避开CB。当他们飞往ZALKA航点时,气象雷达在12点钟位置显示大约120海里处有雷达回波,从9点到11点位置在大约50海里处显示另一个CB。

根据飞机快速访问记录仪(QAR)在08:00:21和FL360高度的记录,飞机处于下降顶点,抵达OLBA前40分钟,飞行机组将安全带标志灯打开,并指示客舱机组检查客舱,因为预计下降过程中会出现颠簸。08:00:55,飞机开始下降,通过大约29200英尺高度时,飞机遭遇颠簸,副驾驶广播"客舱机组就座"。

机长说,在广播后不久,颠簸迅速增加,空速突然增加,颠簸剧烈,很难阅读飞行仪表。为了避免超速,在VNAV PATH飞行模式下,飞行机组选择了速度干预,将速度降低到280节。但是随着飞机速度的不断增加,机长将减速板间歇性地伸出以防止超速。

遭遇颠簸期间,飞机自动驾驶仪保持接通且没有超速,但是,垂直速度短暂性超过每分钟5000英尺。尼科西亚ATC录音显示,在08:04:21,副驾驶要求"……由于天气原因,航道右侧偏置20海里",此后不久,机长开始向右偏置,新选择的航向为070度。

在与ATC的沟通中,副驾驶报告说颠簸是"中度到重度"。08:07:45,副驾驶通知ATC,飞机在FL300和FL270之间遇到了颠簸,颠簸严重度在降低。

机长表示在颠簸事件发生之前或期间,导航显示屏上都没有显示任何与天气等相关的信号,颠簸是由于晴空颠簸造成的,颠簸程度是中度至重度。

在经过大约FL240高度层时,飞行机组联系客舱经理了解客舱内的情况,得知2名旅客和4名客舱机组人员受轻伤,一名旅客右脚骨折,受伤严重。

在飞往OLBA的剩余航程中,飞机持续遭遇轻微的颠簸。飞机在08:40顺利降落。机务工程团队对飞机进行了检查,结果是飞机无损坏。

一、生存方面

客舱经理表示,在接到机长希望尽早检查客舱以准备着陆的通知后,客舱机组便广播了旅客。几名客舱机组人员表示,在飞行机组要求就座后不到1分钟,飞机就遭遇了严重的颠簸。一些没有系好安全带的客舱机组和旅客受到颠簸产生的负G载荷影响。

图12-6显示了受伤旅客和客舱机组的位置。受重伤的旅客当时站在4L门旁边的洗手间旁边,靠近座位37C。

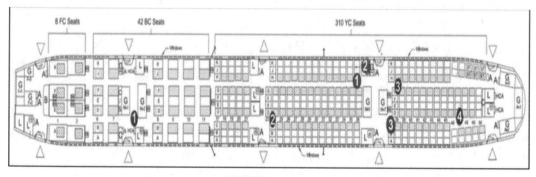

图 12-6　飞机上的受伤旅客和客舱机组的具体位置

客舱的轻伤情况如下。

(1)旅客1当时坐着,膝盖受到撞击。

(2)旅客2站在4R旅客门附近的洗手间,鼻子流血,腿部肿胀。

(3)客舱机组1表示,当严重颠簸开始时,她正在L2A门附近固定厨房设备。颠簸把她抬离地面,双脚离地,撞击到客舱周围的装置。

(4)客舱机组2表示,他在客舱左侧,靠近24排座位,正准备检查客舱。当剧烈的颠簸开始时,他几次双脚离地,膝盖撞到旅客座位的扶手。

(5)客舱机组3表示,她正在协助另一名旅客将一名婴儿和儿童固定在座位上。她抱着儿童,在颠簸中无法固定自己,她与儿童一起被抛起,她的头部撞到天花板。

(6)客舱机组4表示,他正在检查客舱并要求旅客就座。听到飞行机组广播"客舱机组就座"后,他当时无法入座47D座位,在颠簸时被抬离地面,头部撞击天花板。

二、分析

飞机按照阿拉伯联合酋长国民航总局(GCAA)批准的维修计划进行维护,在颠簸之前没有技术异常。

(1)飞行机组表现。

飞行机组了解目的地机场(OLBA)以及尼科西亚和贝鲁特飞行情报区(FIR)的重要天气预报状况。作为飞行前准备会的一部分,机长向客舱机组简要介绍了FIR的天气预报状况,预计下降到OLBA期间会出现颠簸。

该航班遵循运营人的SOP运行,其中规定飞行机组需充分利用气象雷达系统以优化飞行路径。在飞行过程中,飞行机组大部分时间将天气雷达保持在自动模式,在下降顶点(FL360)短暂选择手动模式。在下降至顶点之前,与尼科西亚空中交通管制(ATC)的通信记录表明,管制员和飞行机组都知道当时的重要天气状况。

飞行机组做出的最初决定是请求ATC批准偏置,因为气象雷达显示飞机前方约80海里处有积雨云(CB)。ATC建议飞行机组直接飞往新的航点(ZALKA),机长接受并因此选择了042度航向,这将使飞机在CB以南飞行。导航显示屏表明,CB位于飞行路径以北50至120海里,飞行机组认为决策准确。

由于预计下降过程中会出现颠簸,机长在FL360高度层将安全带指示标志打开。飞行机组表示,在下降的头3分钟内,导航显示屏上没有任何气象雷达指示任何重要天气(包括红色斑点)或任何可能形成威胁的云层和降水情况。当严重的晴空颠簸开始时,飞行机组立即使用减速板阻止超速,并选择适当的自动驾驶模式。

调查机构的结论是,根据现有信息,飞行机组的操作决策是适当的,包括监测和设置气象雷达,以及与尼科西亚ATC之间的通信和设置飞机自动化模式。飞行机组在下降前和颠簸期间采取的行动符合运营人的SOP,包括向ATC报告颠簸情况。

(2)客舱安全生存性调查。

飞行前和开始下降之前,机长向客舱机组通报了预计颠簸情况。在下降之前,机长预计下降过程中可能出现颠簸,建议客舱机组尽早准备,完成客舱工作。

对于EK957航班而言,由于预期的颠簸威胁,机长决定更早地打开安全带标志灯(在从FL360开始下降之前)。飞行机组从FL360开始下降约34秒后(抵达OLBA前40分钟)打开安全带标志灯。在下降过程中,距离安全带标志灯打开约3分35秒时,飞机遇到中度颠簸,几乎同时,副驾驶通过广播指令客舱机组就座。不久之后,飞机遭遇了第1次严重的颠簸,持续了约48秒。约21秒后飞机进入了另一次持续约15秒的严重颠簸状态。总的来说,飞机在中度和重度之间变化的颠簸中飞行了大约3分钟。

运营人的政策要求飞行机组在飞行过程中预计会发生颠簸时向客舱机组告知:可用作客舱准备的时间;颠簸严重程度;颠簸将持续的时间。

由于本次航班飞行机组很可能没有预料到飞机在下降后3分钟内会遇到严重的晴空颠簸,因此将安全带标志灯打开时,没有指令客舱机组就座。

当副驾驶指令客舱机组就座时,所有客舱机组仍在保护客舱和旅客,几名旅客仍然没有坐下和系好安全带。

FDR记录的颠簸数据表明,颠簸所产生的垂直重力足以导致没有系好安全带的客舱机组和旅客被抬离地面,并撞击客舱设施。值得注意的是,在7名受伤的旅客中,有5名在后舱,包括受重伤的旅客。

调查机构的结论是,飞行机组和客舱机组意识到下降过程出现颠簸的威胁,但气象雷达无法探测飞机下降过程中的晴空颠簸。

三、阿联酋航空公司采取的安全措施

（1）将EK957航班事件的详细案例研究及复盘纳入接下来的签派员复训周期。

（2）对SIGMET格式不兼容和风险缓解行动进行安全风险评估，以确保及时准确地向飞行机组提供SIGMET信息。

（3）对SIGMET格式不兼容和风险缓解行动进行安全风险评估，以确保及时准确地向客舱机组提供SIGMET信息。

近年来，国内航班中也频发颠簸事件，轻则造成旅客体验不佳，重则造成飞行高度偏离，甚至引发颠簸伤人事件。中国民航在2013—2018年期间，运输航空报告颠簸事件共678起，其中颠簸伤人事件46起，旅客受伤145人，乘务员受伤66人。

2019年8月1日，国内某航空公司航班，飞机在进近过程中，飞行高度4200米时突遇颠簸，导致一名旅客和一名乘务员不同程度受伤。经调查，航班在下降进近过程中突遇气流异常变化是造成此次事件的环境因素。该航空公司在不具备足够服务时间的情况下提供正餐服务，客舱机组在预计落地前30分钟仍忙于客舱服务，未按相关要求及时调整和改变服务程序，是颠簸造成人员受伤的直接原因。航空公司未能有效管控飞机下降过程中颠簸造成人员受伤的安全风险是事件的管理原因。

客舱机组要加强航前和飞行机组的协同，根据预报的颠簸情况，提前制定颠簸防控预案，调整工作程序，严格执行飞行机组指令，保持高度的安全意识，树立正确的安全导向，处理好安全与服务的关系，遵守安全规定，减少受伤风险。

任务七 案例分析：B737飞机在下降过程中遭遇颠簸，2名乘务员受伤

2017年9月13日，一架维珍澳大利亚航空公司B737-800型客机（注册号VH-VUE），执行VA-233航班从墨尔本飞往阿德莱德。下降过程中，飞机遭遇颠簸，造成2名乘务员受伤，其中一名乘务员腿部骨折重伤，另外一名乘务员轻伤。飞机在23号跑道安全着陆，2名乘务员被送往医院就医。

2020年9月30日，澳大利亚ATSB发布了此事的最终调查报告（见图12-7），事故原因如下。

在大速度下降高度的过程中，由于风切变，顺风突然减小，飞机空速接近并逐渐超过最大运行速度（VMO）。此过程中，飞行机组并没有使用减速板来阻止速度的增大。

针对飞机空速快速增大至VMO限制速度，机长（监控飞行员）认为需要立即进行干预，于是在没有完成正常交接程序也没有告知副驾驶（负责操控的飞行员）的情况下，他进行了姿态控制输入。

机长的控制输入幅度可能比预期的要大，这一点受到认知的影响，他认为自动驾驶仪没有控制飞机状态，因此需要立即进行干预。由于机长的控制输入幅度较大导致飞机姿态突然变化，致使客舱机组受伤。

尽管飞行机组在飞机以高速度向阿德莱德机场下降的过程中已经意识到超速的风险,但他们并未采取相应的措施来规避这一风险。此外,机组人员也未考虑如何在下降过程中妥善管理超速问题。这些疏忽降低了飞行机组在遇到空速意外增加时作出有效反应的可能性。

以下为与客舱安全有关的具体情况:

客舱机组回忆说,在巡航和最初下降期间,飞行一直很平稳,没有遇到颠簸。当飞行机组宣布"客舱机组准备着陆"时,机上食品和饮料供应服务已经完成,垃圾已经收集完毕,正在做客舱着陆准备的工作。乘务员分别返回各自站位,当时飞机后部的2名乘务员站在厨房里吃饭,客舱内突然出现颠簸,而且非常突然,没有任何预先警告。随后正在后厨房的一名乘务员被抛向天花板,然后倒在地上。她在落地时感到腿部折断,无法从地板上移动。飞机俯仰姿

图12-7 维珍澳大利亚航空公司 B737-800
客机颠簸调查报告封面

态的突然变化也使飞机后部的另一名乘务员受伤,她撞到了下巴,身体和脸部受了轻伤。

乘务长向 ATSB 报告说,乘务员遭受了肌肉和骨骼等的伤害,寻求了脊椎按摩疗法。飞机稳定后,腿部受伤的乘务员使用机载便携式氧气瓶吸氧。

约17:04,乘务长向飞行机组要求落地后提供救护车,因为受伤的乘务员无法移动到座位,着陆时只能留在厨房地板上。然后,乘务长对客舱机组号位进行了调整,将未受伤的客舱机组从前舱移至后舱,将头部受轻伤的客舱机组移至前舱站位。乘务长亦向坐在最后一排的身体健康的旅客口头介绍协助的要求,以便在情况恶化或发生其他紧急情况时能协助离机。

一、阿德莱德机场的合作与回应

约17:02,机长通知阿德莱德航空公司地勤部门,一名乘务员在颠簸中受伤,要求飞机在抵达时提供救护车协助。随后又通知了空中交通管制,要求航空救援消防(ARFF)人员到到达口提供急救。约17:09,ATC将事件通知了ARFF,大约2分钟后派出了一名人员。

大约在同一时间,航空公司通知南澳救护车服务(SAAS)机上有人受伤,一名ARFF人员也联系了SAAS,确认救护车正在途中。之后,ARFF将救护车引导至到达门。

17:19,飞机抵达停机位。已预先到达停机位的ARFF人员在飞机抵达后不久通过后登机梯进入客舱,一名航空公司地勤主管也进入客舱协助处理。

SAAS患者治疗记录显示,救护人员于17:19抵达阿德莱德机场航站楼入口,并于17:25开始治疗。

ARFF、SAAS和航空公司地勤主管之间就如何将受伤的乘务员从飞机上移走不断进

行协商和讨论。由于受伤的乘务员腿部骨折,无法行走,救护车担架也无法在飞机过道上使用。ARFF建议使用剪刀式升降车或配餐车协助,但是地勤主管表示没有剪刀式升降车,并拒绝使用餐车。最终,受伤的乘务员建议救护人员使用滑移垫,医疗人员使用滑移垫将受伤人员沿着过道拖到飞机前部,然后将她放在担架上。SAAS的记录显示救护车于18:45离开机场。

二、机组简报

航空公司的程序要求飞行机组在飞行的不同阶段向客舱机组介绍情况,包括在飞行前的准备阶段和下降顶点阶段。飞行前的简报应包括飞行途中的天气状况、任何需要特别注意的因素以及与正常情况存在偏差的信息。下降顶点阶段的简报需要包括颠簸的可能性、恶劣天气状况、提前打开安全带标志灯的可能性以及"下降、进近和到达阶段其他预期的特殊考虑因素"。

机长在飞行前和下降顶点之前向乘务长简要介绍了情况。简报中没有提到预报的晴空颠簸,也没有指出颠簸的可能性。下降顶点简报没有提到计划中的飞机高速下降。

乘务长表示,根据他们之前的经验,机长通常会在简报中提醒客舱机组计划中的高速下降。ATSB与航空公司的一名资深飞行员进行了访谈,了解高速下降的客舱机组简报情况。该飞行员表示,在许多情况下,ATC会在航班下降顶点后发布高速下降的指令,而机长在客舱机组简报中提及计划的高速下降并不常见。此外,程序本身并没有要求在客舱机组简报中包含计划中高速下降的信息。

三、客舱机组程序

航空公司的《客舱机组应急程序手册》规定,飞行机组将在客舱机组着陆前就座的10分钟前发布"客舱机组准备着陆"的广播,对于B737飞机来说,这将在大约20000英尺或更高的高度。此时,客舱机组应:停止所有涉及推车的服务;确保其责任区域的安全,包括客舱和厨房区域,此时仍可使用洗手间。

监控飞行员在过渡高度层或10000英尺(以先发生者为准)打开安全带标志灯后,客舱机组发布安全带标志灯亮起的着陆广播。

此时,客舱机组应:检查责任范围,确保旅客系好安全带,锁闭厕所,安置好个人电子设备;在1分钟内返回座位坐好,并系好安全带。

该事件中,在飞机俯仰姿态突然改变之前,飞行机组发布了"客舱机组准备着陆"的广播,客舱机组履行后续职责,但飞行机组没有打开"系好安全带"的标志,也没有要求客舱机组就座。突然的俯仰变化发生在飞行机组发出"客舱机组准备着陆"的广播后约7分钟。

机长在接受访谈时说,相信在突然的俯仰变化后,安全带标志灯立即被打开。乘务长和受伤的乘务员表示,他们观察到安全带标志灯在整个下降过程中一直处于关闭状态。副驾驶报告说,无法回忆起安全带标志灯是在突然的俯仰变化后立即打开的,还是在下降的后期打开的。安全带标志灯不是FDR或QAR上记录的参数。然而,当安全带标志灯打开或关闭时,会产生明显的声音。ATSB对CVR读取中,在16:59:30发现了与安全带标志灯激活一致的低沉声音,这是在突然的俯仰变化之后,与机长表述一致。

四、颠簸情况下的客舱准备

航空公司《机组人员应急程序手册》描述了飞行员根据气象预报、气象雷达、空中交通管制和其他飞机报告等来源的信息预测颠簸情况。如果飞行机组判断可能出现颠簸,他们必须在准备会期间或其他合适的时间通知客舱机组。飞行员被要求在预期的颠簸发生前1分钟打开安全带标志灯。

手册描述,当预计会出现颠簸时,客舱机组应优先考虑人身安全,并且不要因为继续提供服务而导致面临人身伤害的风险。颠簸期间,客舱机组应尽可能坐下或抓住座椅靠背、扶手或把手来保护自己。

由于下降条件平稳,机长没有察觉到有颠簸的风险,飞行员没有提前打开"系好安全带"指示灯。

五、氧气瓶的存放

航空公司《客舱机组应急程序手册》规定,机载氧气瓶可用于急救,在着陆过程中,要求氧气瓶应固定在座椅下方。手册还规定了使用氧气瓶的注意事项,包括不要掉落或碰撞氧气瓶。

客舱机组表示他们接受的培训中强调了在进近和着陆期间正确存放便携式氧气瓶的重要性。然而,这次他们无法遵守,因为受伤的客舱机组无法坐着,在进近和着陆过程中受伤人员牢牢抓住氧气瓶。

ATSB向飞机制造商寻求有关在着陆期间是否需要固定氧气瓶的信息,制造商提供了以下指导。

(1)如果条件不允许适当存放,那么氧气瓶的背带可以提供一定程度的保护作用。

(2)对于着陆时客舱机组无法就座的情况,客舱机组应该依靠自己位置附近的结构物,以便于在飞机着陆时的减速情况下获得必要的支撑。

(3)运营人应评估自己飞机的配置,并针对事件中遇到的情况确定最佳行动方案。

六、客舱机组失能

航空公司《客舱机组政策和程序手册》描述了客舱机组丧失行为能力的程序。客舱机组必须进行急救,尽快通知乘务长和飞行机组,并将失能人员安排在非出口排旅客座位上。程序要求与机长联系,就号位变化和着陆的替代程序进行报告,并根据机长的指示重新分配客舱机组职责。程序还强调了由一名客舱机组操作2个出口门的情况。

乘务长对此提出建议:航空公司客舱机组的应急程序培训是基于1人次失能的情况,如果开展针对多人次失能的情景训练,将有助于有效地准备和应对未来可能出现的类似紧急情况。

该事件中,乘务长通知飞行机组,受伤的乘务员无法就座,其余乘务员将被重新分配号位,以监控后门和受伤人员。

飞行机组在进近和着陆过程中考虑了这些信息,机长对副驾驶说:"尽量飞行平稳,尽量不要踩刹车太用力。我认为受伤的乘务员可能还在地板上"。

七、分析

(1) 处于不安全状态的客舱乘务员。

安全带是一种非常有效的防御措施,在客舱乘员受到扰动力影响的情况下,可以防止人员受伤。美国联邦航空局的分析表明,从1980年到2003年,平均每年约有58人在不系安全带的情况下因颠簸而受伤。因此,系好安全带是防止在这些类型事件中受伤的主要手段。

在飞机突然改变俯仰姿态之前,由于简报中未能提供晴空颠簸的预报信息,客舱机组未能及时使用安全带进行保护,从而增加了受伤的风险。气象信息的缺失以及缺乏对下降过程中可能发生情况的预警,凸显了客舱机组简报在客舱安全准备中的重要性。简报的有效性是降低受伤风险的关键,而客舱机组能否做好充分的颠簸应对准备,主要取决于飞行员所提供的信息准确性。

尽管飞行机组已经了解到预报中提到的中度晴空颠簸,但他们观察到当前飞行状况相当平稳,并且飞机的气象雷达没有显示任何回波。基于这些情况,机长认为遭遇颠簸的可能性不大。在本次事件中,大约在飞机俯仰姿态突然改变前7分钟,已经发出了"客舱机组准备着陆"的指令,但安全带指示灯并未亮起。这意味着,根据正常程序,客舱机组没有预期在这个时候他们应该就座以预防颠簸。

(2) 延迟将受伤的乘务员从飞机上移走的问题。

飞机抵达阿德莱德后,花了90多分钟才将受伤的乘务员从飞机上移走并送往医院,这表明应急反应是迟缓的。受伤乘务员的移离复杂化的主要因素是航空公司地勤主管决定拒绝使用配餐车的请求。ARFF应根据情况的需要利用所有的可用资源,而且以前有过在类似情况下使用配餐车的经验。

地勤主管往往不愿做出可能涉及程序偏离和潜在风险的决策。在这种情况下,主管对于是否允许一家虽有设备但无使用经验的外部公司参与持谨慎态度,并且意识到使用这些设备本身也可能带来额外的伤害风险。在这种情况下,关于使用配餐车的决策本可以得到航空公司中更高级人员(例如飞行机组)的指导,然而,飞行机组在飞机降落后并没有进入客舱,而地勤主管认为没有必要征求他们的意见,因为主管认为客舱机组的状况由救护人员负责管理。

澳大利亚调查机构(ATSB)在分析了应急人员的响应情况后,发现在处理使用配餐车的请求时,存在管控责任不明确的问题,因此,ATSB建议需要进一步明确未来在医疗紧急情况下的控制和职权管理,以提升相关部门间的合作效率。

维珍澳大利亚航空公司已向地勤人员和其他在机场工作的人员提供了修订的程序。当紧急服务部门在场时,航空公司的团队成员应遵循这些部门的合理指导。同时,如果团队成员对指令有疑问,他们应主动与机长、乘务长或机场管理人员进行沟通,以确保指令的正确执行。

颠簸是航空安全的重要隐患之一,如何有效地预防颠簸已成为航空业的一个重要课题。接下来让我们一起分享美国国家运输安全委员会(NTSB)以及中国民用航空局关于颠簸的部分分析报告。

任务八　NTSB关于颠簸的安全研究报告

本安全研究报告详细探讨了121部航空承运人运营中与颠簸有关的事故的普遍性和风险因素。它评估了现有政策、计划、技术和其他适用的安全对策的有效性,并提出了旨在避免颠簸和减轻伤害的建议,NTSB关于颠簸的安全研究报告封面见图12-8。

图12-8　NTSB关于颠簸的安全研究报告封面

NTSB在报告中确定了若干需要改进的安全问题,包括:颠簸观测的提交和传播不足;对颠簸风险缺乏共同认识;需要缓解由常见颠簸引发的受伤;颠簸指南需要更新。

作为研究的结果,NTSB向FAA提出了18项新建议,向国家气象局提出了2项新建议,并针对美国航空公司协会、国家航空运营人协会和支线航空公司协会提出了1项新建议。此外,NTSB还重申了以前对FAA提出的3项建议,并进行了重新分类。

一、安全研究主题

根据NTSB针对2009年至2018年的统计数据,颠簸导致的事故占所有121部运营人事故总量的三分之一以上。尽管这些事故通常未对飞机造成损坏,但它们往往导致一次或多次人员严重受伤或死亡。与多数航空事故相似,颠簸事故通常受多种因素影响,包括人的因素、飞机状况、环境条件以及组织层面的各类问题。

在过去十年中,NTSB已经识别出许多可能导致颠簸事故的因素,并据此发布了多项安全建议。这些建议旨在改善天气预报的准确性、提升天气报告的有效传播效率以及优化空中交通管理实践,从而降低飞机遭遇颠簸的风险。

2017年,NTSB还发布了特别调查报告"改进飞行员天气报告的提交和传播,以增强国家空域系统的安全(SIR-17/02)",其中包含了针对与颠簸相关的安全问题提出的若干建议。

这次研究从宏观角度审视了与颠簸相关的安全问题。NTSB的研究目标包括:汇总颠簸的各类基础类型及其成因;描述颠簸对飞行安全的具体影响,涵盖121部运营人在运营过程中颠簸事故的发生特点与趋势;评估旨在降低颠簸发生频率和预防颠簸造成受伤的现行方法;识别并推广经过验证的最佳实践以及安全对策。

为实现上述目标,NTSB采用了包括文献综述、航空事故数据的综合分析以及与政府、行业和其他利益相关者的访谈在内的定量和定性研究方法。此外,NTSB还特别对121部运营人所涉及的10起颠簸事故进行了详尽的案例研究,以期具有实践意义和时效性的见解。

二、识别出的主要安全问题

一是颠簸观测的信息提交和传播不足。民航业需要提高颠簸观测的准确性和频率,生成和验证更具预测性的颠簸预测;加强飞行规划和对安全有效的空中交通的管理;改进飞行员识别和规避颠簸的措施。这种增加颠簸观测的信息共享可以帮助121部运营人减少发生颠簸相关的事故和受伤。

二是缺乏对颠簸风险的共同认识。许多不同的颠簸预报产品可供气象专业人士、签派员、空中交通管制员和飞行员使用。然而,其中许多产品是专有的,并且它们的质量差异很大,这限制了121部运营人对预测颠簸风险的共同认识和共同理解。

三是需要缓解常见颠簸引发的受伤情况。坐下并系好安全带是防止颠簸受伤的最有效方法。从2009年到2018年,121部运营人运营过程中约一半的颠簸事故发生在下降或进近阶段;这些事故中有60%发生在20000英尺以下,乘务员是最常见的受伤人员类型;在飞机上,由于颠簸造成的乘务员受伤事件主要集中在机尾区域,该区域发生的受伤案例占所有乘务员受伤事件的3/4以上。

四是需要更新颠簸指南。FAA于2007年发布了关于121部运营人预防颠簸受伤的指南。从那时起，NTSB调查了许多涉及颠簸的事故和征候，行业团体也研究了这个问题。因而NTSB建议FAA更新指导意见时应纳入最佳实践做法和从这些调查中吸取的经验教训；反映过去14年中发生的技术进步；思考采纳本报告中的安全建议。

三、研究报告中的结论性成果

在121部航空公司运营中，系安全带可降低乘员在颠簸事故中受伤的风险。

处理飞行员天气报告的空中交通管制程序仍然费时费力，并且缺乏标准化，这继续妨碍关键性颠簸观测安全信息在国家空域系统中的共享。

航空公司只与公司人员分享颠簸观测信息，而不是在整个国家空域系统中分享，这种状况限制了获取可能对飞行安全产生负面影响的不利气象信息的机会。

开发一种转换方法，用于统一不同算法计算出的涡流耗散率（EDR）值，将有助于航空公司之间实现EDR数据的广泛共享。这种方法将确保颠簸预测工具能准确且恰当地应用这些数据，从而提高飞行安全和预测效率。

由于颠簸观测没有尽可能公开地共享数据，空中交通管制、天气预报员和其他国家空域系统用户无法获得重要的飞行安全数据。

在航线交通管制中心和终端雷达进近管制设施的管制员显示器上增加图形飞行员气象信息（AIRMET）、重要气象信息（SIGMET）和中心天气咨询（CWA）的可选显示层，这有助于提升管制员对这些关键气象咨询和CWA位置的共同认识和理解。

定期更新即时颠簸预报产品，将提供更完整、更准确的战术信息，帮助飞行员、签派员和空中交通管制员有效应对颠簸。

雷电和冰雹数据为识别对流活动及由其引起的颠簸区域提供了重要的参考指标。

下降阶段，让乘务员就座，系好安全带，将降低乘务员因颠簸受伤的比率和整体颠簸事故的发生率。

评估因颠簸而产生的飞机加速度如何随飞机长度变化，将提高对颠簸造成受伤的风险的理解。

对2岁以下儿童的陪伴者在乘坐121部运营人运营的飞机时，决定是否使用儿童约束系统（CRS）的因素进行研究，能够为政府和航空业界提供宝贵的信息，进而促进旅客自愿使用CRS的意愿。

第120-88A号咨询通告"预防颠簸造成的受伤"未使用当前可用技术和最佳实践的信息以避免遇到颠簸和颠簸引发的受伤，121部运营人本可以使用这些信息来提高其航班的安全性。

NTSB建议FAA采取以下改进措施：

作为增强天气信息系统批准的条件，要求121部运营人将所有颠簸观测作为飞行员天气报告以及平稳行驶条件的报告分发给国家空域系统。(A-21-26)

确定如何在操作环境中协调当前和未来的涡流耗散率算法性能，并发布最终的结果。

(A-21-27)

将自动相关监视广播天气功能整合到下一版本的自动监视广播技术标准订单中。(A-21-28)

在按照安全建议 A-21-28 中的建议修订自动监视广播(ADS-B)技术标准后,要求在 121 部运营人的飞机改装具有自动监视广播天气能力的 ADS-B 设备。(A-21-29)

根据联邦法规第 14 章 91.225 中定义的自动监视广播功能,如果需要在自动监视广播功能的空域中运行,要求配备自动监视广播天气功能(ADS-B Wx)的飞机在空域中运行时广播 ADS-B Wx 信息。(A-21-30)

与国家气象局合作,修改飞行员气象信息(AIRMET)咨询发布做法,以包括粒度更高的图形 AIRMET 咨询,同时考虑它将对所有国家空域系统用户产生的影响。(A-21-31)

在航路交通管制中心和终端雷达进近管制设施的当前和未来管制员雷达显示器上,将气象信息咨询、重要气象信息咨询和中心天气咨询作为管制员可选层分发给空中交通管制员。(A-21-32)

与当地安全委员会合作,根据安全建议 A-21-32 制定培训项目。(A-21-33)

与国家气象局合作,实施颠簸即时预报,例如图形颠簸指导即时预报。(A-21-34)

制定空中交通管制指南,以使用根据安全建议 A-21-34 和 A-21-44 实施的颠簸预报。(A-21-35)

将雷电和冰雹信息作为空中交通管制中心和终端雷达进近管制设施的空中交通管制员雷达显示器上的可选图层。(A-21-36)

完成安全建议 A-21-36 的操作后,向空中交通管制员提供关于使用管制员可选择的雷电和冰雹信息的培训。(A-21-37)

根据 NTSB 关于颠簸相关的 121 部运营人事故的数据,安全建议 A-21-42 包括对咨询通告 120-88A"预防颠簸造成的受伤"进行修订:121 部运营人运营期间,乘务员应在座位上系好安全带,特别是在下降阶段。(A-21-38)

对因颠簸而产生的飞机加速度如何随飞机长度变化进行研究,包括由 121 部运营人运营的飞机类型之间的差异,并公布研究结果。(A-21-39)

研究影响 2 岁以下儿童的照顾者在乘坐 121 部运营人的飞机时决定使用儿童约束系统(CRS)的因素,了解使用 CRS 相关的挑战,并发表研究结果。(A-21-40)

针对安全建议 A-21-40 的行动完成后,使用研究结果来指导联邦航空管理局使用儿童约束系统。(A-21-41)

修订咨询通告 120-88A"预防颠簸造成的受伤",以反映当前的最佳实践和本研究报告的结果,例如新的颠簸预测和预警技术;培训方法;飞行员和乘务员之间的机上通信、程序和预测颠簸的可用信息;以及在何高度乘务员应在座位上系好安全带。(A-21-42)

NTSB 建议国家气象局采取以下安全改进措施:

与美国联邦航空管理局合作,修改飞行员气象信息(AIRMET)咨询发布做法,以包括具有更高粒度的图形 AIRMET 公告,同时考虑对所有国家空域系统用户产生的影响。(A-21-43)

与美国联邦航空管理局合作,实施颠簸即时预报,例如图形颠簸指导即时预报。(A-21-44)

NTSB建议美国航空公司协会、国家航空运营人协会和支线航空公司协会采取以下安全改进措施:

与成员航空公司协调,制定并实施一项计划,增加飞机上CRS的使用。这项工作应包括收集数据,确定该计划在增加CRS使用方面的有效性。(A-21-45)

而且本研究报告还重申了以前发布的建议,建议FAA继续改进:

为空中交通管制员提供自动飞行员气象报告(PIREP)数据收集工具,这些工具结合了设计元素,防止输入差错,提高了向国家空域系统传播飞行员气象报告(PIREP)的及时性。(A-17-21)

整合自动化技术,从空中交通管制员的显示器中捕获数据元素,包括飞机类型、时间、位置和高度等,自动将这些数据填充到飞行员天气预报(PIREP)收集和传播工具中,使管制员能够输入剩余的PIREP元素,并通过通用交换模型将PIREP直接传播到国家空域系统。(A-17-22)

提供一种可靠的手段,以电子方式直接接收有资格提交报告的所有用户的飞行员天气报告,并确保该系统有能力接收并向国家空域系统提供所有此类报告。(A-17-26)

鼓励行业安全工作,如商业航空安全小组和通用航空联合指导委员会,识别、制定和实施对121部、135部和91部K章运营人的激励措施,以及通用航空界自由共享飞行员天气报告(PIREP),包括作为PIREP提交的刹车效应或跑道状况报告提供到国家空域系统,以加强飞行安全。(A-17-25)

任务九　中国民用航空局发布的《颠簸风险识别和预警分析报告》

中国民用航空局航空安全办公室、中国民航科学技术研究院根据2017—2023年航空安全信息系统收集的颠簸事件,发布了《颠簸风险识别和预警分析报告》,报告分析了颠簸总体概况、季节性规律、航线规律、基于QAR数据的颠簸数据分析和识别、行业典型案例、颠簸预警技术,为颠簸风险识别和预警提供了数据支撑和决策辅助。笔者摘取了相关内容供大家共享。

一、颠簸事件数据统计

2017—2023年,航空安全信息系统收集与颠簸相关的运输类不安全事件2555起,具体事件统计如表12-3所示。

表12-3　我国2017—2023年颠簸事件统计表

颠簸衍生事件类型	事件数量	占比
偏离姿态/高度	1885起	73.8%
未耦合其他后果(指未引发人员受伤、偏离高度、超速、抖杆等)	437起	17.1%
超速	142起	5.6%
失控/失速	82起	3.2%
返航/备降(主要涉及人员受伤及高原复杂航线)	29起	1.1%
其他(包括：ACAS(TCAS)告警、风切变、其他、小于间隔、中止进近/复飞、航空器结冰、迷航、偏航、系统失效/故障、卡阻、雹击/冰击、低于/未保持安全高度、其他发动机相关事件、超重着陆、航空器(内)起火/冒烟、火警、雷击/电击、零部件缺失/损坏/磨损、其他驾驶舱/客舱事件、其他物体击伤相关事件)	38起	共1.5%(单项占比不超过1%)

注：同一事件可能出现多个数据标签的情况，故在统计过程中会出现分项之和大于事件总数的情况。

二、颠簸发生季节性规律分布

从时间趋势上看，颠簸事件具有较强的季节性特征，春季和夏季是颠簸事件的多发季节。从全年看，每年6、7、8月颠簸事件多发。2017—2023年数据显示，每年从4月份开始，颠簸事件次数逐步上升，7月份达到峰值，之后逐步降低。从颠簸伤人事件上看，2017—2023年发生颠簸伤人事件111起，累计造成198人受伤(见图12-9)。

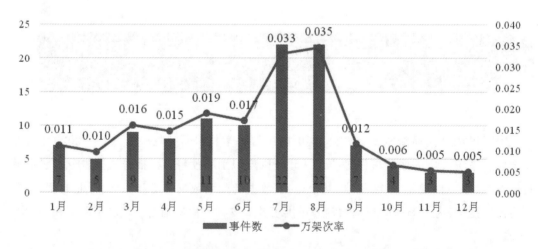

图12-9　2017-2023年空中颠簸伤人事件及万时率(按月统计)

无论是颠簸伤人事件，还是颠簸受伤人数，均呈现出明显的季节性特点，尤其是7、8月份显著多发，两个月共计发生颠簸伤人事件44起，占颠簸伤人事件39.6%；累计造成90人受伤，占受伤总人数的45.5%。从事发阶段统计看，巡航阶段发生颠簸伤人事件59起，占比53.2%；下降阶段发生27起，占比24.3%；爬升至巡航阶段发生8起，占比6.3%；其他阶段发生10起,占比9.0%。综上所述,7—8月份颠簸伤人事件明显多发,尤其要关注巡航和下降阶段。

三、典型案例

(1) 2017年7月11日,B737执行厦门-珠海航班。乘务员在进行落地前客舱安全检查时,一名旅客从洗手间走出,遭遇飞机突发颠簸,此时高度约13687英尺,落地后送医诊断结论为右外踝、后踝骨折。

(2) 2019年8月6日,A320执行淮安-北京航班,在北京区域高度4200米突然遭遇颠簸,5名正在执行下降前检查的客舱机组擦伤,一名乘务员送医检查后诊断为骨折,伤情为轻伤二级。

(3) 2021年9月7日,B737执行宜昌-揭阳航班,在广州区域巡航期间,标准气压高度14600英尺突遇颠簸,持续0.5秒,导致一名旅客右踝部骨折轻伤,构成一起天气意外原因运输航空一般征候。

(4) 2021年3月31日,B737执行乌鲁木齐-上海虹桥航班,在兰州区域巡航高度10700米,飞机遇不稳定气流,导致2名旅客和1名乘务员轻伤。客舱51排天花板凹陷,后舱厨房天花板构件脱落和凹陷。飞机后续备降敦煌。该事件构成一起天气原因诱发的机组人工操纵不当导致3人受伤的运输航空严重征候。

(5) 2022年7月29日,A320执行郑州-惠州航班,下降阶段高度11800英尺左右飞机遭遇短时中度颠簸,一名洗手间内旅客撞到洗手台致鼻梁流血、左脚扭伤,落地后旅客送医,诊断为右侧鼻骨骨折。

2024年5月21日,新加坡航空一架客机紧急备降在泰国机场。机上载有211名旅客和18名机组人员,由于在飞行过程遇到强气流扰动,共造成2人身亡,至少30人受伤。网上信息显示,机舱内部惨不忍睹,到处散落着碎片和旅客的个人物品,旅客们拼命按住因为严重割伤和钝器伤害造成的伤口,试图止血,地板上挤满了血迹。氧气面罩脱落,在行李架下晃来晃去,机舱内充斥着旅客们的尖叫声。

那么运营人及客舱乘务员应如何防止空中颠簸伤人或其他不安全事件的发生?总之,必须严格按照民航局下发的《关于加强客舱安全管理工作的意见》(局发明电〔2019〕96号)以及《关于进一步加强客舱秩序管理的通知》(局发明电〔2019〕1658号)要求,客舱机组做好自我保护,旅客遵守安全规定,就座时务必全程系好安全带!未来还需要继续强化和改进以下几方面。

(1) 飞行机组和客舱机组的沟通、协同和处置。

起飞前,飞行机组与客舱机组协同准备时,机长根据获得的最新有效的天气报告,航路中可能出现的颠簸区域,包括预计遇到颠簸的时间、强度和持续时间等信息告知客舱机组,并做好预案;乘务长根据此预报确定或调整乘务组服务工作程序和注意事项;客舱机组提前将可预知的颠簸情况通过广播等方式告知旅客。

起飞后20分钟或平飞,机长会根据实际天气条件及飞行机组工作强度,适时向乘务长告知当前天气状况,如果起飞后20分钟且飞行平稳,驾驶舱未与客舱联络告知以上内容,乘务长应主动与驾驶舱联络以获取相关信息,以便客舱机组及时根据实际条件开展或调整服务工作;在飞行过程中及下降前,针对航路及目的地特殊的天气情况,机长向客舱机组作出特别的提示,如收到机长针对特殊天气提出的特别提示,客舱机组应提前做好防范颠簸伤人措施。

若发生或预计发生颠簸时,飞行机组应按公司手册规定做好安全带指示灯或客舱广播的提示。

遇到颠簸时,客舱机组应及时评估颠簸程度,即使未得到任何来自驾驶舱的指示,仍应采取相应的安全措施,并及时与驾驶舱建立沟通。

如发生因颠簸造成人员伤害时,客舱机组应及时向飞行机组报告受伤人员的数量和程度,以及客舱内的其他情况,以便飞行机组做出进一步的决策。

(2)告知身处客舱座椅以外的旅客固定身体的方法。

(3)制定一旦出现客舱安全信号灯故障的应对方法。

(4)飞行机组确认脱离颠簸区域以后,会关闭安全带信号灯或通知客舱机组恢复正常工作。乘务员应在颠簸结束后对旅客、机组人员及客舱情况进行检查,并报告乘务长。

(5)如果发生因颠簸造成人员伤害,客舱机组应及时进行救治。

(6)当系好安全带灯闪烁时,必须进行客舱广播或发送信息提示,若是长时间的颠簸,必须作间隔性的广播,提醒旅客系紧安全带,并视情况调整服务程序。如遇有颠簸或其他不正常、不安全的情况,乘务员可以调整、删减服务程序,或不提供服务。

(7)客舱机组做好自我保护,旅客必须遵守安全规定,就座时务必全程系好安全带。

此外,为预防颠簸造成的伤害,航班飞行中,客舱乘务员应避免大量旅客在卫生间外排队等候,合理疏导等候使用洗手间的旅客。确保无旅客长时间站立行走,服务舱区域无旅客停留;根据航班中的实际情况,调整下降安全检查开始的时机;远程航线乘务员必须提醒休息的旅客系好安全带;冲泡热饮时注意温度及容量,杜绝将冲泡好的热饮壶全部放置在厨房台面上等等。

同时,针对颠簸伤人的高发季节、高发高度、高发区域的特点,持续梳理客舱安全管理、客舱工作流程以及相关服务与安全政策,认真研究预防颠簸伤人的对策,优化程序设计,加强颠簸安全信息的综合利用和分析,科学制定政策,弥补漏洞;摆正客舱服务与安全、效益之间的关系,将安全管理主体责任真正落到实处,严格落实"三个敬畏";建立更加有效的内部风险评估和隐患排查治理机制来管控空中颠簸可能导致人员受伤的情况,全面排查自身安全风险和隐患,完善风险防控措施和隐患清单,强化隐患排查治理长效机制;航空公司和监管机构应不断审查和更新预防颠簸安全指南以指导应对颠簸;加强作风建设、资质能力建设,确保安全主体责任落到实处,进一步提升客舱安全管理水平。

POSTSCRIPT
后记

1903年12月17日，美国莱特兄弟发明了第一架动力飞机"飞行者一号"，并试飞成功，标志着飞机正式诞生。飞机的发明改变了人类的交通、经济、生产和日常生活。自1919年德国开通世界上首条民用航线——柏林至魏玛航线以来，民航已经历了一百多年的发展历程。据不完全统计，截至目前，全球共有约2.9万架客机在运营。其中，截至2023年底，我国已拥有4013架民航客机。这一百多年来，民航业从无到有，从小到大，实现了迅速发展，对全球经济发展的巨大贡献不言而喻。尽管飞机目前仍是全球最安全的交通工具之一，但其特殊性意味着一旦发生事故，后果将不堪设想。因此，确保飞行安全成为至关重要的任务。

航空安全是一个庞大且复杂的系统，涵盖了飞行安全、航空地面安全、空防安全、空中交通管制、应急管理等多个方面。本书将焦点放在飞行安全中的一个关键组成部分——客舱安全工作，进行深入细致的探讨。我们的目标是通过这些探讨，尽可能减少客舱不安全事件的发生，确保飞行安全，从而筑牢民航安全的底线。

对于许多读者来说，飞行安全往往被认为主要是飞行员的责任，殊不知很多情况与客舱机组息息相关，例如，客舱出现烟雾或起火的迅速处置，发动机异常和关键表面被冰雪污染的及时报告，误开应急舱门的防控，劫机及非法干扰的果断处置等。本书作者历经四年多时间，认真阅读研究了全球多个国家有关客舱安全的调查报告，去繁就简，从中甄选出部分经典案例，结合国际民航组织、中国民用航空局和国内外航空公司有关客舱安全工作的法律法规及相关规定，精心汇编成此书。

本书不同于以往客舱安全工作的读本，主要有以下几个特点。

第一，案例翔实，以事实为依据，避免教条式的说教，具有较强的可读性。本书适用于客舱机组资源管理（CRM）以及客舱安全培训使用。我们每个人都不可避免地会在日常生活中犯错，但关键在于，我们如何从这些经验中学习并成长。这本书提供了这样一个机会，帮助我们从实践中汲取知识，不断提升自己作为专业人士的能力和素养。

第二，事故调查报告详尽真实。本书旨在全面阐述客舱安全（包括CRM）与个体相关的人的因素，同时介绍了许多客舱专业知识的历史背景及其发展脉络，不会过于烦琐。

第三，涉及的领域多，知识量大。本书的关键知识点会通过多个案例进行深刻的剖析，比如如何提升高压环境下应急处置过程中机组人员的决策能力和胜任力等。

第四，同一案例，从不同角度切入进行分析。

第五，对于应急处置进行了中外比较。国外航空公司有许多值得我们学习的地方，我们也有不少优于外航的做法。

第六，总结了理论和实践存在的差异。

在武林界，那些风华绝代的侠士们常常掌握着非凡的武艺，这也正是他们能够在各自时代成为顶尖高手的关键所在。对于广大客舱工作者来说，客舱也就是我们竞技的武林。书中所探讨的案例分析，能否成为客舱乘务员和安全管理干部必须精通的"绝技"呢？通过细致入微的学习与理解，我们是否能够提升自己的专业素养，练就几招"必杀技"，从而在航空安全领域内攀登至更高的巅峰？

随着人类社会的飞速发展，这一百年的成就已经远超过去一千年的总和。国际民航组织第四版安全管理手册中明确指出：从20世纪初到20世纪60年代末，航空作为大规模交通运输的一种方式应运而生，其中被识别出的安全缺陷，最初与技术因素和技术失效相关。因此，早期的安全工作重心放在了技术因素（如航空器）的调查与改进上。20世纪50年代，随着技术进步，事故率逐渐降低，安全工作逐步扩展到遵守规章与监督方面。科技的洪流让人类自己也措手不及。我们正在面临着巨大的转型，技术比人类的能力更加强大。无人化、智能化、虚拟化等技术趋势带来的可能是天堂，也可能是地狱。对于每一个渺小的个体而言，在宏大的技术浪潮面前，我们需要变得敏锐、蜕变，与时俱进。同样，客舱安全知识也需要不断更新与进化，希望本书能为此提供有益的助力。

本书联合作者杨杰莉同志1990年参加工作，历任乘务员、乘务长、客舱经理，已安全飞行三十余载。先后在飞行技术管理部、客舱服务部、服务与质量管理部工作，长期负责乘务培训、客舱安全管理工作并担任乘务安全类教员。曾组织并参与翻译CRJ-200、B737-300/700/800及B767、B787的《客舱机组操作手册》，组织参与公司历次运行合格审定工作，编写《客舱乘务员训练大纲》，在客舱培训和安全管理工作中具有丰富的理论知识和实践经验。2013年，民航局在海口首次开展机组联合演练实操比赛，杨杰莉作为飞行技术管理部乘务训练主管负责进行公司比赛的组织策划，成绩显著，得到民航局相关领导的肯定。

本书在编写过程中参阅了大量的资料，得到了局方乘务专家陈文君女士的大力指点，东航应急类资深教员马云老师给予了本书许多有益的建议。在此一并表示感谢！

飞机的发明承载着人类的梦想。人的一生，犹如一个悠长而细腻的梦。如果时光可以倒流，假设我们自己身处本书中事故发生时的境地，我们又该如何面对？如何选择？如何采取措施？历史是无法假设的，只有在历史中总结经验、吸取教训，并在实践中不断发现隐患并及时消除隐患，我们的安全之路才能越走越长、越走越稳。

民航安全工作是一个亘古不变的主题——没有最好，只有更好。客舱安全工作作为民航安全体系的一个重要组成部分，作用重大，不言而喻。前事不忘，后事之师。希望本书的内容对广大从事民航客舱工作的管理者、实践者及爱好航空事业的读者有所裨益。

无边落木萧萧下，不尽长江滚滚来。山再高，我们一同攀登；水再急，我们一起奋进。谢谢各位读者！

教学课件资源申请表

填表时间：_____年___月___日

1. 以下内容请教师按实际情况写，★为必填项。
2. 根据个人情况如实填写，相关内容可以酌情调整提交。

★姓名		★性别	□男 □女	出生年月		★职务	
						★职称	□教授 □副教授 □讲师 □助教

★学校		★院/系	
★教研室		★专业	
★办公电话		家庭电话		★移动电话	
★E-mail（请填写清晰）				★QQ号/微信号	
★联系地址				★邮编	

★现在主授课程情况		学生人数	教材所属出版社	教材满意度
课程一				□满意 □一般 □不满意
课程二				□满意 □一般 □不满意
课程三				□满意 □一般 □不满意
其 他				□满意 □一般 □不满意

教材出版信息						
方向一		□准备写	□写作中	□已成稿	□已出版待修订	□有讲义
方向二		□准备写	□写作中	□已成稿	□已出版待修订	□有讲义
方向三		□准备写	□写作中	□已成稿	□已出版待修订	□有讲义

请教师认真填写表格下列内容，提供索取课件配套教材的相关信息，我社根据每位教师填表信息的完整性、授课情况与索取课件的相关性，以及教材使用的情况赠送教材的配套课件及相关教学资源。

ISBN（书号）	书名	作者	索取课件简要说明	学生人数（如选作教材）
			□教学 □参考	
			□教学 □参考	

★您对与课件配套的纸质教材的意见和建议，希望提供哪些配套教学资源：